Daniela Röpke
Leonie Senne

Madeira

IWANOWSKI'S REISEBUCHVERLAG

Im Internet:

www.iwanowski.de

Hier finden Sie aktuelle Infos zu allen Titeln, interessante Links – und vieles mehr!

Einfach anklicken!

Schreiben Sie uns, wenn sich etwas verändert hat. Wir sind bei der Aktualisierung unserer Bücher auf Ihre Mithilfe angewiesen:

info@iwanowski.de

Madeira
4. Auflage 2009

Salm-Reifferscheidt-Allee 37 • 41540 Dormagen
Telefon 0 21 33/26 03 11 • Fax 0 21 33/26 03 33
E-Mail: info@iwanowski.de
www.iwanowski.de

Titelfoto: Boa Ventura, Bildagentur Huber/Gräfenhain
Alle anderen Farbabbildungen: Daniela Röpke, Leonie Senne
Redaktionelles Copyright, Konzeption und dessen ständige Überarbeitung: Michael Iwanowsk
Lektorat: Ulrike Burgi, Köln
Layout: Ulrich Gröne, Colibri Group, Bielefeld
Karten und Reisekarte: Thomas Buri, Bielefeld
Titelgestaltung sowie Layout-Konzeption: Studio Schübel, München

Gesamtherstellung: Offizin Andersen Nexö, Leipzig
Printed in Germany

ISBN: 978-3-933041-58-6

Reiserouten

Weiterführende Informationen zu folgenden Themen

Karten und Grafiken

Interessantes

Karten im Umschlag:

So geht's

Das Buch ist so aufgebaut, dass dem Reiseteil ein **Überblick in Geschichte und Kultur** sowie andere Aspekte des Reiseziels vorausgehen (Kapitel 1). Dem Überblick folgen **Allgemeine Tipps von A–Z** zur Planung und Ausführung der Reise nach Madeira (Kapitel 2).
In den **Grünen Seiten** wird kurz aufgelistet, was Sie Madeira kostet.
Im Anschluss folgt der **Reiseteil** (Kapitel 3), in dem auf alle wichtigen und wesentlichen Sehenswürdigkeiten mit Routenvorschlägen auf der Insel eingegangen wird. Reisepraktische Hinweise finden Sie jeweils im Anschluss an die Beschreibung der Routen, Städte und Sehenswürdigkeiten. Ein ausführliches Register im **Anhang** gibt Ihnen die Möglichkeit, schnell und präzise den gesuchten Begriff zu finden (Kapitel 4).

Interessantes

Legende

Straßen	Friedhof
Hauptstraßen	wichtige Gebäude
Fußgängerzone	Information
Metro-Station	Busbahnhof
Ortschaften	Bahnhof
Sehenswürdigkeiten	Fähre
Kirche	Aussichtspunkt
Museum	Hafen
Theater	Flughafen

Einleitung

„Schwimmender Garten im Atlantik", „Insel des ewigen Frühlings" oder „Blumenparadies" – Madeira trägt viele Namen, die den Blütenzauber der Insel preisen. Für viele Besucher ist gerade dies der Hauptgrund, nach Madeira zu reisen.

Reiseprospekte und Reiseführer bestätigen diese Vorstellung mit Bildern, die eine Blütenpracht unter leuchtend blauem Himmel zeigen. Und doch kann es vorkommen, dass Sie Ihr Flugzeug verlassen und düstere Wolken den Himmel bedecken oder heftige Regenschauer niederprasseln! Wie jeder Blumen- und Gartenliebhaber weiß, brauchen Pflanzen zum Gedeihen ausreichend Wasser – und auch auf Madeira sorgen regelmäßige Regenfälle für die notwendige Wasserzufuhr und ermöglichen so erst die üppige Pflanzenwelt. Trotzdem machen die während des ganzen Jahres nahezu gleichmäßigen, milden Temperaturen Madeira zu einem ganzjährigen Blumenparadies und Reiseziel.

Die Schönheit und den besonderen Reiz Madeiras entdeckten die Engländer schon vor mehr als 200 Jahren und die große landschaftliche Vielfalt kann auch heute noch begeistern: die sturmumtoste Küste mit bizarren Felsklippen und der höchsten Steilküste Europas, fruchtbare Täler mit Obst- und Weingärten, eine grandiose Berglandschaft mit nebelverhangener Hochebene, karstigen Bergrücken und rauschenden Wasserfällen, Naturschwimmbecken im Norden und die im Sommer wüstenähnliche Halbinsel im Osten. Und überall und zu jeder Jahreszeit werden Sie etwas von der Blütenpracht Madeiras mit über 750 Pflanzenarten sehen können!

Museen, Galerien, Geschäfte, Restaurants und Hotels finden Sie vor allem in der Inselhauptstadt Funchal mit ihrer schönen Hafenpromenade, interessanten Bauwerken mit den typischen blau-weißen Fliesen, mit der großen Markthalle und den Gassen der Altstadt. Wunderschöne Parkanlagen in der näheren Umgebung von Funchal zeigen die Vielfalt der Flora Madeiras.

Auf Inselfahrten lernen Sie die kleinen Küsten- und Fischerorte mit ihren malerischen Häfen kennen, die herrschaftlichen „Quintas" mit ihren prachtvollen Gartenanlagen oder die abgelegenen Bergdörfer, die von mühsam terrassierten Feldern und kleinen Weingärten umgeben sind.

Wanderungen entlang der „Levadas", schmale Kanäle, die das Wasser über viele Kilometer hinweg zur Bewässerung der Felder leiten, sind eine besonders schöne Möglichkeit, die Vielfalt der Landschaft kennenzulernen und atemberaubende Ausblicke auf die Küste, ein einsam gelegenes Dorf oder eine wunderschöne Pflanze zu genießen.

Daneben gibt es ein breites Sportangebot, das vom Tauchen bis zum Golfspielen reicht. Nur nach langen Sandstränden sucht man auf der Hauptinsel vergeblich, denn an den Küsten fallen die Felshänge meist steil zum Meer hin ab; es gibt jedoch mehrere große Meerwasserschwimmbecken. Einen sehr schönen, neun Kilometer langen, feinsandigen Strand kann der Badefreund auf Porto Santo finden.

Bemvindo à Madeira!

I. LAND UND LEUTE

Die Nordküste der Blumeninsel

Der Madeira-Archipel auf einen Blick

Hauptinseln	Madeira, Porto Santo, Ilhas Desertas und Ilhas Selvagens
Fläche des Gesamtarchipels	795 km²
Fläche Madeira	741 km²
Fläche Porto Santo	42,2 km²
Flagge	
Staats- und Regierungsform	Sonderstatus einer „Autonomen Region“ innerhalb Portugals
Hauptstadt	Funchal
Lage	Zwischen 33°07’ und 30°01’ nördlicher Breite sowie 15°51’ und 17°15’ westlicher Länge
Bevölkerung	265.040 Einwohner, ca. 40% der Gesamtbevölkerung leben in Funchal. Porto Santo: 4.830 Einwohner
Bevölkerungsdichte	331 Einwohner per km²
Nationalfeiertage	25. April (Feiertag zur Erinnerung an die Revolution von 1974), 10. Juni (Camões-Tag), 5. Oktober (Tag der Republik), 1. Dezember (Nationalfeiertag)
Amtssprache	Portugiesisch
Religion	94,5% römisch-katholisch
Wirtschaft	Fremdenverkehr, Wein- und Obstanbau, Zuckerrohr, Fischfang
Arbeitslosigkeit	4,3%
Inflationsrate	2,3%
Währung	Euro
Zeit	Westeuropäische Zeit (WEZ)

Historischer Überblick

Zeittafel zu Madeira

Madeiras Geschichte umfasst die „kurze“ Zeitspanne von knapp 600 Jahren, beginnend mit der ersten Besiedlung Anfang des 15. Jahrhunderts. Die Entdeckung der Insel reicht jedoch viel weiter zurück, denn schon Phönizier, Karthager und Römer kannten die Inselgruppe. 1351 wird der Madeira-Archipel erstmals auf einer florentinischen Seekarte in dem Atlas „Atlante Mediceo“ unter dem Namen „Isola di Legname“ (Holzinsel) und etwa zeitgleich auf katalanischen Seekarten verzeichnet.

1418/1419 werden die Inseln Porto Santo und Madeira für die portugiesische Krone in Besitz genommen. Seit dieser Zeit ist die Geschichte des Madeira-Archipels eng mit der Geschichte Portugals verbunden, das seit 1143 als souveränes Königreich anerkannt ist.

Im 14. Jh. noch gelten alle Bemühungen Portugals der Befreiung von der maurischen Herrschaft.

1340 Portugiesen und Spanier besiegen gemeinsam die maurischen Könige von Marokko und Granada.

1415 *Heinrich der Seefahrer* erobert das maurische Ceuta im Norden Marokkos nach einem Sieg über die Araber und beginnt mit dem Aufbau einer portugiesischen Flotte, die wichtig für die Entdeckung ferner Länder und den weitreichenden Handel Portugals wird. Portugals Zukunftsvorstellungen sind eng mit der Entwicklung einer eigenen Seefahrt verbunden. Zu diesem Zweck beauftragt *Heinrich der Seefahrer* zu Beginn des 15. Jahrhunderts die Kartografen und Seeleute seines Reiches, Kenntnisse über die Westküste Afrikas zu sammeln.

info

Kein Seefahrer, aber mit Weitblick – Heinrich der Seefahrer

Prinz Heinrich der Seefahrer

Prinz *Heinrich* wurde am 4. März 1394 als vierter und jüngster Sohn von König *João* I. von Portugal in Porto geboren.1415 nahm er an der Eroberung von Ceuta teil und übernahm anschließend die Verteidigung und Verwaltung dieser Stadt.

Prinz Heinrich ließ sich in Sagres in der Nähe des Kap São Vicente nieder, wo er ein Observatorium und die erste Schule für Seefahrer in Europa gründete. Er förderte die Zusammenarbeit von Geografen, Astronomen, Kartografen und Seefahrern, wodurch zahlreiche Veränderungen und Verbesserungen im Schiffsbau erreicht wurden, wie z.B. beim Bau der Karavelle, die besonders manövrierfähig war und dank ihres quadratischen Großsegels ein rasches Segeltempo erreichte.

Trotz seines Beinamens „der Seefahrer“ fuhr *Heinrich* selbst nicht zur See, aber er förderte und unterstützte die Forschungs- und Entdeckungsreisen seiner Seeleute, um einen Seeweg nach Indien und in den Fernen Osten zu

finden. Er suchte nicht nur einen Zugang zu den Schätzen des Orients, sondern strebte langfristig an, in Afrika und Asien Handelsverbindungen aufzubauen, die nicht von arabischen Händlern kontrolliert wurden.
Heinrich der Seefahrer genoss in ganz Europa hohes Ansehen; er schuf die Voraussetzungen für die Entwicklung Portugals zur Kolonialmacht und seine weltgeschichtliche Bedeutung im 16. Jahrhundert.

Er starb am 11. November 1460 in Sagres, nicht ohne vorher sein Testament gemacht zu haben, in dem er sein persönliches Eigentum, zu dem u.a. die Inseln Madeira und Porto Santo gehörten, an die portugiesische Krone zurückgab.

Wiederentdeckung und Besiedlung

1418 *Heinrich der Seefahrer* beauftragt die beiden Schiffskapitäne *João Gonçales Zarco* und *Tristão Vaz Teixeira* mit einer Fahrt entlang der Westküste des afrikanischen Kontinents. Der Überlieferung nach werden sie durch einen Sturm von der Küste abgetrieben und entdecken dadurch eher zufällig eine kleine Insel, die sie für die portugiesische Krone in Besitz nehmen. Aus Dankbarkeit für ihre Rettung nennen sie die Insel „Porto Santo" (*heiliger Hafen*).

1419 Die benachbarte, größere Insel wird „entdeckt", die wegen ihres Waldreichtums Madeira (d.h. Holz) genannt wird. Beide Inseln sind zu der Zeit unbewohnt, so dass es keine Kampfhandlungen bei der Inbesitznahme gibt. Auf Anordnung *Heinrich des Seefahrers* wird Madeira von Familien vom portugiesischen Festland, vornehmlich von der Algarve, besiedelt.

1423-1425 Die ersten Bewohner lassen sich in den geschützten Buchten von Machico und Câmara de Lobos nieder und gewinnen durch Brandrodung landwirtschaftliche Nutzflächen. *Zarco* kehrt 1425 an die Stelle zurück, die von den Seeleuten wegen des dort wild wachsenden Fenchels „Funchal" (*funcho* (port.) = Fenchel) genannt worden war.
Die neue Siedlung Funchal wächst schnell, da der fruchtbare Boden gute Ernteerträge bringt und sich rasch ein reger Handel zwischen Portugal und Madeira entwickelt. Die wirtschaftliche Erschließung Porto Santos und Madeiras beginnt mit dem Anbau von Weizen und Gerste.

1426 Zur Intensivierung der Landwirtschaft werden weite Gebiete der Insel durch Brand gerodet; es dauert nur wenige Jahre, bis die eigenen Ernteerträge zur Ernährung der Inselbevölkerung ausreichen.

1433 *Heinrich der Seefahrer* erhält Madeira als persönliches Eigentum von seinem Bruder König *Duarte*.

1440 Der Ostteil der Insel mit der Hauptstadt Machico wird *Tristão Vaz Teixeira* unterstellt.

1444 *Heinrich der Seefahrer* überträgt *Bartolomeu Perestrelo* Porto Santo als Schenkung; dadurch wird diesem auch die Zivil- und Strafgerichtsbarkeit übertragen sowie zahlreiche Privilegien, u.a. das Mühlenmonopol.

1450 Funchal wird unter *João Gonçales Zarco* Hauptstadt des Westteils von Madeira.

Heinrich der Seefahrer ermächtigt die drei „Legatskapitäne", Land als Lehen zu vergeben, wobei er einen Teil der Pachteinnahmen für sich beansprucht.

1452 Auch Siedlern aus anderen Ländern werden Rechte und Privilegien eingeräumt. Flamen, Deutsche, Franzosen und Bretonen lassen sich auf der Insel nieder und bringen ihre Erfahrungen aus der alten Heimat ein. So wird mit dem Anbau von Wein begonnen; 1455 werden die ersten Malvasia-Reben angepflanzt.

1455 Die Fruchtbarkeit Madeiras wird auf Anordnung *Heinrich des Seefahrers* zum Anbau von Zuckerrohr aus Sizilien genutzt. Zur besseren Nutzung des Landes werden Terrassen und Bewässerungsgräben angelegt. Diese schwere Arbeit wird ebenso wie die harte Arbeit auf den Feldern und in den Zuckermühlen von den etwa 2.000 Sklaven von der Nord- und Westküste Afrikas geleistet.

Mit dem Zuckerrohranbau beginnt endgültig der wirtschaftliche Aufschwung der Insel.

Madeira belieferte nicht nur das Mutterland mit Zucker, sondern auch England, Mitteleuropa und sogar Konstantinopel. Der wichtigste Absatzmarkt aber war Flandern mit seinem Handelszentrum Brügge.

1460 Tod *Heinrich des Seefahrers*

1479 *Kolumbus* lebt von 1479-1482 auf Porto Santo, wo er *Filipa Moniz*, die Tochter des Gouverneurs von Porto Santo, heiratet.

1492 Entdeckung Amerikas durch *Christoph Kolumbus*.

info

Weitgereist und weltberühmt: Christoph Kolumbus

Christoph Kolumbus wurde 1451 in Genua als Sohn eines Webers geboren. Vermutlich übte er diesen Beruf als junger Mann zunächst aus und fuhr erst ab 1470 zur See. Seine erste Handelsreise führte ihn zur griechischen Insel Chios vor der türkischen Küste. 1476 segelte er in einem Konvoi nach England, der vor der portugiesischen Küste von Piraten überfallen wurde. *Kolumbus'* Schiff wurde zerstört, er selbst konnte sich jedoch retten und nach Lissabon zu seinem Bruder reisen, der dort als Kartograf arbeitete.

Von 1479-1482 lebte *Kolumbus* auf Madeira und Porto Santo, wo er 1479 die Tochter des dortigen Gouverneurs heiratete. 1480 wurde der Sohn *Diego Kolumbus* geboren.

Als Seefahrer setzte *Kolumbus* sich intensiv mit den Theorien und Erkenntnissen antiker Forscher und Geografen auseinander, besonders mit deren Vorstellung von der Erde als einer Kugel, die im Mittelalter völlig in Vergessenheit geraten war. Er entwickelte die Idee, Indien auf dem Weg nach Westen über das Meer zu erreichen.1484 legte er dem portugiesischen König *Johann II.* einen sorgfältig ausgearbeiteten Plan für die Entdeckung der Westroute nach Indien zur Finanzierung vor. Nach dessen Ablehnung ging *Kolumbus* nach Spanien, wo er bei der kastilischen Königin *Isabella* Unterstützung für seine Pläne fand, so dass er am 3. August 1492 mit der „Santa Maria" und den beiden kleineren Karavellen „Pinta" und „Niña" mit einer Besatzung von

Christoph Kolumbus

knapp 90 Mann aufbrechen konnte. Als Lohn wurden ihm vertraglich die erbliche Würde eines Großadmirals, das Amt des Vizekönigs aller zu entdeckenden Länder und 1/10 aller Handelseinnahmen zugesagt.

Auf der ersten Fahrt (1492/93) entdeckte *Kolumbus* Kuba und Haiti; auf der zweiten Fahrt mit 17 Schiffen und knapp 1.500 Mann Besatzung (1493-1496) entdeckte er die Kleinen Antillen, Jamaika und Puerto Rico; die dritte Fahrt (1498-1500) führte ihn an die Küste Südamerikas.

Nach seiner vierten Reise (1502-1504), die der Entdeckung der Westpassage dienen sollte, kehrte *Kolumbus* 1504 nach Spanien zurück. Er starb 1506 vereinsamt und arm in Valladolid, nachdem er wegen angeblicher Fehler seines Amtes als Vizekönig enthoben worden war. Seine sterblichen Überreste wurden zunächst nach Santo Domingo, später nach Kuba überführt; 1899 schließlich wurde er in Sevilla beigesetzt.

Die *Kolumbus* zugesicherten Privilegien und Rechte wurden ihm nur zeitweise zuerkannt, so dass er in den letzten Monaten vor seinem Tode um die Erfüllung seiner Ansprüche kämpfen musste.

Kolumbus starb in der Meinung, einen Westweg nach Indien entdeckt zu haben; erst nach seinem Tode wurde erkannt, dass er einen neuen Erdteil entdeckt und damit die gültige Weltsicht verändert hatte.

1497 Madeira wird in das Königreich *Manuels I.* eingegliedert; Funchal wird zur Hauptstadt der ganzen Inselgruppe erklärt.

1508 Funchal werden die Stadtrechte verliehen. Auf dem Stadtwappen sind fünf Zuckerhüte abgebildet, die die wirtschaftliche Bedeutung der Zuckerindustrie deutlich machen. Madeira entwickelt sich zum wichtigsten Zuckerlieferanten Europas.

1513 Zum Schutz der Inselhauptstadt vor Piraten, die häufig die mit Zucker beladenen Handelsschiffe angreifen, ordnet König *Manuel I.* die Errichtung der Festung São Lourenço im Osten der Insel an.

1514 Nach der ersten Volkszählung wird die Zahl der Inselbewohner mit 5.000 angegeben.

1516 Funchal wird Bischofssitz. Die Kathedrale (*Sé*) wird eingeweiht.

1530 Durch die wachsende Konkurrenz in Brasilien und Mittelamerika verliert der Zuckerrohranbau an Bedeutung.

1531 Funchal wird von französischen Korsaren überfallen, die die Insel plündern und Schätze von großem Wert rauben.

ab 1550 Raupenplagen, der Einfall von Trockenwinden und die dadurch verminderte Fruchtbarkeit des Bodens verringern die Ernteerträge und führen zum Rückgang der Produktion.

1566 Französische Freibeuter unter *Bertrand de Montluc* überfallen die Inselhauptstadt und zerstören Funchal durch Brände, Plünderungen und Kirchenschändungen; 250 Madeirenser werden getötet.

Unter spanischer Herrschaft

1580-1668 Zeit der spanischen Herrschaft

1580 Da König *Heinrich II.* ohne Thronfolger stirbt, erhebt *Philipp II.* von Spanien Anspruch auf den Thron von Portugal. Damit beginnt in Portugal die spanische Fremdherrschaft; als Folge der Personalunion von Portugal und Spanien werden auch Madeira und Porto Santo spanisch.

1588 Englischer Sieg über die spanisch-portugiesische Flotte. Auf Madeira wird mit dem Bau weiterer Befestigungsanlagen zum Schutz vor englischen Freibeutern begonnen, die nach dem Untergang der spanischen Armada immer häufiger die Inseln überfallen.

Festungen zum Schutz vor Seeräubern

1614 Die Inselbevölkerung ist auf knapp 28.500 Menschen angewachsen; darunter sind etwa 3.000 Sklaven.

1620 Die Stadt Funchal wird von dem Seeräuber *John Ward* eingenommen und geplündert; 1.200 Menschen werden nach Tunesien verschleppt und in die Sklaverei verkauft.

1640 Die Madeirenser lehnen sich – wie das portugiesische Mutterland – gegen die spanische Herrschaft auf. Mit Unterstützung der Engländer kämpfen sie unter König *Johann IV.* um ihre Unabhängigkeit.

1648 Erstmals findet ein Warentausch zwischen England und Portugal statt: Schafwolle gegen Portwein.

1662 Eine königliche Hochzeit verbindet die Länder Portugal und England noch enger: *Katharina von Braganza*, eine Tochter *Johanns IV.*, heiratet den englischen König *Charles II.*. Verstärkt lassen sich Engländer auf Madeira nieder, die schon bald von den ihnen eingeräumten Handelsprivilegien profitieren, vor allem im Weinhandel.

1668 Im Vertrag von Lissabon erkennt Spanien die Unabhängigkeit Portugals an.

Das 18. und 19. Jahrhundert

1703 Durch den Methuen-Vertrag, einen Handelsvertrag mit England, wird Portugal an die neue Entwicklung der Industrie in England angeschlossen. Portugal wird zum ersten vertraglichen Absatzmarkt für die Einfuhr von englischen Manufaktur-, später von Industriewaren. Das Land liefert im Gegenzug Wein und Zucker nach England. Englische Händler, die sich schon seit dem 17. Jahrhundert auf Madeira niedergelassen haben, übernehmen die führende Position im Weinhandel; der Madeirawein entwickelt sich zum wichtigsten Exportartikel Madeiras, da er sich als sehr transportfähig erweist.

1751 Das milde Klima wird von Ärzten für Tuberkulosekranke als heilend eingeschätzt, dies sind die Anfänge des Fremdenverkehrs auf Madeira.

1759 Auf Anordnung des portugiesischen Regierungschefs *Marquês de Pombal* erfolgt die Vertreibung der Jesuiten aus Portugal und Madeira.

1773 Abschaffung der Sklaverei im Mutterland.

1803 Bei heftigen Unwettern, die nach einer langen Trockenperiode plötzlich einsetzen, treten die Flüsse in Funchal über die Ufer und zerstören die Innenstadt; 600 Menschen werden dabei getötet.

1807-1814 Da französische Truppen das portugiesische Festland besetzen, werden auf Madeira 2.000 britische Soldaten stationiert, die eine französische Invasion auf Madeira verhindern sollen. Auch nach dem Abzug der Truppen bleiben Briten auf Madeira und verdienen sich ihren Lebensunterhalt als Händler und Kaufleute.

1820 „Liberale Revolution" in Portugal; Portugal erhält eine Verfassung nach dem Vorbild der spanischen Cadiz-Verfassung von 1812; Abschaffung der 1536 eingeführten Inquisition.

1834 Auflösung aller Klöster.

1867 Abschaffung der Todesstrafe

1872 Aus Amerika wird die schädliche Reblaus nach Madeira eingeschleppt, wodurch die Rebstöcke zerstört werden. Der Weinanbau auf Madeira kommt fast zum Erliegen. Die arbeitende Bevölkerung wendet sich verstärkt der Korbmacherei zu, die sich ebenso wie die Stickerei zu einem wichtigen Wirtschaftszweig entwickelt.

1891 Die Eröffnung des luxuriösen Reid's Hotels in Funchal markiert den Aufschwung des Fremdenverkehrs.

Das 20. und 21. Jahrhundert

1910 Die konstitutionelle Monarchie Portugals endet mit einem Militärstaatsstreich, der die Trennung von Staat und Kirche und die erste portugiesische Republik zur Folge hat.

1921-1926 Wechselnde Regierungen, Revolten, Streiks, Ausschreitungen und Misswirtschaft der Parteien beherrschen das Land. 1926 erhebt sich das Militär unter Marschall *Manuel Gomes da Costa*: Zusammen mit General *Carmona* und *Mendez Cabeçadas* bildet er ein Direktorium, das die Regierungsgeschäfte übernimmt.

1928 General *Carmona* wird zum Präsidenten der Republik gewählt; *Antonio Oliveira Salazar* wird zum Finanzminister ernannt.

1930 *Salazar* gründet die Einheitspartei „Nationale Union"; Gegner seines Regimes werden u.a. auch nach Madeira verbannt.

1931 Ausgelöst durch ein Regierungsdekret, das den Großgrundbesitzern und Feudalherren das Monopol für Mehlimporte verleiht, bricht auf Madeira die „Hungerrevolte" aus, in der sich die Bevölkerung gegen die zu erwartenden, ihre Existenz bedrohenden Preiserhöhungen zu wehren versucht. Aus Lissabon werden Truppen nach Madeira geschickt, denen sich das Revolutionskommando der Insel nach kurzem Widerstand ergibt.

1932 *Salazar* wird Ministerpräsident

1933-1968 Regierungszeit *Salazars*

1939-1945 Im 2. Weltkrieg wahrt Portugal seine Neutralität, bricht jedoch 1943 die diplomatischen Beziehungen zu Deutschland ab.

1949 Erste Linienflüge mit Wasserflugzeugen zwischen England, Portugal und Madeira.

1949 Portugal ist Gründungsmitglied der NATO

1955 Portugal wird Mitglied der Vereinten Nationen

1960 Eröffnung des Flughafens auf Porto Santo

1964 Auf Madeira wird der Flughafen Santa Catarina in Betrieb genommen.

1974 In Portugal wird die Diktatur durch einen unblutigen Aufstand beendet, der „Nelkenrevolution". Die Bevölkerung erteilt den radikalen Gruppierungen eine Absage und stärkt bei den Wahlen von 1976 die Sozialdemokratische Partei (PSD) mit 65 % der Stimmen.

1976 Zwar erhalten Madeira und die Azoren nicht die geforderte Anerkennung ihrer Unabhängigkeit, aber beiden Inselgruppen wird ein Sonderstatus als „Autonome Region" mit weitreichenden Selbstverwaltungsrechten eingeräumt.

1986 Portugal wird Mitglied der Europäischen Gemeinschaft.

1990 Ölpest vor Porto Santo, die auch auf Madeira übergreift.

1995 Das Schengener Abkommen tritt in Kraft; damit sind für alle EU-Bürger die Passkontrollen bei der Einreise aufgehoben.

1999 Portugal nimmt ab 1. Januar 1999 an der Einführung des Euro teil. Eröffnung des neuen Flughafens und Einweihung der Seilbahn von Funchal nach Monte. Fertigstellung der Tunnels zwischen Serra de Água und São Vicente und zwischen Machico und Porto da Cruz.

Das Denkmal am Autonomieplatz wurde 1987 zur Erinnerung an die Nelkenrevolution aufgestellt

Blumenfest im Jubiläumsjahr

2004 Madeira wird durch die Europäische Union zur „Europäischen Region des Jahres““ gewählt.

2008 Die Stadt Funchal feiert ihr 500-jähriges Bestehen mit vielen Ausstellungen und Veranstaltungen.

Landschaftlicher Überblick

Geologie und Geografie

Lage und Größenverhältnisse

Die Madeirainseln bilden zusammen mit den Azoren, den Kanarischen Inseln und den Kapverden die Gruppe der mittelatlantischen Vulkaninseln, die auch unter dem Namen **makaronesische Inseln** (griech. = Inseln der Glückseligen) zusammengefasst werden.

Die Madeirainseln (port. = Ilhas da Madeira) liegen vor der Küste Nordwestafrikas. Sie bestehen aus der Hauptinsel Madeira (Größe: 740 km²), Porto Santo (42 km²) und den kleinen, unbewohnten Inselgruppen Ilhas Desertas und Ilhas Selvagens. Zum Vergleich: Die größte Insel Deutschlands ist Rügen mit einer Fläche von 930 km². Madeira ist maximal 58 km lang und 23 km breit; Porto Santo erreicht dagegen nur eine Länge von 12 km und 6 km Breite.

Die schroffe Bergwelt Madeiras

Die bewohnten Inseln befinden sich etwa auf einer geografischen Breite von 33° Nord und auf einer Länge von 17° West. Sie liegen damit etwa auf der gleichen geografischen Breite wie das marokkanische Casablanca. Vom festländischen Lissabon sind sie rund 1.000 km entfernt. Etwa 400 km südlich von Madeira liegen die spanischen Kanareninseln, weiter nordwestlich die Inselgruppe der Azoren. Die neun bewohnten Inseln der Azoren bilden genauso wie Madeira und Porto Santo eine autonome Region, die Entfernung zwischen beiden Regionen beträgt ca. 900 km.

Die **höchste Erhebung Madeiras** ist der Pico Ruivo de Santana mit 1.862 m Höhe, auf der kleinen Nachbarinsel Porto Santo beträgt die Höhe des Pico do Facho immerhin 517 m. Die drei unbewohnten Desertas (Ilhéu Chão, Deserta Grande und Bugio) erreichen auf Deserta Grande Höhen über 400 m, wobei der höchste Gipfel 479 m hoch ist.

Die Geologie Madeiras

Madeira und Porto Santo sind **vulkanischen Ursprungs**. Neben den Laven, Tuffen und Ergussgesteinen gibt es auf Madeira lediglich ein geringes Kalkvorkommen im Tal von São Vicente sowie äolische (Bezeichnung für alle durch den Wind bedingten Erscheinungen) Ablagerungen aus Kalksandstein auf der Ponta de São Lourenço. Dabei braucht der Tourist des 21. Jahrhunderts keine Angst vor aktiven Vulkanen zu haben, denn der Vulkanismus auf dem Madeira-Archipel ist schon seit langer Zeit erloschen.

Die vulkanische Phase, in der die Insel aufgebaut wurde, reicht bis in das Tertiär (65 Mio. – 2,5 Mio. Jahre v. Chr.) zurück. Dabei entstanden die Inseln nicht aus einem einzigen Ausbruch, vielmehr wechselten sich aktive Phasen mit Ruhephasen ab. Die jüngsten Lavaergüsse (z.B. bei São Vicente oder Faial) sind vermutlich aus dem Quartär, dem geologischen System, in dem wir heute noch leben. Aber um in geologischen Größenordnungen zu bleiben, selbst diese letzte Lavaförderung wird in das Pleistozän datiert, und das ist auch schon einige 100.000 Jahre her. Seit dieser letzten Phase, aus der auch die heute noch gut erkennbaren Ausbruchkegel westlich von Funchal stammen (Pico de Barcelos, Pico de São Martinho und Pico de Santa Cruz), gab es **keine vulkanische Aktivität** mehr.

Vulkanismus

Die Geologie Madeiras ist also durch eine Wechsellagerung von Laven, Tuffen, Aschen und ehemaligen Verwitterungsdecken geprägt, die durch viele basaltische Gänge durchbrochen werden. Auf Madeira sind die **Blocklaven** bei Porto Moniz **besonders auffällig**; durch die Einwirkung der Brandung entstanden zusätzlich sogenannte Lavapools, die als Touristenattraktion gelten. Bei Tuffgestein handelt es sich um ein verfestigtes, vulkanisches Lockerprodukt. Teilweise wird es auch mit dem Begriff der Asche gleichgesetzt, was nicht ganz korrekt ist, denn Aschen sind unverfestigte vulkanische Lockermassen. Neben anderen Tuffen spricht der Geologe von Aschentuff, wenn Aschen verfestigt wurden.

Die höchsten Gipfel Madeiras bestehen aus Ergussgesteinen, dabei handelt es sich oft um harte **Basalt- oder Trachytgänge**.

Auf der Ponta de São Lourenço sind farblich prächtige Gesteinsformationen zu betrachten. Besonders die bizarr anmutenden, roten Schichten fallen dem Betrachter ins Auge. Sie sind durch den Ausfluss von Lavaströmen unterschiedlichen Alters entstanden. Dabei haben jüngere Lavaströme ältere Lava überlagert und so die Oberfläche gefrittet (von frz. frire = backen).

Gesteinsformationen

Stürmische Nordküste

Porto Santo: Feiner Sandstrand und Vulkankegel

Eine Besonderheit bieten die **Höhlen bei São Vicente** *(Grutas de São Vicente):* Wie bereits erwähnt, gab es zwischen den vulkanischen Förderphasen auch Pausen, in denen bereits die Einschneidung der Täler begann. So nutzten später austretende Lavaströme diese Täler auch als vorgeformte Wege bei ihrer Ausbreitung in Richtung Meer. Die zugehörigen Ausbruchsöffnungen sind als Höhlen ausgeprägt, die bei São Vicente imposante Ausmaße annehmen. Hier kann der Besucher sich sehr gut vorstellen, wie sich das zähflüssige Gestein seinen Weg bahnte...

Unterwasserrelief

Die drei Inseln der **Ilhas Desertas** waren früher einmal über die östlich gelegene Ponta de São Lourenço mit Madeira verbunden, das beweist das Unterwasserrelief ganz deutlich: Sie haben nämlich einen gemeinsamen Schelf, und so umschließt die 200 m-Isobathe (Linie, die Punkte gleicher Wassertiefe miteinander verbindet) alle vier Inseln ohne Unterbrechung. Dagegen wird die Passage zwischen Madeira und Porto Santo von größeren Wassertiefen (max. Tiefe: 2.345 m) bestimmt.

Der ehemals homogene Inselkörper Madeiras wurde in vielen Jahren durch die Erosion der Flüsse (Fluvialerosion) zerfurcht. Die so entstandenen, teilweise sehr steilen Kerbtäler prägen die imposante Landschaft Madeiras und sind zu Anziehungspunkten des Tourismus geworden.

An der **Südküste** handelt es sich um sogenannte tote Kliffs, die nicht mehr von der Brandung verändert werden und meistens auch mit Pflanzen begrünt sind. An der **Nordküste** dagegen stürzen an den fast senkrechten Wänden kleinere Wasserfälle ins Meer, und die aktiven Kliffs sind nicht bewachsen. Diese schroffe Küste zwischen São Vicente und Porto Moniz ist sehr siedlungsfeindlich, die Küstenstraße konnte nur unter großen Mühen errichtet werden.

Das Cabo Girão (westlich von Câmara de Lobos gelegen) mit einer Höhe von 580 m ist das zweithöchste der Erde, nur in Norwegen gibt es noch ein höheres Kliff.

Da es aufgrund dieser geologischen Gegebenheiten auf der Hauptinsel nur relativ wenig Sandstrand gibt, ist der Strand von Porto Santo besonders erwähnenswert: er erstreckt sich etwa über neun (!) Kilometer Länge an der Südwestküste der Insel und lädt zum Baden ein.

Klima und Reisezeit

Klimatische Bedingungen

Die Atlantikinsel Madeira ist bekannt für ihr sehr ausgeglichenes Klima, nicht umsonst wird sie „Insel des ewigen Frühlings" genannt. Grundsätzlich wird der Madeira-Archipel aufgrund seiner geografischen Lage zur subtropischen Klimazone gerechnet. Dabei wird das Klima im Wesentlichen von einer relativ kalten Meeresströmung (Kanarenstrom) und den vorherrschenden Passatwinden beeinflusst. Da Madeira gerade noch im Einflussgebiet des Nordost-Passats liegt, sprechen die Klimatologen deshalb auch von einem maritimen Randpassatklima mit winterlichem Zyklonaleinfluss (Zyklone = Tiefdruckwirbel). Statistisch gesehen wehen die Passate während des gesamten Jahres regelmäßig und häufig. Im Winter tritt ein Maximum bei Winden aus westlichen bzw. südwestlichen Richtungen auf. Sie bringen starke Niederschläge. Diese Westwinde können dann in den Wintermonaten auch Sturmstärken erreichen.

Wie stark die einzelnen Regionen der Insel vom Niederschlag betroffen sind, ist davon abhängig, ob sie im Wind (Luvseite) oder im Windschatten (Leeseite) liegen. Hinzu kommt noch eine deutlich ausgeprägte klimatische Höhenstufung.

Verstärkte Wolkenbildung in den Bergen

In den Sommermonaten dominiert der Wind aus nördlichen bzw. nordöstlichen Richtungen. Das Relief der Insel zwingt die Passatströmung zum Aufsteigen und es kommt zu einer starken Wolkenbildung, die kräftigen Steigungsregen verursacht. Deshalb fallen die **Niederschläge in den Bergregionen**, während der Süden, besonders die Region um Funchal, vom Niederschlag verschont bleibt. So ist in den Monaten Mai, Juli und August in Funchal so gut wie kein Niederschlag zu erwarten.

Entfernt man sich von Funchal, so steigen die Regenmengen deutlich an: Echte Spitzenwerte werden in den höheren Regionen gemessen. Über 1.600 m werden sogar bis zu 2.500 mm Jahresniederschlag erreicht. Hier regnet es zwischen Oktober und März am meisten, aber auch in den Sommermonaten ist es humid. Jeder Besucher Madeiras wird die Bewölkung in den Bergen registrieren, die sich nahezu täglich ab der Mittagszeit bildet. Im Sommer kommt es dann zwar nicht zu starken Regenfällen, aber Nebel und leichter Dauerregen führen selbst im Juli und August zu kleinen Niederschlagsmengen.

Temperaturen

Die Temperaturschwankungen zwischen Tag und Nacht sowie zwischen den einzelnen Jahreszeiten sind sehr gering. Dieses begründet sich aus der ozeanischen Lage Madeiras.

Auch im Temperaturbereich gibt es lokale Unterschiede, die hauptsächlich durch die Höhenlage erklärt werden können. Die Region um Funchal kommt auf eine jährliche **Durchschnittstemperatur von 18,7 °C**. Dabei beträgt die jährliche Schwankung zwischen dem wärmsten und kältesten Monat etwa 7 °C. Der Süden der Insel hat also das ganze Jahr über sehr milde Temperaturen, das Monatsmittel im August erreicht 22,1 °C, und im Februar beträgt der Wert durchschnittlich 15,8 °C.

In der Höhe ist es etwas kälter: Camacha erreicht eine jährliche Durchschnittstemperatur von 14,0 °C und Santana mit 14,7 °C nahezu den gleichen Wert. Selbst auf

Klima Madeira

	J	F	M	A	M	J	J	A	S	O	N	D
Maximale Temperaturen	19	19	19	20	20	22	24	26	26	24	22	20
Minimale Temperaturen	13	13	13	14	14	17	18	19	19	17	15	14
Sonnenstunden	4	5	6	6	7	7	8	7	7	6	5	4
Regentage	8	9	7	5	4	2	0	1	3	6	7	9
Wassertemperatur Atlantik	18	17	17	18	18	20	21	22	23	22	20	19

Blumen und Küste – Wahrzeichen Madeiras

dem Gipfel des Pico do Arieiro (1.810 m) wurden immerhin noch 9,5 °C als jährliche Durchschnittstemperatur ermittelt. Sogar in der Gipfelregion liegt die durchschnittliche jährliche Schwankung nur bei etwa 9 °C, was für das ausgeglichene Klima Madeiras spricht.

Reisezeit

Gute Reisezeiten sind die Sommermonate, wobei es im Juni durchaus einige Regentage geben kann. Aber im Hochsommer kann es in der Region um Funchal auch etwas wärmer werden; zur Tagesmitte können dann schon einmal über 28 °C erreicht werden. **Gemäßigtere Temperaturen** bei geringer Regenwahrscheinlichkeit herrschen in den Monaten April und Mai vor. Auch der September ist ein guter Reisemonat, denn meistens beginnen die ergiebigen Niederschläge erst im Oktober. Im November wird das Niederschlagsmaximum erreicht. Die eigentliche Saison für die winterstrapazierten Mitteleuropäer ist jedoch der Dezember. Bei durchschnittlichen 16 °C und geringer Regenerwartung sind die Hotels in den Weihnachtsferien schnell ausgebucht. In dieser Zeit ist das Klima der Ferienhochburgen am Mittelmeer zu kühl und unbeständig, so fliegen Dezemberurlauber entweder nach Madeira oder auf die Kanaren. Besseres Wetter gibt es im Winter dann nur noch in der Karibik oder auf den Kontinenten der Südhalbkugel.

Reisezeiten

Und sollte Sie mal ein Regentag aus dem Konzept bringen, möchten wir Sie daran erinnern, dass Sie als Tourist die subtropischen Pflanzen in den herrlichen Gartenanlagen, das frische Gemüse und Obst und letztlich auch den Wein genießen – jede dieser Zier- oder Nutzpflanzen benötigt nun einmal Wasser...

Das Klima auf Porto Santo

Das Klima der kleinen Nachbarinsel Porto Santo unterscheidet sich stark von der Hauptinsel.
Obwohl der durchschnittliche **Jahresniederschlag auf Porto Santo** nur 352 mm beträgt, regnet es mit insgesamt 124 Regentagen an relativ vielen Tagen. Im Gegensatz zu Madeira fällt der Niederschlag hier jedoch als feiner Nieselregen, der in geringen Mengen sogar zwischen Juni und August auftreten kann. Gerade im Sommer, wenn die Passate besonders beständig wehen, ist die kleine Insel den mächtigen Passatwolken ungeschützt ausgesetzt; das erklärt das Auftreten des leichten Regens; Platzregen kommt dagegen nur selten vor.

Niederschläge

Wie auf Madeira fallen stärkere und ergiebigere Niederschläge in den Wintermonaten, die dann oft das Resultat der westlichen Tiefdruckgebiete sind. Zwischen April und September gibt es dagegen die geringsten Niederschlagsmengen, der **Juli** ist mit 2 mm Niederschlag der **trockenste Monat**.

Die Temperaturen im Jahresgang sind mit dem milden Verlauf der Region um Funchal zu vergleichen. Die durchschnittliche Jahrestemperatur beträgt 19 °C, wobei es mit 15,8 °C in den Monaten Januar und Februar am kältesten ist und im September mit 23,3 °C die höchste durchschnittliche Monatstemperatur erreicht wird.
Große Areale Porto Santos sind jedoch bereits versteppt, die Oberflächenform und die spärliche Vegetation stehen in deutlichem Gegensatz zur üppigen Vegetation Madeiras.

Pflanzen- und Tierwelt

Die Pflanzenwelt und ihre Vegetationszonen

Madeira – gepriesen als „**blühendes Paradies im Atlantik**" – hat tatsächlich eine überaus artenreiche und üppige Pflanzenwelt, die durch die geographische Lage und das sehr milde, vom warmen Golfstrom geprägte Klima bedingt ist. Diese Pflanzenpracht zieht nicht nur Botaniker an, sondern ist auch für viele andere Besucher ein Anlass, nach Madeira zu reisen – und manchmal auch der Grund, Jahr für Jahr wiederzukommen, denn zu jeder Jahreszeit ist die Insel mit einem andersfarbig leuchtenden Blütenkleid überzogen.

Artenreichtum

Während von November bis Januar überall die mannshohen roten und weißen Weihnachtssterne leuchten, ziehen bis Ende Februar die wunderschönen Farben und Formen der Kamelienblüten den Blick auf sich. Im April verwandeln die zartlila Blüten der Jacarandábäume die Alleen in Funchal in ein Farbenmeer, und im Sommer dominieren die kräftigen Rot- und Violett-Töne der Bougainvillea an Häuserwänden und Mauern und überranken die betonierten Flussbetten.

Überall blühen Oleanderbüsche und Hibiskus in hellem Weiß, Rosa oder Rot, während der Afrikanische Tulpenbaum in dunklem Rot leuchtet. Dichte Hortensienbüsche in den unterschiedlichsten Blautönen und die Afrikanische Liebesblume (*agapanthus*) mit ihren weißen und blauen Blütenbällen säumen die Straßenränder im Inselinneren. Im Herbst schimmern die violetten Blüten durch das dunkelgrüne Laubwerk des Seidenwollbaumes, und während des ganzen Jahres, außer im Juli/August, blüht überall auch die Strelitzie, die als Symbol Madeiras gilt.

Blütenpracht beim Blumenfest

Die **Pflanzenvielfalt auf der Hauptinsel** ergibt sich aus den 112 Familien mit über 750 Arten, von denen ursprünglich 16 % nur auf Madeira heimisch waren, und der großen Zahl der tropischen und subtropischen Pflanzen aus aller Welt, die seit der Besiedlung Madeiras und besonders seit etwa 200 Jahren vor allem von wohlhabenden englischen Weinhändlern wegen ihrer Schönheit ausgewählt und in öffentlichen und privaten Gärten und Parkanlagen bis heute kultiviert werden.

Von entscheidender Bedeutung sind die klimatischen Bedingungen, besonders der Nordostpassat, der eine Dreigliederung der Vegetation verursacht:
die „Zone über den Wolken" (trocken und kühl) über 1.200 m
die „Zone in den Wolken" (relativ kühl und niederschlagsreich) 600 – 1.200 m
die „Zone unter den Wolken" (trocken und warm) bis 600 m

Vegetationszonen

In der „**Zone über den Wolken**", wo häufig heftige, kalte Winde wehen, im Winter Schneefälle und Nachtfröste herrschen und große Unterschiede in den Tages- und Jahrestemperaturen normal sind, breitet sich eine artenarme Buschvegetation mit **mannshoch wachsender Baumheide** (*erica arborea*) und **Besenheide** (*erica scoparia*) aus.
Erst auf den zweiten Blick ist zu erkennen, dass die bis zu 5 m hohen Pflanzen der Baumheide mit unserer heimischen „Erika" verwandt sind. Die „erica arborea" ist im gesamten Mittelmeerraum verbreitet und wurde früher zur Herstellung von Holzkohle benutzt. Besonders große Exemplare kann man am Pico Ruivo und auf den Wanderungen rund um Rabaçal entdecken. Auch die Besenheide wird im Alltag verwendet zur, wie ihr Name schon sagt, Herstellung von Besen und beim Bau von Zäunen, die zum Schutz der Weinreben vor heftigen Winden errichtet werden.

Hinweis

Ein Besuch der Botanischen Gärten ist ein absolutes Muss auf Madeira! Da auch in den städtischen Parkanlagen von Funchal die Pflanzen beschriftet und gekennzeichnet sind, können Sie hier schon erste Informationen sammeln.

Am Wegesrand

Zur Vegetation gehört auch die Madeira-Heidelbeere, die bis zu einer Höhe von 2 m wächst und essbare Früchte trägt, die allerdings nur wenig Aroma haben.

Eine Besonderheit sind die tief in das Vulkangestein eingeschnittenen Schluchten, deren Felshänge alle Vegetationsstufen durchziehen und die Heimat vieler endemischer (i. e. die nur hier vorkommen) Pflanzen sind. Dort kann man mit etwas Glück in Felsspalten und zwischen Steingeröll das gelb blühende **Madeira-Veilchen** (*viola maderensis*) entdecken und den weiß blühenden **Steinbrech** (*saxifraga maderensis*), **Hahnenfußgewächse** (*ranunculus cortusifolius*) mit fast ledrigen, rundlich-herzförmigen Blättern und zahlreichen gelben Blüten, die mehrjährigen **Schwarzaugen-Strohblumen** (*helichrysum melanophtalmum*) mit dichten, weißwolligen Blättern und gelben Blüten mit schwarzem Köpfchen und den ebenfalls gelb blühenden **Madeira-Augentrost** (*odontites hollina*) sehen.

Lorbeerwald

Die darunter liegende **Vegetationszone „in den Wolken"** ist die **Heimat des Lorbeerwaldes**, wie man ihn nur noch auf Madeira, den Kanarischen und Kapverdischen Inseln und den Azoren antrifft. Die einzigartige Naturlandschaft wurde im Dezember 1999 von der UNESCO zum „Weltkulturerbe Laurazeenwald" erklärt.

Der Lorbeerbaum ist ein immergrüner Baum mit strauchförmig verzweigter Krone, die Ränder der ledrigen Blätter sind oft gewellt und enthalten Aromastoffe. Die kleinen gelblich-weißen Blüten, die zu mehreren in den Blattachseln sitzen, sind unauffällig, im Gegensatz zu den schwarzen, glänzenden Steinfrüchten. Aus der Familie der Lorbeerbäume sind der Madeira-Lorbeer (*laurus indicus*), der Kanarische Lorbeer (*laurus canariensis*) und der Stinklorbeer (*ocotea foetens*) vertreten. Letzterer ist ein bis zu 30 m hoch wachsender Baum mit dunklem, wertvollem Holz, das in frischem Zustand einen unangenehmen Geruch ausströmt. Seine Zweige werden noch immer für den typisch madeirischen Fleischspieß genutzt.
Die Beeren des kanarischen Lorbeers lieferten früher nicht nur das Öl zur Beleuchtung der Lampen, sondern auch das als Heilmittel sehr geschätzte „Azeite de baga de Louro", das bei Verletzungen und Entzündungen aufgetragen wurde. Neuere Untersuchungen in Spanien, Brasilien und Mexiko bestätigen die positive Wirkung des Öls, das nun auch zur Einnahme als Kapseln in Apotheken und Reformhäusern auf Madeira verkauft wird.

Zu den wichtigsten Lebensbedingungen des Lorbeerwaldes gehören regelmäßige Niederschläge, hohe Luftfeuchtigkeit und gleichmäßige Temperaturen, die auch von den **über 70 Farnarten** und verschiedenen Flechten und Moosen bevorzugt werden.

Im Farnenwald

Weitere Pflanzen im Lorbeerwald sind u.a. **Distelgewächse, Storchschnabelgewächse** und **Rauhblattgewächse**. Auch die **Madeira-Zeder** (*juniperus cedrus*) aus der Familie des Zedern-Wacholders wächst hier. Die Bestände wurden wegen des leicht zu verarbeitenden Holzes durch Raubbau stark dezimiert, besondere Schutzmaßnahmen und Neupflanzungen sollen neuerdings wieder für ihre Ausbreitung sorgen. Die noch vorhandenen **Lorbeerwälder** wurden **unter Naturschutz** gestellt und sind Teil der Naturparks von Madeira.

An der Stelle der ursprünglichen Vegetation des Lorbeerwaldes wachsen jetzt auf Höhen zwischen 600 und 900 m Kiefern- und Eukalyptuswälder, die erst zu Beginn des 20. Jahrhunderts durch Wiederaufforstung entstanden sind. Die Eukalyptusbäume liefern, ebenso wie die in dieser Region angepflanzten Pinien, Akazien, Douglas-Fichten, Tannen und Himalaya-Zedern, wertvolles Nutzholz für die Möbel- und Papierherstellung.
Im Unterholz wachsen vor allem Erikasträucher und der gelbblütige Stechginster (*ulex europaeus*) mit seinen dornigen Blättern.

Ab und zu kann man sogar in dieser Höhe kleine, sorgfältig terrassierte Felder sehen, die nur über steile Wege von den Bauern erreicht werden können.

In der „**Zone unter den Wolken**", in der es nur wenig Niederschläge gibt und ganzjährig milde Temperaturen herrschen, bildete sich eine inselspezifische Pflanzengemeinschaft heraus. Deren bekannteste Vertreter sind der **Wilde Ölbaum** (*olea maderensis*), kandelaberförmige, stammsukkulente Wolfsmilchgewächse (*Euphorbien*), die langsamwüchsig sind und das hohe Alter von mehr als 100 Jahren erreichen können, und der auffällige **Drachenbaum** (*dracaena draco*).

Der unverwechselbare Drachenbaum

info

Der Drachenbaum, der zur Familie der Liliengewächse gehört, zählt zu den bekanntesten und ungewöhnlichsten Baumarten auf Madeira und Porto Santo und war vor der Besiedlung dort weit verbreitet. Heute trifft man ihn meist nur noch an schwer zugänglichen Stellen an.

Drachenbäume können bis zu 20 m hoch werden; ihr dicker, grauer, im unteren Bereich unverzweigter Stamm trägt einen Schopf aus immergrünen, schwertförmigen, 50 – 60 cm langen Blättern. Frühestens nach acht bis elf Jahren erscheint der erste Blütenstand mit zunächst grünlich-weißen Blüten und später dann

info

Ein junger Drachenbaum

braunorangenen Beeren. Unterhalb des Blütenstandes bilden sich dickliche Äste heraus, die sich nach jeder Blühperiode (etwa alle 15 Jahre) zu der für ältere Bäume so charakteristischen Schirmkrone gabeln.

Zur Faszination des Baumes trägt auch bei, dass sein urtümliches Aussehen auf ein **sehr hohes Alter** schließen lässt. Da Drachenbäume nicht richtig verholzen und deshalb auch keine Jahresringe zeigen, schrieb man ihnen früher ein Alter von 1.000 und mehr Jahren zu. Inzwischen weiß man aufgrund langjähriger Messungen und durch die Anzahl der aufeinanderfolgenden Verzweigungen unter Berücksichtigung der Abstände der Blühperioden, dass der älteste Drachenbaum, der „1.000-jährige Baum von Icod" auf Teneriffa, ein Alter von etwa 365 Jahren hat. Die meisten anderen stattlichen Drachenbäume sind **etwa 150 Jahre alt.**

Neben der Verwendung für den Bootsbau war ein weiterer Grund für die Ausrottung des Drachenbaumes auf Porto Santo wohl auch das vielfach verwertbare **„Drachenblut",** das sehr geschätzt wurde und ein wichtiger Exportartikel war. Wenn der Stamm des Drachenbaumes verletzt oder angeschnitten wird, scheidet der Stamm ein Harz aus, das sich an der Luft blutrot verfärbt. Diesem „Drachenblut" wurde heilende Wirkung zugesprochen, zusätzlich wurde es als Farbstoff für Stoffe und Glasuren benutzt. Zu starke Verletzungen der Bäume führten dazu, dass diese austrockneten und abstarben.

Besonders schöne Exemplare des Drachenbaumes sehen Sie im Zentrum von Câmara de Lobos und in Santa Cruz.

In der Tieflandregion wird besonders deutlich, wie die Landschaft durch menschliche Einflüsse verändert und die natürliche Vegetation durch Kultur- und Nutzpflanzen ersetzt wurde. Wenn vor der Besiedlung die Insel bis in etwa 200 m Höhe überwiegend von strauchartigen, wasserspeichernden Pflanzen, wie z. B. Wolfsmilchgewächsen, Opuntien und Feigenkakteen bewachsen war, so finden wir gerade hier heute große Anbaugebiete mit tropischen Nutzpflanzen, die aufgrund gleichmäßiger Bewässerung gedeihen können. Es sind vor allem Bananenhaine und Anpflanzungen mit Avocados, Mangos, Papayas, Cherimoyas und Guaven, aber auch Zuckerrohr, Süßkartoffeln, Yam und Kapok.

Kultur- und Nutzpflanzen

In Höhen bis zu 600 m finden sich vor allem Weingärten, Orangen- und Zitronenhaine, Tomaten-, Kartoffel- und Weizenfelder, Obstplantagen mit Früchten, die auch in Mitteleuropa wachsen sowie Anbauflächen mit tropischen Blumen wie Strelitzien, Callas, Anthurien und Proteas, die vor allem für den Export bestimmt sind.

In dieser Höhenlage erfüllt sich der Name „blühendes Paradies im Atlantik" auf besonders vielfältige und farbenprächtige Weise, denn neben den einheimischen und den auch in Mitteleuropa gedeihenden Gartenblumen sind es besonders die exotischen Pflanzen, die seit etwa 200 Jahren auf Madeira angepflanzt werden und wegen ihrer dekorativen Blüten viel Aufmerksamkeit auf sich ziehen.
Die **Strelitzie** (strelitzia regina) trägt den deutschen Namen „Paradiesvogelblume" oder „Kranichkopf", weil ihre Blüte an einen Vogelkopf erinnert. Die formen- und farbenprächtige Blüte ist zur Wappenblume Madeiras geworden und findet sich auf vielen Stickereien, Bildern und Madeira-Broschüren.

Die Strelitzie gehört zur Familie der Bananengewächse; die ledrigen, glatten und oft mit einem roten Mittelnerv versehenen Blätter der Staude werden bis zu 2,5 m hoch. Aus diesen Blättern wächst ein hoher Stengel, auf dem ein kahnförmiges Hochblatt ruht, aus dem wiederum sich die roten bis orangefarbenen Kelchblätter und die blaulila bis blauvioletten Kronblätter erheben. Bis zu acht solcher Blüten richten sich nach und nach aus dem Schlitz des Kelchblattes auf!

Madeiras Wappenblume: die Strelitzie

info

Wie die Strelitzie zu ihrem Namen kam

Die Heimat der Strelitzie ist Südafrika, wo sie in fünf Arten auftritt. Ihren botanischen Namen „strelitzia reginae" erhielt die Blume 1774 anlässlich eines Besuches des britischen Königs *Georg III.* mit seiner Gemahlin Königin *Sophie Charlotte* in Kapstadt. Die Königin war eine geborene **Prinzessin von Mecklenburg-Strelitz.** 1795 machte König *Georg III.* von England einen Besuch bei *Katharina II.*, der Zarin von Russland, und brachte ihr als Geschenk ein aus 260 Blüten-Arten bestehendes Blumenbukett. Den Blick der Zarin zog vor allem eine ihr unbekannte, prachtvolle südafrikanische Blüte auf sich, deren aparte Farben und Formen die Herrscherin begeisterten: die Strelitzie!

Auf Madeira blühen die Strelitzien das ganze Jahr über und werden von Besuchern gerne nach Hause mitgenommen. Die Blumengeschäfte haben sich darauf eingestellt und packen die Blumen transportfähig ein, so dass man sich nach der Rückkehr noch gut ein-zwei Wochen daran freuen kann.

Die Calla (*zantedeschia aethiopica*), bei uns auch als Zimmerpflanze bekannt, wächst auf Madeira nicht nur in botanischen Gärten, sondern häufig auch wild. Es ist eine ausdauernde Sumpfpflanze mit fleischigem Erdstamm und stattlichen, langgestielten Blättern. Der etwa ein Meter hohe Blütenschaft trägt einen gelben Kolben, der von einem weißen Scheidenblatt ummantelt ist. Der unterirdisch liegende knollenähnliche Stamm ist giftig.

Die Anthurie oder Flamingoblume *(anthurium)* gehört zur Familie der Aronstabgewächse. Es sind meist aufrechte Stauden mit immergrünen, ledrigen Blättern und großen, oft intensiv rot gefärbten Blütenscheiden und geraden oder leicht gebogenen Blütenkolben.

Orchideen

Die Familie der **Orchideen** ist weltweit verbreitet und kommt nur in der Antarktis und den trockensten Wüstengebieten Eurasiens nicht vor. Die größte Vielfalt der etwa 20.000 bis 25.000 Arten in 600-700 Gattungen findet sich natürlich in den tropischen Gebieten, aber auch in Mitteleuropa wachsen Orchideen.
Die Unterschiede im Äußeren der Orchideen sind beträchtlich: so zählt zum Beispiel die Vanille mit ihren bis zu 40 m langen Trieben genau so zur Orchideenfamilie wie die *Bulbophyllum minutissimum* mit einem Blütendurchmesser von nur drei mm.

Die Orchideen unterscheiden sich von anderen Ordnungen der Blütenpflanzen nicht durch ein einzelnes Merkmal, sondern durch eine Kombination verschiedener Blütenmerkmale. Wie bei anderen Pflanzen stehen die Blüten der Orchideen auf Stielen (*Pedicellen*), die sich jedoch während des Wachstums und der Entwicklung der Blüte um 180° drehen, so dass die reife Orchideenblüte sozusagen auf dem Kopf steht. Die Orchideenblüte hat drei Kelchblätter (äußere Blütenhülle) und drei Kronblätter (innere Blütenhülle). Jeweils in Anpassung an ihre Bestäuber, die Schmetterlinge, Fliegen, Mücken oder Vögel, haben die Orchideen ihre **vielfältigen Blütenformen** herausgebildet.

Orchideen besitzen die kleinsten Samen aller Blütenpflanzen; ein Gramm Saatgut enthält bis zu 1,4 Millionen Samenkörner! Diese winzigen Samenkörner enthalten keine Nährstoffe für die Entwicklung des Keimlings. Deshalb wird der Keimling von einem Wurzelpilz ernährt, der in Symbiose mit der Orchidee lebt. Jede Orchidee ist zeitlebens mit ihrem speziellen Wurzelpilz verbunden.

Durch Züchtungen und Kreuzungen wurde die natürliche Artenvielfalt noch weiter erhöht.

Orchideenvielfalt

Hinweis

Orchideenliebhaber werden in der Quinta das Cruzes und im Jardim Orquídea, wo es auch eine Aufzuchtstation gibt, viel Interessantes entdecken. Da die Blütezeit der einzelnen Arten stark variiert und einzelne Pflanzen auch zu den Laub abwerfenden Orchideen gehören, kann es vorkommen, dass der Anblick für Laien etwas enttäuschend ist.
Quinta das Cruzes, Calçado do Pico, 1, Öffnungszeiten: täglich durchgehend von 10-18 Uhr
Jardim Orquídea, Rua Pita da Silva, 37, Öffnungszeiten: täglich 9-18 Uhr

Die Tierwelt – an Land, in der Luft und im Wasser

An Land

Im Gegensatz zur Vielfalt und Pracht der Pflanzenwelt auf Madeira stellt sich die Tierwelt als recht artenarm dar. Da Madeira vulkanischen Ursprungs ist und aufgrund seiner isolierten Lage nur einen eng begrenzten Lebensraum darstellt, konnten sich dort nur wenige Tierarten entwickeln und auch überleben. Kleinere Tiere wurden durch Stürme dorthin geblasen oder mit der Meeresströmung angeschwemmt. Wie die Flora, steht auch die **Fauna des Lorbeerwaldes** unter Naturschutz.

Bis zur Entdeckung Madeiras lebten bis auf fünf Fledermausarten keine Säugetiere auf dem gesamten Archipel; erst mit den Menschen kamen Kaninchen, Mäuse, Ratten, Wildschweine und Haustiere auf die Inseln.

Auf Madeira gibt es ca. **2.000 verschiedene Insektenarten**, von denen die endemischen Arten dadurch auffallen, dass sie entweder ihre Flugfähigkeit ganz verloren haben oder ihre Flügel nur sehr schwach ausgebildet sind. Schmetterlinge sind zahlreich vorhanden, unter anderem der große orange-bräunliche Monarch (*danaus plexippus*). Im Sommer trifft man auch auf die lästigen Stechmücken und Moskitos, die jedoch ungefährlich sind.

Nicht zu übersehen sind die zahllosen kleinen grau-grünen bis rötlich-braunen **Madeira-Mauereidechsen** (*lacerta dugesii*), die auf dem gesamten Insel-Archipel leben. Sie ernähren sich überwiegend von pflanzlicher Nahrung, zum Ärger der Bauern auch von Weintrauben und Tomaten, so dass sie großen wirtschaftlichen Schaden anrichten.

Kleine Mauereidechse

Lange Zeit wurde die Ansicht vertreten, dass die Mauereidechsen die einzigen Reptilien auf Madeira seien, aber am Strand von Garajau wurden etliche **Mauergeckos** (*tarentola mauritanica*) entdeckt. Man kann die Geckos am ehesten bei großen, von der Sonne gewärmten Steinbrocken sehen, wo sie sich sonnen. Die Geckos sind völlig harmlos und ungiftig, sie ernähren sich von Insekten und Nachtfaltern.
Wenn man die possierlichen Tiere beobachtet, wundert man sich, wie es ihnen gelingt, kopfüber an fast senkrechten Mauern herunterzulaufen. Bei genauerem Hinsehen erkennt man, dass an der Unterseite der Zehen auf lamellenartigen Haftpolstern kleine Hakenzellen sitzen, die sich in winzigste Unebenheiten des Untergrundes einhaken – daher auch der deutsche Name „Haftzeher".
Schlangen gibt es auf Madeira nicht. Auf der unbewohnten Insel Deserta Grande lebt eine **große Wolfsspinnenart**, die Gewaltige Tarantel (*lycosa ingens*).

In der Luft

Die Vogelwelt ist durch **210 Vogelarten auf Madeira** vertreten, von denen 14 als endemisch gelten. Zur Brut lassen sich 44 Vogelarten auf Madeira nieder.
Bei Bergwanderungen kann man den Mäusebussard (*buteo buteo harterii*) sehen. In den wärmeren Gebieten lebt der grau-grüne **Kanarengirlitz** (*serinus canaria*), der auf Madeira, den Azoren und auf den Kanarischen Inseln beheimatet ist. Das **Madeira-Sommergoldhähnchen** (*regulus ignicapilus maderensis*), das zu den kleinsten Singvögeln zählt und deshalb schwer zu beobachten ist, lebt im Lorbeerwald, aber auch in lichterem Mischwald und baut manchmal sein Nest sogar im Wacholder- oder Erikastrauch.

In den hohen Bergwäldern lebt die **Silberhalstaube** (*columba trocaz*), die entwicklungsgeschichtlich wie die Madeira-Taube von der Ringeltaube abzuleiten ist, aber weniger Schmuckgefieder am Hals und auf den Flügeln hat, so dass sie eher grau wirkt. Die durch die Jagd stark dezimierte Art der **Madeira-Waldtaube** (*columba palumbus maderensis*) besiedelt die niederen Hänge. Die **Lorbeertaube** (*columba junoniae*) steht seit 1991 unter Naturschutz, da ihr Bestand auf etwa 2.700 Exemplare zurückgegangen ist.

An den Küsten und auf dem Wasser leben verschiedene Möwen- und Schwalbenarten und auch Sturmschwalben. Die zur Ordnung der Röhrennasen gehörenden **Sturmschwalben** verbringen fast ihr ganzes Leben auf dem offenen Meer und kommen nur zur Brutzeit an Land.

Auf der Deserta-Insel Bugio und den Selvagens, aber auch rund um Madeira leben **Sturmtaucher** (*pterodroma feae* und *puffinus assimilis*), die auf Bootsfahrten zwischen den Inseln gut zu beobachten sind. Die **Gelbschnabel-Sturmtaucher** werden oft mit Möwen verwechselt, obwohl sie mit ihnen nicht verwandt sind, sondern zur Familie der Albatrosse gehören. Die Madeirenser nennen diese Flugakrobaten „cagarras", die meist dicht über dem Wasser fliegen und ihre Nahrung von der Oberfläche aus greifen, oft aber auch eine halbe Minute oder auch deutlich länger danach tauchen. Sie ernähren sich hauptsächlich von Fischen, Tintenfischen und großen Krebsen. Die Sturmtaucher kommen nur zum Nisten an Land. Ende Oktober entfernen die Sturmtaucher sich von den Küsten, um dann erst im Frühjahr zurückzukehren. So werden sie als „**Frühlingsboten**" willkommen geheißen. Unverwechselbar sind ihre lauten, fast jammernden Rufe, die sie während des Fluges ausstoßen. Sturmtaucher
Die Gelbschnabel-Sturmtaucher stehen unter strengem Schutz, denn sie gehören zu den seltensten Brutvögeln Europas und waren lange vom Aussterben bedroht. Bevorzugte Brutstätte für die ca. 30 Paare ist das zentrale Hochgebirge, wo sie auf fast 2.000 m Höhe im schroffen Felsmassiv geeignete Stellen für ihre Bruthöhlen finden.

Im Wasser

In den Gewässern um Madeira leben **etwa 250 Fischarten**, die meisten davon in einer Meerestiefe von 1.500 – 2.000 m. Rotbarsch, Seelachs, Schellfisch, Seeteufel und Thunfisch werden am meisten gefangen. Muscheln, Krabben, Krebse oder Langusten finden hier keinen Lebensraum, da der Atlantik sehr tief ist und an den Küsten kaum Schelf zu finden ist, der diesen Tieren als Laichgrund dient.

Der bekannteste Fisch Madeiras ist der **Schwarze Degenfisch** (*espada preta*). Es ist ein Tiefseefisch mit knopfähnlichen Augen, einem säbelförmigen Körper und einem Rachen mit nadelscharfen Zähnen, der in der lichtlosen Zone in etwa 1.000 m Tiefe lebt. In seinem natürlichen Lebensraum zeigt er eine schöne Kup-

Unverwechselbar: Espadas

ferfärbung und ist schillernd bunt; erst wenn er an die Wasseroberfläche gezogen wird, färbt er sich tiefschwarz. Nach dem Abhäuten wird das typisch weiße Fischfleisch sichtbar.

Entgegen der auf Madeira verbreiteten Ansicht kommt er nicht nur in diesen Gewässern vor, sondern an vielen Stellen des Atlantik von der irischen Küste bis zur Südküste Portugals und vor den japanischen Küsten; allerdings werden die dortigen (außer Japan) Espada-Fänge nicht kommerziell genutzt.

Die **Familie der Thunfische** (*Thunnus*) ist mit 4 verschiedenen Arten am Madeira-Archipel vertreten. Dazu gehören der Großauge-Thunfisch, der bis zu 350 Pfund schwer werden kann, und der noch größere Blauflossen-Thunfisch, der bis zu 50 km schnell sein kann. Die Thunfische gehören zu den Wanderfischen, die bis zu 100 km am Tag zurücklegen können. Charakteristisch ist eine Körpertemperatur, die zwischen neun und 18 °C wärmer sein kann als ihre Umgebung. Dies führt zu einem aggressiven Fressverhalten, das man vom Schiff oder sogar von den am Meer gelegenen Hotels aus beobachten kann: Wenn das Wasser an der Oberfläche zu kochen scheint, findet unter Wasser der Überlebenskampf statt, wenn die Thunfische die kleineren Fische verfolgen.

Mönchsrobben

Die wenigen noch in diesen Gewässern lebenden **Mönchsrobben** (*monachus monachus*), deren Existenz stark gefährdet ist, wurden unter Naturschutz gestellt. Als die Portugiesen im Jahre 1419 erstmals auf Madeira an Land gingen, trafen sie in den Buchten auf Kolonien mit Hunderten von Mönchsrobben, die portugiesisch „Lobo marinho" = Seewolf genannt werden. Der Eindruck war so stark, dass die Seeleute diesem Ort den Namen „Câmara de Lobos" („Das Haus der Wölfe") gaben, den er heute noch trägt.

Die zunächst gar nicht scheuen Tiere wurden schon bald von den Menschen wegen ihres Specks und Fleisches gejagt. Nur etwa 300 Tiere weltweit entgingen dieser jahrzehntelangen Ausrottung. Wie ernst der Schutz der Tiere heute genommen wird, ist daran zu erkennen, dass in allen Küstenbereichen die Fischerei mit Stellnetzen wegen der Gefahr von Beifängen verboten wurde und sogar die alten Stellnetze entfernt werden mussten.

Inzwischen haben Naturschützer beobachtet, dass bei den Desertas eine kleine Gruppe von vermutlich 30 Tieren lebt, auf deren Fortpflanzung große Hoffnungen gesetzt werden. Mönchsrobben wandern nämlich nicht, sondern leben in Kolonien vor den Inseln und Felsküsten, auf denen sie an Land gehen und Plätze suchen, um ihre Jungen zur Welt zu bringen. Wie die Gesellschaft zum Schutz der Meeressäugetiere (GSM) meldete, wurden 2001 drei Mönchsrobbenbabys geboren, 2002 waren es sogar vier!

Delfine und Wale

Bei der Überfahrt von Madeira nach Porto Santo können Sie im Sommer **Delfine** beobachten, die sich in kleineren oder größeren Herden („Schulen") im Wasser tummeln. In den Tiefen um Madeira leben auch verschiedene **Walarten,** die bis 1980 stark bejagt wurden. Erst seit 1981 ist die Jagd auf Wale verboten. 1981 wurde das Gebiet vor der Ponta do Garajau zum „Naturpark von Madeira" (Reserva Natural Parcial do Garajau) erklärt, in dem nicht nur die Wale, sondern die gesamte Meeresflora und -fauna unter Schutz stehen.

info

Was Sie bei Wal- und Delfinbeobachtungen wissen müssen

Nicht mehr die Jagd, sondern die Beobachtung der Wale ist jetzt angesagt! Aufgrund der günstigen Lage im Atlantik und wegen der großen Fischschwärme, die für Delfine und Wale reichlich Nahrung bieten, ist Madeira besonders gut geeignet, bei einem Bootsausflug vorbeiziehende Wale und Delfine zu beobachten.

Nachdem in den 1970er Jahren der Walfang eingestellt und das Gebiet um Madeira zur Schutzzone erklärt wurde, konnten sich die Walbestände wieder erholen. Heute sind z. B. **Pottwale, Flossenwale** und **Buckelwale** zu entdecken oder auch ein **Fleckendelfin,** ein **Großer Tümmler** oder ein **Flachnasendelfin.** Der Fang von Pottwalen war bis 1981 durchaus noch ein Thema. In Caniçal befand sich die einzige Walfangstation der Insel, die getöteten Wale wurden hier weiterverarbeitet.

Ausflugsboot zur Wal- und Delfinbeobachtung

An Bord der Ausflugsboote können Sie mit etwas Glück erleben, wie die neugierigen Delfine oder Zwergwale sich dem Boot nähern oder sogar längere Zeit neben dem Boot her schwimmen. Oder Sie halten Ausschau nach Möwen und Sturmvögeln, die sich einem Fischschwarm nähern, denn von den Fischen könnten auch Wale angelockt werden.

Auf jeden Fall ist immer zu beachten, dass Wale und Delfine durch die Besucher nicht gestört oder gefährdet werden. Dazu müssen bestimmte Regeln eingehalten werden, die inzwischen international gültig sind:

- die Tiere sollen selbst entscheiden, ob sie sich dem Boot nähern wollen oder nicht
- die Tiere dürfen nicht gefüttert werden
- die Tiere dürfen nicht verfolgt werden, und es muss immer ein Sicherheitsabstand eingehalten werden
- das Wegwerfen von Müll ist streng verboten!

Damit die Beobachtungsfahrt zu einem echten Erlebnis wird, nehmen Sie Foto- und Filmkamera und möglichst auch ein starkes Fernglas mit.

Wirtschaftlicher Überblick

Seit 1986 gehört Portugal zur Europäischen Gemeinschaft, seit 1998 zur Europäischen Währungsunion. Mit großer finanzieller Unterstützung der Europäischen Union wurde die Infrastruktur der Insel, insbesondere der Ausbau des Flughafens und des Straßennetzes, in den letzten Jahren deutlich verbessert; auch die Landwirtschaft profitiert von **Fördermaßnahmen der Europäischen Union**.

Wieviel Zukunft hat die Landwirtschaft?

Obwohl Madeira dank mehrerer Ernten pro Jahr **Selbstversorger** mit Obst und Gemüse ist und darüber hinaus noch landwirtschaftliche Produkte exportieren kann, geht die Zahl der in der Landwirtschaft Beschäftigten stetig zurück.

Zweifache Nutzung durch den Anbau von Wein und Kartoffeln

Für den **Rückgang der in der Landwirtschaft** Beschäftigten verantwortlich ist der Strukturwandel von einer Agrar- in eine Dienstleistungsgesellschaft, weniger der Einsatz der Technik. Besonders die Entwicklung des Tourismus seit den achtziger Jahren, der Verwaltungssitz der Autonomen Region sowie die 1976 gegründete Universität in Funchal trugen für eine verstärkte Nachfrage im tertiären Sektor bei.

Ähnlich wie in anderen Staaten der EU kommt noch ein Wertewandel dazu, denn die junge Generation ist kaum noch bereit, die Arbeitsbedingungen in der Landwirtschaft, wie z.B. die langen Arbeitszeiten sowie vergleichsweise geringe Löhne, zu tolerieren. Auf Madeira ist der Gegensatz zwischen Stadt und Land teilweise noch sehr ausgeprägt: Besonders wenn Sie in abgelegene Dörfer reisen, werden Sie sich oft in die Vergangenheit zurückversetzt fühlen, während Funchal bereits alle Annehmlichkeiten einer modernen Großstadt bietet.

Die beeindruckende **Vielfalt der landwirtschaftlichen Produkte** wird dem Besucher am besten bei einem Marktbesuch in Funchal deutlich. Etwa 30 % der Inselfläche können landwirtschaftlich genutzt werden. Dafür wurden steil gelegene Flächen mühsam terrassiert, indem man Stützmauern (*poios*) aus Basaltblöcken errichtete. Da auf der Südseite das Relief und Klima den Ackerbau begünstigen, befinden sich hier die meisten Anbaugebiete. Doch den günstigen Tem-

peraturen stehen besonders im Sommer die sehr geringen Niederschlagsmengen entgegen.
Dieser Nachteil wird durch eine **künstliche Bewässerung** ausgeglichen. Dabei wird das Wasser aus dem Norden über ein ausgeklügeltes Bewässerungssystem auf die Südseite transportiert. Die Errichtung dieser Kanäle (*levadas*) und der Tunnel (*furados*) geschah unter größten Mühen und beschäftigte Generationen. So begann man bereits 1461 mit dem Bau der ersten Levadas, weitere entstanden um das Jahr 1580 herum. Anfang des 20. Jahrhunderts gab es etwa 200 Levadas mit einer Gesamtlänge von 1.000 km. Ab 1939 startete die Regierung ein neues Levada-Programm, um auch die ergiebigen Regenfälle in den Höhen von über 1.000 m zu nutzen. In dieser Zeit begann man systematisch damit, das Wasser zunächst für die Erzeugung von Hydroenergie und danach für die Bewässerung der Felder zu nutzen. Heute beträgt die Gesamtlänge des Bewässerungssystems rund 2.150 km, von denen ca. 40 km als Tunnel gebaut wurden.

Levadas – die Bewässerungskanäle Madeiras

info

Das weite, 2.150 km lange Netzwerk der **„Levadas"** ist keine Errungenschaft des 20. Jahrhunderts, sondern reicht bis ins 15. Jahrhundert zurück. Da das Wasser für alle lebensnotwendig ist, aber in unterschiedlichem Maße in den einzelnen Inselteilen zur Verfügung steht, wurde schon 1461 ein Gesetz erlassen, das das Wasser zum öffentlichen Gut erklärt: „Keiner soll das Recht, die Mittel oder die Möglichkeit haben, die Quellen, weil sie auf seinem Besitz entspringen, allein zu nutzen".

Wanderweg entlang einer Levada

Um das Wasser für alle nutzbar zu machen, wurde in mühsamer Arbeit ein **weit verzweigtes Kanalsystem** angelegt, das bis in 1.800 m Höhe die Niederschläge auffängt. Durch Bewässerungskanäle, die Levadas, wird das Wasser aus dem regenreichen Norden über steile Abhänge in die trockenere Südhälfte geleitet, so dass das Land dort wirtschaftlich intensiv genutzt werden kann. Seit 1939 wird sowohl das Quellwasser als auch das in Reservoirs gespeicherte Regenwasser zunächst für die Erzeugung von Hydroenergie genutzt und danach noch für die Bewässerung der Felder.

Die Zuweisung des Wassers wird durch den „Levadeiro" streng überwacht. Er ist von März bis Oktober für die gerechte Verteilung an alle Garten- und Landbesitzer ebenso verantwortlich wie für die Reinhaltung und Säuberung der Levadas während des ganzen Jahres.

info

Jahrhundertelang waren manche Dörfer nur durch die Levadas miteinander verbunden, denn an den Wasserrinnen führen immer schmale Wege, die „passeios das levadas" entlang, die für die Wartung benötigt und auch als Verbindungswege genutzt werden.

Heute bilden die Levadas die Grundlage für das ausgedehnte Wegenetz, das auf der ganzen Insel abwechslungsreiche Naturspaziergänge und Wanderungen ermöglicht, die über Hügel und Hochmoore, an Felsen, Schluchten und Vulkankratern vorbei, durch schattige Wälder und mannshohe Baumheide und über die inseltypischen Terrassenfelder führen.

Bananenstaude mit Blüte und Fruchtbildung

Grundsätzlich kann man sagen, dass bis zu einer Höhe von 800 m Ackerbau betrieben werden kann. Im kühleren und windigen Norden der Insel liegt die Anbaugrenze etwas unterhalb dieser Höhe. Bis zur Höhe von etwa 300 m werden folgende Arten angebaut: Bananen, Weintrauben, Zuckerrohr, Zwiebeln, Tomaten, Mango, Papaya, Avocados, Guaven, Passionsfrüchte und auch Feigen. Dabei beherrschen die Bananenstauden und Weinreben besonders die Südküste zwischen Ribeira Brava und Machico. Die durstige und empfindliche Banane wird seltener an der Nordküste angebaut, sie dient hier überwiegend dem Eigenbedarf.

Die Kanarische Banane

Auf Madeira herrscht der Anbau der sogenannten **Kanarischen Banane** vor. Da die aromatische Frucht eher klein ist, wird die Pflanze auch Zwergbanane (*musa cavendishii*) genannt. Eigentlich ist die aus Südostasien stammende Banane eine tropische Frucht, aber einige der insgesamt 220 Arten sind auch in den Subtropen heimisch.

Oft sieht man die einzelnen Stauden mit blauen Plastiksäcken umwickelt. Diese dienen dem schnelleren Reifen und dem Schutz vor Insekten. Außerdem werden die etwa 25 kg wiegenden Stauden mit Holzstöcken abgestützt, damit die Stämme nicht abknicken.

Jede Bananenpflanze trägt nur einmal ihre Frucht. Nach der Ernte wird der Stamm abgeschlagen und später als Viehfutter verwendet. Während des letzten Reifestadiums der Mutterpflanze sprießen in der unmittelbaren Umgebung Ableger hervor. Nach der Ernte und dem Verschwinden des Stammes fangen die Sprösslinge an zu wachsen. Der stärkste Spross überlebt und trägt nach einem Jahr wieder eine Blüte.

Es dauert also stolze 16 bis 18 Monate, bis eine Bananenstaude geerntet werden kann. Besonders während der letzten Monate benötigt die Pflanze viel Wasser, bei größeren Monokulturen ist eine chemische Schädlingsbekämpfung unumgänglich.

Zuckerrohr

Die Bedeutung des Zuckerrohrs war besonders im 16. und 17. Jahrhundert sehr groß. Dabei spielten neben dem Anbau auch die Weiterverarbeitung zu Zucker und der Handel mit diesem einst so wertvollen Rohstoff eine große Rolle für die Wirtschaft Madeiras. Noch heute schmücken die fünf Zuckerhüte das Wappen von Funchal, im Portugiesischen werden diese Zuckerhüte *Pão de açúcar*, i.e. Zuckerbrote genannt.

Die wechselvolle Geschichte des Zuckerrohrs

info

Madeiras „weißes Gold" ist nur noch selten zu finden

Ursprünglich kommt das Zuckerrohr aus Indien. Bereits *Heinrich der Seefahrer* brachte das Zuckerrohr nach Madeira. Nach gewaltigen Brandrodungen wurde es möglichst großflächig angebaut, und bereits im Jahr 1452 gab es die erste durch Wasserkraft angetriebene Zuckermühle, die das Pressen der Rohre übernahm. Danach wurde der ausgepresste Saft gereinigt und gekocht. Diese eingedickte Masse wurde zentrifugiert, und so teilte sich der kristallisierende braune Zucker vom Muttersirup. Danach wurde der Zucker raffiniert, und der jetzt weiße Zucker wurde in eine Kegelform gebracht, eingepackt und schließlich als Zuckerhut verkauft. Die zurückbleibende Melasse wurde als Futtermittel verwendet oder zu minderwertigem Zuckerrohrschnaps weiterverarbeitet. In ganz Europa war die Nachfrage nach dem **„weißen Gold"** sehr groß. Madeira hatte den Vorteil der geografischen Lage, denn der Seeweg des asiatischen Zuckers war zu diesem Zeitpunkt erheblich länger.

Die wichtigsten Abnehmer für den madeirischen Zucker waren England und Flandern. Im 16. Jahrhundert war die Blütezeit des Zuckers, so wurde Madeira auch „die Zuckerinsel" genannt. Aus dieser Zeit stammen die prachtvollen Gebäude der Innenstädte, und in Funchal entstanden zahlreiche Kontore der Zuckerhändler in der Rua dos Mercadores *(Straße der Kaufleute)*. Doch die Kolonisation Südamerikas unter der portugiesischen und spanischen Krone sorgte für ein baldiges **Ende der Vorherrschaft im Zuckerhandel.** Gegen diese übermächtige Konkurrenz aus Südamerika konnte sich die kleine Insel Madeira

info

nicht behaupten. So sank ab Mitte des 17. Jahrhunderts die Bedeutung des Zuckerrohrs für Madeira, aber in gewissen Maßen wurde es trotzdem noch angebaut.

Parallel dazu wurde der **Anbau von Weinreben** immer wichtiger. Besonders als der Dessertwein mit seinen 17 Vol.-% durch einen Zufall entdeckt wurde, erlebte der Weinanbau einen rasanten Aufstieg. Als im Jahr 1852 allerdings nahezu alle Weinreben Madeiras durch einen Mehltaubefall vernichtet wurden, erlebte das Zuckerrohr einen erneuten Aufschwung. Es kam sogar zu einer Überproduktion von Zucker, und so begann man damit, Rum *(aguardente)* herzustellen. Noch heute wird in den beiden Orten Calheta und Porta da Cruz Zuckerrohr verarbeitet.
Die Bedeutung des Zuckers sank jedoch stetig, so dass seit der Schließung der letzten Raffinerie im Jahr 1985 überhaupt kein Zucker mehr produziert wird.

Weitere Anbaupflanzen

Neben Wein und exotischen Früchten werden in geringeren Mengen auch Weizen und Kartoffeln angebaut, der größte Teil des benötigten Getreides muss aber von Portugal eingeführt werden. Während auf den Azoren auch Tabak angebaut wird, hat der Tabakanbau auf Madeira keinerlei Bedeutung. Wahrscheinlich ist das dicht besiedelte Madeira mit den kleinen Parzellen dafür auch nicht geeignet, obwohl das Klima einen Tabakanbau ermöglichen würde.

Wichtig zu erwähnen ist noch die **Züchtung von Blumen**, die in verschiedenen Staaten der EU einen Markt gefunden haben. Das subtropische Klima Madeiras ermöglicht einen Anbau von exotischen Blumen, wobei Strelitzien, Anthurien und Orchideen bevorzugt werden. Diese intensiven Kulturen werden in Gewächshäusern aus Kunststoff gepflanzt und befinden sich meist im südöstlichen Teil der Insel. Von Funchal aus werden die frischen Blumen dann per Luftfracht nach Europa gebracht.

Die Tiere versorgen sich selbst

Viehzucht

Obwohl es verhältnismäßig viele Kühe auf Madeira gibt, sind sie kaum zu sehen, da ihre Haltung nahezu ausschließlich im Stall stattfindet. Die Milch der Kuh dient dem **Eigenbedarf der Familie**. Die Kühe werden mit frischem Gras, das in der Umgebung geschnitten wird, gefüttert. Diese Aufgabe übernehmen alle Familienmitglieder, und so wird täglich an den Rändern der Levadas bzw. an anderen Wegen mit einer Sichel das Gras geschnitten und zum Stall getragen. Wie schon erwähnt, werden auch andere pflanzliche Reste, wie z.B. die Stämme der Bananenstaude, verfüttert.

Weidewirtschaft

Rinder, Schafe und Ziegen, die überwiegend auf den höher gelegenen Weiden gehalten werden, haben dagegen ausreichend Bewegung. Diese extensive Form der Viehhaltung ist nicht besonders arbeitsintensiv, bringt dem Besitzer der Tiere allerdings wirtschaftlich auch nicht so viel ein.

Die Fischerei und ihre wirtschaftliche Bedeutung

Madeiras Fischerei ist von **Thunfisch**, **Makrelen** und dem in Mitteleuropa eher unbekannten **schwarzen Degenfisch** (*espada preta*) geprägt. Auch der Fang von Cavala (*scomber japonicus*) hat eine lange Tradition. Außerdem werden noch wenige andere Fischarten gefangen, auch Tintenfische gehören zur weniger bedeutenden Beute der Fischer. Doch die Fischereiergebnisse neigen zu starken Schwankungen, was auch mit der Tatsache zusammenhängt, dass die kleinen Schwarmfische die bevorzugte Beute von Haien, großen Thunfischen und anderen großen Fischen sind. Auf Madeira liegt das Fangresultat der Makrelenfischerei deshalb deutlich hinter den beiden bedeutenden Fischereien von Thun- und schwarzem Degenfisch.

Dunkel und ehemals unbekannt: Der schwarze Degenfisch

info

Um den schwarzen Degenfisch *(aphanopus carbo)* oder *espada preta* (port.) ranken sich viele abenteuerliche Geschichten, sicher ist, dass er erstmals in der ersten Hälfte des 19. Jahrhunderts gefangen wurde. Die Fischer erschraken vor dem **furchterregenden schwarzen Fisch** mit seinen Zähnen und großen Augen.

In Câmara de Lobos, wo die meisten Espada-Fischer zu Hause sind, brechen die Fischer mit ihren Booten nachts auf, da der Degenfisch dann in geringerer Tiefe jagt. Sie legen bis zu maximal 2.000 m lange Leinen aus, die im Abstand von 1,5 m mit Köderhaken versehen sind, mit kleinen Tintenfischstücken als Köder. Wenn die Leinen auf dem Meeresgrund ausgelegt sind, kehren die Fischer zum Ausgangspunkt zurück und beginnen mit dem Einholen der Leinen.

Die gefangenen Espadas sind aufgrund des schnellen Heraufholens und der Veränderung des Wasserdrucks bereits tot. Mehr als 1.500 Tonnen holt die Fangflotte von Câmara de Lobos jährlich aus dem Atlantik, aber die örtlichen Espada-Fischer achten sehr darauf, die Vorkommen nicht zu überfischen.

Wie in anderen Ländern der EU hat der primäre Sektor auch auf Madeira einen ständigen Rückgang zu verzeichnen. Waren Mitte der 1990er Jahre noch etwa 2 % der Erwerbstätigen im Fischereisektor beschäftigt – dazu gehören Fischer, Händler, Arbeitnehmer in der Fischweiterverarbeitung und Angestellte der öffentlichen Ver-

In der Fischhalle von Funchal

waltung –, so hat sich der Anteil seitdem auf 1 % verringert. Aber obwohl die Zahl der Erwerbstätigen in der Fischerei zurück ging, ist die **lokale Bedeutung** vor allem in den Landkreisen Câmara de Lobos und Machico **weiterhin sehr hoch**.

Bei der Fischerei Madeiras handelt es sich um eine reine Küstenfischerei, die mit kleinen Fischereifahrzeugen durchgeführt wird. Die verwendeten Holzboote sind also nicht mit modernen Fischereifahrzeugen zu vergleichen, die mit Hilfe von Navigations-, Ortungs- und Kühltechniken operieren.

Industrie und Dienstleistungen

Wirtschaftszweige

Der Bezirk **Funchal** nimmt eine **Sonderstellung im Wirtschaftsleben** der Insel ein. Alle größeren Betriebe haben sich hier angesiedelt. Seit wenigen Jahren gibt es zwar eine große Freihandelszone bei Caniçal, sie ist aber bis jetzt noch nicht zu einer blühenden Wirtschaftsregion geworden. So konzentriert sich die Wirtschaft weiterhin in Funchal. Die meisten Betriebe produzieren jedoch ausschließlich für den heimischen Absatz. So gibt es z.B. folgende Branchen: Nahrungs- und Genussmittel, Textilien und Stickereien, Baustoffe und Bauhandwerk, Metallverarbeitung, Schlossereien und Reparaturwerkstätten, holzverarbeitende Industrie, Papier, Plastik, chemische Industrie (Düngerherstellung) oder die Energie- und Wasserversorgung.

Der **Export** ist bei den industriellen Produkten kaum ausgeprägt, die Hauptursache dafür ist natürlich die periphere Lage der Insel. Für die Ausfuhr dieser Produkte sind Handel und Transport entscheidend, die jedoch zum tertiären Sektor (Dienstleistungen) gezählt werden. So lassen sich viele Arbeitsplätze in diesem Bereich finden, besonders der geschäftige Hafen von Funchal gibt vielen Menschen einen Arbeitsplatz.

In den letzten beiden Jahrzehnten erlebte der **Dienstleistungssektor** einen enormen Aufschwung. Besonders in der Hauptstadt Funchal gibt es eine große Zahl an Beschäftigten im Staatsdienst.
Wichtige Wirtschaftszweige sind die berühmte **Madeirastickerei** und die **Korbwarenindustrie**, die in dem Bergort Camacha konzentriert ist. In den offiziellen Statistiken spielen diese beiden traditionellen Heimindustrien zwar nur eine untergeordnete Rolle, doch gerade in den abgelegenen Dörfern sichert der Verdienst durch die Heimarbeit ein willkommenes Zubrot in den Haushaltskassen der ländlichen Familien.

Edle Stickerei von Weltrang

info

Bei der sogenannten Madeirastickerei handelt es sich um eine abgewandelte Form der „Broderie anglaise", die seit dem 19. Jahrhundert verbreitet war. Den Beginn dieser Heimindustrie verdankt Madeira der Engländerin Elisabeth Phelps, die den schon immer stickenden Frauen neue Techniken und Muster brachte. Die Nachfrage war besonders in England so groß, dass ein ganz neuer Handelszweig aufgebaut wurde. Mit dem florierenden Handel der Stickereien sorgte Mrs. Phelps für eine deutliche Verminderung der katastrophalen wirtschaftlichen Auswirkungen der Vernichtung der Weinstöcke durch den Mehltaubefall. So sorgten oft die Frauen seit den sechziger Jahren des 19. Jahrhunderts für das einzige Einkommen der bäuerlichen Familien, die trotzdem während der schlimmsten Jahre Hungersnöte erleiden mussten.

Noch bis vor wenigen Jahrzehnten waren bis zu 30.000 Frauen in dieser Heimindustrie beschäftigt, heute sind es wohl noch ca. 20.000. Doch wenn Sie über die Insel fahren und sich in abgelegenen Dörfern umsehen, werden Sie die überwiegend älteren Frauen, die meist in kleinen Gruppen vor einem Haus sitzen und bei der Arbeit Neuigkeiten aus dem Ort austauschen, beim Sticken bewundern können.

Bei der Stickerei handelt es sich um eine sogenannte Ausschnittstickerei (auch unter Weißstickerei bekannt), bei der mit weißem Faden die umsäumten Löcher und Plattstichornamente zu geometrischen und pflanzlichen Mustern verbunden werden. Die verwendeten Stoffe sind überwiegend Baumwolle und Leinen, und so handelt es sich bei den verzierten Produkten meist um Haushaltswäsche (besonders Tischdecken), Kleider und Blusen bzw. Hemden.

Heute werden die Muster von den Ateliers vorgegeben und auf die Stoffe aufgedruckt. Der Stoff wird dann in ehrlicher Handarbeit mit Nadel und Faden (ohne Nähmaschine!) von den Stickerinnen ausgestickt. Vor dem Verkauf wird die Wäsche noch einmal gewaschen und gebügelt und schließlich mit dem Qualitätssiegel versehen.

Hinweis

Mehr Informationen zur Madeirastickerei und Korbflechterei finden Sie auf S. 58ff.

Die Entwicklung der Korbwarenindustrie hat gewisse Parallelen zur Madeirastickerei. Denn auch hier war es die britische Nachfrage, die eine verstärkte Produktion an Korbwaren während des 19. Jahrhunderts nach sich zog.

Transport und Verkehr

Die geografischen Gegebenheiten auf Madeira, wie z.B. unzugängliche Küstenabschnitte, steile Berghänge oder große Höhenunterschiede, haben in der Vergangenheit die verkehrstechnische Erschließung der Insel erschwert.
Erst durch die finanzielle Unterstützung der Europäischen Gemeinschaft konnte in den letzten Jahren die Infrastruktur vor allem durch den Ausbau des Straßen- und Wegenetzes verbessert werden.

1996 wurde mit dem Bau des ersten vierspurigen Autobahnabschnittes zwischen Funchal und Ribeira Brava begonnen. Der weitere Ausbau der Autobahn, die Madeira von Osten nach Westen durchquert, und der Bau von Schnellstraßen in den Nordteil der Insel wurden zügig vorangetrieben und sind inzwischen abgeschlossen. Dabei wurde den Straßenbauern aufgrund der topografischen Gegebenheiten viel abver-

Der Ausbau des Straßennetzes verlangt technische Meisterleistungen

langt: die längsten Tunnel Portugals mussten durch das zentrale Bergmassiv gebaut werden!

Das größte Bauprojekt auf Madeira war der Ausbau des Flughafens Santa Catarina, der wegen des seit Jahren zunehmenden Fremdenverkehrs notwendig geworden war.

Die gewaltige Landebahn

Die Geschichte der Luftfahrt auf Madeira

info

Am 22. März 1921 startete eine vierköpfige Mannschaft zum ersten Flug von Lissabon nach Funchal, wo sie nach knapp acht Stunden erfolgreich auf dem Wasser landete. 28 Jahre später, am 25. März 1949, setzte ein Wasserflugzeug der **Fluggesellschaft Aquila Aircraft** ebenfalls in der Bucht von Funchal auf, wo sich viele Einheimische eingefunden hatten, die begeistert die ersten Fluggäste begrüßten. Die Maschine war von Southampton über Lissabon nach Madeira geflogen, unter den Fluggästen befanden sich zwei Filmstars, ein Bühnenautor und mehrere Journalisten. Während die Crew ihren Aufgaben nachkam, konnten die Passagiere auf dem 11-stündigen Flug durch große Fenster den Ausblick genießen oder sogar die „Cocktail-Lounge" aufsuchen.

Der allgemeinen Begeisterung über die Flugverbindung folgte knapp 10 Jahre später der Schrecken, als es 1958 zu zwei so **folgenschweren Abstürzen** kam, dass der Flugdienst eingestellt wurde. 1960 wurde auf der flachen Insel Porto Santo ein Flughafen angelegt, der sowohl als Stützpunkt der NATO als auch als Zivilflughafen genutzt wurde. Madeira-Reisende wurden anschließend in drei Stunden von Porto Santo per Schiff nach Madeira gebracht.

1964 wurde der **Flughafen Santa Catarina** an der Südküste Madeiras eröffnet. Für den Bau mussten etliche Hürden genommen werden: Zunächst wurden ein Steilhang am Meer weggesprengt und eine Landebahn aufgeschüttet. Da der Anflug jedoch wegen des extremen Anflugwinkels und der nur schwer berechenbaren Windverhältnisse äußerst schwierig war, durften zunächst nur portugiesische Piloten auf Madeira landen. Diese Regelung wurde erst 1984 aufgehoben, nachdem Stelzen ins Meer hineingebaut worden waren, wodurch die Landebahn um 200 m auf 1.600 m nach Osten verlängert wurde.
Nach der Verlängerung auf insgesamt 2.781 m im Jahr 2000 können nun auch Großraumflugzeuge auf Madeira landen.

Traditionelle und ungewöhnliche Transportmittel auf Madeira

Die **ungewöhnlichen Transportmittel auf Madeira** sind ein gutes Beispiel für die Fähigkeit des Menschen, sich den natürlichen Gegebenheiten anzupassen und nach Lösungen für Alltagsprobleme zu suchen.

Höchst vergnüglich: eine Korbschlittenfahrt

Ein Problem für die Bevölkerung entstand, wenn es darum ging, für die **Eigenversorgung** Brennholz, Baumaterial oder Jagdbeute heranzuschaffen oder die Ernteerträge von den weit entfernt liegenden Terrassenfeldern ins Heimatdorf oder nach Funchal zu transportieren. Diese Aufgabe wurde auf Madeira durch steile, unzugängliche Berghänge, tief eingeschnittene Täler und zerklüftete Küsten so erschwert, dass Tiere oft nicht als Lastträger eingesetzt werden konnten und die Menschen selbst die schweren Lasten tragen mussten. Deshalb flochten sie Körbe und Kisten in vielen Variationen, bauten ein Joch, an denen der Bauer zum Beispiel die Milchkannen befestigte, oder füllten den Most in leicht zu tragende Ziegenhäute.

Trittfest mussten die Träger sein, die sich mit dem Transport von Waren ihren Lebensunterhalt verdienten: die *Barrileiros*, die die Weinfässer trugen, die *Borracheiros*, die den Most in Ziegenhäuten nach Funchal brachten, oder der *Leiteiro*, der die Milch in großen Kannen in die Stadt lieferte.

Diese **inseltypischen**, **originellen Transportgeräte** sind noch auf den Kachelbildern in Funchal oder auch bei den historischen Umzügen zu sehen.

Da die Küsten oft zu steil oder die Buchten zu klein zum Anlegen von Booten waren, Madeiras Wirtschaft aber darauf angewiesen war, dass die Wein-, Zuckerrohr und Bananenernten schnell aus dem Inselnorden zum Hafen nach Funchal gebracht werden konnten, wurden Verbindungswege über die Insel angelegt. Dabei achteten die Bewohner sehr darauf, möglichst wenig von dem fruchtbaren Boden zu verbrauchen, und bauten die Wege deshalb sehr schmal und steil. Wo Esel, Pferde oder Ochsen eingesetzt werden konnten, wurden Treppen mit Stufen im richtigen Trittabstand und mit abgerundeten Kanten angelegt, über die die Tiere besser laufen oder Transportschlitten leichter rutschen konnten.

Während die meisten Inselbewohner auch sehr weite Wege zu Fuß zurücklegen mussten, ließen sich vornehme Herrschaften mit einer **Sänfte**, dem „**Palanquín**", von Ort zu Ort tragen. Alte Fotos zeigen, dass die Sänfte aus einem kurzen Brett bestand, das gerade lang genug war, dass eine Person mit ausgestreckten Beinen darauf sitzen konnte, und aus Sicherheitsgründen mit einem hölzernen oder eisernen Gitter umgeben war.

Ab der Mitte des 17. Jahrhunderts benutzten vor allem wohlhabende Stadtbewohner und ausländische Besucher die sogenannte „**Rede**", ein einer **Hängematte** ähnliches Transportmittel, das von zwei Männern, den *Portadores*, getragen wurde. Im Laufe der Jahre – als Touristenattraktion war die „Rede" bis ins 20. Jahrhundert beliebt – wurden die Ausstattung und der Komfort immer weiter verbessert, denn die „Rede" spiegelte den Reichtum und Einfluss ihres Besitzers wider.

Bis 1980 waren **Ochsenschlitten** (*carro de bois*) auf der ganzen Insel als Transportmittel verbreitet. Der erste Ochsenschlitten, eine Kombination von Schlitten und Kutsche, wurde um 1848 von dem englischen Major *Buckley* gebaut, dessen kranke Frau nicht in einer „Rede" transportiert werden konnte. Deshalb veränderte *Buckley* den herkömmlichen, für den Transport von Weinfässern benutzten Schlitten, montierte eine geschützte Sitzfläche darauf und spannte zwei Ochsen davor. Dieses „Modell" wurde weiter verbessert und entwickelte sich zum **gängigsten Verkehrsmittel** auf Madeira. Bis in die 1980er Jahre ließen sich Touristen gerne gemächlich durch die Innenstadt von Funchal ziehen; da die Ochsenschlitten aber den immer dichter werdenden Autoverkehr behinderten, mussten sie diesem weichen.

Ein **ungewöhnliches Gefährt** ist auch der **Korbschlitten**. Kaum ein Tourist lässt sich eine Fahrt mit dem Korbschlitten (*carro de cesto*) von Monte hinunter nach Funchal entgehen.
Die ersten Korbschlitten wurden nach Plänen des Engländers *Russell Manners* gebaut und 1849 eingeführt. Sie waren das erste öffentliche Verkehrsmittel auf Madeira, bekannt unter dem englischen Namen „Toboggan". Die Schlitten mit ihren hölzernen Kufen waren so groß, dass bis zu 10 Personen darin Platz fanden. Für die Fahrt wurden sechs Fahrer gebraucht, die das Fahrzeug sicher hinunter nach Funchal brachten. Für den Rückweg wurden die Schlitten bergauf von Hand gezogen.

Auf den heutigen Besucher warten die Korbschlittenfahrer an der Kirche von Monte **in traditioneller Kleidung**: Entsprechend einer Verfügung der Regierung müssen sie noch immer ganz in Weiß gekleidet sein und einen Strohhut mit schwarzem Hutband tragen. Sie halten die Schlitten, in denen zwei bis drei Fahrgäste auf gepolsterten Sitzen Platz haben, an starken Tauen fest, laufen nach dem Start

Korbschlitten und Zahnradbahn auf Madeira

Korbschlittenfahrt

bergab neben dem Gefährt her und benutzen die Taue, um den Schlitten je nach Bedarf zu lenken oder zu bremsen. Die Fahrt geht zum 2,5 km entfernten Zwischenhalt an der Kirche Nossa Senhora do Livramento oder ganz hinunter bis zur 4,5 km entfernten Rua de Santa Luzia. Das in der ganzen Welt **einmalige Vergnügen** dauert etwa 20 Minuten. Heute sind die Korbschlittenfahrer gewerkschaftlich organisiert. Zu den Erleichterungen gehört, dass die Schlitten nun mit Lastwagen zur hoch gelegenen Abfahrtsstelle zurückgebracht werden, so dass der mühsame Aufstieg für die Carreiros entfällt.

Von 1893 bis 1939 gab es auf Madeira eine **Zahnradbahn**, die zwischen Funchal und Monte verkehrte und von der Bevölkerung ebenso gerne benutzt wurde wie von den Besuchern der Insel. Auf der 4,8 km langen Strecke konnte die Zahnradbahn den Höhenunterschied von 920 m unter lautem Zischen in etwa 20 Minuten überwinden. Da die Zahl der Fahrgäste immer weiter zurückging, wurde 1939 der Bahnbetrieb ganz eingestellt.

Seilbahnen

Bei Einheimischen und Touristen gleichermaßen beliebt sind die in den letzten Jahren gebauten **Seilbahnen**. Inzwischen gibt es 7 moderne Seilbahnstationen oder Panoramalifts! Ganz gleich, ob Sie in der Seilbahn von Funchal nach Monte den spektakulären Blick auf die Inselhauptstadt genießen, von Santana zur Küstenebene hinunterfahren oder sich in den **Panoramalift** von Cabo Girão trauen – immer ist es ein eindrucksvolles Erlebnis.

Fremdenverkehr

Anfänge des Fremdenverkehrs

Die ersten Anfänge des Fremdenverkehrs auf Madeira reichen bis ins späte 18. Jahrhundert zurück, da schon zu dieser Zeit das milde Atlantikklima bei der **Linderung oder Heilung von Gicht- und Tuberkuloseerkrankungen** bekannt war. Ab der Mitte des 19. Jahrhunderts waren es dann vor allem englische Adelige und wohlhabende Kaufleute, die sich von dem ganzjährig milden Klima und der reichen Vegetation der Insel angezogen fühlten. Wer gesellschaftlich etwas auf sich hielt, ließ sich in den Wintermonaten mit Dienerschaft auf Madeira nieder, widmete sich den eigenen Liebhabereien wie Malen oder Reiten und nahm am regen Gesellschaftsleben teil. Mehr als 100 herrschaftliche Landhäuser, die *Quintas*, standen gegen Ende des 19. Jahrhunderts als Mietobjekte zur Verfügung.

In den 1890er Jahren ließ der Schotte *William Reid* westlich vom Hafen von Funchal ein luxuriöses Hotel bauen, das 1894 eröffnet wurde und im Laufe der Jahre viele berühmte Persönlichkeiten zu seinen Gästen zählte, wie die österreichische Kaiserin *Elisabeth (Sissi)*, *George Bernard Shaw*, Kaiser *Karl von Österreich*; später waren es *Winston Churchill* und *Gustav Gründgens*.

Zwar öffnete Madeira sich in den Folgejahren mit dem **Bau weiterer Hotels** dem Fremdenverkehr, da die Insel aber nur per Schiff auf einer langwierigen und umständlichen Reise zu erreichen war, blieb die Zahl dieser „Individualreisenden" gering. Erst die großen Kreuzfahrtschiffe, die in der Bucht von Funchal anlegten, brachten mehr

Das moderne Hotelviertel im Westen der Inselhauptstadt wächst immer weiter

Besucher auf die Insel, wenn auch zunächst nur für einen kurzen, halbtägigen Landausflug.

Im Jahre 1964, nach dem **Bau des ersten Flughafens**, wurde die Reise nach Madeira zunächst für Besucher vom portugiesischen Festland interessant. Seit der Eröffnung des neuen Flughafens im Jahre 2000 weist Madeira ständig wachsende Besucherzahlen auf. Rund 960 000 Urlauber, von denen die meisten aus Großbritannien und Deutschland kamen, besuchten pro Jahr Madeira und Porto Santo! Für deutsche Urlauber in Portugal rückte Madeira hinter der Algarve auf den zweiten Platz der Beliebtheitsskala vor.
Damit hat sich der Fremdenverkehr zu einem wichtigen Wirtschaftsfaktor Madeiras entwickelt.

Touristische Angebote

Zum unverwechselbaren touristischen Angebot gehören u.a. die Korbschlittenfahrten zwischen Monte und Funchal, der Besuch wunderschöner Parkanlagen mit einheimischen und exotischen Pflanzen, die zahlreichen Wanderungen entlang der Levadas, Aufstiege zu den Inselbergen, Seilbahnfahrten und natürlich Kostproben des berühmten Madeiraweines.

Auch auf Porto Santo ist seit Jahren ein Zuwachs im Fremdenverkehr zu verzeichnen. Für die Zukunft sind weitere Hotelbauten, die Erweiterung des Golfplatzes, der Bau eines Zentrums für Geomedizin und neue touristische Angebote geplant.

Gesellschaftlicher Überblick

Bevölkerung

Die Portugiesen bilden **keine ethnologische Einheit**, da sich im Ablauf der Geschichte die unterschiedlichsten Völker auf der Iberischen Halbinsel niederließen und mit der Urbevölkerung vermischten. Entsprechend vielfältig ist auch die Bevölkerung von Madeira, die zum großen Teil aus Nachfahren der vom Festland eingewanderten Portugiesen besteht. Aber auch Spanier, Italiener, Flamen und vertriebene Mauren und Juden gehörten zu den ersten Siedlern auf der bis 1418 unbesiedelten Insel. Später wurden Sklaven aus Afrika und den Kapverdischen Inseln für die Arbeit im Zuckerrohranbau auf die Insel gebracht; noch später waren es Engländer, die sich auf Madeira niederließen.

Die geografischen Gegebenheiten der Insel mit hohen Bergen, tiefen Schluchten und umschlossenen Talkesseln führten dazu, dass sich in den voneinander isolierten Inselregionen ganz unterschiedliche Bräuche herausbildeten, die in den verschiedenen Dialekten, Tänzen, Trachten und Festen ihren Ausdruck finden. Erst die verkehrstechnische Erschließung der Insel in den letzten Jahren führte zu einer **Öffnung und Annäherung**, so dass sich heute weniger ein regionaler, als vor allem ein Unterschied zwischen dem „internationalen" Leben in der Inselhauptstadt und den ländlichen Gegenden zeigt.

Familie

Durch die Verfassung von 1976 und die damit verbundene Neufassung des Familienrechts wurden grundlegende Veränderungen eingeführt, wie z.B. die Gleichberechtigung der Frauen, die Chancengleichheit und die Gleichstellung unehelicher Kinder sowie die Anerkennung der Hausarbeit und Kindererziehung, die in der wirtschaftlichen Wertschätzung der beruflichen Tätigkeit gleichgesetzt werden. Diese fortschrittliche Verfassung wirkt sich erst ganz allmählich im Alltag aus, denn wie in anderen romanischen Ländern war in der Vergangenheit auch auf Madeira der Mann in seiner Position als Familienvorstand bestimmend. Sowohl in der Öffentlichkeit als auch in der Familie galt das Wort des Mannes, ohne seine ausdrückliche Zustimmung waren Frauen nicht entscheidungsberechtigt.

Familienstruktur

Aber auch die durchschnittliche **Familienstruktur** ist einem Wandel unterworfen. Die traditionelle Großfamilie, in der mehrere Generationen in einem Haus zusammenleben und die Rollen- und Aufgabenverteilung klar umrissen sind, wird nur noch von der ländlichen Bevölkerung fraglos akzeptiert. In Funchal zeichnet sich dagegen der Trend zur Kleinfamilie mit ein oder zwei Kindern ab, denn die Berufstätigkeit beider Elternteile, die Wohnungssituation in der Stadt und die Orientierung an mitteleuropäischer Lebens- und Freizeitgestaltung machen andere Lebensformen notwendig. Wie in Portugal stagniert auch auf Madeira der Bevölkerungszuwachs.

Sonntags-Picknick in der Familie

Für das Selbstverständnis der Familien ist das **Verhältnis zur katholischen Kirche** von Bedeutung. Wo der Einfluss der Kirche groß ist, ist die Bindung an überlieferte Strukturen enger, was vor allem auf die Landbevölkerung zutrifft. Der nachlassende Einfluss wirkt sich besonders bei der jungen städtischen Generation und ihren veränderten Wertvorstellungen aus.

Trotz dieser veränderten Einstellungen hat die Familie für den Madeirenser weiterhin große Bedeutung und bindet den einzelnen in ein festes soziales Netz ein. **Familienfeste und Feiertage** werden traditionell im Kreis der Familie gefeiert. Dabei werden zur Familie nicht nur die nahen Verwandten gezählt, sondern auch weitläufig Verwandte mit ihren Kindern und Kindeskindern.

Religion

Über 90 % der Bevölkerung gehören der **römisch-katholischen Kirche** an, außerdem gibt es eine protestantische, eine anglikanische und eine kleine jüdische Gemeinde sowie eine kleine Zahl von Menschen, die sich zum islamischen Glauben bekennen.

In den vergangenen Jahrhunderten hatte die katholische Kirche in Portugal und auf Madeira eine starke Position, die sich auf die enge Beziehung zum Königshaus und später zur Diktatur stützte und beträchtliche Privilegien einschloss.
Erst seit der „Nelkenrevolution" von 1974 ist ein Rückgang der kirchlichen Einflussnahme zu beobachten. Die umfassende Information der Menschen durch die Medien und die durch den wachsenden Fremdenverkehr verstärkte Begegnung mit Menschen aus aller Welt führten zu einer kritischeren Einstellung gegenüber der katholischen Kirche und ihren Moralvorstellungen.

Dennoch wird die **Zugehörigkeit zur Kirchengemeinde** nicht grundsätzlich in Frage gestellt: Kirchgang, kirchliche Trauung, Taufe, Kommunion und ein kirchliches Begräbnis sind fest im Tageslauf und Lebenszyklus verankert.

Erwerbsgrundlage und Auswanderung

Lebensgrundlage der Bevölkerung war seit jeher die Landwirtschaft, deren Erträge jedoch oftmals nicht ausreichten, um die Familien ausreichend zu ernähren. Deshalb verließen schon in den vergangenen Jahrhunderten viele Madeirenser, vor allem junge, arbeitsfähige Menschen, ihre Insel, um in Mitteleuropa, Südafrika und Übersee, vor allem in Venezuela, Arbeit zu suchen. Die Gelder, die die Emigranten in die Heimat schicken, sind eine große Hilfe für die Zurückbleibenden und ein wichtiger Stützpfeiler der madeirischen Wirtschaft.

Obwohl der wachsende Fremdenverkehr neue Erwerbsmöglichkeiten gerade auch für die junge Generation bietet, ist das **Problem der Inselflucht** damit noch nicht behoben. Vor allem gut qualifizierte junge Menschen suchen nach beruflichen Alternativen in Portugal oder im Ausland. Wer auf Madeira bleibt, ist an die neu geschaffenen Arbeitsplätze gebunden, die hauptsächlich in Funchal und in den Ferienorten zu finden sind, so dass immer mehr junge Menschen die Dörfer im Inselinneren und an der Nordküste verlassen und sich in Funchal oder an der Südküste einen Arbeitsplatz suchen.

Verfassung und Verwaltung

Madeira bildet innerhalb der Republik Portugal zusammen mit Porto Santo und den beiden Inselgruppen Desertas und Selvagens die „Autonome Region von Madeira". Auf der Inselgruppe gilt die portugiesische Verfassung, die am 25. April 1976 in Kraft trat. 1992 erfuhr die Verfassung eine Angleichung an den Vertrag von Maastricht, im September 1997 wurden nochmals Veränderungen vorgenommen, unter anderem zum Wahlgesetz und zur Verkleinerung des Parlamentes. In der Verfassung werden das Streikrecht und die Versammlungsfreiheit garantiert, Zensur und Todesstrafe sind verboten, Religionsfreiheit ist gewährt.

Staatsoberhaupt Portugals ist der **Staatspräsident**, dessen Amtszeit fünf Jahre dauert. 2006 wurde *Aníbal Cavaco Silva* gewählt, **Ministerpräsident** ist *José Sócrates*.

Das portugiesische Nationalparlament in Lissabon, das in einer Parteien-Verhältniswahl für eine vierjährige Legislaturperiode gewählt wird, setzt sich aus 230 Abgeordneten zusammen, von denen fünf die Interessen der Madeirenser vertreten.

Verfassungsorgane

Die weitgehend autonome Madeira-Region hat eine **eigene Landesregierung**, die sich aus dem Präsidenten, einem Vizepräsidenten und sechs Regionalsekretären (Ministern) für die einzelnen Ressorts zusammensetzt. Die Regionalregierung ist zuständig für das Gesundheits-, Bildungs- und Verkehrswesen, während Außenpolitik, Verteidigung und Finanzen zum Zuständigkeitsbereich der portugiesischen Zentralregierung gehören.

Das Regionalparlament setzt sich aus 57 Parlamentsabgeordneten der Sozialdemokratischen Volkspartei (PSD), der Sozialisten (PS), der Zentrumsdemokraten (CDS), der Volksdemokratischen Union (UDP), der Kommunisten (CDU) und der Nationalsolidarischen Partei (PSN) zusammen.
Regierende Partei Madeiras ist seit 1976 die **Sozialdemokratische Volkspartei** (PSD), die weiterhin mit *Dr. Alberto João Cardosa Gonçalves Jardim* den Regierungschef stellt. Funchal, als Hauptstadt des Archipels, ist der Sitz der Landesregierung und des Landtags.

info

Dr. Alberto João Jardim, ein wichtiger Mann für Madeira

Gar nicht hoch genug einzuschätzen für die Entwicklung Madeiras ist die Leistung von *Alberto João Jardim,* der seit über 35 Jahren Präsident der Landesregierung von Madeira ist. Nachdem Madeira 1976 zur „Autonomen Region" erklärt worden war, wurden Wahlen durchgeführt, aus der die Partei Dr. *Jardims,* die PSD, als Siegerin hervorging. Seit dieser Zeit vertritt Dr. *Jardim* vehement die Interessen Madeiras, sowohl im Parlament in Lissabon als auch im Europäischen Parlament in Brüssel. Die Schwerpunkte seiner Arbeit liegen in der Verbesserung der Infrastruktur, zum Beispiel durch die Errichtung von Gesundheitszentren und Schulen in den ländlichen Gemeinden, in der verkehrstechnischen Erschließung der Insel durch den Ausbau des Straßennetzes und in der Annäherung des Lebensstandards an das mitteleuropäische Niveau.

Bildungswesen

Das Bildungswesen hat sich seit der „Nelkenrevolution" im Jahre 1974 stetig verbessert, durch gezielte Fördermaßnahmen konnte auch in der Landbevölkerung die Zahl der Analphabeten deutlich reduziert werden.

Schulsystem

Das 1986 verabschiedete „Gesetz zu den Grundlagen des Bildungswesens" ermöglichte eine Reform des **portugiesischen Schulsystems**, wobei die wichtigsten Neuerungen die Verlängerung der Schulpflicht und die Neugestaltung der Bildungsstufen betrafen, die allerdings nur langsam umgesetzt wird.

Für alle Kinder besteht ab dem 6. Lebensjahr eine allgemeine Schulpflicht von neun Jahren. Die Vorschulerziehung für Kinder im Alter von drei bis sechs Jahren ist freiwillig. Daran schließt sich die „Grundbildung" (*ensino básico*) an, die der Dauer der Schulpflicht entspricht und an staatlichen Schulen kostenlos ist.

Schüler, die studieren wollen, besuchen nach den neun Pflichtschuljahren die Schule für weitere drei Jahre, eine Abschlussprüfung, wie zum Beispiel das deutsche Abitur, gibt es nicht. Voraussetzung für die Zulassung zum Studium an den staatlichen oder privaten Hochschulen sind ein gutes Abgangszeugnis und eine bestandene Zulassungsprüfung.

Die **Finanzierung des Bildungswesens** ist im wesentlichen Aufgabe des Staates. Auf Madeira werden die Bildungseinrichtungen aus eigenen Mitteln und aus Zuweisungen aus dem Staatshaushalt finanziert. Das bedeutet, dass für die Dauer der „Grundbildung" Schulbesuch und Lehrmittel kostenfrei sind, während für die weiterführenden Schuljahre zehn – zwölf und für den Hochschulbereich Einschreibegebühren erhoben werden und Schulbücher und Unterrichtsmaterialien von den Familien selbst bezahlt werden müssen.

Neben staatlichen Schulen sind auch Privatschulen, meist in kirchlicher Trägerschaft, zugelassen, die der staatlichen Schulaufsicht unterstehen.

Die **Universität von Madeira** (*Universidade da Madeira*) wurde 1988 gegründet. Ihre Vorläufer waren das seit 1599 bestehende Jesuitenkolleg und das Priesterseminar. 1816 wurde die medizinische Fakultät gegründet. Etwa 2.500 Studenten haben sich eingeschrieben für die Studienbereiche Mathematik und Naturwissenschaften, Pädagogik, Wirtschaftswissenschaften, Kunstgeschichte und Fremdsprachen. Unter Beteiligung der Fachbereiche der Universitäten von Lissabon, Kiel, Aberdeen und Gainsville/Florida wird im Rahmen internationaler Zusammenarbeit ein Projekt zur Erforschung der Meeresschildkröten durchgeführt. Mit den Universitäten in Münster und Potsdam bestehen diverse Austauschprogramme.

Sprache

Portugiesisch wird weltweit von etwa 180 Millionen Menschen gesprochen, von denen jedoch nur etwa 10 Millionen auf portugiesischem Staatsgebiet leben. Portugiesisch wird in Brasilien, in Macao und in den ehemaligen portugiesischen Kolonien in Afrika und Asien gesprochen. Damit nimmt portugiesisch unter den am meisten gesprochenen **Sprachen der Welt** den fünften Rang ein.

Portugiesisch ist eine romanische Sprache, die mit Grammatik und Wortschatz aus dem Lateinischen hervorgegangen ist, allerdings nicht aus dem klassischen Latein der gebildeten Bürger Roms, sondern eher aus der Umgangssprache der römischen Soldaten. Später wurden zahlreiche Wörter aus dem Arabischen, Spanischen und Französischen entlehnt.

Da vor allem in Funchal viele Madeirenser englisch, manche sogar deutsch sprechen, gibt es nicht viele Gelegenheiten, sich in der portugiesischen Sprache zu üben. Aber auf dem Land ist es recht hilfreich, wenn man wenigstens ein paar gebräuchliche Redewendungen zur Begrüßung oder zum Dank kennt.

Kunst, Kultur und Kunsthandwerk

Architektur und Kunstgeschichte

Die portugiesische Kultur wurde durch römische, westgotische und muslimisch-maurische Einflüsse geprägt. Charakteristisch für die eigenständige Entwicklung der portugiesischen Kunst, die nach der Gründung des portugiesischen Staates im 12. Jahrhundert einsetzte, war vor allem die Auseinandersetzung mit der **maurischen Kultur**.

Manuelinischer Stil

Einzigartig ist der manuelinische Stil (*Manuelismo*), der sich auf dem portugiesischen Festland und auch auf Madeira verbreitete und vor allem in der Architektur und der Steinmetzkunst seinen Ausdruck fand. Er ist eng mit dem Namen und der Regierungszeit König *Manuels I.* (1495-1521) verbunden, in der die wirtschaftliche und kulturelle Blüte, das „Goldene Zeitalter" Portugals begann. Es baute auf den Erfolgen in der Seefahrt unter *Heinrich dem Seefahrer* und der folgenden Inbesitznahme fremder Länder auf.

Im manuelinischen Stil verbinden sich **Formen der Gotik** und der **Frührenaissance** mit Kulturelementen aus den neu entdeckten Übersee-Gebieten in Südamerika, Afrika und Asien. Anregungen aus den bis dahin unbekannten Kulturen brachten Seeleute und Händler von ihren Reisen mit, portugiesische Künstler setzten die Ideen in Stein um. Im Auftrag des Königs und reicher Familien wurden Fassaden, Portale und Fenster von Kirchen, Klöstern und herrschaftlichen Häusern mit Rundbogenfenstern, Arkaden, Türmchen oder Säulen gestaltet und mit nautischen Motiven, wie Meerestieren, Korallen oder Schiffsknoten versehen. Ebenso wurden Fabelwesen, tropische Blüten und Früchte, aber auch christliche Symbole, vor allem das Kreuz der Christusritter verwendet. Auch Taufbecken, Grabmäler und sogar der Schandpfahl von Funchal wurden so kunstvoll ausgeschmückt.

Fenster im manuelinischen Stil

In den Bauwerken und der Bildhauerkunst jener Zeit zeigt sich damit die weltweite Ausdehnung des portugiesischen Machtbereiches, die sich dem Neuen und Fremden anderer Kulturen öffnete.

Zu den bedeutendsten Bauwerken des **Manuelismus** zählen das Hieronymuskloster (Mosteiro dos Jerónimos) und der Turm von Belém (Torre de Belém) in Lissabon.

In seiner Eigenschaft als Verwalter des Christus-Ordens auf Madeira gab König *Manuel I.* auch den Bau der **Stadtkirche** von Funchal (*Sé*), des **Alten Zollhauses**, der **Festung São Lourenço** und auch der Kirchen kleiner Inseldörfer in Auftrag, jedoch sind diese Bauwerke insgesamt strenger und schlichter gestaltet als in der Hauptstadt Lissabon. Ein besonders schönes Beispiel manuelinischer Baukunst sind die beiden steinernen Fenster, die im Archäologischen Park der **Quinta das Cruzes** aufgestellt und reich mit Spitzbögen, Ornamenten und zwei sitzenden Löwen verziert sind.

Kirchenkunst

Seit der Besiedlung der Insel sind die Kirchen und Kapellen der Mittelpunkt jeder Ortschaft. Viele der alten Kirchen sind bis heute in ihrem ursprünglichen Kern erhalten geblieben, auch wenn sie im Laufe der Zeit renoviert, umgebaut oder vergrößert wurden. Typisches Merkmal der **Kirchenbaukunst auf Madeira** ist der augenfälli-

ge Gegensatz zwischen der streng gegliederten, meist schmucklosen Fassade und der oft überwältigenden Pracht im Kircheninneren. Altes, kunstvoll verziertes Chorgestühl, wertvolle, holzgeschnitzte Altarbilder, reiche Stuckarbeiten mit Goldauflage, alte Gemälde flämischer Meister und vielfarbige Kachelbilder sind auch in kleineren Dorfkirchen zu bewundern. Die meisten dieser Kunstschätze wurden den Kirchen von Königen und Adeligen oder reichen Kaufleuten gestiftet.
Besonders gut erhaltene Beispiele der Kirchenkunst auf Madeira sind die **vergoldete Altareinfassung** in Câmara de Lobos und das **steinerne Taufbecken** in Ribeira Brava.

Auf jeden Fall einen Besuch wert ist das Kirchenmuseum (*Museu de Arte Sacra*) in Funchal mit einer Sammlung wertvoller Exponate sakraler Kunst (s. S. 129/130).

info

Kirchenkunst aus Flandern

Der Besucher ist eigentlich gar nicht darauf vorbereitet, auf Madeira eine bedeutende und wirklich sehenswerte Sammlung flämischer Gemälde des 15. und 16. Jahrhunderts zu finden. Als sogenannte **Zuckerbilder** wurden die Bilder bekannter flämischer Meister im Tausch gegen Zucker nach Madeira gebracht, denn der auf Madeira hergestellte Zucker war eine begehrte und kostbare Handelsware. Während im Kirchenmuseum Bilder mit religiösem Bezug zu sehen sind, gab es in den Wohnhäusern und Quintas der reichen Kaufleute auch Bilder mit profanen Themen, die entweder im Tausch gegen Zucker oder als Auftragsarbeit von den Familien erworben wurden.

Azulejos – das Inselleben auf Kacheln

Gleich beim ersten Spaziergang durch Funchal oder auch bei der Besichtigung einer Dorfkirche werden Ihnen die großen, weiß-blauen Kachelbilder auffallen, die *azulejos*, die an Hausfassaden, Kirchenwänden oder an Aussichtspunkten zu dekorativen Zwecken angebracht sind und inseltypische Szenen von Madeira zeigen, wie z.B. die Sänftenträger am Gebäude der Handelskammer in Funchal.

Der Begriff **Azulejo** (ausgesprochen wird es wie asuleschu) bedeutet zunächst nur Fliese und wird seit Anfang des 16. Jahrhunderts in Portugal verwendet. Es ist das ursprünglich arabische Wort „azzelij" für einen flachen, glatten Stein, der für die römisch-byzantinischen Mosaiken des Vorderen Orients und Nordafrikas verwendet wurde. Die Übernahme des Wortes „azulejo" machte deutlich, dass neben der alten, traditionellen Keramikherstellung etwas Neues begann, bezogen sowohl auf die Herstellung als auch auf die Verwendung.

Diese **Mosaiken** wurden durch Glasuren auf Keramik in den sogenannten mudéjar-Techniken nachgeahmt, die durch muslimische Handwerker über Nordafrika nach Spanien und von dort nach Portugal gelangt waren.
Die Fliesenmaler des 16. und 17. Jahrhunderts stellten Szenen aus der Bibel und dem

Die Kacheln und ihre Geschichte

info

Bei der **mudéjar-Technik** werden drei Verfahren unterschieden, von denen sich die „corda seca"-Technik durchsetzte, die zur Zeit Manuels I. aus Sevilla nach Lissabon kam. Bei dieser Technik wurden die Linien, meist geometrischer Muster, in den Ton eingeritzt, danach legten die Handwerker in die so entstandenen Furchen mit Öl getränkte Fäden, die das Ineinanderlaufen der Farben verhinderten. Beim anschließenden Brennen der Kacheln verdampfte das Öl, und die Fäden verbrannten.

Blütenpracht beim Blumenfest

Eine weniger sorgfältige, aber auch preiswertere Arbeit entstand bei der **„aresta"**- oder **„cuenca"-Methode,** bei der die aufgetragenen Farben durch Kanten und Mulden voneinander getrennt wurden.

Um die Mitte des 16. Jahrhunderts erreichte von Italien aus die neue **Majolika-Technik,** die eine Bemalung gebrannter Tonwaren ermöglicht, auch Portugal. Dabei wird auf vorgebrannten Scherben, den sogenannten Biskuits, die Vitratmasse, eine dickflüssige Mischung aus Zinn- und Bleioxyd, quarzhaltigem Sand, Meersalz und Soda, aufgetragen, die bei einem zweiten Brand dem Ton das Silizium entzieht und so an der Oberfläche zur Glasur gerinnen kann. Auf der vitrierten Fläche wird mit Hilfe von Kohlenstaub und einer Schablone eine Zeichnung angebracht, die dann mit Farben ausgestaltet wird. Dies erfordert vom Maler großes Vorstellungsvermögen und viel Erfahrung im Umgang mit den verwendeten Farben, da die endgültigen Farbtöne erst nach dem Brand sichtbar werden. Die Farbmischungen, die auf diesem rohen Glasurüberzug aufgetragen werden, nennt man „Grand-Feu-Farben" oder Scharfbrandfarben, da sie zusammen mit der Glasur gebrannt und dabei Temperaturen von mindestens 850°C ausgesetzt werden.

Die bisherige Farbpalette der Fliesen von Ocker, Blau und Weiß wurde erweitert durch Gelb und Kobaltblau, und die bis dahin üblichen geometrischen Muster wurden durch bildliche Darstellungen ersetzt.

Selbst im 19. Jahrhundert blieb die Azulejo-Produktion in Portugal als **Kunsthandwerk** erhalten. Zwar wurden neue technische Hilfsmittel eingesetzt, aber Herstellung und Bemalung der Azulejos erfolgte weiterhin von Hand. In der Mitte des 19. Jahrhunderts begann ein neuer Aufschwung der Azulejo-Herstellung, der sich bis zur Wende zum 20. Jahrhundert fortsetzte und in den letzten Jahren durch die Arbeiten junger Künstler neue Belebung erfuhr.

Die Caravelle von Christoph Kolumbus als Pflastermosaik

Leben der Heiligen ebenso dar wie Alltagszenen und zeitgenössische Ereignisse aus fernen Ländern, von denen die Seefahrer und Entdecker erzählten.

Nicht nur in Portugal, sondern auch in den Niederlanden, England, Frankreich und Deutschland wurden Fliesen hergestellt, wobei die blau-weißen Kacheln aus Delft besonders geschätzt und in großer Zahl nach Portugal exportiert wurden.

Durch die Gründung einheimischer **Azulejo-Manufakturen** erreichten die Wandbilder noch größere Popularität. Die hochwertigen, sehr dekorativen und gleichzeitig sehr praktischen, zu großen Bildteppichen zusammengefügten Fliesen finden überall Verwendung: in Klöstern, Kirchen und Palästen, in Bahnhöfen und Markthallen, an öffentlichen Brunnen und Treppenaufgängen, in Cafés, Restaurants und vielen Wohnhäusern. Dabei sind der Vielfalt der Formen, Farben und Muster keine Grenzen gesetzt. An vielen öffentlichen Gebäuden und in zahllosen Privathäusern sieht man inzwischen die Azulejos, die auch als Souvenirs immer beliebter werden.

Pflastermosaiken

Jedem Madeira-Besucher fallen auch die **schönen Straßenmosaiken** auf den Bürgersteigen, in der Fußgängerzone und auf dem Rathausplatz in Funchal auf. Die aus vielen kleinen schwarzen und weißen Steinen gelegten Muster reichen von einfachen geometrischen Motiven über Wellenmosaiken bis hin zu kunstvollen Pflasterbildern mit madeirischen Motiven, wie einem Segelschiff oder einer Blume.

Vorbild für die Bodenmosaiken waren die steinernen Straßenbilder in Lissabon, die nach dem verheerenden Erdbeben von 1755 mit kleinen Steinen aus den Häusertrümmern gelegt worden waren. Während die frühen Pflasterbilder aus weißen Kieseln und schwarzem Basaltstein angefertigt wurden, geht man heute dazu über, die Mosaiken aus behauenen Steinen zu gestalten; jedoch wird bei Ausbesserungsarbeiten darauf geachtet, dass sorgfältig im alten Stil gearbeitet wird.

Malerei und Plastik

Die Brüder *Henrique Franco de Sousa* (1883-1961) und *Francisco Franco de Sousa* (1895-1955) gehören zu den bedeutendsten Künstlern Madeiras. Sie lebten beide lange Zeit in Lissabon und Paris, wo sie durch die Auseinandersetzung mit zeitgenössischen Künstlern wie *Rodin*, *Picasso* oder *Maillol* stark beeinflusst wurden.

Während *Henrique Franco* sich der Landschafts- und Portraitmalerei zuwandte, arbeitete *Francisco Franco* als Bildhauer.

Zu seinen bekanntesten Werken zählen die Zarco-Büste in Terreiro da Luta, der Sämann im Santa-Catarina-Park in Funchal und das große Zarco-Denkmal auf der Avenida Arriaga in Funchal.

Kunsthandwerk

Um der großen Bedeutung, die das **Kunsthandwerk als Wirtschaftsfaktor** auf Madeira hat, gerecht zu werden und gleichzeitig für den Fortbestand des Handwerks zu sorgen, wurde 1978 in Funchal das Institut für Stickerei, Gobelin und Kunsthandwerk (Instituto de Bordados, Tapeçaria e Artesanto da Madeira, IBTAM) gegründet.

Das Institut bietet Ausbildungskurse für Stickerei, Gobelin und Korbflechttechniken an. Außerdem ist ein Museum angeschlossen; im 1. Stock sind besonders schöne Arbeiten ausgestellt, zum Beispiel Trachten, Tischdecken, Vorhänge oder Gobelinarbeiten. Außerdem sind einige historische Musikinstrumente zu sehen. Das Institut ist zuständig für die Produktkontrolle, die mit einem Prüfsiegel abschließt, und für den Verkauf und Versand in alle Welt.

Stickerei

Die **Stickerei** hat auf Madeira **eine lange Tradition**. Zunächst waren es Klosterfrauen, die in ihrer Freizeit kunstvolle Stickereien anfertigten, später waren es Bäuerinnen und junge Mädchen, die für ihren eigenen Haushalt oder für ihre Aussteuer Tischdecken, Bettwäsche, Taschentücher oder Kleidungsstücke mit seit Generationen überlieferten Mustern bestickten.

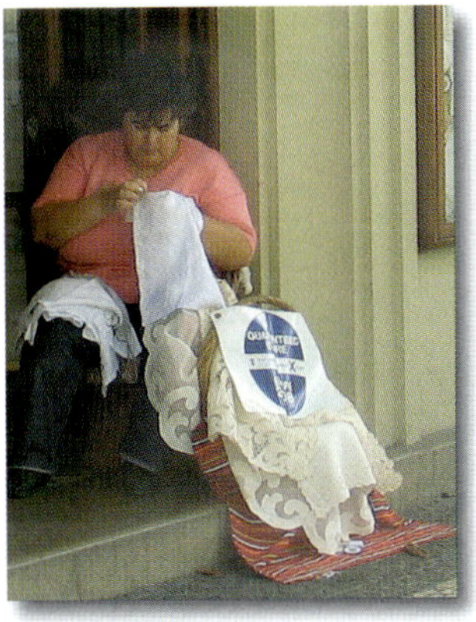

Heimarbeit

Die **Kommerzialisierung** begann in der zweiten Hälfte des 19. Jahrhunderts. Zunächst sorgte *Elizabeth Phelps,* die Tochter eines wohlhabenden Weinhändlers, für die Verbreitung, indem sie die Stickereien bis nach England schickte. Nach 1890 sorgten auch deutsche Händler für den Export nach Deutschland und Frankreich. Da die Nachfrage mit Ausbruch des 1. Weltkrieges nachließ, wurde das Geschäft aufgegeben. Nach dem Ende des 1. Weltkrieges wurden einige der heute noch existierenden Firmen gegründet, z.B. Patrícios Gouveia (1925), Imperial de Bordados (1926) und J. A. Teixeira (1937), die vor allem die USA belieferten und auf hohe Qualität achteten.

Starke Konkurrenz bekamen die Madeirenser durch Händler aus Asien, vor allem aus China und Taiwan, die mit deutlich billigeren Produkten den amerikanischen Markt eroberten.

Die Madeirenser entschieden sich daraufhin für die Herstellung hochwertiger Stickereiarbeiten mit kunstvollen, tradierten Mustern, Techniken und Farben.
Als „**Madeira-Stickerei**" wird eine kunstvolle Lochstickerei (Ausschnittstickerei) bezeichnet, die traditionell mit weißem Garn auf weißem Stoff ausgeführt wird, auch pastellfarbene Garne können verwendet werden.

Mehr als 20.000 Frauen und Mädchen sind heute in diesem Wirtschaftszweig beschäftigt. Die meisten von ihnen sind Bäuerinnen, die mit dieser Heimarbeit für ein kleines Zusatzeinkommen für die Familie sorgen, aber es gibt auch einige Manufakturen auf Madeira, in denen gut ausgebildete Stickerinnen, die *Bordadeiras,* fest angestellt sind. Der Lohn für diese Arbeit, die viel Konzentration und Fingerfertigkeit erfordert, ist gering. Erst seit der Nelkenrevolution von 1974 gibt es für die Stickerinnen eine Sozialversicherung und einen staatlich festgelegten Mindestlohn.

Vom Einkauf des Stoffes bis zum Erhalt des Qualitätssiegels durch das IBTAM ist es ein langer Weg. Nachdem in der Manufaktur ein Muster ausgewählt wurde, wird es auf den Stoff gepaust, anschließend wird der Materialbedarf berechnet. In Heimarbeit führen die Stickerinnen, die das Material geliefert bekommen, ihre Arbeiten aus. Nach der Fertigstellung werden die Restarbeiten in der Fabrik erledigt: Säumen, Waschen und Bügeln. Die Endkontrolle mit Qualitätssiegel erfolgt im „Institut für Kunsthandwerk".

Teppichstickerei

Bei einem Besuch im „Institut für Kunsthandwerk" sehen Sie gleich im Eingangsbereich ein Meisterstück der **madeirischen Teppichstickerei**, einen 20 m^2 großen Bildteppich, der von Gino Romoli entworfen und von 16 Frauen gestickt wurde.

Korbflechterei

Schon seit der Besiedlung Madeiras werden die biegsamen Weidentriebe als Flecht- und Bindematerial genutzt. Um Lasten, Geräte oder Ernteerträge über die schmalen, meist steilen Wege transportieren zu können, stellten schon die ersten Siedler einfache, **aus Weidenruten geflochtene Körbe und Kisten** her. Gegen Ende des 19. Jahrhunderts, zu einer Zeit, als die Inselbevölkerung in großer Armut lebte, brachten die englischen Kaufleute *James Taylor* und *William Hinton* eine Idee nach Madeira, aus der sich ein eigenständiger Erwerbszweig entwickeln sollte. Bei einem Italienaufenthalt waren ihnen schön geflochtene Korbwaren aufgefallen, nach deren Vorbild sie auf Madeira Flechtarbeiten herstellen ließen. Die Nachfrage war groß, so dass schon bald Lieferungen auch nach Europa und Amerika gingen.

Das Material war leicht zu beschaffen, denn in vielen Tälern entlang der Bäche und Flüsse wachsen Weiden, vor allem im Norden Madeiras. Außerdem werden heute schnell wachsende Weiden planmäßig angepflanzt. In den ersten Monaten des Jahres werden die Weidenruten geschnitten, in großen Bottichen gekocht, anschließend geschält, getrocknet, gebündelt und an Sammelstellen gewogen. Dabei werden die besten Preise für gleichmäßig gewachsene, geschmeidige, zum Flechten gut geeignete Ruten erzielt.

Arbeitsschritte

Auf Lastwagen werden die Bündel dann zur **Weiterverarbeitung zu den Fabriken** oder für die Heimarbeit den Korbflechtern direkt ins Haus geliefert. Außerdem verwenden die Bauern die Weidenruten zum Aufbinden und zum Schutz der Weinreben.

Mühsame Arbeit

Das **Zentrum der Korbflechterei** liegt in dem kleinen Ort Camacha. In den Verkaufsräumen des Café Relógio können Sie den Korbflechtern bei ihrer mühsamen Arbeit zuschauen. Das Angebot reicht vom kleinen Osterkörbchen über Picknick- und Wäschekörbe bis zu Sitzgarnituren für den Wintergarten und lebensgroßen Tiernachbildungen. Auf Wunsch versenden die Geschäfte die Korbwaren auch an die Heimatadressen der Käufer.

Typisch Madeira!

Madeira kulinarisch

Die madeirische Küche spiegelt die Geschichte Portugals wider und erinnert durch die Verwendung vieler fremdartiger Gewürze an die weiten Reisen und frühen Entdeckungen in Afrika, Südamerika und Asien. Sie ist aber auch ein Beispiel dafür, wie sich trotz der Jahrhundertelangen Armut des Volkes und trotz des Mangels an bestimmten Nahrungsmitteln eine große Vielfalt von Gerichten durch den kreativen Umgang mit fast immer denselben Zutaten entwickeln kann.

Die madeirische Küche ist eine bäuerliche, sehr nahrhafte Küche, in der überwiegend einheimische, frische, qualitativ hochwertige Zutaten auf einfache, oft rustikale Art zubereitet werden. Olivenöl, Knoblauch, Kräuter und die verschiedensten Gewürze spielen dabei eine große Rolle.

Suppen

Eine „sopinha“ ist der Auftakt jedes guten madeirischen Essens, wobei die madeirischen Suppen meist kräftig, gut und sättigend und zusammen mit etwas Brot schon selbst eine kleine Mahlzeit sind:

• Grüne Suppe (*caldo verde*): dies ist die klassische klare oder legierte portugiesische Tagessuppe aus Kartoffeln und fein geschnittenem Weißkohl oder Blumenkohlblättern, der noch einige Scheiben Wurst (*chourisco*) zugefügt werden

• Tomatensuppe (*sopa de tomate*): die Suppe aus gehäuteten Tomaten und vielen kleingehackten Zwiebeln wird entweder mit einem pochierten Ei (*com ovo*), mit gehackten hart gekochten Eiern oder ohne Ei (*sem ovo*) serviert

• Brotsuppe (*acorda*): altes Brot wird mit Wasser, Knoblauch, Olivenöl und Thymian aufgekocht und mit einem pochierten Ei verfeinert
• Kalte Suppe (*gaspacho*): Knoblauchzehen, Paprika, Tomaten und altes Brot werden püriert, mit Wasser aufgefüllt und vor dem Servieren im Kühlschrank gut gekühlt
• Fischsuppe (*caldeirada de peixe*): Fische von Madeiras Küsten wie Seebarbe, Seeteufel, Seebrasse, Silberbarbe und Meeresfrüchte werden mit Tomaten, Karotten, Zwiebeln, Knoblauch, Thymian und etwas Weißwein zubereitet
• Krabbensuppe (*sopa de camarões*): Suppe aus Knoblauch, Petersilie, Sauerampfer und Krabben auf getoasteten Weißbrotscheiben

Ein „Bolo de caco" ist eine Spezialität aus Kartoffelteig

Brot

Brot darf auf keinem Tisch fehlen. In der Regel wird Weizenbrot gegessen, das es in zwei Sorten und vielen Formen gibt. Manchmal können Sie auf dem Land noch die im Freien stehenden gemauerten Backöfen sehen, die mit Holz befeuert werden. Wenn der Ofen heiß genug ist, wird die Glut zur Seite gekehrt und der Brotlaib auf einem Kohlblatt in den Ofen geschoben.

Eine besondere Spezialität

Auf eine Spezialität stoßen Sie bei Volksfesten, kleinen Ausstellungen oder an Ständen am Straßenrand: auf einem Tisch liegen Teigkugeln, die zu Brotfladen, „bolo de caco" gebacken und anschließend mit Knoblauchbutter bestrichen werden. Früher wurde der Teig, der mit gekochten und gepellten Süßkartoffeln angereichert wird, in den Dörfern im Steinofen gebacken.

Vorspeisen

• Pilze mit Knoblauch (*cogumelos com alho*): Nach dem Andünsten der Knoblauchzehen werden Pilze nach Wahl angebraten, mit Salz und Pfeffer und Petersilie abgeschmeckt und kurz gebraten
• Gebratene Auberginen (*fritos de beringelas*): Auberginenscheiben werden in einer Panade gewendet und dann in Öl gebraten
• Rühreier mit Thunfisch (*ovos mexidos com atum*): Thunfisch, Petersilie, Zwiebel werden der Eiermasse beigefügt und in heißem Öl gebraten.
• Gebratene Sardinen (*sardinhas fritas*): frische Sardinen werden gegrillt und mit grünen und roten Paprikaschoten serviert.

Fisch und Meeresfrüchte

Der **Reichtum an Fischen und anderen Meerestieren** vor Madeiras Küsten spiegelt sich im Angebot der Fischgerichte auf den Speisekarten wider; als besondere Spezialitäten gelten der Degenfisch (*espada*), der Schwertfisch (*Espadarte*), Thunfisch (*atum*) und Stockfisch (*bacalhau*).

Fisch ist ein wichtiger Bestandteil der madeirischen Küche

• Degenfisch mit Bananen *(espada com banana)*: der schmackhafte schwarze Degenfisch ist wegen seines wohlschmeckenden Fleisches auf nahezu jeder Speisekarte zu finden. Er wird mit Tomaten, Zwiebeln und Knoblauch gedünstet und auf traditionelle Weise mit einer gegrillten Banane serviert,
• Meeresfrüchte mit Reis *(arroz de mariscos)*: verschiedene Meeresfrüchte werden, wie bei einer Paella, auf Reis angerichtet,
• Eintopf mit Meerestieren *(caldeira da fragateira)*: die portugiesische Version der „Bouillabaisse“ wird aus Meeräsche, Aal, Seeaal, Rotbarsch, Meerbarbe, Langusten, Krabben und Muscheln zubereitet,
• Stockfisch *(bacalhau)*: für den Stockfisch gibt es zahllose Zubereitungsvarianten, von denen der Stockfischauflauf mit Kartoffelbrei und Ei (*bacalhau à Brás*) besonders beliebt ist.

Fisch mit viel Tradition – der Bacalhau

info

Der *bacalhau* ist ein gesalzener, getrockneter Dorsch (Kabeljau), der durch die Lufttrocknung seinen besonderen Geschmack erhält. Er ist lange haltbar, sehr nahrhaft und vielseitig verwendbar. Der Kabeljau hat auf Madeira, wie in ganz Portugal, eine lange Tradition. **Seit Jahrhunderten** fischten die portugiesischen Fischerboote vor den Küsten Neufundlands und brachten den Fisch von dort in die Heimat.

Heute wird der Kabeljau nach dem Fang schon auf den Schiffen ausgenommen und gesalzen, nach Portugal gebracht und dort an der Luft getrocknet. Außerdem wird auch Kabeljau aus Norwegen eingeführt, der von guter Qualität ist. Klippfisch kommt nicht nur alltags als einfaches Gericht auf den Tisch, sondern wird traditionsgemäß auch zu Ostern oder Weihnachten zu einem besonders guten Essen zubereitet.

info

Zur Orientierung:

abrotia:	Rotbarsch	*cavala:*	Makrele
atum:	Thunfisch	*espadarte:*	Schwertfisch
bacalhau:	Stockfisch	*linguado:*	Seezunge
besugo:	Meerbrasse	*sardinhas:*	Sardinen
bodião:	Meeräsche		

Fleischgerichte

In vielen Restaurants werden vor allem Schnitzel (*escalope*) und Steaks (*carne*) angeboten, bei denen Sie zwischen den vier Zubereitungsarten wählen können:

Eine Spezialität: Fleischstücke am Lorbeerspieß

frito:	gebraten
cozido:	gekocht
grelhado:	gegrillt
asado:	geschmort

Daneben gibt es aber auch schmackhaft zubereitete andere **Fleischgerichte**:

- *Carne de porco em vinho e alho:* kurz gebratenes Schweinefleisch, das zuvor einige Tage mit Wein, Lorbeerblättern, Pfefferkörnern und Knoblauch mariniert wurde
- *Bife à Portuguesa:* portugiesisches Rindersteak
- *Espetada de Carne:* Ochsenfleischstücke am Lorbeerspieß, sie gelten als besondere Spezialität Madeiras. Neben dem unverwechselbaren Geschmack trägt auch die „Präsentation" zur Beliebtheit bei, denn die Spieße werden entweder auf hohen Ständern oder von der Decke herabhängend serviert
- *Cozido à Madeira:* dieser Fleisch- und Wursteintopf ist eines der beliebtesten Gerichte Madeiras. Er wird mit Kartoffeln, weißen Bohnen, Möhren, Broccoli und anderem Gemüse je nach Region und Jahreszeit unterschiedlich zubereitet, manchmal wird er auch in zwei „Gängen" serviert: zuerst nur die Fleischbrühe und dann erst die **Fleischzutaten mit den verschiedenen Gemüsesorten**
- *Carne estufada:* Geschmortes Fleisch mit Kartoffeln und Wein.

carne de vaca:	Rindfleisch	*costeleta:*	Kotelett
carne de porco:	Schweinefleisch	*escalope:*	Schnitzel
carne de vitela:	Kalbfleisch		

Gemüse und Beilagen

Gemüse, Salat, Kräuter und Eier sind die Grundlagen der madeirischen Küche, aber trotz des vielfältigen Angebots auf den Märkten Madeiras bieten die Restaurants eine eher bescheidene Auswahl an Gemüsegerichten; in vielen Restaurants werden Salate sogar wenig schmackhaft fast ohne Dressing serviert.

salada:	angemachter Salat	*couve:*	Kohl
batatas:	Kartoffeln	*feijão:*	Bohnen
cebola:	Zwiebeln		

Als **Beilagen** werden außer Salzkartoffeln, Pommes Frites, Reis oder Nudeln gelegentlich auch Kichererbsen angeboten, die mit Tomaten, Öl und Knoblauch püriert wurden.

Früchte und Desserts

Die **Auswahl an Süßspeisen**, Kuchen und Torten **ist riesig**. Aus den traditionellen Zutaten Eier, Mandeln und sehr viel Zucker werden viele köstliche Variationen zubereitet. Die Madeirenser legen viel Wert auf ein gutes Dessert, und manches Hausrezept wird streng gehütet und von Generation zu Generation weitergegeben.

Große Vielfalt an Früchten

Als Desserts beliebt sind:

- *Pudim flan:* ein Karamelpudding mit Maracuja- oder Papayafrüchten
- *Annonacreme* mit Butter, Sahne, Eischnee und Zitrone
- *Arroz doce à Portuguesa:* Milchreis mit Zitrone, Zucker und Zimt
- *Bolo de mel:* ein Honigkuchen mit vielen würzigen Zutaten und frischen Früchten, der traditionell nur zur Weihnachtszeit gebacken wurde, inzwischen jedoch während des ganzen Jahres verkauft wird.

In den Restaurants gibt es zum Dessert verschiedene Früchte, Obstsalat, Eis und eine Auswahl der meist sehr süßen Törtchen und Puddings. Zu den köstlichsten Früchten gehören, je nach Jahreszeit, die Annona oder Cherimoya, Mango, Maracujá und Papaya. Weitere Früchte sind:

maçã:	Apfel	*figo:*	Feige
laranja:	Apfelsine	*melão:*	Melone
pêra:	Birne	*uva:*	Traube
morango:	Erdbeere	*limão:*	Zitrone

Nach der Mahlzeit ist es üblich, einen „aguardente", einen weißen oder braunen Zuckerrohrschnaps, oder einen Kaffee zu trinken.
Als **Apéritif** beliebt sind die **zahlreichen Liköre Madeiras**, z.B. ein Maracujá-, Bananen- oder Kirschlikör oder der aus Esskastanien destillierte „licor de castanha" und natürlich ein Madeirawein.

info

Portugiesischer Kaffee – die Kunst der Zubereitung

Madeirenser kennen **viele Arten der Kaffeezubereitung,** entsprechend unterschiedlich kann die Bestellung im Café oder Restaurant ausfallen:

café:	schwarzer Kaffee
bica:	schwarzer Kaffee in einer kleinen Tasse
café grande:	schwarzer Kaffee in einer großen Tasse
café branco:	Milchkaffee (anteilig mehr Kaffee als Milch)
galão:	ein großes Glas Milchkaffee (anteilig mehr Milch als Kaffee)
café de saco:	mit Zucker aufgekochter Kaffee
carioca:	mit Wasser verdünnter, kleiner, schwarzer Kaffee
chinesa:	Milchkaffee in einer großen Tasse
garoto:	eine kleine Tasse Kaffee mit etwas Milch
meio galão:	ein kleines Glas Kaffee mit Milch

Außerdem gibt es noch zwei alkoholhaltige Variationen:

cortado:	mit süßem Madeirawein und Zitronenschale zubereiteter Kaffee
quentinha:	Kaffee mit Zuckerrohrschnaps, Zitronenschale und Honig

Das Nationalgetränk Madeiras ist der **„Poncha"**, ein Getränk, das zu gleichen Teilen aus Zuckerrohrschnaps (*aguardente-cana*), Honig und Zitronensaft zubereitet wird. Gelegentlich wird der Poncha auch mit Orangen- oder Maracujásaft angeboten.
Zum Essen wird gerne ein „vinho verde" getrunken. Der „grüne Wein" ist eine Spezialität aus dem Norden Portugals. Er ist bekannt als leichter, spritziger, leicht moussierender Sommerwein, der einen Alkoholgehalt von 8–11,5 % hat und besonders gut zu Salaten und Gerichten mit Fisch und Meeresfrüchten passt. Seinen Namen trägt der Wein, der sowohl als Rot- und Weißwein hergestellt wird, nicht wegen seiner Farbe, sondern entweder wegen seiner Herkunft aus der niederschlagsreichen und deshalb grünen Region Minho (Nordportugal) oder, einer anderen Erklärung folgend, weil die Trauben sehr früh, also noch grün, geerntet werden.

Madeirische Weine

Das **besondere Herstellungsverfahren der Madeiraweine** soll eher einer zufälligen Erfahrung zu verdanken sein: Seeleute berichteten nach ihrer Rückkehr, dass die Weine nach der Überquerung des Äquators besonders mild und wohlschmeckend waren. Als Ursachen wurden sowohl die tropische Hitze, denen die Fässer ausgesetzt waren, als auch der Zusatz von Zuckerrohrbranntwein, mit dem die Weine seefest gemacht wurden, vermutet.

Weinanbau auf Madeira

Da der **lange Seeweg nach Indien** dem Wein nichts auszumachen schien, wurden die Beobachtungen und Erfahrungen der Seeleute aufgegriffen. Um den Geschmack zu verfeinern, wurden die Weinfässer als Ballast auf die Schiffe geladen und nach Indien verfrachtet, um dann wieder nach Madeira zurückgebracht zu werden. Im Laufe des 18. Jahrhunderts wurde dem Wein dann zunehmend Branntwein zugefügt, um ihn zu süßen und zu stabilisieren. In England und Amerika genoss der Madeirawein bald eine so große Wertschätzung, dass er bei keinem gepflegten Essen fehlen durfte. 1776 wurde sogar die Unterzeichnung der amerikanischen Unabhängigkeitserklärung mit einem Glas Madeirawein gefeiert! Da aufgrund der starken Nachfrage immer größere Mengen produziert wurden und die Verschiffung zu aufwändig und langwierig war, suchte man nach einem praktikablen Ausweg und entschied sich dafür, den Wein über einen längeren Zeitraum zu erhitzen.

Die Weinlese beginnt meist in der zweiten Augustwoche mit den früh reifenden Sorten Tinta Negra Mole, Malvasier und Boal; die Lese der in höheren Lagen angebauten und deshalb später reifenden Sorten Verdelho und Sercial zieht sich bis Mitte November hin.

Nach der Fermentation und dem Abschöpfen der Hefe und Maische wird das spezielle Herstellungsverfahren eingesetzt, um den unverwechselbaren Geschmack des Madeiraweines zu erreichen.

Der Wein wird in Lagerbehältern allmählich auf eine Temperatur von 45 °C erwärmt; für einen Zeitraum von etwa vier bis sechs Monaten bleibt der Wein in diesen Wärmespeichern, den sogenannten „estufas". Während die einfachen Weine in großen Bottichen oder Tanks über Heizschlangen erhitzt werden, lagern die besseren Weine in Fässern in einem erwärmten Raum.

Nach der Zeit in den „estufas" wird der Wein filtriert, durch Zugabe von Branntwein auf den erwünschten Alkoholgehalt von ca. 19 % gebracht und in Eichenfässer abgefüllt, um in Ruhe zu reifen. Dieser Reifungsprozess, der „estagio", kann, je nach Qualität des Weines, 1 Jahr, 5 Jahre, 10 Jahre oder 20 Jahre dauern. Da zur intensiven Reifung der Wein den Kontakt mit der Luft benötigt, wird der Wein nach einer gewissen

Wein vom Fass

Zeit in neue Fässer umgefüllt und dabei auch verschnitten. Zur endgültigen Lagerung wird das Fass versiegelt.

Im Mai 1997 wurde auf einer Auktion bei Sotheby's eine Flasche Madeirawein aus dem Jahre 1800 versteigert, die zuvor dem amerikanischen Präsidenten *Thomas Jefferson* gehört hatte – ein Beweis dafür, dass Madeiraweinen kaum eine Altersgrenze gesetzt ist, da diese Weine auch nach langer Zeit nach dem Öffnen der Flasche noch eine besondere Geschmacksintensität und Frische zeigen!

Seit vier Jahrhunderten ist der Wein eines der Haupterzeugnisse Madeiras, denn das Klima und der fruchtbare vulkanische Boden begünstigten seit jeher den Weinanbau. Die ersten Weinreben, die süßen Malvasia-Trauben aus Griechenland, wurden schon im 15. Jahrhundert auf Anregung von *Heinrich dem Seefahrer* nach Madeira gebracht. Die ersten Siedler bauten den Wein sowohl zu ihrem eigenen Verbrauch an als auch für die Versorgung der Seefahrer, die im Hafen von Funchal Proviant für ihre langen Entdeckungsreisen aufnahmen. In der Folgezeit förderten die Jesuiten, die über großen Landbesitz und viele Weinfelder verfügten, die Entwicklung des Weinanbaus.

Die größte Bedeutung für die Wirtschaft der Insel errang die Weinherstellung in der 2. Hälfte des 18. Jahrhunderts, als englische Geschäftsleute begannen, Madeiraweine in viele Länder zu exportieren.

i Information

Die wichtigsten auf Madeira angebauten Rebsorten sind Malvasier, Bual, Verdelho, Sercial und Tinta Negra Mole.
- Malmsey (Malvasia): ein dunkelbrauner, vollmundiger, blumiger und süßer Wein, der vor allem als Dessertwein den Abschluss eines guten Essens bildet
- Bual: ein leichter, halbsüßer Wein mit einer feinen Blume, der auch als Dessertwein getrunken wird,
- Verdelho: ein halbtrockener, leichter und weicher Wein, der als Aperitif und als Dessertwein geeignet ist,
- Sercial: der trockenste Wein Madeiras, leicht und herb, der nur in höheren Lagen wächst und zuletzt gelesen wird und sich gut gekühlt als Aperitif eignet,
- Tinta Negra Mole: ein sanfter Wein aus der verbreiteten Rebsorte vitis vinifera.

Weinanbau und -handel brachten der Insel großen Wohlstand, aber im 19. Jahrhundert wurde diese scheinbar sichere Erwerbsquelle zweimal vor schwere Belastungsproben gestellt: 1850 wurden die Reben von Mehltau befallen, und 1873 wurden 2.400 ha Reben durch die Reblaus vernichtet. Nur 480 ha wurden danach wieder mit den alten, sehr guten Madeira-Rebsorten angepflanzt.

Die besten Weinberge sind die von Câmara de Lobos und Campanario westlich von Funchal, wo die Reben bei einer jährlichen Durchschnittstemperatur von 21 °C gedeihen. Während der an ungefähr 300 Tagen von Nordosten blasende Passatwind sehr geschätzt wird, fürchten die Weinbauern den gelegentlich von Südosten kommenden „Schirocco", da dieser die Temperaturen bis zu 40 °C ansteigen lässt. Der „Schirocco" kann bis zu neun Tagen wehen und führt Sahara-Staub mit sich; er richtet großen Schaden in den Weinbergen an, weil er die Trauben mit Staub bedeckt, der ihnen die natürlichen Fermente entzieht.

Im Norden der Insel kann der Wein wegen der starken Winde und der damit verbundenen Salzgischt nur unter erschwerten Bedingungen angebaut werden. Die Weinbauern schützen die Reben durch Hecken und Mauern.

Traditionen, Feste, Feiern und Folklore

Die Volksmusik Madeiras

Die Volksmusik Madeiras ist der **portugiesischen Volksmusik** ähnlich, die wesentlich beeinflusst wurde durch geistliche Kirchenmusik und durch die Lieder der Troubadoure und der fahrenden Sänger. Später wurden ebenfalls Elemente der afrikanischen und südamerikanischen Musik aufgegriffen. Außerdem ist die Volksmusik Madeiras durch die unterschiedliche Herkunft der Menschen geprägt, die sich im Laufe der Jahrhunderte auf der Insel niederließen und ihre Lieder und Tänze in die neue Heimat mitbrachten.

Fado

Wie auf dem portugiesischen Festland ist der **Fado** auch auf Madeira das charakteristische Volkslied, entstanden aus der „saudade", einem Sehnsuchtsgefühl, das dem Portugiesen als ureigen zugeschrieben wird und Schwermut, Pessimismus, Fatalismus und innere Unruhe umfasst.

Es wird angenommen, dass der Ursprung des Fado (das Wort bedeutet „Schicksal" oder „Verhängnis") auf maurische Einflüsse zurückgeht oder auf die afrikanische und südamerikanische Volksmusik, die portugiesische Seeleute von ihren weiten Reisen in die Heimat zurückbrachten, wo die Klänge mit mittelalterlichen Troubadourliedern verschmolzen.

Hinweis

Einen guten Eindruck der authentischen madeirischen Musik bieten die CDs der Musikgruppe ALMMA, die sich um originale, traditionelle Musik bemüht und auch Veranstaltungen mit Auftritten der örtlichen Folkloregruppen organisiert.

Volkstanz in der Innenstadt von Funchal

Gegen Ende des 18. Jahrhunderts trat der Fado zuerst in der Altstadt von Lissabon auf, wo er zunächst in den Kneipen der Armenviertel und auf den Straßen gesungen wurde. Die schwermütigen Lieder erzählen von Erlebnissen und Erfahrungen, die im Laufe eines Lebens gemacht werden.

In Tavernen, Restaurants und im Freien, in Hotels und in Konzerthäusern tragen die Fadosängerinnen oder -sänger (Fadista) ihre Lieder vor, die häufig eine unerwiderte oder gerade vergangene Liebe zum Thema haben. Manche Fado-Sänger greifen auch auf anspruchsvolle Texte zeitgenössischer Dichter für ihre Lieder zurück. Die Sänger werden bei ihrem Auftritt von der „viola", einer klassischen Gitarre, und der dickbauchigen „guitarra portuguesa" begleitet.

Die bekanntesten Fado-Lokale liegen in der Altstadt von Funchal. Während der Darbietungen, bei der sich meist mehrere Interpreten abwechseln, ist es ganz ruhig, die Zuhörer geben sich ganz der Musik hin, bis der Applaus einsetzt. Auch in den größeren Hotels werden von Zeit zu Zeit Fado-Abende angeboten, oft mit bekannten Künstlern.

Der madeirische Volkstanz

Der Volkstanz ist ein wichtiges Element in der madeirischen Volksmusik und noch immer **selbstverständliches Element der Dorffeste** und vieler privater Feiern. Beinahe jeder Ort hat eine eigene Tanzgruppe, die in ihren Trachten bei Volksfesten auftritt. Eine der bekanntesten Tanzgruppen stammt aus Camacha.

Die Tänzer werden von traditionellen Instrumenten begleitet, wie z.B. der „flauta", einer Holz- oder Rohrflöte, der kleinen Querflöte „pífaro", der zwölfsaitigen „guitarra portuguesa“ und der viersaitigen „braguinha“. Den Rhythmus erzeugen verschiedene Trommeln, Triangeln und Schlaginstrumente und der einzigartige „briquinho“, eine Art kleiner Schellenbaum, auf dem an einem Stab Püppchen in madeirischer Tracht mit Glöckchen und Kastagnetten tanzen.

Die typische Inseltracht für alle

Die typische Inseltracht ist auch heute noch in Funchal zu sehen, denn einem Dekret zufolge müssen die Blumenverkäuferinnen diese Tracht als „Berufskleidung“ tragen: ein rotgrundiger, gestreifter Rock mit einer roten, bestickten Weste und einer weißen Bluse mit einem Schultertuch. In den Trachten der einzelnen Dörfer variieren die Farbstreifen und Stickmuster, so dass Kenner von der Tracht auf den Heimatort schließen können.

Die Tracht der Männer besteht entweder aus schwarzen Hosen, schwarzer Weste und weißem Hemd oder aus weißen Hosen, einem weißen Hemd, einer Schärpe und einem Strohhut mit farbigem Band – am besten zu sehen bei den Korbschlitten-Führern in Monte, die ebenfalls verpflichtet sind, diese Tracht bei ihrer Arbeit zu tragen.

Eine sehr praktische, wenn auch für Fremde „gewöhnungsbedürftige“ Kopfbedeckung tragen vor allem noch viele ältere Männer: die „barette de lã“, eine warme Strickmütze mit Ohrenschützern, die zum Schutz vor großer Kälte und vor heftigen Winden heruntergeklappt werden.

Zur traditionellen Tracht werden auch die weichen, aus Rind- oder Ziegenleder hergestellten Stiefel, die „botacha“, getragen, bei denen der obere Teil des Schaftes umgeschlagen und mit einem roten Band befestigt wird.

Inseltracht in leuchtenden Farben

Regionale Feste *(Arraiais)*		
Calheta	April/Mai	Zuckerrohrfest
	Ende Juni	Dorffest
	Anfang September	Erntedankfest mit Feuerwerk und einem großen Festessen
Camacha	Mai/Juni	Pfingstprozession
	August, letzter So	Fest des Herrn mit Musik und Sommerfeuer
	Oktober/November	Apfelfest
Câmara de Lobos	Mai	Kirschenfest
	Mitte September	Weinfest
	Mitte Oktober	Dorffest
Caniçal	Ende Januar	Fest des Heiligen Sebastião, des Schutzpatrons der Fischer
	Sept., 3. Wochenende	Bootsprozession in Ponta de São Lourenço
Caniço	August	Kulinarische Woche
Curral das Freiras	1. November	Kastanienfest
Faial	März/April	Anona-Fest
Machico	Ende Juli	Fackelzug
	Anfang Oktober	Nachtprozession zur Capela do Senhor dos Milagres
Madalena do Mar	Anfang September	Dorffest
Monte	15. August	Fest der Nossa Senhora do Monte
Paúl da Serra	Ende Juni	Schafschurfest
Ponta do Pargo	ab Mitte September	Apfelfest
Ponta Delgada	Anfang September	Wallfahrt
Ponta do Sol	Anfang September	Dorffest
Porto da Cruz	15. August	Fest der Nossa Senhora mit Feuerwerk
Porto Moniz	Juni	Fest des Heiligen Antonio
	Ende Juli	Dorffest
	August	Viehmarkt
	August	Bootsregatta
	September	Fest der Allerheiligsten Senhora mit Prozession und Feuerwerk
Porto Santo	24. Juni	Fest des São João mit Umzug
	28. Juni	Fest des São Pedro
	15. August	Fest der Nossa Senhora

Ribeira Brava	29. Juni	Fest des São Pedro mit Bootsprozession, Musik und Feuerwerk
Santa Cruz	15. Januar	Dorffest
Santana	Februar	Festa dos Compadres, Fest der Bauern
	Ende Mai	Dorffest
	Ende Juni	Schafschurfest
São Vicente	Ende Januar	Dorffest

Bei den Straßenumzügen ist das Tragen der Tracht selbstverständlich

Die Nationalfeiertage werden mit großen Umzügen gefeiert. Bewohner aus allen Inselteilen nehmen in historischen Trachten daran teil und tragen Banner, die die Namen der einzelnen Orte zeigen. Nachdem die Umzugswagen und Fußgruppen zum Autonomieplatz gezogen sind, endet das Fest mit einem großen Feuerwerk.

Die meisten Feste sind kirchlichen Ursprungs und werden mit Gottesdiensten, Prozessionen (*procissões*) und Wallfahrten (*romarias*) gefeiert, an die sich fröhliche Volksfeste mit viel Musik, Tanz, ausgiebigem guten Essen und Wein anschließen, bis das Fest dann gegen Mitternacht ebenfalls seinen Höhepunkt mit einem Feuerwerk erreicht.

Besondere Feste sind den Heiligen (*santos populares*) gewidmet, unter deren Schutz ein Dorf oder eine Berufsgruppe steht, wie z.B. das Fest des Heiligen Sebastian als Schutzpatron der Fischer.

2. MADEIRA ALS REISEZIEL

In der Oberstadt von Funchal

Allgemeine Reisetipps von A-Z

Hinweis

In den **Allgemeinen Reisetipps** finden Sie – alphabetisch geordnet – reisepraktische Hinweise für die Vorbereitung Ihrer Reise und für Ihren Aufenthalt auf Madeira und Porto Santo. Im Kapitel „Reisen auf Madeira“ finden Sie dann bei den jeweiligen Orten und Routenbeschreibungen detaillierte Auskunft über Infostellen, Sehenswürdigkeiten, Adressen und Öffnungszeiten, Unterkünfte, Essen und Trinken, Einkaufen und Sportmöglichkeiten.

Ärztliche Versorgung

Falls ein Arzt- oder Klinikbesuch erforderlich ist, erhalten Sie als EU-Bürger und Angehöriger einer gesetzlichen Krankenkasse nach Vorlage Ihres Auslandskrankenscheines oder Ihrer Europäischen Krankenversicherungskarte (EHIC) alle medizinisch notwendigen Leistungen. Formular oder Karte sollten Sie sich deshalb vor Antritt der Reise von Ihrer Krankenkasse ausstellen lassen. Da der Versicherungsschutz nur mit Vertragsärzten und staatlichen Krankenhäusern und Gesundheitszentren besteht und auch einen eventuell notwendigen Krankenrücktransport nicht abdeckt, empfiehlt sich der Abschluss einer zusätzlichen privaten Auslandsreiseversicherung.

Bei einem Arztbesuch muss die Behandlung sofort bezahlt werden. Die entsprechende Quittung müssen Sie bei Ihrer Krankenversicherung zu Hause zur Abrechnung einreichen.

Jeder größere Inselort hat ein **Gesundheitszentrum**, das *Centro de Saúde*; in **Funchal** gibt es mehrere Krankenhäuser:
Clínica da Sé, Rua dos Murcas 42, ☎ 291-230127-29 und 291-231777/78, für Notfälle stehen Englisch sprechende Fachärzte zur ambulanten Behandlung Tag und Nacht zur Verfügung. Hier praktiziert auch der deutschsprachige Zahnarzt Dr. António Cardoso.
Hospital Cruz de Carvalho, Avenida Luís de Camões, ☎ 291-742111 und 291-705600, staatliches Krankenhaus in der Nähe der Hotelzone.
Hospital Dr. João de Almada, Quinta Santana, in Monte, ☎ 291-705700.
Hospital Marmeleiros, Estrada Marmeleiros, ☎ 291-705730.
Clínica de Santa Luzia, Rua da Torinha 5, ☎ 291-200000, Privatklinik mit Tag- und Nacht geöffneter Ambulanz.
Clínica Dentária Cinco de Outubro (Zahnärztliche Klinik), Rua 5 de Outubro 79-A, ☎ 291-228217.
Krankenwagen-Notfallservice: ☎ 291-741115.

Auch auf **Porto Santo** gibt es ein Gesundheitszentrum, das Centro de Saúde Porto Santo, Rua Dr. José Diamantino Lima, ☎ 291-980060.

Viele Hotels vermitteln im Notfall den jeweiligen Hotelarzt; an der Hotelrezeption und beim örtlichen Touristenbüro können Sie sich nach deutsch- oder englischsprachigen Ärzten erkundigen.
In **Caniço de Baixo**, Rua Bartolomeu Perestrelo 42, in Casa (Haus) A-1-A, ☎ 291-932218, praktiziert **Dr. med. Pierre Curado**, der in Hamburg studiert hat und somit hervorragend Deutsch spricht. Bei Notfällen (bitte nur wirklich dann!) können Sie ihn unter seiner Handy-Nr. 0965075100 erreichen.

Den **Gesundheitszentren** in Calheta, Machico, Porto Moniz, Ribeira Brava, Santana und São Vicente ist eine Tag und Nacht geöffnete Notfall-Station angeschlossen. Viele Ärzte sprechen Englisch, manche auch Deutsch.

Anreise und Ankunft

Anreise nach Madeira

Mit dem Flugzeug

Charterflüge nach Madeira bieten den vorteilhaften Direktflug zu einem günstigen Preis. Mehrere Charterfluggesellschaften fliegen Madeira nonstop von zahlreichen deutschen Flughäfen, von Wien und Innsbruck, von Basel und Zürich aus an, z. B. Air Berlin, Condor, Tuifly. Die Flugzeit beträgt ca. 4 Stunden; ein Charterflug ohne Pauschalarrangement kostet je nach Abflugort und -zeit zwischen 300 und 450 €.

Linienflüge nach Madeira erfordern immer einen Zwischenstopp, sind also zeitaufwändiger. Madeira ist durch Lufthansaflüge/TAP Air Portugal 1-2 x täglich von Frankfurt aus mit Zwischenstopp in Lissabon zu erreichen. Außerdem bietet TAP Air Portugal Flüge ab München, Wien und Zürich nach Lissabon und Anschlussflüge nach Madeira an. Ein Linienflug kostet je nach Abflugort und –zeit ab 450 €.

Ankunft am Flughafen

Der Flughafen von Madeira, der **„Aeroporto Santa Catarina"**, liegt ca. 18 km östlich von Funchal, ca. 35 Autominuten von der Hauptstadt entfernt. Er wurde Ende der 1990er Jahre ausgebaut, im September 2000 eröffnet und genügt modernsten Ansprüchen.
Madeira Airport, Santa Cruz, ☏ 291-520700, 🖷 291-520761, www.anam.pt, E-Mail: anam@anam.pt

In der Ankunftshalle finden Sie eine Touristeninformation (Öffnungszeiten: Mo-Fr 9-12.30 Uhr und 14-17.30 Uhr), eine Bankfiliale (Öffnungszeiten: täglich 8.30-18.30), einen Postschalter, einen Zeitschriftenkiosk, eine Snackbar und die Schalter mehrerer Mietwagenfirmen.

Die meisten Fluggäste werden von Reiseleitern direkt zu ihren Hotels gebracht. Für Individualreisende stehen vor der Ankunftshalle **Taxis** bereit. Zu den meisten Ortschaften wird ein Pauschalpreis berechnet, z. B. ins Zentrum von Funchal ca. 25 €, nach Machico ca. 10 €. Die Fahrt nach Funchal dauert ca. 30 Minuten.

Empfehlenswert ist die Fahrt mit dem **TAP-Flughafenbus**, dem **Aerobus**, nach Funchal, die 5 € pro Person kostet. Dieser fährt zwischen 10 Uhr und 24 Uhr 7 x täglich bis ans westliche Ende der Hotelzone. Für Fluggäste der TAP Air Portugal ist die Fahrt kostenlos.

Ebenfalls vor der Ankunftshalle gibt es eine Bushaltestelle (*Paragem*). Für die **öffentlichen Busse** ist ein Fahrplan ausgehängt. Die Busse der Linien 20, 53, 78 und 156 fahren nach Funchal, Fahrzeit knapp 60 Minuten.

Die großen **Mietwagenfirmen** haben ihre Schalter ebenfalls im Ankunfts-Terminal.

Anreise mit dem Schiff

Bisher fahren nur Kreuzfahrtschiffe und Frachter nach Funchal, die für einen oder zwei Tage im Hafen von Funchal anlegen und bestenfalls außerhalb der Hochsaison gelegentlich auch Passagiere für einzelne Streckenabschnitte mitnehmen.

Stadtrundfahrt mit einem Doppeldeckerbus

Fährverbindungen zwischen Madeira und dem Festland bestanden bisher nicht. Im Juni 2008 nahm die spanische Reederei Naviera Armas (www.navieraarmas.com) den Fährbetrieb zwischen Funchal und Portimão (Algarve) auf und verkehrt nun von Mitte Juni bis September 1 x wöchentlich.

Abfahrt Portimão/Algarve:	So 11.30 Uhr, Ankunft Funchal Mo 9 Uhr.
Abfahrt Funchal:	Sa 10.30 Uhr, Ankunft Portimão/Algarve So 8 Uhr.

Außerdem besteht in den Sommermonaten eine wöchentliche Fährverbindung zwischen Funchal und den Kanarischen Inseln Teneriffa, Gran Canaria und Lanzarote.

Anreise nach Porto Santo

Porto Santo besitzt einen eigenen Flughafen, der ebenfalls von TAP Air Portugal und einigen Chartergesellschaften angeflogen wird.
Der Flughafen von Porto Santo wird Mo-Fr täglich 8-10 x von Madeira aus angeflogen, an Wochenenden 4-6 x. Am Flughafen gibt es eine Touristeninformation und einen Budget Mietwagenverleih, ☏ 291-983008.
Porto Santo Airport, ☏ 291-980120, 🖷 291-980121, www.anam.pt, E-Mail: anam@anam.pt

Apotheken

Die Apotheken (*Farmácia*), erkennbar an einem weißen Kreuz auf grünem Grund, sind von Montag bis Freitag 9-13 und 15-19 Uhr geöffnet, samstags 9-13 Uhr. Auf den aktuellen

Dienstplan, auf Wochenend- und Nachtdienste weisen Schilder in den Apotheken hin. Weitere Öffnungszeiten können Sie unter der **Telefonnummer 118** erfragen.
Wenn Sie auf ein bestimmtes Medikament angewiesen sind, sollten Sie dessen Beipackzettel mitnehmen, da einige Medikamente unter einer anderen Bezeichnung geführt werden. Die Preise der Medikamente sind in der Regel niedriger als in Deutschland.

Ausflüge

In Funchal und den größeren Ferienorten gibt es zahlreiche Reisebüros, die halb- und ganztägige Ausflugsfahrten, Bootsausflüge und Wanderungen anbieten. Teilweise werden diese auch mit deutschsprachiger Reiseleitung angeboten. Die Fahrtteilnehmer werden jeweils von ihren Hotels abgeholt und dorthin zurückgebracht. Besonders beliebt sind Stadtrundfahrten, Ausflüge zu den Botanischen Gärten und Wanderungen entlang der für Madeira typischen *Levadas* und Bootsfahrten entlang der Küste.
Anschriften örtlicher Reiseveranstalter und Reisebüros stehen bei den jeweiligen Orten und in den Gelben Seiten des Telefonbuchs von Madeira.

Autofahren

Auf Madeira und Porto Santo gelten die internationalen Verkehrsbestimmungen; es herrscht Rechtsverkehr. Wenn nicht anders ausgeschildert, gilt rechts vor links.

Besonders zu beachten ist:
die **Höchstgeschwindigkeit:** 50 km/h in geschlossenen Ortschaften, 90km/h auf Landstraßen, 120 km/h auf der neuen Autoschnellstraße, Ausnahmeregelungen werden rechtzeitig angekündigt;
die Promillegrenze liegt bei **0,5 Promille**;
das **Anlegen der Sicherheitsgurte** ist vorgeschrieben;
der **Handygebrauch** im Fahrzeug ist nur mit einer Freisprechanlage erlaubt (die Gesetzgebung ist wie in Deutschland).

Hinweis

Beachten Sie bitte, dass Fahrer, die ihren Führerschein noch kein Jahr besitzen, nicht schneller als 90 km/h fahren dürfen.

Die Madeirenser fahren zwar relativ schnell, aber selten aggressiv. Trotzdem ist Vorsicht geboten, denn die Unfallstatistik belegt jedes Jahr Unfälle mit zahlreichen Verkehrstoten! Besonders unfallträchtig sind der dichte Stadtverkehr in Funchal und die teilweise schmalen, steilen und kurvenreichen, oft auch wasserglatten Straßen im bergigen Binnenland. Vor allem im Norden gefährden häufig auftretende Nebelfelder den Verkehr. In den kleineren Ortschaften müssen Sie außerdem jederzeit mit spielenden Kindern, Fußgängern und Tieren auf den Straßen rechnen.

Auto- und Pannenhilfe
Der **Polizeinotruf** ist im ganzen Land: ☏ 112. Bei Pannen hilft der ACP-**Automobilclub Clube de Portugal**, ☏ 707509510, www.acp.pt

Der **ADAC-Notruf** für Portugal ist unter der Nummer (0034)-935-082808 zu erreichen.

Autoreparaturwerkstätten sind an Werktagen von 8-19 Uhr geöffnet, samstags bis 13 Uhr.

Erkundigen Sie sich außerdem bei der Übernahme Ihres Mietfahrzeugs nach eventuellen Vertragswerkstätten, die auch zu anderen Zeiten erreichbar sind.

B

Baden

Madeira ist trotz der angenehmen Wassertemperaturen mit 18 °C im Winter und 22 °C im Sommer keine ausgesprochene Badeinsel, da es wegen der vielen Fels- und Steilküsten kaum natürliche Strände gibt. Die wenigen vorhandenen Strandabschnitte sind klein, meist steinig und schwer erreichbar. Zum Ausgleich wurden in einigen Orten, z. B. in Calheta, künstliche Lagunen geschaffen und mit hellem Saharasand aufgeschüttet. Nur im Osten bei Caniçal und auf der Halbinsel Ponta de São Lourenço gibt es kleine, natürliche Sandstrände.

Tipp

Rüsten Sie sich mit Badeschuhen und einer dicken Unterlage für den Strandbesuch aus!

Strände und Badeplätze, Meeresschwimmbecken und Badeanlagen
2008 wurden 15 Strände des Madeira-Archipels mit der begehrten „Blauen Fahne" ausgezeichnet, die u.a. eine gute Wasserqualität bestätigt.

Calheta, neues Meeresschwimmbecken mit angeschüttetem, hellem Sandstrand, die dazu benötigten Sandmassen wurden mit Containerschiffen aus Marokko gebracht
Câmara de Lobos, grober Kieselstrand
Caniço, zwei Meerwasserschwimmbecken und grober Kiesstrand
Caniçal, kleiner Strand mit groben Kieseln
Fajã dos Padres, schmaler Kiesstrand mit Betonplatten
Funchal, Kieselstrand an der Praia Formosa
Garajau, steiniger Strandabschnitt in der Bucht Prainha do Garajau, per Seilbahn erreichbar
Jardim do Mar, grober Kiesstrand, Treppenstufen zum Meer
Machico, kleiner Sandstrand im Ort
Paúl do Mar, grober Kiesstrand, Zugang zum Meer über Treppen
Ponta Delgada, Meerwasserschwimmbad
Ponta do Sol, grober Kieselstrand
Porto Moniz, attraktives Meerwasser-Schwimmbad
Ribeira Brava, Strand mit groben Kieselsteinen
Santa Cruz, grober Kiesstrand mit Duschen
Vicente, Meerwasserschwimmbecken
Porto da Cruz, Badeplätze zwischen den Molen

Städtisches Schwimmbad

Seixal, schwarzer Sandstrand und Kieselstrand und Meerwasserbecken, über Treppen erreichbar
Porto Santo, 9 km langer, feinsandiger Strand, ideal für einen Aufenthalt mit Kindern, für einen ausgesprochenen **Badeurlaub** sehr gut geeignet.
Ungewöhnliche und reizvolle Bademöglichkeiten gibt es in den Lavaschwimmbecken von **Porto Moniz**, wo man in mehreren Naturbecken aus schwarzer Lava im Sommer ein Bad im Meerwasser nehmen kann, und in den Naturschwimmbecken von **Caniço de Baixo** und **Seixal.**
Beliebt sind die gut ausgestatteten, von den Gemeinden angelegten **Schwimmbäder** mit Meerwasserbecken, die über Rampen, Treppen oder Leitern auch einen Zugang zum Meer bieten, wie z. B. Lido und Barreirinha in Funchal.

Alle größeren Hotels verfügen über Swimmingpools mit Sonnenterrassen und Sonnenschirmen, die Sie gegen eine Gebühr benutzen können, auch ohne Hotelgast zu sein.

Banken

Die Banken (*banco* oder *caixa*) sind im allgemeinen Mo-Fr von 8.30-15 Uhr geöffnet.
Die meisten Banken verfügen über **Geldautomaten** (*Multibanco*), deren Bedienung in mehreren Sprachen erläutert wird. Beträge bis zu 200 € können per EC-Karte oder Kreditkarte mit der jeweiligen Geheimzahl abgehoben werden, allerdings wird jeder Vorgang berechnet, bei EC-Karten zum Einheitspreis von 4 €, bei Kreditkarten deutlich mehr. Bei der Einlösung von **Reiseschecks** müssen Sie einen gültigen Personalausweis vorlegen.

Behinderte

Madeira ist für Menschen mit Körperbehinderungen nur bedingt geeignet, da die Insel überwiegend sehr hügelig ist und viele Steigungen überwunden werden müssen. Nur wenige Hotels sind behindertengerecht eingerichtet; Sie sollten sich deshalb schon vor der Reisebuchung über die Lage und Ausstattung informieren.

Seit 2008 bietet die Flughafengesellschaft ANAM – Aeroportos da Madeira den Service „My Way" an, der für behinderte Menschen die Begleitung ins Flugzeug, die Unterstützung bei der Gepäckaufgabe und bei den Sicherheitskontrollen vorsieht.

Da in Funchal viele Straßen und Gassen steil ansteigen, sind **Rollstuhlfahrer** auf die **Hilfe von Begleitpersonen** angewiesen. Die Fußgängerüberwege sind in der Regel abgeflacht, so

Das historische Gebäude der Bank von Portugal in Funchal

dass die Straßen auch mit Rollstuhl überquert werden können. Es gibt in Funchal einige ausgewiesene Behindertenparkplätze, z.B. an der Avenida do Mar und in den kleinen Seitenstraßen an den Markthallen. Zur Benutzung dieser Parkplätze muss ein gültiger Parkausweis für Behinderte sichtbar im Fahrzeug liegen. Die neuen Elektrobusse der Eco Line sollen auch von Rollstuhlfahrern problemlos genutzt werden können. Die meisten Wanderwege entlang der Levadas sind so schmal, dass sie mit einem Rollstuhl nicht passierbar sind.

Bus

Der öffentliche Nahverkehr ist gut organisiert. Die Busse (*autocarros*) fahren regelmäßig, überwiegend pünktlich und relativ preiswert. Nahezu alle Inselorte sind mit Funchal verbunden. Die Bushaltestellen sind durch weiße Schilder mit der Aufschrift PARAGEM (Haltestelle) gekennzeichnet, die neueren Schilder tragen zusätzlich die Aufschrift „Bus Stop".

Das Bussystem Madeiras scheint auf den ersten Blick kompliziert zu sein, da das Streckennetz auf mehrere Busgesellschaften aufgeteilt ist.
Für die richtige Benutzung der Busse ist die Broschüre „bus guide" eine große Hilfe, die bei der Touristeninformation für 2 € erhältlich ist. Darin finden Sie Informationen über Zielorte und Abfahrtszeiten der wichtigsten Buslinien. Auf der letzten Umschlagseite der Broschüre sind die Busse der verschiedenen Gesellschaften farbig abgebildet, so dass man sich gut orientieren kann.

Ein neuer Fahrkartenkiosk

Grundsätzlich muss zwischen den **Stadtbussen** und den **Überlandbussen** unterschieden werden:
Die **gelben Stadtbusse** fahren nur im Großraum Funchal. Die Schilder der Haltestellen sind mit den jeweiligen Buslinien beschriftet, die dort halten. Außerdem hängen die Fahrpläne aus.

Fahrkarten sollten im Voraus gekauft werden. Dazu wurden an den wichtigsten Haltestellen

Automatenkioske eingerichtet, in denen man den „Giro", das elektronische Ticket, kaufen kann. Jeder Fahrgast benötigt ein eigenes Ticket. Vor Antritt der Fahrt wird das Ticket am Automaten aufgeladen. Die Einzelfahrt kostet dann 0,80 €. Kauft man die Fahrkarte erst im Bus, ist der Fahrpreis (*tarifa de bordo*) mit 1,40 € pro Fahrt deutlich höher.

Außer Einzelfahrscheinen gibt es auch ein 7-Tage-Ticket für 17 €, das für alle Stadtbusstrecken gültig ist und sich vor allem für Vielfahrer lohnt.
Die Fahrscheine werden nach dem Einstieg vorn beim Fahrer entwertet.

Da unterschiedliche Betreiber für die Stadtbusse und die Überlandbusse zuständig sind, kommt es gelegentlich zu Überschneidungen bei den Busnummern, was etwas verwirrend sein kann. Deshalb ist es immer wichtig, auch auf die **Farbe des Busses** zu achten.

Busgesellschaft	Farbe	Fahrziele	Zentrale Bushaltestellen	Rufnummer
Stadtbusse Horários do Funchal	gelb	Funchal und Umgebung, einschließlich Monte	Kiosk an der Avenida do Mar, Haltestellen im ganzen Stadtgebiet	☏ 291-705555
C. C. de São Gonçalo	grau/weiß mit gelbem Streifen	Osten der Insel; Arco de São Jorge, Caniço, Camacha, Curral das Freiras, Santana, Machico, Santo da Serra	Am östlichen Ende der Avenida do Mar, neben der Seilbahnstation	☏ 291-705555
RODOESTE	cremefarben mit roten Streifen	Westen/Nordwesten; Câmara de Lobos, Cabo Girão, Ponta do Sol, Madalena do Mar, Ponta do Pargo, São Vicente, Porto Moniz und Ribeira Brava (Schnellbus)	Avenida do Mar, vor der Festung São Lourenço	☏ 291-220148
S. A. M.	Grün/weiß	Süden/Südosten; Caniçal, Machico, Faial, Santa Cruz, Santo da Serra und Flughafen	Avenida do Mar, an der Marina	☏ 291-201150
E. A. do Caniço	Grau/rot	Osten; Caniço	Am östlichen Ende der Avenida do Mar, neben der Seilbahnstation	☏ 291-222558

Es gibt folgende Gesellschaften für die **Überlandbusse**:
C.C. São Gonçalo (Companhia dos Carros de São Gonçalo)
RODOESTE (Transportadora Rodoviária da Madeira)
S.A.M .(Sociedade de Automóveis da Madeira)
EACL (Empresa de Automóveis do Caniço Lda.)

Fahrscheine werden beim Fahrer gekauft und gelten nur für jeweils eine Fahrt. Der Fahrpreis für die einfache Fahrt variiert je nach Ziel zwischen 2 € und 4 €. Die Busse verkehren regelmäßig von Mo-Fr, an Wochenenden und Feiertagen sind die Fahrten deutlich eingeschränkt, am 25. Dezember verkehren keine Busse.

C

Cafés

Cafés laden zu einer Pause ein

Fast an jeder Ecke findet man in Funchal eine kleine Kaffeebar. Die Madeirenser nehmen sich die Zeit, um dort zwischendurch ihre „bica" zu trinken, der unserem Espresso ähnlich ist und wahlweise mit oder ohne Milch und Zucker getrunken wird. Aber auch die echte Kaffeehaus-Kultur lebt in Funchal durch die stilvolle Renovierung mehrerer Cafés wieder auf. Man nimmt sich Zeit für ein Gespräch, eine Zeitung oder beobachtet das Treiben ringsum. So sind auch die Straßencafés bei Einheimischen und Touristen gleichermaßen beliebt, besonders im Frühjahr, wenn die Jacarandá-Bäume blühen.

Camping

Informationen erhalten Sie beim **Madeira Camping Service**, Estrada Monumental, im Hotel Baia Azul, ☏ 291-776726, 🖷 291-762003, E-Mail: info@madeira-camping.com

Der einzige offizielle Campingplatz Madeiras liegt in Ribeira da Janela bei Porto Moniz, **Parque Campismo da Madeira**, ☏ 291-852447. Voranmeldungen sind wegen der geringen Platzkapazitäten in der Hochsaison und besonders während der portugiesischen Schulferien empfehlenswert.
Übernachtungen im **Naturreservat Montado do Pereiro** müssen beim Madeira Camping Service angemeldet werden.

Auf Madeira ist freies Zelten dann erlaubt, wenn der jeweilige Besitzer oder die zuständige Forstbehörde (Direção Regional de Florestas, ☏ 291-740060-1) die Genehmigung erteilt haben.

Auf **Porto Santo** liegt der Platz am Westende des Hauptstrandes in Vila Baleira, ☏ 291-982160, Reservierungen sind auch über das Tourismusbüro in Funchal möglich.

Devisenbestimmungen

Die Einfuhr von ausländischen Zahlungsmitteln ist unbegrenzt möglich.

Diplomatische Vertretungen

Deutsche Botschaft, Campo Mártires da Pátria, 38, 1150 Lissabon, ☏ (0351)-21-8810210, 🖷 (0351)-21-8853846
Österreichische Botschaft, Av. Infante Santo, 43 - 40, 1350 Lissabon, ☏ (0351)-21-3958220/21/22, 🖷 (0351)-21-3958224
Schweizerische Botschaft, Travessa do Patrocínio, 1, 1350 Lissabon, ☏ (0351)-21-3973121/22, 🖷 (0351)-21-3977187

Vertretungen auf Madeira

Honorarkonsulat der Bundesrepublik Deutschland, Largo do Phelps, 6, 9000 Funchal, ☏ 291-220338, 🖷 291-230108, Geschäftszeiten werktags 10-12 Uhr, das Konsulat hilft Ihnen auch beim Verlust von Ausweispapieren. Hier werden auch Interessen von **Schweizer Bürgern** vertreten.
Österreichisches Honorarkonsulat, Miltones-Viagens, Rua Imperatriz Dona Amália, Edifício Princesa - Loja 0/4 Funchal, ☏ 291-206100, 🖷 291-281620, Geschäftszeiten: Mo-Fr 9-12.30 Uhr und 14.30-18 Uhr.

Vertretungen Portugals im Ausland

in Deutschland
Botschaft der Republik Portugal, Zimmerstraße 56, 10117 Berlin, ☏ 030-590063500, 🖷 030-590063600, www.botschaftportugal.de, E-Mail: mail@portugalbotschaft.de
Konsulate:
Düsseldorf: Graf-Adolf-Straße 16, 40217 Düsseldorf, ☏ 0211-138780, 🖷 0211-323357
Frankfurt/Main: Zeppelinallee 15, 60325 Frankfurt/Main, ☏ 069-9798800, 🖷 069-97988022
Hamburg: Büschstraße 7, 20354 Hamburg, ☏ 040-3553484, 🖷 040-35534860
Stuttgart: Königstraße 20, 70173 Stuttgart, ☏ 0711-227396, 🖷 0711-2273989

in Österreich
Botschaft der Republik Portugal, Opernring 3, 1010 Wien, ☏ 01-5867536, 🖷 01-586753699

in der Schweiz
Botschaft der Republik Portugal, Weltpoststraße 20, 3015 Bern, ☏ 031-3528329, 🖷 031-3514432

E

Einkaufen und Souvenirs

Nicht nur Obst, Gemüse, Fisch und Blumen werden in den überdachten Markthallen von Funchal, dem „Mercado dos Lavradores“, verkauft, sondern auch Korb- und Lederwaren, Hemden, Strümpfe und vieles mehr. Öffnungszeiten: Mo-Fr 8-20 Uhr, Sa 7-14 Uhr.

Neben **vielen kleinen Spezialgeschäften**, Boutiquen und Souvenirläden gibt es **moderne Einkaufszentren** mit Geschäften, Boutiquen und Schnellrestaurants und große Supermärkte, die „Supermercados“, die täglich von 10-22 Uhr geöffnet sind. In den Außenbezirken gibt es ebenfalls große Einkaufszentren internationalen Standards, die „Hypermercados“, mit Lebensmittel- und Non-Food-Abteilungen und ausreichend Parkplätzen.

Die Auswahl an typisch madeirischen Souvenirs ist groß:
Madeirawein aus verschiedenen Kellereien, Liköre, kandierte Früchte, Fenchel- und Eukalyptusbonbons, Korbwaren, Tischdecken, Servietten oder Blusen mit madeirischer Stickerei, Tapisserien, lederne Madeira-Stiefel, Schafwollmützen mit Ohrenklappen, Orchideen und Strelitzien. Auf Wunsch werden die Artikel von den Geschäften zur Heimatadresse nachgesandt. Beliebtes Reisemitbringsel sind auch die **schönen Briefmarken von Madeira**, die Sie zum Beispiel in der philatelistischen Abteilung der Hauptpost in Funchal erhalten.

Die größte Auswahl finden Sie in den vielen Geschäften, Boutiquen und Souvenirläden im Bereich der Fußgängerzonen der Innenstadt und in der Hotelzone von Funchal sowie in der Casa do Tourista, Rua do Conselheiro.

Der **Flohmarkt** von Funchal findet an jedem ersten Wochenende eines Monats auf dem Praça da Restauração gegenüber vom Zarco-Denkmal statt.

Sonntags findet in einigen Ortschaften ein „Bauernmarkt“ statt, z. B. in Santo da Serra, Santana, Prazeres, Santa (Porto Moniz) und Canhas (Ponta do Sol). Bauern aus der näheren Umgebung bieten Obst und Gemüse, selbstgemachte Marmelade und Wein an.
Die Bauernmärkte sind von 8-18 Uhr geöffnet, der Weg dorthin ist mit grünen Straßenschildern „ Mercado dos Agricultores“ ausgeschildert.

Einreisebestimmungen

Für deutsche und österreichische Staatsangehörige entfallen aufgrund des Schengener Abkommens die Einreiseformalitäten. Schweizer Bürger, die nicht länger als drei Monate auf Madeira bleiben wollen, benötigen eine noch mindestens 6 Monate gültige nationale Identitätskarte oder einen gültigen Reisepass. Kinder unter 14 Jahren müssen entweder im Familienpass eingetragen sein oder einen Kinderausweis mit Lichtbild haben.

Wenn Sie länger als drei Monate im Land bleiben wollen, muss schriftlich eine Aufenthaltsgenehmigung beantragt werden bei der Policía dos Servícios do Estrangeiro, Avenida de Aguiar 18, P-1000 Lissabon. Das Visum kann auch auf Madeira ausgestellt werden beim Serviço de Estrangeiros Fronteiras, Direcção Regional do Funchal, Rua da Rochinha, ☏ 291-229589.

Tipp

Nehmen Sie auf jeden Fall Personalausweis oder Reisepass mit, da Sie diese beim Einchecken im Hotel oder beim Mieten eines Fahrzeugs vorlegen müssen. Es ist außerdem empfehlenswert, von Personalausweis, Pass und Führerschein Kopien mitzunehmen. Bei Verlust der Ausweispapiere ist es dann leichter, von der jeweiligen diplomatischen Vertretung Ersatzpapiere zu erhalten.

Fähre nach Porto Santo

Jeder kennt das weiße Fährschiff mit dem blauen Seelöwen, auf das die meisten Touristen bei der Einfahrt in den Hafen von Funchal am frühen Abend aufmerksam werden:
Porto Santo Line, Rua da Praia 4-6, ☏ 291-210300, E-Mail: info@portosantoline.pt, www. portosantoline.pt, Öffnungszeiten des Büros: Mo-Fr 9-12.30 Uhr, 14.30-18 Uhr, Sa/So geschlossen.

Die Porto Santo Fähre pendelt täglich zur kleinen Nachbarinsel. Die Fahrt beginnt früh am Morgen und dauert etwa 2 ½ Stunden, ab Porto Santo geht es dann am Abend zurück.
Fahrzeiten in den Sommermonaten: täglich außer Fr 8 Uhr ab Funchal, Fr um 19 Uhr, Rückfahrt ab Porto Santo Mo-Do und Sa 19 Uhr, Fr 22.30 Uhr, So 20 Uhr.

Tägliche Fährverbindung Porto Santo – Funchal

Der Fahrpreis unterscheidet sich bei **Hin- und Rückfahrten** am selben Tag deutlich von dem Preis, der bei längerem Aufenthalt auf Porto Santo gilt:
Fahrpreise von April bis September mit Rückfahrt: Erwachsene 60,10 €, Kinder von 5-11 Jahren 30,05 €, bei Rückfahrt am selben Tag Erwachsene 50,10 €, Kinder 25,05 €.
Fahrpreise von Oktober bis März mit Rückfahrt: Erwachsene 51,80 €, Kinder von 5-11 Jahren 25,90 €, bei Rückfahrt am selben Tag Erwachsene 40,95 €, Kinder 20,50 €.

Tipp

Wenn Sie eine oder mehrere Übernachtungen auf Porto Santo planen, nutzen Sie spezielle Angebote der Reederei: Diese bietet dann die Fährfahrt (auch mit Auto) und Hotelübernachtung zu einem Sonderpreis an.

Obwohl die Überfahrt nach Porto Santo nicht besonders preiswert ist, lohnt sich ein Ausflug auf die kleine Insel. Buchen können Sie die Fährfahrt im Büro der Reederei, in jedem Reisebüro in Funchal oder Sie gehen rechtzeitig vor der Abfahrt direkt zum Schiff und kaufen Ihre Fahrkarte dort.

Fahrrad fahren

Wegen des gebirgigen Inselcharakters ist Madeira zum Fahrrad fahren **nur bedingt** zu empfehlen. Besser geeignet für Inseltouren sind auf jeden Fall Mountainbikes. Ideal zum Fahrrad fahren ist dagegen Porto Santo, wo es mehrere Verleihstationen gibt. Die Adressen der Anmietstationen finden Sie bei den jeweiligen Ortschaften.

Feste/Feiertage

Die Madeirenser feiern gerne und viel – und Anlässe gibt es genug: gesetzliche und nationale Feiertage, Kirchenfeste und vor allem lokale Feste und Familienfeiern! Bei Fahrten übers Land erkennt man die Anzeichen: auf den Straßen Wagen mit festlich gekleideten Menschen, Folklore-Musik, der Geruch von gegrilltem Fleisch und das Aroma von frisch gebackenem Brot.

Gesetzliche Feiertage

1. Januar	Neujahr
25. April	Feiertag zur Erinnerung an die „Nelkenrevolution" und an die Abschaffung der Diktatur
1. Mai	Tag der Arbeit
10. Juni	„Camões-Tag" – Todestag des Dichters und Nationalhelden Luís Vaz de Camões
1. Juli	Tag der Entdeckung Madeiras
15. August	Mariä Himmelfahrt
5. Oktober	Tag der Ausrufung der Republik im Jahre 1910
1. November	Allerheiligen
1. Dezember	Tag der Unabhängigkeit – Feiertag zur Befreiung von der spanischen Fremdherrschaft im Jahre 1640
8. Dezember	Fest der unbefleckten Empfängnis
25. Dezember	Weihnachten
26. Dezember	St. Stephans-Tag
31. Dezember	Silvester

Veränderliche Feiertage sind Karfreitag und Fronleichnam, Ostermontag und Pfingstmontag sind keine Feiertage.
Neben den gesetzlichen Feiertagen gibt es viele lokale Feste, die meist religiösen Ursprungs sind, und verschiedene Volksfeste, die zu Ehren von Volkshelden oder zu bestimmten Anlässen gefeiert werden.

Fantasievoll gestaltete Wagen und Kostüme gehören zum Umzug

Festtagskalender

Januar

6. Januar: **Dreikönigstag**: Kinder laufen singend von Haus zu Haus und werden mit Süßigkeiten beschenkt. Die Bäcker backen den „bolo de Rei", einen Hefekuchen mit kandierten Früchten, der gerne zusammen mit einem Glas Rotwein genossen wird.
15. Januar: Fest des Heiligen Amaro, dem dafür gedankt wird, dass er das Vieh beschützt hat.

Februar

Karneval wird **auf der ganzen Insel im brasilianischen Stil** gefeiert, besonders aber in Funchal mit großen Umzügen, den bekannten Samba-Gruppen, maskierten und kostümierten Teilnehmern und Zuschauern. Höhepunkt ist der Karnevalszug am Samstagabend mit über 1.000 Teilnehmern und den Auftritten der berühmten Samba-Schulen und dem abschließenden Tanz auf dem Rathausplatz. Am Sonntag lockt der Kinderzug schon mittags Tausende kleiner und großer Narren an.

April/Mai

Ab Ende April steht Funchal ganz im Zeichen des **Blumenfestes**. Besonderes Interesse finden immer die prunkvollen Wagen des Festzuges, die aus allen Regionen der Insel stammen und mit Tausenden von Blumen, vor allem Orchideen und Strelitzien, geschmückt sind. Jahr für Jahr bietet dieser Blumenkorso ein farbenprächtiges Bild, das ebenso begeistert wie der Anblick der geschmückten jungen Mädchen, die auf Madeira blühende Blumen darstellen.

Mai
Im Mai startet die jährliche **Oldtimer-Rallye**. Feuerwehrfahrzeuge aus den 1920er Jahren sind dann auf den Straßen von Funchal ebenso zu sehen wie liebevoll gepflegte Oldtimer, z.B. alte Fords, Bentleys, Mercedes, Austins oder auch Rolls Royce.

Juni
Anfang Juni lädt das **Musikfestival** von Madeira mit einer Folge klassischer Konzerte ein, die im Teatro Municipal und in der Kathedrale von Funchal mit international bekannten Künstlern und Orchestern stattfinden.

August
Am ersten Wochenende im August starten in Funchal Rennfahrer aus aller Welt zur schwierigen Madeira-Wein-Rallye.
Am 15. August wird der „Tag der sieben Damen" *(Dia das 7 Senhoras)* in verschiedenen Inselorten mit **feierlichen Prozessionen** gefeiert: Senhora do Monte in Monte, Ponta do Sol und Porto Moniz; Senhora da Graça in Estreito da Calheta, Estreito de Câmara de Lobos und auf Porto Santo; Senhora de Guadalupe in Porto da Cruz; Senhora da Ajuda in Ribeira Brava und Serra de Água; Senhora da Assunção in Choupana.

September
Im September wird in Funchal, Estreito de Câmara de Lobos, Campanário und Ponta do Pargo zu Beginn der Weinlese das Wein-Festival mit Weinproben, Folklore- und Tanzgruppen, vielen Straßenkünstlern und traditionellen Handwerks-Vorführungen gefeiert. Außerdem werden Führungen durch die Weinberge angeboten, die mit einer **Weinprobe** im Haus eines Weinbauern verbunden sind.

Dezember
Fast einen Monat dauern die Festlichkeiten, wenn vom 8. Dezember bis zum 6. Januar die Weihnachtsbeleuchtung erstrahlt. Die **Vorweihnachtszeit** ist eine Zeit der Freude. Am 8. Dezember wird mit der Vorbereitung auf Weihnachten begonnen. In den Familien wird der „bolo de mel" gebacken, ein Honigkuchen aus Früchten, Gewürzen und Sirup. Zusammen mit den Kindern werden Weizen, Mais und Linsen ausgesät, um mit den frischen Trieben die Krippe, die „lapinha" ausschmücken zu können. Auf dem Lande wird ein Schwein für den traditionellen Weihnachtsbraten gemästet. Straßen, Parkanlagen und Häuser zeigen sich im festlichen Glanz der Weihnachtsbeleuchtung von mehr als 500.000 Lichtern. In den Straßen von Funchal führen Folkloregruppen ihre Tänze auf, an der Avenida do Arriaga wird eine Krippe aufgebaut mit lebensgroßen Figuren, zwischen denen lebendige Esel, Schafe und ein Ochse weiden.

Einstimmung auf Weihnachten

Am 24. Dezember werden die letzten **Vorbereitungen für das Weihnachtsfest** getroffen. Alle Geschäfte, Märkte und Markthallen

sind bis in die Nacht geöffnet. Um Mitternacht gehen die Familien in die Kathedrale von Funchal, wo die Weihnachtsmesse feierlich zelebriert wird.
Am 25. Dezember wird das Weihnachtsfest im Kreis der engeren Familie gefeiert; während der 26. Dezember der großen Familie gehört.

Das **Feuerwerk in der Silvesternacht** ist einer der Höhepunkte des Jahres. Kreuzfahrtschiffe aus der ganzen Welt, die wegen dieses Feuerwerks nach Madeira kommen, verlassen kurz vor Mitternacht den Hafen von Funchal und ankern in der großen Bucht, damit die Passagiere vom Meer aus das spektakuläre Schauspiel bewundern können. Um Mitternacht läuten in der hell erleuchteten Stadt alle Glocken, während vom Meer her die Schiffssirenen tönen. Auf den Straßen drängen sich die Menschen, brechen in Jubel aus, umarmen sich und wünschen einander ein glückliches Neues Jahr, während über der Stadt leuchtend bunte Raketen in den schönsten Farben und Formen aufsteigen und verglühen und am Berg riesengroß die Jahreszahl des Neuen Jahres erscheint.

Auch auf **Porto Santo** gibt es zahlreiche Kirchenfeste: Am 24. Juni gibt es das **Festa de São João** (Fest des Heiligen Johannes), das auch als städtischer Feiertag offiziell gefeiert wird. Am 29. Juni folgt sogleich das **Festa da São Pedro** (Fest des Heiligen Petrus, der Schutzheilige der Fischer).
Am 15. August wird das **Festa da N. S. da Graça** (Heilige Jungfrau der Barmherzigkeit) in der außerhalb gelegenen Capela de N. S. da Graça gefeiert. Am letzten Sonntag im August wird alljährlich das **Festa de N. S. da Piedade** gefeiert.
Und immer am 1. Sonntag im September folgt das **Festa do Santissimo Sacramento** (Heiliges Sakrament).

FKK

Freikörperkultur ist **in ganz Portugal verboten** und wird nur in abgeschlossenen, öffentlich nicht zugänglichen Ferienanlagen toleriert. Auch das „Oben-ohne"- Sonnenbaden ist bei Portugiesinnen nicht üblich.

Fotografieren

Fotografieren ist in den meisten Kirchen und Museen erlaubt. Will man Menschen fotografieren, sollte man auf jeden Fall vorher um Zustimmung bitten. Korbflechter, Blumenfrauen, Bauern oder Fischer sind dann meist gerne zu einer Aufnahme bereit.
Auf Madeira kann man Speicherkarten und Batterien kaufen, jedoch sind diese teurer als in Deutschland. In Funchal und den größeren Ferienorten gibt es Fotogeschäfte, die Abzüge von den Speichermedien machen.

Fremdenverkehrsämter

Auskünfte und kostenloses Informations- und Kartenmaterial erhalten Sie bei den folgenden Fremdenverkehrsämtern:

- **in Deutschland**: ICEP, Portugiesisches Touristikamt, Schäfergasse 17, 60313 Frankfurt/Main, ☏ 069-290549, 🖷 069-231433, www.visitportugal.com, E-Mail: info@visitportugal.com

➤ **in Österreich**: ICEP, Portugiesisches Handelsdelegations-Touristikzentrum Trade and Investment Office, Opernring 1, 1010 Wien, ☏ 01-5854450, 🖷 01-5854445, www.visitportugal.com, E-Mail: info@visitportugal.com
➤ **in der Schweiz**: ICEP, Portugiesisches Verkehrsamt und Handelsdelegation, Badenerstraße 15, 8004 Zürich, ☏ 01-2410001, 🖷 01-2410012, www.visitportugal.com, E-mail: info@visitportugal.com

➤ **Offizielle Informationsbüros**:
• Flughafen: ☏ 291-524933
• Câmara de Lobos: Rua Padre Eduardo Clemente Nunes Pereira, ☏ 291-943470, Öffnungszeiten: Mo-Fr 9-12.30 Uhr und 14-17 Uhr, Sa 9.30-12 Uhr
• Caniço de Baixo: Rua Robert B. Powell, ☏ 291-932919, Öffnungszeiten: Mo-Fr 9-13 Uhr und 14.30-17.30 Uhr, Sa 9.30-12 Uhr
• Funchal: Avenida Arriaga 18, ☏ 291-229057, Öffnungszeiten: Mo-Fr 9-20 Uhr, Sa/So 9-18 Uhr
Monumental Lido Shopping Center, Estrada Monumental 284, in der Hotelzone, ☏ 291-775254, Öffnungszeiten: Mo-Fr 9-20 Uhr, Sa 9-14 Uhr
• Machico: Forte de Nossa Senhora do Amparo, ☏ 291-962289, Öffnungszeiten: Mo-Fr 9-12.30 Uhr und 14-17 Uhr, Sa 9.30-12 Uhr
• Porto Moniz: Vila do Porto Moniz, ☏ 291-850193, Öffnungszeiten: Mo-Fr 10-15 Uhr, Sa 12-15 Uhr
• Ribeira Brava: Forte de São Bento, ☏ 291-951675, Öffnungszeiten: Mo-Fr 9-12.30 Uhr und 14-17 Uhr, Sa 9.30-12 Uhr
• Santana: Sítio do Serrado, ☏ 291-572992, Öffnungszeiten: Mo-Fr 9.30-13 Uhr und 14-17.30 Uhr, Sa 9.30-12 Uhr
• Porto Santo: Avenida Henrique Vieira e Castro, ☏ 291-982361, Öffnungszeiten: Mo-Fr 9-17.30 Uhr, Sa 10-12.30

Fundbüro

Da es auf Madeira **kein Fundbüro** gibt, können Sie wegen eventuell verlorener Gegenstände beim nächsten Polizeirevier oder bei einem Polizisten nachfragen.

G

Geld

Portugal gehört zu den 12 Staaten der Europäischen Union, die ihre Währung seit dem 1. Januar 2002 auf den Euro umgestellt haben, somit entfällt der Geldwechsel für Deutsche und Österreicher.

Wechselkurs für Schweizer Franken (Stand März 2009):
1 SFR = 0,60 €   1 € = 1,43 SFR

Jede große Bank in Funchal verfügt über Geldautomaten, wo man jederzeit mit EC-Karte und Geheimzahl Geld abheben kann, s. Banken, S. 81

Gottesdienste

Am Stadtpark in Funchal, Rua do Conselheiro, 47, liegt die kleine schottische Kirche, in der 14-tägig sonntags um 16 Uhr deutschsprachige Gottesdienste der „evangelischen Gemeinde Madeiras" abgehalten werden. Besucher aller Konfessionen sind herzlich zum Gottesdienst eingeladen. Die genauen Daten sind im Schaukasten an der Kirche ausgehängt oder im Tourismusbüro zu erfragen.

Römisch-katholische Gottesdienste in englischer Sprache finden jeden Sonntag um 10.30 Uhr in der Penha França Kapelle hinter dem Savoy Hotel statt.

Haustiere

Seit Juli 2004 muss für Hunde und Katzen innerhalb der Europäischen Union der sogenannte „**Heimtierausweis**" mitgeführt werden. Dieser Pass muss dem Tier eindeutig zugeordnet werden können, d. h. das Tier muss durch Tätowierung oder Mikrochip identifizierbar sein. Die Kennzeichnungsnummer muss im Ausweis eingetragen sein. Der Ausweis muss den Nachweis enthalten, dass das Tier über einen gültigen Impfschutz gegen Tollwut verfügt. Die Mitnahme von Hunden nach Madeira ist **nicht empfehlenswert**. Zunächst bringt der Flug für die Tiere große Strapazen mit sich, denn Hunde ab 5 kg werden in einer Transportbox im dunklen, kalten und sehr lauten Frachtraum untergebracht. Am Urlaubsort erlauben die meisten Hotels und Ferienanlagen das Mitbringen von Hunden nicht. Außerdem gibt es nur sehr wenige Auslaufmöglichkeiten für die Hunde.

Internet

Informative Web-Seiten in deutscher Sprache zur Insel Madeira:
www.madeiratourism.org ist die offizielle Seite des portugiesischen Fremdenverkehrsamtes mit vielen aktuellen Informationen und Links zu allen Hotels
www.madeira-club.de mit aktueller und landeskundlicher Webcamera, Datenbank mit allen Hotels, Wettervorhersage und der Möglichkeit zu Online-Buchungen
www.madeira-news.de mit Inselinfos, Reportagen und Hotelbeschreibungen
www.madeira-web.com mit Informationen, Hotel-, Mietwagen- und Ausflugsangeboten
www.madeira-zeitung.com, Internetzeitung mit aktuellen Informationen zum Tagesgeschehen

In Funchal gibt es mehrere Internet-Cafés. An der Hauptpost in Funchal und in den Postämtern in Machico und auf Porto Santo besteht die Möglichkeit, per Karte das Internet zu benutzen. Außerdem sind über die Insel mehr als 50 Hot Spots verteilt, die man mit eigenem Laptop vorläufig noch kostenlos benutzen kann, z. B. in Funchal am Rathausplatz, beim Lido Schwimmbad, in den Einkaufszentren und auf Porto Santo.

J

Jugendherbergen

Auf Madeira gibt es drei Jugendherbergen, in Funchal, Porto Moniz und Estreito da Calheta, auf Porto Santo liegt das Haus in der Inselhauptstadt. Informationen gibt es in Funchal beim **Centro de Juventude**, Rua 31 de Janeiro, ☏ 291-741381, 🖷 291-742668, E-Mail: reservas@ijm.pt, www.pousadasjuventude.pt

• **Quinta da Ribeira Youth Hostel** in Funchal, 24 Zwei- und Mehrbettzimmer in einem renovierten Haus vom Ende des 19. Jahrhunderts, nicht weit vom Stadtzentrum entfernt
• **Vila do Porto Moniz** in Porto Moniz, kleines Haus mit 5 Zimmern, ca. 10 Minuten von den Lavaschwimmbecken entfernt
• **Calheta Youth Center,** 3 große Mehrbettzimmer in einem traditionellen Haus
• **Porto Santo Youth Center,** auf Porto Santo, 20 3- und 4-Bettzimmer in Strandnähe

K

Kartenmaterial

Stadtpläne

In der Touristinformation in Funchal, Avenida Arriaga 18, erhält man einen aktuellen, kostenlosen Stadtplan von Funchal. Dieser genaue Plan ist für die Orientierung in der Stadtmitte und den Vororten von Funchal gut geeignet.

Die Touristinformationen in Funchal und in Vila Baleira (Porto Santo) verteilen ebenfalls kostenlos eine einfache Karte von Porto Santo mit dem Ortsplan von Vila Baleira auf der Rückseite. Diese ist zwar sehr einfach gehalten, doch zur ersten Orientierung völlig ausreichend.

Landkarten

Neben der Reisekarte, die in diesem Buch enthalten ist, gibt es mittlerweile eine große Auswahl an deutschsprachigen Landkarten. Sie können die Karten bereits in Deutschland kaufen oder auf Madeira erwerben. Achten Sie beim Kauf auf einen möglichst großen Maßstab und werfen Sie einen Blick auf das Jahr der Auflage, denn durch den ständigen Ausbau des Straßennetzes ist die Aktualität der Karte nicht unerheblich.
• freytag & berndt Autokarte (1:50.000), diese als Autokarte betitelte Karte ist durch den großen Maßstab auch zum Wandern geeignet, da auch die Levadas mit Namen verzeichnet sind
• Madeira – Kunth Verlag (1: 85.000), Fleximap, 2006/2007, zuverlässig und praktisch
• Madeira Tour & Trail Map, Discovery Walking Guides Ltd., (1:40.000), sehr genaue Karte mit GPS Koordinatenraster, auch als Wanderkarte sehr gut geeignet
• Madeira Bus & Touring Map (1: 60.000), aktuelle Karte mit Straßenverzeichnis von Funchal, Straßenkarte, Busstrecken und Wanderwegen
• Madeira Nelles Map (1: 60.000), aktuelle Karte, die handlich in einen Ost- und Westteil gegliedert ist.

Wanderkarten

Mittlerweile gibt es auch mehrere gute Wanderkarten von Madeira. Oft werden Wanderführer und -karte kombiniert angeboten.

• Walk! Madeira Guide Book, (1:25.000), die Wegbeschreibungen reichen vom kurzen Spaziergang bis zum schwierigen Aufstieg, mit Hinweisen auf die entsprechenden Buslinien
• Goldstadt Wanderkarte (1:50.000), mit 50 kurzen Wegbeschreibungen inklusive Gehzeiten und Schwierigkeitsgrad auf der Rückseite
• KOMPASS Wander-, Freizeit und Straßenkarte (1:50.000); diese Karte zeigt auch Porto Santo und einen Stadtplan von Funchal. Für die Wanderer sind die Levadas mit Namen eingezeichnet.

Insgesamt durchqueren mehr als 200, sehr unterschiedliche Levadas die Insel; viele sind leicht zugänglich, andere erfordern eine spezielle Ausrüstung oder sogar alpine Erfahrung. Manche durchziehen mit nur leichtem Gefälle das Bergland, andere führen an Steilhängen entlang oder durch niedrige, dunkle Tunnel. Deshalb ist es auf jeden Fall ratsam, sich vor Beginn der Wanderung über den jeweiligen Schwierigkeitsgrad zu informieren.
Informationen über Übernachtungsmöglichkeiten in **staatlich verwalteten Berghütten** gibt es im „Secretaria Regional Agricultus, Florestas & Pescos, Avenida Zarco, 9000 Funchal, ☎/🖷 291-220605. Frühzeitige Reservierung, möglichst schon von Deutschland aus, ist dringend zu empfehlen.

Kinder

Portugal ist ein kinderfreundliches Urlaubsland. Die Portugiesen haben meist ein nettes Wort für die Kinder und finden es ganz selbstverständlich, dass diese zu allen Tageszeiten am Familienleben teilnehmen.

Die meisten Hotelzimmer sind vom Zuschnitt her eher auf zwei Erwachsene eingerichtet, jedoch können Kinderbetten oder Zustellbetten ins Elternzimmer gestellt werden. Die Hotels verfügen in der Regel auch über Swimmingpools mit angeschlossenem Kinderschwimmbecken, die größeren Anlagen bieten gelegentlich ein Kinderprogramm an.

Madeira ist nicht unbedingt als ideales Zielgebiet für kleinere Kinder zu sehen, denn es gibt kaum geeignete Strände, und die Wanderstrecken sind häufig zu lang oder zu gefährlich. Dennoch gibt es einige interessante Ausflugsziele auch für Kinder: die schönen Badeanlagen, das Story Centre und das Madeira Magic in Funchal, Seilbahnfahrten, eine Fahrt mit der „Santa Maria“, den Aquaparque in Santa Cruz, das Walmuseum in Caniçal, den Themenpark in Santana oder die Lavaschwimmbecken und das Aquarium da Madeira in Porto Moniz.

Ideal für einen Strandurlaub mit Kindern ist Porto Santo mit seinem langen, ungefährlichen Sandstrand.

Kino

In Funchal gibt es mehrere Kinos, in denen auch Filme in englischer, gelegentlich auch in deutscher Sprache gezeigt werden.

Kleidung und Reiseutensilien

Aufgrund des milden Klimas brauchen Sie ganzjährig keine ausgesprochen warme Kleidung. Wichtiger sind zu allen Jahreszeiten ein Schirm oder Regenschutz, denn mit überraschenden, wenn auch meist kurzen Regenschauern muss man immer rechnen.

Für Spaziergänge und Wanderungen sollten Sie lange Hosen, festes Schuhwerk, eine Regenjacke und einen Sonnenschutz mitnehmen.

In den Sommermonaten von Juli bis September genügt für den Tag im Allgemeinen leichte, luftige Sommerkleidung, am besten aus Baumwolle oder anderen Naturfasern.

Deutlich kühler als in Funchal und an der Südküste ist es im gebirgigen Inselinneren und an der Nordküste, wo Sie auch im Sommer einen warmen Pullover, eine Strick- oder Windjacke brauchen.

In den Hotels und Restaurants der gehobenen Klasse und beim Besuch des Spielcasinos wird Wert auf angemessene Kleidung gelegt.

Klima

s. auch S. 21ff
Das Klima ist ganzjährig gemäßigt und angenehm mild, ohne größere Temperaturschwankungen in den einzelnen Jahreszeiten. Die Durchschnittstemperaturen liegen zwischen 17 °C im Winter und 23 °C im Sommer. Die Wassertemperatur liegt ganzjährig zwischen 17 °C und 23 °C.

Mit Niederschlägen ist zu allen Jahreszeiten zu rechnen.

Kreditkarten

Internationale Kreditkarten werden im Allgemeinen von Banken, Hotels und Restaurants der gehobenen Kategorien, von Mietwagenfirmen, Einkaufszentren und größeren Einzelhandelsgeschäften akzeptiert.

Den Verlust Ihrer Kreditkarte können Sie nach Deutschland melden bei

American Express	0049-69-979710.00
Eurocard/Mastercard	0049-69-79331910
Visa Card	0049-69-79331910

Außerdem gibt es einen Zentralen Annahmedienst für Verlustmeldungen von EC-Karten und Bankkundenkarten in Frankfurt, den Sie unter der Telefonnummer 0049-69-740987 erreichen. Die Rufnummer ist Tag und Nacht besetzt, so dass Ihre Karte sofort gesperrt werden kann.

Kriminalität

Madeira gilt als ein sicheres Reisegebiet, jedoch sind auch hier Umsicht und Vorsicht angebracht. Dazu gehört, dass man Wertgegenstände wie Schmuck, Fotoapparate, Videokameras und Handtaschen mit wichtigen Papieren nicht offen im Fahrzeug liegen lässt oder dass man am Flughafen und auf Schiffen das Gepäck nicht unbeaufsichtigt lässt.

Während des Hotelaufenthaltes empfiehlt es sich, Schmuck, größere Geldsummen und Reiseunterlagen wie Flugticket, Pass oder Personalausweis im Hotelsafe zu deponieren.

Mietwagen

Empfehlenswert ist die preisgünstige Buchung eines Mietwagens schon von zu Hause aus, z. B. von Holidayautos, www.holidayautos.de. Dabei ist von Vorteil, dass man eine Vollkaskoversicherung ohne Selbstbeteiligung abschließen kann. Ein weiterer Vorteil ist der deutsche Vertragspartner bei eventuellen Nachfragen. Der Wagen kann dann gleich am Flughafen übernommen werden, wird auf Wunsch aber auch direkt zum Hotel gebracht.

In Funchal, am Flughafen, in Caniço de Baixo, Machico und auf Porto Santo gibt es internationale und regionale Mietwagenfirmen.
Voraussetzung für die Anmeldung sind der nationale Führerschein und ein Mindestalter von 21 Jahren, gelegentlich wird ein Jahr Fahrpraxis verlangt. Die Fahrzeuge sind im Allgemeinen in gutem Zustand; treten trotzdem Probleme mit dem Mietwagen auf, setzt man sich direkt mit dem Anbieter in Verbindung; bei Unfällen ist auf jeden Fall die Polizei zu benachrichtigen.
Der Abschluss einer **Haftpflichtversicherung ist vorgeschrieben**, eine Vollkaskoversicherung ist empfehlenswert.

Die **Wagen** werden in der Regel mit unbegrenzter Kilometerzahl vermietet, die Preise liegen bei etwa 28-35 € für einen Kleinwagen, bei ca. 45-50 € pro Tag für einen Mittelklassewagen, bei wöchentlicher Anmietung gibt es Sonderpreise, z.B. ein VW Polo ab 180 €. Die Mehrwertsteuer wird zusätzlich berechnet.

Motorräder werden in Funchal und in Caniço de Baixo vermietet (ab 35 €), Motorroller sind auf Porto Santo sehr beliebt (ab 25 €). Die Anschriften und Telefonnummern der Vermieter finden Sie bei den jeweiligen Ortsbeschreibungen.

Museen

Die meisten Museen sind täglich geöffnet von 10-12.30 Uhr und von 14-17 Uhr, montags sind sie in der Regel geschlossen.

➤ Übersicht über die **Museen in Funchal**
Casa Museu Frederico de Freitas, Calçada de Santa Clara, ☎ 291-220578, Öffnungszeiten: Di-Fr 10-12.30 Uhr und 14-18 Uhr, Eintritt: 2 €, Sammlung von Möbeln, Bildern und Azulejos aus dem 18. Jahrhundert

Elektrizitätsmuseum (Museu da Electricidade), Rua Casa da Luz 2, ☎ 291-233900, Öffnungszeiten: Di-So 10-12.30 Uhr und 14-18 Uhr, Mo geschlossen, Eintritt 2 €, sehenswerte Ausstellung zur Geschichte der Stromerzeugung auf Madeira

Festung São Lourenço (Fortaleza-Palácio de São Lourenço), ☎ 291-221025, unregelmäßige Öffnungszeiten, i.a. Mo-Fr 10-12 Uhr und 14-18 Uhr, Eintritt frei, Stadtgeschichte

Fotomuseum (Museu Vicentes), Rua da Carreira 43, ☎ 291-225050, Öffnungszeiten: Mo-Fr 10-12.30 Uhr und 14-17 Uhr, Eintritt Erwachsene 2 ,50 €, Kinder und Studenten frei, eindrucksvolle historische Fotos der madeirischen Geschichte seit 1856

Kolumbus-Museum (Museu do Cristóvão Colombo), Avenida Arriaga 48, Öffnungszeiten: Mo-Fr 9.30-13 Uhr und 15-19 Uhr, Kuriositäten und Sammelstücke zu Christoph Kolumbus, Privatsammlung in der Weinhandlung Diogos

Museum Henrique e Francisco Franco, Rua do João de Deus 13, ☏ 291-220578, Öffnungszeiten: Mo-Fr 10-12.30 und 14-18 Uhr, Eintritt Erwachsene 1,75 €, Kinder und Studenten frei, mit Werken der beiden Brüder, die als Maler bzw. Bildhauer bekannt wurden

Museum für kirchliche Kunst (Museu de Arte Sacra), Rua do Bispo 21, ☏ 291-228900, Öffnungszeiten: Di-Sa 10-12.30 Uhr und 14.30-18 Uhr, So 10-13 Uhr, Mo und an Feiertagen geschlossen, Eintritt: Erwachsene 3 €. Wertvolle Sammlung sakraler Gegenstände und eine Gemäldesammlung flämischer Meister

Museum für Kunsthandwerk IBTAM, Rua do Visconde de Aniada 44, ☏ 291-223141, Öffnungszeiten: Mo-Fr 10-12.30 Uhr und 14.30-17.30 Uhr, Sa, So geschlossen, Eintritt: Erwachsene 2 €, Kinder und Studenten frei. Ausbildungsstätte für das madeirische Kunsthandwerk mit wertvollen Ausstellungsstücken und Demonstrationsobjekten

Museum der modernen Kunst (Museu de Arte Contemporânea), Fortaleza de São Tiago, ☏ 291-226456, Öffnungszeiten: Mo-Sa 10-12.30 Uhr und 14-17 Uhr, So 10-13 Uhr, an Feiertagen geschlossen, Eintritt: 2 €, Kunstwerke überwiegend portugiesischer Künstler

Museum Quinta das Cruzes (Museu Quinta das Cruzes), Calçada do Pico 1, ☏ 291-740770, Öffnungszeiten: Di-Fr 10-12.30 Uhr und 14-18 Uhr, Mo geschlossen, Eintritt: Erwachsene 3 €, Kinder frei. Herrenhaus mit archäologischem Park

Einladung ins Museum für kirchliche Kunst in Funchal

Naturkundliches Museum (Museu Municipal e Aquário), Rua da Mouraria 3, ☏ 291-229761, Öffnungszeiten: Di-Fr 10-18 Uhr, Sa, So und an Feiertagen 12-18 Uhr, Mo geschlossen, Eintritt: Erwachsene 2 €. Aquarium mit Meerestieren und naturkundliche Sammlungen

Weinmuseum (Museu do Vinho, Madeira Wine Company), Avenida Arriaga 28, ☏ 291-742121, Mo-Fr 9-18 Uhr, Sa 10-13 Uhr, Führungen: Mo-Fr 10.30 und 15.30 Uhr, Sa 10 und 13 Uhr, So keine Führungen. Eintritt mit Führung: 4 €, ohne Führung freier Eintritt. Informationen zu Weinanbau, -herstellung und -handel, Gelegenheit zur Weinprobe und Weinverkauf

Weinmuseum (Museu do Vinho), Rua 5 de Outobro, ☏ 291-204600, Öffnungszeiten: Mo-Fr 9-18 Uhr, Informationen über die Herstellung des Madeira-Weines und Ausstellungen zum Weinanbau, keine Weinproben, Eintritt frei

Zuckermuseum (Centro Museológico – A Cidade do Açúcar), Praçada Colombo, ☎ 291-236910, Öffnungszeiten: Mo-Sa 10-12.30 Uhr und 14-18 Uhr, Eintritt: 2 €. Ausstellung zum Zuckerrohranbau und zur Zuckergewinnung, Objekte aus der Blütezeit der Insel.

➤ Übersicht über die **Museen in den anderen Inselorten und auf Porto Santo**:

Caniçal
Walmuseum (Museu da Baleia), ☎ 291-961407, Öffnungszeiten: Di-So 10-12 Uhr und 13-18 Uhr, montags geschlossen, Eintritt: 1,25 €, das kleine Museum vermittelt einen sehr anschaulichen Einblick in den madeirischen Walfang

Ribeira Brava
Ethnografisches Museum (Museu Etnográfico), Rua de S. Francisco, 24, ☎ 291-952598, Öffnungszeiten: Di-So 10-12.30 Uhr, 14-18 Uhr, Mo und an Feiertagen geschlossen, Eintritt: 2 €

São Vicente
Grotten (Grutas de São Vicente), ☎ 291-82404, Öffnungszeiten: täglich von 10-18 Uhr, Eintritt: 8 €

Porto Moniz
Aquário da Madeira, Rua do Forte São João Baptista, ☎ 291-850340, Öffnungszeiten: täglich 10-18 Uhr, Eintritt: 7 €
Zentrum für Lebendige Wissenschaft (Centro da Ciência Viva), Rotunda do Ilhéu Mole, ☎ 291-850300, geöffnet Di-So 10-19 Uhr, Eintritt 5 €

Porto Santo
Vila Baleira
• Das **Casa Museu Cristóvão Colombo**, direkt bei der Kirche in der Ortsmitte von Vila Baleira gelegen, ☎ 291-983405, Öffnungszeiten: Di-Sa 10-12.30 Uhr und 14-17.30 Uhr, von Juli-September bis 19 Uhr, So 10-13 Uhr, Eintritt: 2 €.

Nachtleben

Das Unterhaltungsprogramm in Funchal ist während des ganzen Jahres vielseitig und abwechslungsreich.

Das **Casino da Madeira**, Avenida do Infante, ☎ 291-231121, ist täglich von 20-3 Uhr, Fr/Sa bis 4 Uhr geöffnet. Im Erdgeschoss stehen die Spielautomaten, während Sie in der ersten Etage Ihr Glück beim Roulette, Backgammon oder Baccara versuchen können. Personalausweis oder Pass müssen vorgezeigt werden, **angemessene Kleidung** ist erforderlich.

Einladung ins Casino da Madeira

Teatro Municipal: Avenida Arriaga, das Stadttheater gegenüber dem Stadtpark umfasst das Programm Theater- und Ballettaufführungen und Konzerte mit international bekannten Künstlern. Das Repertoire reicht vom klassischen Klavierkonzert über Kammerkonzerte und Liederabende bis zu Konzerten mit Werken zeitgenössischer Komponisten. Informationen erhalten Sie bei der Touristeninformation und unter der Telefonnummer 291-233569, Kartenvorbestellungen sind möglich unter ☎ 291-220416.

Hotelveranstaltungen: Viele der größeren Hotels arrangieren regelmäßig Abendveranstaltungen mit Musik und Folklore, bei denen einheimische Künstler oder Tanzgruppen in traditionellen Trachten auftreten. Zu den bekanntesten Veranstaltungen zählen die Dinnershow im Casino Park Hotel, die Di, Fr und So im großen Ballsaal mit wechselndem Programm stattfindet, und das internationale Showprogramm und die Folkloredarbietungen im Hotel Madeira Carlton. Karten für diese Veranstaltungen können Sie an jeder Hotelrezeption bestellen.

Fado: Vor allem an Wochenenden treten in Restaurants und speziellen Fadolokalen der Altstadt von Funchal Fadosänger auf. Das Programm beginnt meist erst am späten Abend. Eine Tischreservierung ist empfehlenswert.

In Funchal und Caniço gibt es zahlreiche Clubs, Bars und Diskotheken, die bis in die frühen Morgenstunden geöffnet sind.
In den Kinos von Funchal werden internationale Filme in der Originalsprache mit portugiesischen Untertiteln gezeigt.
Zum Unterhaltungsprogramm gehören auch die stimmungsvollen abendlichen **Ausflugsfahrten mit einem Segelboot**.

Notruf

Die nationale **Notrufnummer** ist **112**. Von dort werden Sie, je nach Notfall, weiter verbunden mit der Polizei, dem medizinischen Notdienst oder der Feuerwehr.

O

Öffnungszeiten

Es gibt keine einheitlichen Ladenschlusszeiten. Im Allgemeinen gilt aber:
Apotheken: Montag bis Freitag 9-13 Uhr und 15-19 Uhr, Sa 9-13 Uhr; auf Wochenend- und Nachtdienste weisen Schilder in den Apotheken hin

Banken: Mo-Fr von 8.30-14.45 Uhr; in Funchal gibt es einige private Wechselstuben, die Mo-Fr von 8.30-19 Uhr, Sa von 8.30-13 Uhr geöffnet sind
Fremdenverkehrsamt Funchal: Öffnungszeiten: Mo-Fr 9-20 Uhr, Sa 9-18 Uhr
Geschäfte: Montag bis Freitag von 9-13 Uhr und von 15-19 Uhr, Sa von 9-13 Uhr
Die großen **Supermärkte** haben täglich von 9-22 Uhr geöffnet
Post: Mo-Fr von 8.30 oder 9-12.30 Uhr und von 14-17.30 Uhr
Tankstellen: in Funchal im Allgemeinen von 8-24 Uhr.

Parkanlagen

Übersicht über die Parkanlagen in Funchal und Umgebung:
Stadtpark, Avenida do Infante, im Zentrum, immer zugänglich, freier Eintritt
Stadtgarten (Jardim Municipal de São Francisco), Avenida M. Arriaga, im Zentrum, immer zugänglich, freier Eintritt
Quinta Magnolia, Rua Dr. Pita 10, ☏ 291-764598, Öffnungszeiten: täglich 9-19 Uhr, Eintritt frei, erreichbar mit Bus Nr. 5, 6, 8, 45
Blandy's Garden (Quinta do Palheiro Ferreiro), ☏ 291-793044, Öffnungszeiten: Mo-Fr 9-12.30 Uhr, Eintritt: 9 €, Kinder 4,50 €, erreichbar mit Bus Nr. 29 und mit den Bussen 36, 37 nach Camacha
Botanischer Garten (Jardim Botânico da Madeira), Caminho do Meio, ☏ 291-20020000, www.madeirabotanicalgarden.com, Öffnungszeiten: täglich 9-18 Uhr, Eintritt: 3 €, Kinder 1 €, erreichbar mit Bus Nr. 29, 30, 31

Großartiger Blick vom Botanischen Garten auf Funchal

Orchideengarten (Jardim Orquídea), Rua Pita da Silva 37, ☏ 291-238444, www.madeira-orchid.com, Öffnungszeiten: täglich 9-18 Uhr, Eintritt 4,90 €, erreichbar mit Bus Nr. 29, 30, 31
Tropischer Garten Monte (Jardim Tropical Monte Palace), ☏ 291-742650, täglich 9.30-18 Uhr, Eintritt Erwachsene: 10 €, erreichbar mit Bus Nr. 20, 21
Quinta da Boa Vista, Rua Luís Figueira de Albuquerque, ☏ 291-220468, Öffnungszeiten: Mo-Sa 9-18 Uhr, Eintritt: Erwachsene 3,50 €, auch Blumenverkauf, erreichbar mit Bus Nr. 32 (Rochinha)
Quinta Palmeira, Rua da Levada de Santa Luzia 31A, ☏ 291-211200, Öffnungszeiten: Mo-Fr 9-12 Uhr und 14-17 Uhr, Eintritt: 5 €, erreichbar mit Bus Nr. 25, 26.

Parken

Parkprobleme gibt es nur in Funchal. Trotz mehrerer Parkhäuser, bewachter Parkplätze und Parkflächen mit Parkscheinautomaten ist es nicht leicht, im Zentrum von Funchal einen freien Parkplatz zu finden. Es wird regelmäßig kontrolliert, falsch abgestellte Fahrzeuge erhalten einen Strafzettel. Je nach Entfernung zum Zentrum liegen die Parkgebühren zwischen 0,58 € und 1,64 € pro Stunde.

Philatelie

In der philatelistischen Abteilung, **Loja Filatelia**, ☏ 291-202831, im Hauptpostamt von Funchal gibt es die schönen Sondermarken (*selos*).

Die CTT Portugal gibt für Madeira gesonderte Briefmarken heraus, die mit dem Zusatz Madeira gekennzeichnet sind. Die **Madeira-Marken**, die erstmals 1868 erschienen, sind wegen ihrer künstlerischen Gestaltung und der Motive, z.B. aus der Fauna und Flora und der Volkskunst Madeiras, bei Sammlern und als Mitbringsel zur Erinnerung an einen Madeira-Aufenthalt sehr beliebt.

Eine weitere Adresse: Centro Comercial do Infante, Avenida Arriaga 75, ☏ 291-223070, Briefmarken- und Münzsammler finden hier Briefmarken, Münzen, Medaillons und Jahreszusammenstellungen.

Polizei

Die Rufnummer der **Polizei** ist **291-222022**.

Post

Die Postämter (*correios*) sind an dem Schild „CTT“ und dem Postillon-Symbol zu erkennen. Die Postämter sind geöffnet Mo-Fr von 8.30 oder 9 Uhr bis 12.30 Uhr und von 14-17.30 Uhr. Das Hauptpostamt in Funchal, Avenida G. Zarco, ist Mo-Fr von 9-20 Uhr, Sa von 9-18 Uhr. Der Postschalter am Flughafen ist Mo-Fr von 9-17.30 Uhr und von 18.30-21 Uhr geöffnet, Sa/So und an Feiertagen von 9-14 Uhr und von 18.30-21 Uhr.

Briefmarken können Sie an den Postschaltern mit der Aufschrift „selos“ kaufen, aber auch an Automaten und in Souvenirgeschäften, Tabakläden und in Touristenbüros.

Ein Luftpostbrief nach Mitteleuropa braucht fünf-sechs Tage; kennzeichnen Sie ihn als Luftpostbrief (= por avião) und schreiben Sie das Heimatland dazu:
Deutschland – Alemanha
Österreich – Austria
Schweiz – Suiça.

Briefmarkenautomat

Das Porto für Luftpostbriefe oder -karten nach Deutschland, Österreich und in die Schweiz beträgt z. Zt. 0,57 € (Stand 2009).

Im Postamt können Sie Postkarten mit 5 verschiedenen Madeira-Motiven kaufen, die pro Karte einschließlich Porto 0,70 € kosten und in jedes Land der Welt geschickt werden können.

Postlagernde Sendungen können Sie an das Hauptpostamt in Funchal, Poste restante, 9000 Funchal oder Poste restante 9400 Porto Santo/Madeira schicken. Bei der Abholung müssen Sie einen Personalausweis vorlegen.

Rauchen

Ab dem 1. Januar 2008 gilt in Portugal das **Nichtraucherschutzgesetz**, das das Rauchen in öffentlich zugänglichen Räumen verbietet, z. B. in Behörden, Bahnhöfen, Flughäfen und Einkaufszentren. Auch viele Cafés und Restaurants sind rauchfrei; kleinere Restaurants mit Belüftungsanlage sind durch ein blaues Schild am Eingang als Raucherlokal gekennzeichnet.

Restaurants

s. auch Kapitel „Typisch Madeira": Madeira kulinarisch, S. 61ff

Auf Madeira gibt es eine **Fülle von Restaurants**, von denen die meisten regionale Gerichte anbieten, wobei aber in den letzten Jahren zunehmend auch die Wünsche der internationalen Feriengäste stärker berücksichtigt werden.

Die Restaurants der mittleren Preiskategorie ähneln einander sehr mit ihrer Speiseauswahl, denn die madeirische Küche ist weitgehend vom Angebot des regionalen Marktes bestimmt. Vor allem in Funchal und den größeren Ferienorten gibt es auch gute Fisch- und Spezialitätenrestaurants.

Restaurant in ungewöhnlicher Lage

Die Madeirenser essen normalerweise mittags in der Zeit von 13-15 Uhr und abends von 20-21.30 Uhr, aber viele Restaurantbesitzer passen sich den mitteleuropäischen Essenszeiten an und öffnen am Abend schon gegen 18 Uhr.

Vor allem an der Hafenpromenade und in der Altstadt ist es üblich, dass Restaurantbesitzer oder Kellner die Passanten zum Eintritt auffordern und auf die Speisekarten hinweisen, die meistens mehrsprachig, oft auch in Deutsch, abgefasst sind. Nachdem man die Bestellung aufgegeben hat, wird das „Cuvert", ein Gedeck mit Brot und Butter, aufgelegt, das zum Schluss extra berechnet wird.

Für die Madeirenser beginnt das Menu mit einer meist kräftigen und wohlschmeckenden Suppe, als Hauptgang werden Fleisch oder Fisch serviert. Die Gerichte werden mit Olivenöl, Knoblauch und Kräutern gewürzt. Fisch und Meeresfrüchte gibt es in vielen Variationen, das Fleisch, vor allem Lamm, Schwein oder Geflügel, wird mit Salzkartoffeln, Pommes Frites oder Reis und etwas Gemüse und Salat serviert.

Spezialitäten Madeiras sind z.B. die Suppe „caldo verde", der schwarze Degenfisch „peixe espada preta", der oft mit einer gegrillten Banane serviert wird, der Rindfleischspieß „espetada" und als Dessert der Honigkuchen „bolo de mel".

Zum Essen können Sie außer Mineralwasser (mit Kohlensäure = água com gas; ohne Kohlensäure = água sem gas) und alkoholfreien Getränken Flaschenbier oder Bier vom Fass bestellen, wobei das portugiesische Bier (cerveja nacional) preiswerter als das importierte ausländische Bier (cerveja estrangeira) ist.

Häufig werden auch Rot- oder Weißwein vom portugiesischen Festland getrunken oder der junge, spritzig-herbe „Vinho Verde".

Das **Bedienungsgeld** ist im Rechnungspreis zwar enthalten, aber darüber hinaus ist es üblich, dem Kellner ein Trinkgeld von 5–10 % zu geben; dazu lässt man beim Weggehen etwas von dem Wechselgeld, das der Kellner nach dem Bezahlen von der Kasse zurückbringt, auf dem Tisch liegen.

Rundfunk und Fernsehen

Der Rundfunksender Rádio Turista sendet täglich außer Sa von 9-9.30 Uhr Nachrichten und Informationen in deutscher Sprache auf UKW 96 mHz und MW 1.485 kHz.

Die „Deutsche Welle“ können Sie auf Kurzwelle auf zwei Europa-Frequenzen empfangen: 24 Stunden täglich auf 607 KHz und von 6-22 Uhr auf 9.545 HKz im 31 Meter-Band.

In vielen Hotels und Apartmentanlagen können Sie deutschsprachige Programme sehen, die über Satellit nach Madeira gesendet werden, wie z.B. RTL oder SAT 1. Spielfilme und Unterhaltungsserien des örtlichen Senders werden in den Originalsprachen (meistens in Englisch) mit portugiesischen Untertiteln gesendet.

Seilbahnen

In den letzten Jahren wurden auf Madeira mehrere Seilbahn- und Panoramaliftstationen gebaut. Sie werden nicht nur für touristische Zwecke genutzt, sondern sind auch für die einheimische Bevölkerung eine große Erleichterung.

Eine Fahrt mit der Seilbahn ist ein großartiges Erlebnis

Für die Besucher ist eine Fahrt mit der Seilbahn ein großartiges Erlebnis, da sich in luftiger Höhe grandiose Ausblicke bieten, z. B. über die Bucht von Funchal oder die Küste von Porto Moniz.
Zur Zeit sind folgende Seilbahnen in Betrieb:

- Seilbahn von Funchal nach Monte
- Seilbahn von Monte zum Botanischen Garten
- Seilbahn Achadas da Cruz (südwestl. von Porto Moniz
- Panoramalift am Cabo Girão
- Seilbahn von Rancho (westl. von Câmara de Lobos
- Seilbahn von Santana

Genaue Informationen zu den Seilbahnen finden Sie bei den jeweiligen Ortsbeschreibungen.

Sport

Madeira ist ein seit langem bevorzugtes **Reiseziel für Wanderer**, aber neben guten Wandermöglichkeiten gibt es auf Madeira ein vielseitiges Sportangebot, das Sporttauchen, Windsurfen, Segeln, Wasserskifahren und Hochseeangeln umfasst und bis zu Tennis, Reiten, Golfspielen, Mountainbike-Fahren, Felsklettern und Paragliding reicht – kaum ein Sport, der inzwischen nicht auch auf Madeira ausgeübt werden kann!

Fußball

Fußball wird auf Madeira begeistert gespielt. Im Stadion „Barreiros“ können Sie den Spielern von **Madeiras großen Vereinen** Marítimo, Nacional oder União zuschauen, die in der ersten Liga spielen und u.a. gegen die portugiesischen Spitzenmannschaften Benfica Lissabon oder FC Porto antreten. Das Stadion liegt nördlich des Hotelviertels an der Rua do Dr. Pita. Informationen und Kartenvorverkauf: Associação de Futebol do Funchal, Rua Elias Garcia, ☏ 291-223747, Mo-Fr 9.30-13 Uhr und 15-18.30 Uhr geöffnet.

Golf

Es gibt zwei Golfplätze auf Madeira, die wegen ihrer schönen Anlage international sehr geschätzt werden. Beide Plätze können gegen Gebühr auch von Gästen bespielt werden, Ausrüstungen werden verliehen.

Madeira ist bei Golfern ganzjährig ein beliebtes Reiseziel

Palheiro Golf, Sítio do Balancal – São Gonçalo, 9050 Funchal, ☏ 291-792116, 🖷 291-792456, 18-Loch par 71-Anlage. Der 1993 eröffnete Golfplatz liegt nur 7 km von Funchal entfernt und bietet einen herrlichen Ausblick auf das Stadtpanorama

Campo de Golfe da Madeira, Santo António da Serra, 9200 Machico, ☏ 291-552321, 🖷 291-552367, der Golfplatz ist gut erreichbar, nur ca. 30 Minuten von Funchal und nur etwa 10 Minuten von Caniço entfernt, 27-Loch par 72-Anlage. Jeweils im Juni findet auf diesem Platz die „Madeira Island Open" im Rahmen der European Tour statt.

Außerdem gibt es in Funchal auf dem Gelände der Quinta Magnólia, Rua Dr. Pita 10, ☏ 291-764598, Öffnungszeiten: täglich 8-21 Uhr, einen Trainingsplatz (Green).

Fischen/Hochseefischen

Da die Meerestiefe vor Madeiras Küsten schon in geringer Entfernung ca. 2.000 m beträgt, sind die Anfahrten kurz, so dass schon nach einer Viertelstunde mit dem Fischen begonnen werden kann. Tagesausflüge, bei denen vor allem **Thunfisch**, **Schwertfisch**, verschiedene **Haiarten** und von Mai bis Oktober auch der 300-350 kg schwere **Blaue Marlin** gefangen werden, können Sie bei mehreren Veranstaltern in Funchal buchen:

Turilobos Sports Fishing, Informationen an der Marina oder im Reisebüro, ☏ 291-220048. Mit der „Torpedo III" kommen Hochseeangler, die z.B. den Blue Marlin, Big Eye Tuna usw. (Big Game Fishing!) fangen möchten, auf ihre Kosten

Madeira Sportfishing auf der „Magarita", Buchungen über Ihr Hotel, es werden verschiedene Trips angeboten, z.B. das Tiefseefischen (Deep Sea Fishing / 4 Std.) oder das Hochseefischen (Big Game Fishing/8 Std.)

Captain Peter Bristow, ☏ 291-752685, Hochseefischen auf der Katherine B mit erfahrenem Bootsführer.

Radfahren/Mountainbiking

Die großen Höhenunterschiede sind für Radfahrer **eine große Herausforderung** und erfordern eine gute Kondition.

Durch den Ausbau der wichtigsten Verbindungsstraßen sind die alten Straßen längst nicht mehr so stark befahren und können deshalb jetzt gut von Radfahrern genutzt werden, wie z. B. die alte Küstenstraße zwischen Ponta do Sol und Madalena do Mar, die herrliche Ausblicke auf das Meer bietet.

Paragliding

Für Paraglider bietet Madeira mit über 330 Flugtagen im Jahr bei großen Höhenunterschieden und **unterschiedlichen Schwierigkeitsgraden** vor allem erfahrenen Sportlern gute Bedingungen.
Zu den besonderen Erlebnissen zählen ein Flug über der Steilküste Cabo Girão, ein Streckenflug an der Nordküste zwischen Porto Moniz und São Vicente oder ein Klippenflug bei Paúl do Mar.

Reiten

Über Reitmöglichkeiten und Reitunterricht auf Madeira und Porto Santo können Sie sich bei der Touristeninformation und beim Reitsportzentrum informieren:
Associação Hípica da Madeira, Quinta Vale Pires, Caminho dos Pretos, São João Latrão, Funchal, ☏ 291-792582, Öffnungszeiten: täglich 10.30-19.30 Uhr, Mo geschlossen
Centro Hípico do Porto Santo, Sítio da Ponta, Porto Santo, ☏ 291-983165, 🖷 291-983248, Öffnungszeiten: täglich 10-12 Uhr und 16-21 Uhr
Escola de Equitação J.C.C., Campo Baixo, Porto Santo, ☏ 291-982741.

Segeln

Eurofun, Olimpo Shopping Centre, Loja 206D, Avenida do Infante, Funchal, ☏ 291-228638. Es werden verschiedene Segeltouren mit der Yacht „Turquesa" (14 m Länge, 2 Masten) angeboten. Im Preis sind immer der Transfer vom Hotel zur Marina und der Rückweg sowie die Verpflegung inkl. Getränke inbegriffen
Aquanáutica, ☏ 291-9910331, 🖷 291-772030 oder weitere Informationen direkt an Bord (Handynr.: 0931-9313431), die luxuriöse Yacht „Gavião" (Maximum 20 Passagiere) kann mit der Crew gechartert werden. Tägliche Segeltörns von Mo bis Fr (außer Do) 10-13 Uhr, individueller Charter mit Crew für drei Std., für den ganzen Tag; mit einer anderen Yacht sind noch weitere Touren buchbar
Mit der **Yacht Albatroz**, Marina do Funchal, ☏ und 🖷 291-220327 können Sie auf Ganztags- oder Halbtagsausflügen entlang der Küste von Madeira segeln.

Surfen

Die beiden beliebtesten Orte für Surfer sind **São Vicente** und **Jardim do Mar**, allerdings ist Madeira als Surfregion aufgrund der zeitweise sehr gefährlichen Wellen und der felsigen Küsten nicht für Anfänger geeignet. Wegen der Verletzungsgefahr und der stellenweise niedrigen Wassertemperaturen sollten auf jeden Fall Neoprenanzüge getragen werden.
Calhay Surf Shop im Anadia Shopping Center, ☏ 291-227061.

Squash

Viele Hotels verfügen über Squashplätze; außerdem kann man im Freizeitpark **Quinta**

Magnólia, Rua Dr. Pita 10, Funchal, ☎ 291-764598, Öffnungszeiten: täglich 8-21 Uhr, Squashplätze mieten.

Tauchen

Der Tauchsport auf Madeira gewinnt seit einigen Jahren immer mehr an Bedeutung.
Die reich gegliederte, steil abfallende Küste Madeiras mit kleinen Buchten und vorgelagerten Felsen ist ein ideales Revier zum Schnorcheln und Tauchen. Das Klima ist ganzjährig mild, die Wassertemperaturen liegen bei angenehmen 18-23° C, und in dem klaren Wasser sind große Fischschwärme und eine artenreiche Meeresflora und -fauna zu entdecken.

Einige der großen Hotels bieten im Rahmen ihres Sportprogramms auch **Tauchkurse** an, wie z. B. das Pestana Palms Hotel und das Pestana Carlton Madeira in Funchal oder das Hotel Galomar und das Hotel Roca Mar in Caniço de Baixo.

Es gibt mehrere Tauchbasen und Tauchsportschulen auf der Insel, wovon die meisten in Funchal und Caniço de Baixo zu finden sind. Alle bieten Tauchkurse für Anfänger und Fortgeschrittene, Tauchausflüge für erfahrene Taucher und Verleih von Taucherausrüstung an. Voraussetzung ist immer ein tauchärztliches Attest.
Scorpio Diving School, Complexo Balnear do Lido, Rua do Gorgulho, in Funchal, ☎ 291-766977
Imersão Aventura e Desporto, an der Marina in Funchal, ☎ 291-234815
Terras da Aventura, Caminho do Amparo, in Funchal, ☎ 291-776818
Pestana Carlton Madeira, Largo António Nobre, in Funchal, ☎ 291-239500
Tubarão Madeira, im Hotel Pestana Palms, Rua do Gorgulho, ☎ 291-965011126, unter deutscher Leitung
Manta Diving Center, im Hotel Galomar, in Caniço de Baixo, ☎ 291-935588; unter deutscher Leitung,
Ventura Diving, im Hotel Villa Ventura, in Caniço de Baixo, ☎ 291-225589
Atalaia Diving Center, im Hotel Roca Mar, in Caniço de Baixo, ☎ 291-934330.

Die Tauchlehrer sind jeweils staatlich anerkannt, die Ausstattung entspricht modernsten Ansprüchen.
Regelmäßig werden Bootsausflüge zu interessanten Tauchplätzen angeboten, z. B. nach Garajau mit reichen Fischschwärmen, Stechrochen, Zackenbarschen und Barakudaschulen oder nach Machico mit schönem Korallenriff.

Tennis

Alle größeren Hotels haben **eigene Tennisplätze**, von denen einige auch mit Flutlicht ausgestattet sind. Tennisschläger und Bälle können (teilweise gegen Gebühr) ausgeliehen werden. In manchen Hotels werden Trainerstunden angeboten. Außerdem können im Freizeitkomplex Quinta Magnólia, Rua Dr. Pita 10, Funchal, ☎ 291-764598, Tennisplätze gemietet werden. Öffnungszeiten: täglich 8-21 Uhr.

Wandern

Es sind vor allem die Wanderungen entlang der einzigartigen „Levadas", die Madeira als Wanderinsel bekannt gemacht haben. Aber Madeira bietet mehr: Ein gut ausgebautes Wanderwegenetz mit guter Ausschilderung überzieht die ganze Insel und berücksichtigt alle Schwierigkeitsgrade, so dass Madeira für jeden Wanderer das passende Angebot bereit hält.

Typisch für Madeira: schneller Wetterwechsel

Am unmittelbarsten und eindrucksvollsten lernen Sie die landschaftliche Vielfalt Madeiras mit ihrer farbenprächtigen und teilweise exotischen Flora auf Wanderungen kennen, deren Schwierigkeitsgrad von leichten Spaziergängen entlang einer Levada bis hin zu anspruchsvollen Bergtouren reicht. Bei allen längeren Wanderungen sollten Sie die plötzlichen, für Madeira typischen Wetterveränderungen einplanen und neben **festem Schuhwerk** immer auch eine **wetterfeste Regen- und Windjacke**, eine Kopfbedeckung, **ausreichend Getränke** und eine **Taschenlampe** für die vielen Unterführungen entlang der Levadas mitnehmen. Vorschläge für Wanderungen finden Sie in den reisepraktischen Informationen bei den jeweiligen Ortsbeschreibungen und ganz ausführlich im Kapitel „Wandern auf Madeira" (s. S. 260ff).

Anbieter für geführte Wanderungen:
Turivema, Estrada Monumental 187, ☏ 291-222667, Buchung auch in anderen Reisebüros möglich. Der Name Turivema steht für „Turismo Verde e Ecológico da Madeira" (übersetzt „grüner und ökologischer Tourismus Madeiras"), und dabei handelt es sich um den führenden Anbieter von Levada- und Gebirgswanderungen. Es werden die „klassischen" Wanderungen Madeiras angeboten, wie z.B. Risco/25 Fontes, Ribeiro Frio, Ponta de São Lourenço und der Pico Ruivo. Preis für jede Wanderung (inkl. Hoteltransfer im Minibus und Führer für 10-12 Wanderer) ab 35 €
Nova Island Tours, Rua Dr. Pita 1A, Funchal, ☏ 291-764733, 🖷 291-764728, es werden verschiedene Wanderungen angeboten. Auch hier werden Minibusse eingesetzt, doch die Gruppen sind nicht größer als 8 Personen. Preis (inkl. Hoteltransfer und Führer) 20 €
Viva Travel, Rua das Aranhas, Funchal, ☏ 291-203919, 🖷 291-230680, von Di-Sa werden drei- bis vierstündige Wanderungen zu täglich wechselnden Zielen angeboten

Christel Dornfeld-Bretterbauer, Rua Dom Francisco Sanatana 48, Caniço, ☏ 291-967497605, individuell gestaltete, geführte Tageswanderungen, die jeweils von Woche zu Woche neu geplant werden, Abfahrt in Caniço de Baixo, deutschsprachige Leitung.
Guided Leisure Walks Levadas of Madeira, ☏ 291-524482, halb- und ganztägige landeskundliche Wanderungen mit unterschiedlichem Schwierigkeitsgrad; außerdem werden „Landrover Expeditionen" angeboten.

Sprache/Sprachkurse

Die Landessprache ist **Portugiesisch**, aber als Verkehrssprache für Touristen ist **Englisch weit verbreitet**. In den meisten Hotels, Restaurants und Geschäften in Funchal und den Ferienzentren können Sie sich daher mit Englisch, gelegentlich auch mit Deutsch, verständigen. In den kleineren Ortschaften kann es zwar vorkommen, dass Sie jemanden finden, der im Ausland gearbeitet hat und deshalb deutsch, englisch oder französisch spricht, aber die meisten Inselbewohner sprechen dort nur portugiesisch und freuen sich über Ihre Bemühungen, ebenfalls portugiesisch zu sprechen.

In Funchal gibt es Sprachschulen, in denen ganzjährig Sprachkurse für Touristen angeboten werden:
Academia de Língua, Rua do Ribeirinho de Baixo 33 B, ☏ 291-231069, die 1976 als gemeinnütziger Kulturverband gegründet wurde.
Cambridge Executive School, Rua da Carreira 204, ☏ 291-43718.
Von der ICEP wurde ein Informationsblatt herausgegeben mit Hinweisen auf „Kurse für Sprache und Kultur", die auch auf Madeira durchgeführt werden. Informationen erhalten Sie aus Frankfurt unter der Rufnummer 069-290549.

Straßennetz/Verkehr

Madeiras Straßennetz ist **großzügig ausgebaut** und überzieht inzwischen die ganze Insel. Die Straßen sind meist in gutem Zustand und werden laufend verbessert.
Erst im letzten Jahrzehnt wurden mit Fördermitteln der EU wichtige Schnellstraßen gebaut. So erschließt die neue Autobahn, die Via Rápida, den gesamten Südteil der Insel und führt von Caniçal im Osten über die Inselhauptstadt Funchal nach Ribeira Brava im Westen.

Für die Nord-Süd-Verbindung musste das zentrale Bergmassiv per Tunnel durchquert werden. Mit der Fertigstellung des längsten Tunnels Portugals, der unter dem Encumeada-Pass hindurch führt, ist jetzt die Strecke zwischen Ribeira Brava und São Vicente vollständig ausgebaut.

An der Nord-West-Küste ist die Küstenstraße mit zahlreichen Tunneln von São Vicente nach Porto Moniz fertig gestellt; die neue Straße verläuft parallel zur alten Küstenstraße. Die Via Expresso von Machico in Richtung Nord-Ost-Küste endet derzeit zwischen Santana und São Jorge. Die Strecke wird weiter ausgebaut in Richtung Arco de São Jorge. Ob die alte Küstenstraße im Westen ebenfalls ausgebaut wird, bleibt abzuwarten.

Abseits der neuen Straßen sieht die Situation anders aus: die Landstraßen sind oft sehr schmal, kurvenreich und unübersichtlich, mit Fußgängern auf den Straßen muss in der Nähe der Ortschaften ebenso gerechnet werden wie mit **freilaufenden Tieren**.

Strom/Steckdosen

Auf Madeira beträgt die Netzspannung 220 Volt Wechselstrom. Stecker und Steckdosen entsprechen denen in Mitteleuropa. **Adapter** für die Steckdosen werden **nur noch ganz selten gebraucht**, sind aber bei Bedarf an der Hotelrezeption oder in Fachgeschäften und Supermärkten in Funchal erhältlich.

T

Tanken

Das **Tankstellennetz** ist auf der ganzen Insel **ausreichend**. In Funchal sind die meisten Tankstellen rund um die Uhr geöffnet. Auf dem Land sind sie normalerweise von 8-22 Uhr geöffnet, am Wochenende können sie jedoch geschlossen sein. Eine Tankfüllung reicht für eine Inselrundfahrt aus.

Achtung: Nicht alle Tankstellen akzeptieren Kreditkarten!

Taxi

In den Ortschaften gibt es Standplätze für die auffällig gelben Taxis mit einem blauen Streifen, im Zentrum von Funchal sind solche u.a. an der Avenida do Mar, an der Rua D. Carlos, an der Rua de Santa sowie im Hotelviertel. Die Taxis können auch telefonisch angefordert werden. Da es jedoch keine Taxizentrale mit einer einheitlichen Rufnummer für die ganze Insel gibt, finden Sie deshalb bei den jeweiligen Ortsbeschreibungen die örtliche Telefonnummer.

Die leuchtend gelben Taxis sind im Stadtbild gut zu erkennen

Taxifahrten sind auf Madeira preiswerter als in Mitteleuropa. Während die Stadttaxis von Funchal per Taxameter abrechnen, gibt es Pauschalpreise für Fahrten über die Insel. Diese Liste kann man beim Taxifahrer selbst, aber auch bei der Touristeninformation und in den Hotels einsehen.

Preisbeispiele:
vom Flughafen ins Zentrum von Funchal: ca. 25-30 €
vom Flughafen nach Caniço: ca. 10 €

Wenn das Taxi telefonisch bestellt wird, muss auch die Anfahrt bezahlt werden. Außerdem wird für Fahrten zwischen 22 Uhr und sieben Uhr ein Aufschlag von 20 % erhoben. Gepäckstücke werden ebenfalls zusätzlich berechnet.

Außerdem kann man Taxis für Ganz- und Halbtagsausflüge mieten, bei denen Festpreise gelten, z.B.:
Tagesfahrt in den Westteil Madeiras: ab 75 €
Tagesfahrt in den Ostteil Madeiras: ab 70 €
Halbtagsfahrt zu bestimmten Sehenswürdigkeiten: ca. 40 €, z. B. ins Tal der Nonnen.

Telefonieren

In allen Orten gibt es Münz- und Kartentelefonzellen, von denen aus auch Ferngespräche geführt werden können; die CREDIFONE-Telefonkarten sind im Postamt (*correios*) sowie an Kiosken und in Souvenir- und Tabakläden mit einem entsprechenden Symbol erhältlich.

Achtung!
Auch bei Ortsgesprächen muss die **Vorwahl 291** mit gewählt werden.

Generell ist zu sagen, dass Telefongespräche, die von Telefonzellen und von der Post aus geführt werden, preiswerter sind als vom Hotel aus.
Für Auslandsgespräche von Madeira gelten folgende Vorwahlnummern:

Danach werden die Ortskennzahl der gewünschten Stadt, jedoch ohne die Null, und dann die Rufnummer des Teilnehmers gewählt.

i Vorwahlnummern

Deutschland 0049 – Österreich 0043 – Schweiz 0041

Für Gespräche nach Madeira und Porto Santo gilt die Vorwahl 00351-291.
Das örtliche Telefonbuch enthält im hinteren Teil auch die „Gelben Seiten" mit einem Branchenverzeichnis. Auf der Seite XI finden Sie ein Inhaltsverzeichnis in deutscher Sprache.

Die Nummer der **Telefonauskunft** ist für **Madeira 118,** für das **Ausland 098**.

Mobilfunk
Während der Empfang auf Madeira in Funchal und den größeren Inselorten und auf Porto Santo im Allgemeinen gut ist, kann es in abgelegenen Gegenden manchmal Probleme geben. Es gibt die Anbieter TMN, Telecel und Optimus. Vor allem bei längerem Aufenthalt lohnt sich schon in Deutschland der Kauf einer „Calling Card" fürs Ausland.

Toiletten

Öffentliche Toiletten gibt es in Funchal u. a. an der zum Meer hin gelegenen Seite der Hafenpromenade, der Avenida do Mar, jeweils etwa auf der Höhe der Bushaltestellen, auf dem Weg zum Forte de S. Tiago, bei der Markthalle und an der Anlegestelle der Fähre nach Porto Santo sowie in Museen und Einkaufszentren.

Touristenpolizei

In Funchal erkennen Sie die Polizisten, die ausdrücklich als Ansprechpartner für Touristen eingesetzt sind, an den **roten Armbinden** mit der Aufschrift „Turismo".

Trinkgelder

Das Bedienungsgeld ist in Hotel- und Restaurantrechnungen im Allgemeinen inbegriffen, dennoch ist es üblich, bei zufriedenstellender Bedienung ein Trinkgeld von 10 % zu geben. Trinkgelder werden auch an Hotelangestellte, Gepäckträger am Flughafen und Taxifahrer gegeben.

Umwelt

Zu den **gravierenden Problemfeldern Madeiras** in den letzten Jahrzehnten gehörten die große Zahl der Autos in Funchal mit dem entsprechenden Schadstoff-Ausstoß, die Müllbeseitigung, die Abwasserreinigung, der hohe Wasser- und Energieverbrauch und die Entstehung von Monokulturen durch die Anpflanzung von Eukalyptusbäumen.

Verschiedenfarbige Container helfen beim Sortieren des Abfalls

Einschneidende Maßnahmen wie der Bau von Autobahnen und Umgehungsstraßen, die Einrichtung autofreier Zonen in der Innenstadt oder die regelmäßige Müllabfuhr haben bereits zur Verbesserung in Funchal beigetragen. Weitere geplante Großprojekte zeigen das **wachsende Bewusstsein** für den Schutz der Umwelt und die Suche nach neuen Lösungen in der Energiewirtschaft:

– auf der Hochebene Paúl da Serra sollen zusätzlich zu den bisherigen Windrädern zwei neue Windkraftparks entstehen, so dass in Zukunft 6 % statt bisher 2 % des gesamten Stromaufkommens durch Windkraft besorgt werden kann
– in Prazeres und auf Porto Santo sollen durch flächendeckende Photovoltaikanlagen alle öffentlichen Gebäude und Haushalte mit Strom versorgt werden
– seit Juli 2008 ist vorgeschrieben, dass in allen Neubauten die Warmwasseraufbereitung durch Solarenergie erfolgen soll.

Unterkunft

Madeira verfügt über **Unterkünfte aller Art und aller Kategorien**, vom traditionsreichen Luxushotel bis zum naturverbundenen Gästehaus im Inselinneren, von der restaurierten, ge-

Weitläufige Hotelanlage

pflegten Quinta über attraktive Ferienwohnungen bis zur preisgünstigen Übernachtung in einem historischen Gebäude im Zentrum von Funchal oder in einem abgelegenen Dorf.

Alle Unterkünfte werden von der staatlichen Tourismusbehörde regelmäßig überprüft und dem internationalen Standard entsprechend klassifiziert. Die Broschüre „**Madeira Hotel Guide**" mit allen aktuellen Unterkünften auf Madeira erhalten Sie beim ICEP, Portugiesisches Touristik- und Handelsbüro, Schäfergasse 17, 60313 Frankfurt/Main, ☏ 069-234094, 🖷 069-231433, und im Touristenbüro in Funchal.

Die meisten Feriengäste reisen als „Pauschalurlauber" nach Madeira, d.h. sie buchen im voraus Flug, Unterkunft und Transfer zum gewählten Hotel. Diese Möglichkeit ist in der Regel preisgünstiger als der individuell geplante Ferienaufenthalt. Wenn Sie jedoch einen preiswerten Last-Minute-Flug buchen können, ist auch die Hotelreservierung vor Ort möglich. In den Sommermonaten, in der Weihnachtszeit und um Silvester ist Madeira jedoch ein bevorzugtes Reiseziel, so dass rechtzeitige Reservierungen empfehlenswert sind.

Die meisten Hotels konzentrieren sich auf Funchal und auf die Ferienorte an der Südküste. Sie verfügen in der Regel über einen hohen Standard (40 % aller Unterkünfte werden der **gehobenen Kategorie** zugeordnet) und bestätigen den Ruf Madeiras als anspruchsvolles Reiseziel.

In den letzten Jahren wurden viele Hotel- und Apartmentanlagen gebaut, die mit einer kleinen Küche oder einer Küchenzeile ausgestattet und zur Selbstversorgung geeignet sind. Einkaufsmöglichkeiten sind meist in der Nähe zu finden.

Information

Die Übernachtungspreise sind abhängig von den Saisonzeiten; im Allgemeinen gilt pro DZ/F:
€-€€ bis ca. 50 € – **€€€** mittlere Kategorie ab 50 €
€€€€ gehobene Kategorie 75 €-150 € – **€€€€€** Luxuskategorie ab 150 €

Genaue Hotelinformationen finden Sie bei den jeweiligen Ortschaften in den „Reisepraktischen Informationen".

Eine reizvolle Alternative zu den großen Hotels sind **Quintas**, oftmals historische Herrensitze oder Landgüter, die nach ihrer vollständigen Renovierung zu komfortablen Gästehäusern umgestaltet wurden und persönlich geführt werden. Die Quintas sind meist von großen, üppig blühenden Garten- oder Parkanlagen umgeben. Auskünfte über Quintas erhalten Sie bei der Touristeninformation.

Eine andere Alternative sind Übernachtungsmöglichkeiten in der Kategorie **„Tourismus auf dem Land"**, die von Madeira Rural, ☏ 291-520868, www.madeirarural.com, E-Mail: reservas@madeira-rural.com angeboten werden. Für Besucher, die Kontakte mit der einheimischen Bevölkerung suchen oder ihren Urlaub naturnah verbringen möchten, reicht die Auswahl vom feinen Landhotel bis zu einfachen Unterkünften mit Familienanschluss.

Wandern

Madeira bietet ausgezeichnete Wandermöglichkeiten, die das ganze Spektrum von leichten Spaziergängen entlang einer Levada bis hin zu anspruchsvollen Bergtouren umfasst.

Hinweis

Ausführliche Informationen und Kontaktadressen finden Sie im Kapitel „Wandern auf Madeira", S. 260ff

Wasser

Obwohl das Leitungswasser auf Madeira im Allgemeinen in Ordnung ist, sollten Sie vorsichtshalber zum Trinken Mineralwasser nehmen. Das Wasser, das in vielen Hotels, Restaurants und Cafés zum Essen gereicht wird, ist von guter Qualität und kann ohne Bedenken getrunken werden. Für Wanderungen empfiehlt es sich, Wasser in Plastikflaschen zu kaufen, die leicht mitgenommen werden können.

Wetterbericht

Aktuelle Auskünfte über das Wetter und die **Wettervorhersage** können Sie telefonisch erfahren bei „Madeira Weather" unter der **Rufnummer 150**.

Außerdem finden Sie in jeder Ausgabe der Tageszeitung „Diário de Notícias" eine Wetterkarte mit ausführlichen Angaben zur Wetterlage, die wegen der benutzten, allgemein verständlichen Symbole auch ohne portugiesische Sprachkenntnisse gut zu verstehen ist. Die lokalen Wetterverhältnisse in den verschiedenen Inselteilen werden differenziert angegeben.

Für Wanderer sind die Wetterprognosen besonders wichtig. Am einfachsten ist es, an der Hotelrezeption nachzufragen, wo der Portier in die Zeitung schauen und Sie informieren kann.

Z

Zeit

Auf Madeira und Porto Santo gilt die **Westeuropäische Zeit** (WEZ), die eine Stunde gegenüber der mitteleuropäischen Zeit zurücksteht. Wenn Sie auf Madeira ankommen, müssen Sie also Ihre Uhr um eine Stunde zurückstellen; das gilt für das ganze Jahr, da auch auf Madeira die Sommerzeit eingeführt wurde.

Zeitungen

In vielen Hotels und an den größeren Zeitungskiosken können Sie die wichtigsten deutschen Zeitschriften und **Tageszeitungen** kaufen, die auf Madeira mit nur eintägiger Verspätung eintreffen.

Jeden Monat erscheint die deutschsprachige Zeitung „**Madeira Aktuell**", die landeskundliche Informationen und aktuelle Veranstaltungshinweise für Touristen enthält und kostenlos in Hotels und Informationsbüros verteilt wird.

Einmal monatlich erscheint auch „**Madeira Life**", eine Informationsschrift für Touristen, die auch deutschsprachige Teile hat und ebenfalls kostenlos ist.

Zollbestimmungen

Bei Reisen innerhalb der Europäischen Union gibt es im Rahmen des persönlichen Bedarfs **keine Beschränkungen**. Für Schweizer Bürger gelten als Freimenge z. B. 200 Zigaretten, 2 l Wein, 2 l Schaumwein oder 1 l Spirituosen und Souvernirs im Wert von bis zu 100 Sfr.

Das kostet Sie das Reisen auf Madeira

Auf den folgenden Seiten finden Sie Preisbeispiele für Ihren Aufenthalt auf Madeira. Es handelt sich dabei immer um vereinfachte Angaben, um eine Richtschnur, von der es saisonale und regionale Abweichungen geben kann.

Wechselkurs für Schweizer Franken (Stand März 2009):
1 SFR = 0,60 € – 1 € = 1,43 SFR

Anreise

Flugpreise je nach Saison

- Charterflug: ab 350 € + Steuern und Sicherheitsgebühren
- Linienflug über Lissabon: ab 380 € + Steuern und Sicherheitsgebühren
- Last-Minute-Flug: ab 230 € + Steuern und Sicherheitsgebühren

Die teuersten Flugzeiten sind in den Weihnachts- und Sommerferien.

Flüge mit Charterfluggesellschaften haben gegenüber Linienflügen den Vorteil, dass sie Madeira nonstop anfliegen und keine Zwischenlandung in Lissabon machen; Pauschalangebote der Reiseveranstalter sind häufig preisgünstiger als individuell gestaltete Reisen.

Aufenthalt

Unterkunft

Die **Übernachtungspreise** sind stark abhängig von den Saisonzeiten, dabei ist die Zeit um Weihnachten und Silvester besonders teuer. Im Allgemeinen gilt pro DZ/F:

€-€€	einfache Kategorie	bis ca. 50 €
€€€	mittlere Kategorie	ab 50 €
€€€€	gehobene Kategorie	ab 75 €-150 €
€€€€€	Luxuskategorie	ab 150 €

Essen und Trinken

Die Preise für Lebensmittel sind im Allgemeinen etwas niedriger als in Deutschland; das gleiche gilt auch für Speisen und Getränke im Restaurant, wobei es große Preisunterschiede zwischen einfachen Tavernen auf dem Land und ausgezeichneten Restaurants z. B. in Funchal gibt.

Lebensmittel

Brot (1 kg)	1,80 €	H-Milch (1 L.)	0,85 €
Bananen (1 kg)	0,95 €	Wasser (1,5 l)	0,50-0,85 €
Cola (1,5 l)	1,50 €	1 Fl. Bier (Coral)	0,75 €
Madeira-Wein (0,7 l)	ab 5 €	Tafelwein	ab 2,50 €

Speisen und Getränke im Restaurant/in der Bar

kleine Fl. Wasser	0,80-2,00 €	Cola	1,00-2,00 €
Bier	ab 1,00 €	Flasche Wein	ab 8,00 €
Vorsuppe	ab 2,50 €	Brot (als Beilage)	1,00-2,50 €
Salat	ab 4,50 €	Hauptgericht	ab 6,50 €
Espresso (uma bica)	ca. 1,00 €	Milchkaffee	1,50-2,00 €

Verkehrsmittel

Stadtbusse

Fahrpreis in Funchal: ab 0,80 €
Ein 7-Tage-Ticket kostet 17 €.

Überlandbusse

Fahrpreis Flughafen – Funchal:	ab 2,40 €
Fahrpreis Funchal – Curral das Freiras:	ab 2,50 €.

Seilbahn

Funchal – Monte: einfache Fahrt: Erwachsene 10 €, Kinder von 4-14 Jahren 5 €; Hin- und Rückfahrt: Erwachsene 14,50 €, Kinder von 4-14 Jahren 7,25 €. Ein Audioguide kostet zusätzlich 1 €.

Korbschlittenfahrt

Ab Monte bis Livramento (2,5 km) pro Schlitten 20 €, für 2 Personen 25 €, 3 Personen 37,50 €.

Taxi

Grundgebühr 1,50 €, Stadttaxis werden in Funchal per Taxameter abgerechnet, bei Fahrten in die anderen Inselorte wird der Preis vorher vereinbart. Für Ausflugsfahrten über die Insel gibt es Pauschalpreise.

Preisbeispiele:

- vom Flughafen ins Zentrum von Funchal: ca. 25-30 €
- vom Flughafen nach Caniço de Baixo: ca. 10 €

- Tagesfahrt in den Westteil Madeiras: ab 75 €
- Tagesfahrt in den Ostteil Madeiras: ab 70 €
- Halbtagsfahrt zu bestimmten Sehenswürdigkeiten, z. B. ins Tal der Nonnen: ca. 40 €.

Mietwagen

Bei den lokalen Autovermietern zahlt man für ein Fahrzeug in der unteren Preisklasse für einen Tag ab 30-45 € inklusive Vollkasko-Versicherung, Steuern und freier Kilometerzahl. Die Kosten sinken deutlich mit zunehmender Mietdauer. Internationale Vermieter liegen meistens etwas über diesen Preisen. Je nach Anbieter werden bei der Anlieferung/Abholung des Mietwagens zum/vom Flughafen zusätzlich 15 € berechnet.

Motorräder werden in Funchal und in Caniço de Baixo ab 35 € vermietet; Motorroller ab 25 €.

Benzin

- 1 Liter Bleifrei: ca. 1,08 €
- 1 Liter Super: ca. 1,14 €.

Parken

Je nach Entfernung zum Zentrum von Funchal liegen die Parkgebühren zwischen 0,58 € und 1,64 € pro Stunde, z. B.: in einem zentralen Parkhaus 1 Std – 1 €.

Organisierte Ausflugsfahrten

Stadtrundfahrten

- 1-2-stündige Rundfahrten ab 10 € Erwachsene, Kinder 5 €
- Fahrt im Doppeldecker-Bus 75 Minuten: Erwachsene 10 €, Kinder 5 €.

Ausflüge

- Inselrundfahrt-Tagestour
mit dem Kleinbus ab 42 € p. P.,
mit dem Taxi: in den Westteil der Insel ca. 75 €, in den Osten ca. 70 €
- Rundflüge mit dem Hubschrauber: 10 Minuten über Funchal 60 € p.P., Flug nach Curral das Freiras 65 €, Inseltour 160 € p.P.
- Jeep-Safari: halbtägig ab 24 € p.P., ganztägig ab 42 € p. P.

Wanderungen

- geführte Halbtags- und Tageswanderungen zu den schönsten Ausflugszielen der Insel, je nach Dauer ab 24,50 € p. P.

Bootsausflüge

- **Santa Maria de Colombo**: Erwachsene 27,50 €, für Kinder 13,75
- **Porto Santo Line**, Tageskreuzfahrt nach Porto Santo: 64 € inkl. Transfer vom und zum Hotel, 50,10 € bei mindestens einer Übernachtung
- Delfin- und Walbeobachtungsfahrten: Erwachsene 25 €, Kinder bis 12 Jahre 12,50 €
- Yachtausflug (3 Std.): ab 25 € pro Person.

3. UNTERWEGS AUF MADEIRA

Blick auf den Pico Ruivo

Die Inselhauptstadt Funchal

Wie für die ganze Insel Madeira gibt es auch für **Funchal** viele schmückende Attribute, die etwas von der besonderen Atmosphäre und dem Charme der Stadt zum Ausdruck bringen wollen, wie zum Beispiel „Stadt mit kolonialem Charme", „Blumenkorb im Atlantik" oder „Ankerplatz der Weltenbummler und des Jet Sets".
Etwa 125.000 Menschen, fast die Hälfte der gesamten Inselbevölkerung, leben in der Inselhauptstadt Funchal, die das **wirtschaftliche**, **kulturelle** und **touristische Zentrum** des Archipels Madeira ist.
Wie ein Amphitheater steigt die Stadt von der Küste des Meeres hinauf und schmiegt sich mit ihren Wohnvierteln an die Hänge des bis zu 1.200 m ansteigenden Gebirgszug.

1508 wurde Funchal durch den portugiesischen König *Manuel I.* zur Stadt ernannt, und im August 2008 wurde zur Erinnerung an die Stadtgründung der 500. Jahrestag mit Umzügen, Paraden, musikalischen Darbietungen und einem großen Staffellauf gefeiert.

Redaktionstipps

Besuchen Sie das **Weinmuseum** der Madeira Wine Company und nehmen Sie anschließend Kostproben vom berühmten Madeirawein (S. 131).
Besuchen Sie einen der wundervollen Gärten in der Umgebung Funchals, zum Beispiel den **Botanischen Garten** (S. 156) mit vielen Pflanzen und Vögeln oder den Garten der Quinta do Palheiro Ferreiro (**Blandy´s Garden**) mit seiner subtropischen Pflanzenpracht (S. 160).
Fahren Sie mit der **Seilbahn nach Monte** und wagen Sie danach eine Korbschlittenfahrt ins Tal (S.183).
Probieren Sie in einem der kleineren Restaurants die **madeirischen Spezialitäten:** das Fischgericht „Espada" und den Fleischspieß „Espetada" (S. 209).
Machen Sie einen **abendlichen Bummel** über die Hafenpromenade Avenida do Mar mit ihren „schwimmenden Restaurants und Cafés" (S. 123).

Das Zentrum der Stadt liegt zwischen den drei kanalisierten Flüssen Ribeira de São João, Ribeira de Santa Luzia und Ribeira de João Gomes, die im Sommer weitgehend trocken und von leuchtenden Bougainvilleen überwuchert sind. Das Stadtbild Funchals ist geprägt durch die Altstadt mit ihren historischen Gebäuden in engen Gassen und durch die hoch aufragenden Neubauten der Hotels, die im Westteil der Stadt dicht beieinander liegen und von blühenden Gärten und Parks umgeben sind.
Der **Reiz der Stadt** ergibt sich aus ihrer herrlichen Lage in einer großen, geschützten Meeresbucht, der üppigen subtropischen Vegetation, die das ganze Jahr über in allen Stadtvierteln in großer Farbenpracht leuchtet, aus der Fülle der interessanten Sehenswürdigkeiten und der Vielzahl der inseltypischen Aktivitäten sowie der Freundlichkeit der Menschen.

Funchals wirtschaftliche Bedeutung für die Insel wirkt sich auch auf die Verkehrssituation aus: alle Orte sind inzwischen durch Straßen mit der Inselhauptstadt verbunden, und die zentrale Lage an der Südküste Madeiras führt dazu, dass die wichtigste West-Ostverbindung der Insel die Inselhauptstadt berührt.

Einen schönen Überblick über das ganze Stadtgebiet gewinnen Sie bei der Fahrt mit der Seilbahn nach Monte oder von einer der **Aussichtsterrassen,** zum Beispiel an der Quinta das Cruzes, vom Pico da Cruz oder vom Aussichtspunkt Pico dos Barcelos.

Die Stadt wurde anlässlich der 500-Jahr-Feier 2008 festlich geschmückt

Von der Höhe des 355 m hohen Berges hat man einen herrlichen Ausblick auf die gesamte Stadt, die vorgelagerten Ilhas Desertas und das Meer.

Sehenswertes in der Innenstadt

Die Atmosphäre und die Sehenswürdigkeiten Funchals kann man am besten zu Fuß kennenlernen. Wegen der teilweise steil ansteigenden Straßen und Gassen und des holprigen, manchmal rutschigen Kopfsteinpflasters ist es aber auf jeden Fall zu empfehlen, bequeme Schuhe zu tragen und, je nach Jahreszeit, einen Sonnen- oder Regenschutz mitzunehmen.

Noch vor wenigen Jahren war die Innenstadt erfüllt von dichtem Autoverkehr, Lärm und Gestank, denn der gesamte Inselverkehr verlief durch das Zentrum von Funchal. Inzwischen wurde eine spürbare Entlastung der Innenstadt vom Durchgangsverkehr durch die Fertigstellung der vierspurig ausgebauten Autobahn erreicht; durch verkehrsberuhigende Maßnahmen und die Einrichtung von Fußgängerzonen ist es gelungen, die Innenstadt für Fußgänger freundlicher zu gestalten. Wo sich früher in den Straßen Autoschlangen stauten, lautes Hupen und Abgase einen längeren Aufenthalt verleideten, schlendern jetzt Fußgänger durch die Straßen und können in einem der vielen Straßencafés entspannt das städtische Leben beobachten und genießen.

Außerdem laden die Bänke an der Hafenpromenade an der Avenida Arriaga zur Rast ein, ebenso wie die stillen, schattigen Winkel im Stadtgarten in der Nähe der Touristeninformation, im größeren Stadtpark an der Avenida do Infante, im Park der Quinta Magnólia an der Rua do Dr. Pita oder in der Nähe der Seilbahnstation.

Vorschläge für vier Spaziergänge durch die Stadt

Im Folgenden werden vier Stadtrundgänge beschrieben, die je nach vorhandener Zeit auch gut miteinander kombiniert werden können. Bei allen Spaziergängen gibt es unterwegs Gelegenheit, sich auf einer schattigen Parkbank oder in einem Café oder Restaurant auszuruhen.

1. Spaziergang: Von der Hafenpromenade ins Zentrum von Funchal

Dauer des Spaziergangs: ca. 1 Stunde (ohne Besichtigungen)

Was gibt es zu sehen?

Hafenpromenade – Festung von São Lourenço – Altes Zollamt – Kathedrale von Funchal (die Sé) – Zuckermuseum – Rathaus mit Rathausplatz – Jesuitenkolleg mit Kollegiumskirche – Museum für kirchliche Kunst – Fotomuseum Vicentes – Standbild João Zarcos – Madeira Wine Company – Stadtgarten S. Francisco – Handelskammer mit Azulejos

Ausgangspunkt des ersten Stadtrundganges ist die **breite Uferpromenade**, die Avenida do Mar e das Comunidades Madeirenses, die im alltäglichen Gebrauch abgekürzt nur Avenida do Mar genannt wird. Die Promenade zieht sich am Hafen entlang und lädt mit Springbrunnen, Bänken und Cafés zum Verweilen ein. Hier finden Sie auch die Haltestellen der wichtigsten Buslinien. Nach dem Einkaufsbummel oder einem Stadtrundgang kann man sich hier ausruhen, dem geschäftigen Treiben ringsum zuschauen und den Ausblick auf das Meer, auf die anlegenden Kreuzfahrtschiffe und die Segelschiffe aus aller Welt genießen. Am Abend füllen sich die beliebten „schwimmenden" Restaurants an der Avenida do Mar und am Cais da Cidade, die meist auf Booten oder Pontons eingerichtet wurden und vor allem gute Fischgerichte servieren. Hier liegt auch die Yacht „Vagrant", die früher den Beatles gehörte und später zu einem Restaurantschiff umgebaut wurde.

Die Festung São Lourenço

Auf der gegenüberliegenden Seite der Avenida do Mar steht die **Festung São Lourenço** (*Fortaleza de São Lourenço*)(**1**), die älteste Festung Madeiras und der heutige Wohnsitz des Gouverneurs.

1 Festung von São Lourenço
2 Altes Zollamt
3 Kathedrale von Funchal (Sé)
4 Zuckermuseum
5 Rathaus
6 Jesuitenkolleg
7 Museum für kirchliche Kunst
8 Fotomuseum Vicentes
9 Standbild João Zarcos
10 Madeira Wine Company
11 Stadtgarten São Francisco
12 Handelskammer
13 Stadttheater
14 Casa do Tourista
15 Denkmal Heinrich des Seefahrers
16 Capela de Santa Catarina
17 Quinta Vigia
18 Casino
19 Hospício Maria Amélia
20 Quinta das Cruzes
21 Convento de Santa Clara
22 Casa Museu Frederico de Freitas
23 Kirche von São Pedro
24 Naturkundliches Museum
25 Englische Kirche
26 Fortaleza do Pico
27 Markthalle
28 Kirche Igreja do Socorro
29 Festung São Tiago
30 Museum für moderne Kunst
31 Fischerkapelle Corpo Santo
32 Elektrizitätsmuseum
33 Madeira Story Centre

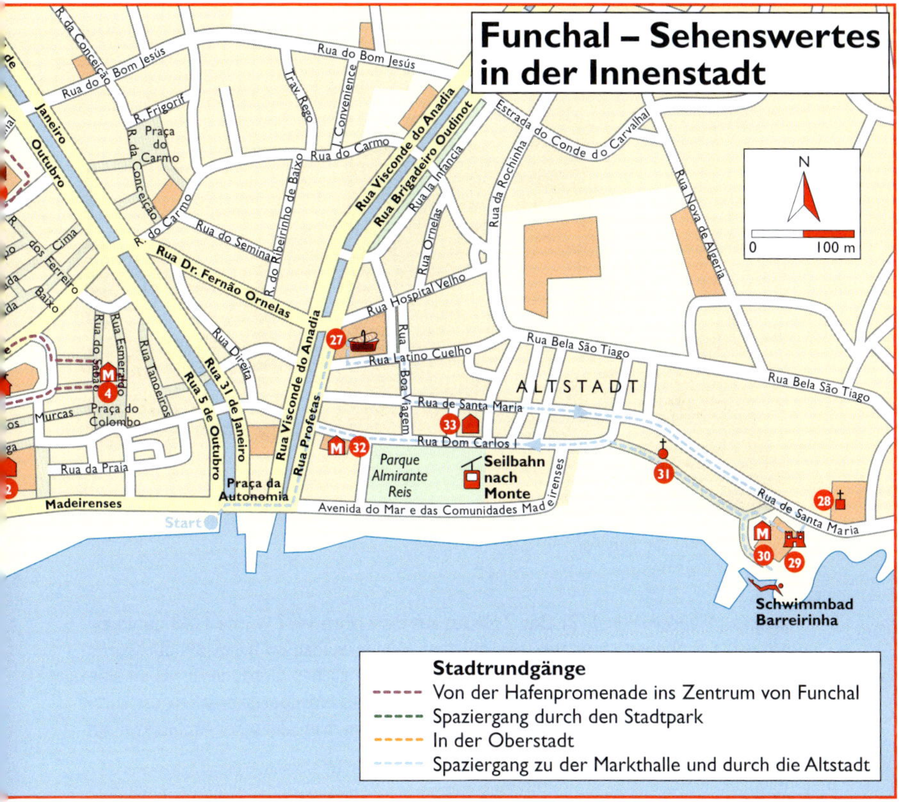

Festung São Lourenço

Mit dem Bau der Festung wurde an der Stelle einer einfachen Wehranlage bereits 1513 zum Schutz vor Seeräubern begonnen, die Fertigstellung mit dicken Türmen, Schießscharten und Zinnen erfolgte erst zur Zeit der spanischen Herrschaft. Im 18. Jahrhundert diente das inzwischen mehrfach erweiterte und verstärkte Gebäude als Unterkunft für die Offiziere und Soldaten. Am Ostturm wurde das portugiesische Wappen mit der Krone und dem Kreuz der Christusritter angebracht. Als die Festung im 19. Jahrhundert nicht mehr zur Verteidigung gebraucht wurde, wurde sie im Inneren palastartig mit Empfangsräumen, einem Festsaal und großen Wohnräumen umgestaltet.
Das Gebäude ist **nicht für die Öffentlichkeit zugänglich**, eine kleine, nur gelegentlich geöffnete Ausstellung im Nordteil der Festung dokumentiert die Geschichte des Bauwerkes.

Man geht in östlicher Richtung weiter auf der Avenida do Mar, vorbei an Geschäften, Cafés und der Statue von Papst Johannes Paul II. bis zum Gebäude des **Alten Zoll-**

Die Kathedrale von Funchal

amtes (*Alfândega Velha*) (**2**). Das Zollhaus aus dem Jahre 1477 wurde 1748 durch ein schweres Erdbeben stark zerstört, mit dem Wiederaufbau im barocken Stil wurde noch im 18. Jahrhundert begonnen. Von dem ursprünglichen Gebäude ist neben einigen Gewölben, Spitzbögen und Wasserspeiern auch das Nordportal erhalten, das kürzlich restauriert wurde und als herausragendes Beispiel manuelinischer Architektur auf Madeira gilt.

Das Gebäude, durch einen Rundbau erweitert und mit einem Wasserspiel geschmückt, dient heute als Sitz der Regionalversammlung und ist deshalb nicht zu besichtigen.

Kathedrale Sé

Die Rua A. João Távira führt durch eine Fußgängerzone mit beliebten Straßencafés unter schattenspendenden Bäumen zur **Kathedrale von Funchal** (**3**), die kurz „Sé" genannt wird, was „Bischofssitz" bedeutet. Der Kirchenbau, der von dem Architekten *Gil Enés* entworfen und in den Jahren von 1493 bis 1508 errichtet wurde, ist bis heute der Mittelpunkt des religiösen Lebens auf Madeira. **Täglich** finden **mehrere Gottesdienste** statt; nur während der Mittagszeit ist die Kirche geschlossen.
Das Äußere der Kirche mit den weißen, von dunklen Natursteinquadern eingefassten Wänden wirkt streng und schlicht.

Die Vorderfront der Kirche weist vier Gestaltungselemente auf: das gotische Portal mit **manuelinischem Dekor**, darüber das königliche Wappen, darüber dann eine Fensterrose und auf dem Giebel das **Kreuz des Christusordens**. Die Rückfront der Kathedrale ist mit manuelinischen Steinmetzarbeiten verziert. Der viereckige Kirchturm trägt ein spitzes, mit kleinen Kacheln gedecktes Dach. Der Innenraum gliedert sich eindrucksvoll in drei Längsschiffe und ein Querschiff. Sehenswert im Inneren der Kirche sind die holzgeschnitzten, **mit Blattgold belegten Altäre**, der Hochaltar mit 12 Gemälden aus dem 17. Jahrhundert, das geschnitzte Chorgestühl und vor allem die mit Elfenbeinintarsien gestaltete Kirchendecke aus einheimischem Zedernholz, die seit dem 16. Jahrhundert nahezu unverändert ist.

Der portugiesische Ritterorden und die Christusritter

info

Der Christusorden ist ein **portugiesischer Ritterorden,** der nach der Auflösung des Templerordens im Jahre 1317 gebildet und 1319 vom Papst bestätigt wurde. Obwohl in Portugal die Mitglieder des Templerordens durch einen Untersuchungsausschuss von allen Vorwürfen freigesprochen wurden, konnte sich der portugiesische König *Dinis* der Aufhebung des Templerordens durch den Papst nicht widersetzen. Da er aber die Leistungen und Verdienste der Tempelritter insbesondere bei der Vertreibung der Mauren von der iberischen Halbinsel sehr hoch schätzte, stimmte er der **Gründung des Christusordens** zu und übertrug diesem die Güter, Rechte und Privilegien der Templer. Der Christusorden bestand unter diesem Namen bis ins 16. Jahrhundert und widmete sich vor allem der Seefahrt und der Entdeckung neuer Länder.

Bedeutende Männer jener Zeit waren Mitglieder des Christusordens.
Prinz *Heinrich der Seefahrer,* der erste „Gouverneur und Administrator" des Ordens, belohnte die intensive Missionierungsarbeit der Christusritter, indem er dem Orden **weitreichende Besitzrechte** über Madeira und Porto Santo zusprach. Die Schiffe der Bruderschaft segelten unter dem rot-weißen Kreuz des Christusordens. Auch die drei Karavellen, mit denen *Christoph Kolumbus* 1492/93 den Atlantik überquert hatte, trugen dieses Ordenszeichen. *Kolumbus* war mit der Tochter eines ehemaligen Ordensritters verheiratet, der ihm seine Seekarten und Logbücher zur Verfügung gestellt hatte. Auch *Vasco da Gama* war ein Ritter des Christusordens.

Einfluss und Macht des Ordens vergrößerten sich ein weiteres Mal, als König *Manuel I.* die Macht der Krone und des Christusordens in Personalunion vereinte, das Ordenskreuz wurde zum Symbol des Königs und des portugiesischen Reiches.

Wer Lust zu einem Einkaufsbummel hat, kann durch die kleinen Gassen schlendern; hier findet man Geschäfte aller Art, in denen manche Waren preisgünstiger angeboten werden als in den eleganteren Geschäften der Hauptstraße. Nehmen Sie sich wie die Madeirenser Zeit für eine Tasse Kaffee in einem der vielen winzigen Cafés.

Gleich hinter der Sé liegt der Platz des Kolumbus, die Praça Colombo, mit kleinen Geschäften und netten Straßencafés. Mittelpunkt ist das Pflastermosaik mit dem Stadtwappen von Funchal. Bei Ausgrabungen wurden hier die Fundamente der Stadtvilla des reichen flämischen Kaufmanns *João Esmeraldo* freigelegt, in dessen Haus *Christoph Kolumbus* 1498 zu Gast war. Auffällig ist das gelbe Gebäude des **Zuckermuseums** (*Núcleo Museológico „A Cidade do Açúcar"*) (**4**), das schon von der Rückseite der Kirche her zu sehen ist. Eine Ausstellung informiert vor allem über die Geschichte des

Vom Largo do Poço aus sieht man den Turm der Sé

Zuckerhandels auf Madeira und zeigt dessen Bedeutung für die Wirtschaft, aber auch für die kulturelle Entwicklung der Insel. Außerdem sind einige Funde des 1877 abgerissenen Stadtpalastes ausgestellt.

Núcleo Museológico „A Cidade do Açucar", *Praça do Colombo, Öffnungszeiten: Mo-Sa 10-12.30 Uhr und 14-18 Uhr, Eintritt 2,10 €*

Nachdem Sie zur Sé zurückgekehrt sind, werfen Sie beim Weitergehen durch die Fußgängerzone einen Blick auf die schönen Bodenmosaike, die inseltypische Motive zeigen wie zum Beispiel ein Segelschiff als Symbol für die Entdeckung Madeiras, die Korbschlittenfahrer von Monte, eine Bananenstaude oder eine Strelitzie.

Folgt man weiter der Rua A. João Távira, stößt man auf die Rua C. Pestana, von wo aus man schon den großen, **schön gestalteten Rathausplatz**, den Praça do Município, sehen kann, der von drei sehenswerten Gebäuden aus der Barockzeit umgeben ist.

Der großzügig angelegte Platz, der mit Bodenmosaiken aus weißen und schwarzen Steinen und einem großen Springbrunnen geschmückt ist, wird an der Ostseite durch das **Rathaus** (*Câmara Municipal*) (**5**) begrenzt. Das 1758 gebaute Haus diente zunächst dem Grafen *de Carvalhal* als Stadtresidenz, wo er mit seiner Familie im ersten Stockwerk lebte, während im Erdgeschoss die Weinfässer gelagert und die Pferde gehalten wurden. Der Turm mit seinen großen Fenstern diente dem Kaufmann dazu, rechtzeitig die Ankunft der Handelsschiffe zu erfahren.

Rathaus

1883 erwarb die Stadt Funchal das Gebäude, dessen Fassade geprägt ist durch eine Reihe gleichförmiger Fenster, die wie das Portal mit Quadern aus schwarzem Lavagestein umrandet sind. Das steinerne Stadtwappen zeigt die fünf Zuckerhüte und die vier Weinreben, die den Grundstock für den Wohlstand Funchals bildeten.
Sehenswert sind die Eingangshalle mit kunstvollen blau-weiß bemalten Azulejos und der mit Fliesen reich ausgestaltete, malerische Innenhof mit einer Skulptur des Göttervaters Zeus. Eine Treppe führt hinauf zur Galerie.
Den Innenhof kann man während der Bürozeiten besichtigen.

An der Nordseite des Rathausplatzes steht das **ehemalige Jesuitenkolleg mit der Kollegiumskirche** (*Igreja do Colégio*) (**6**). Seit 1566 ließen sich Jesuiten auf Madeira nieder. Sie kamen, um nach dem schrecklichen Piratenüberfall auf Funchal Hilfe zu leisten, aber auch, um den reformatorischen Ideen entgegenzuwirken, die durch hugenottische Seeleute der Inselbevölkerung bekannt geworden waren. Sie gründeten im 17. Jahrhundert das Kolleg als eine Bildungsstätte für die Söhne wohlhabender Familien. 1759/60 jedoch wurden die Jesuiten aus ganz Portugal wegen ihrer umstrittenen Gold- und Diamantengeschäfte in den Kolonien und wegen ihrer Machtansprüche in Paraguay ausgewiesen. Das Jesuitenkolleg verfiel, bis es im 18. Jahrhundert von britischen Truppen als Kaserne genutzt wurde. Seit 1975 ist das Kolleg **Sitz der neugegründeten Universität von Madeira**.

Kollegiumskirche

Die Kollegiumskirche stammt ebenfalls aus dem 17. Jahrhundert und wurde von Jesuiten erbaut. Die streng wirkende Fassade der Kirche ist wie beim Rathaus durch den Kontrast der weißen Mauern und der von dunklem Lavagestein umrandeten Fenster und Türen geprägt. Auffällig sind das städtische Wappen im Kirchengiebel und vier Nischen, in denen Marmor-Skulpturen von vier bedeutenden Jesuiten stehen. In der unteren linken Nische ist *Ignatius von Loyola*, der Gründer des Jesuitenordens, zu sehen.

Die Kollegiumskirche blieb bis 1760 im Besitz des Jesuitenordens

Das einschiffige Kircheninnere ist geprägt durch reich vergoldete Holzschnitzarbeiten an den Altären. An der linken Kirchenwand hängen Gemälde des 15.-17. Jahrhunderts, während die rechte Seite mit großen, vielfarbigen Kachelbildern geschmückt ist.
Die Kirche wird täglich nur von 17 bis 18 Uhr und zu den Gottesdiensten (Sa um 17 Uhr, So 10, 12, 19 und 20 Uhr) geöffnet. In der Weihnachtszeit werden Sie hier sicherlich an Zuhause erinnert, wenn in der Kirche Weihnachtslieder auch in deutscher Sprache zu hören sind.

An der Südseite des Rathausplatzes steht der ehemalige Bischofspalast aus dem 17. Jahrhundert, in dem 1955 das **Museum für kirchliche Kunst** (*Museu de Arte Sacra*) (**7**) eingerichtet wurde.

Interessantes Museum mit kleinem Café

Das tief gelegene, von außen leicht zu übersehende Museum lohnt einen Besuch wegen der bemerkenswerten Fülle flämischer Tafelbilder aus dem 15. und 16. Jahrhundert, die im Austausch gegen den in Flandern sehr begehrten Zucker nach Madeira gelangten. Ebenso besonders sind eine eindrucksvolle Ausstellung von Gemälden und hölzernen Heiligenfiguren portugiesischer Künstler des 16.-18. Jahrhunderts, deren Wirkung durch die dargebotene Kirchenmusik betont wird, und eine umfangreiche Sammlung kostbaren Kirchenschmucks aus mehreren Kirchen Madeiras. Besondere Beachtung verdienen dabei das 1,27 m hohe manuelinische **Prozessionskreuz aus vergoldetem Silber**, das der Kathedrale von Funchal von König *Manuel I.* zu Beginn des 16. Jahrhunderts geschenkt wurde sowie die Statue der Jungfrau Maria mit dem Kinde, die der Kirche von Machico von *Manuel I.* vermacht wurde.
Im ersten Stockwerk befindet sich noch eine Sammlung von Priestergewändern.
Museu de Arte Sacra, *Rua do Bispo 21, Öffnungszeiten: Di-Sa 10-12.30 Uhr und 14.30-18 Uhr, So 10-13 Uhr, Eintritt 3 €*

Beliebt ist das kleine „Café do Museu“ im Innenhof des Bischofspalastes, das einen schönen Blick auf den Rathausplatz bietet, ebenso wie das alteingesessene Straßencafé „O Leque“ am Straßenrand.

Hinweis

Vom Rathaus sind es nur ein paar Minuten bis zum Weinmuseum *(Museu do Vinho)*, wo Sie sich über den traditionellen Anbau und die aktuellen Herstellungsverfahren des Madeira-Weines informieren können. In diesem Museum gibt es **keine Weinproben** und **keinen Weinverkauf!** Gelegenheit zu einer Weinprobe haben Sie jedoch beim Besuch der Madeira Wine Company im weiteren Verlauf dieses Stadtrundganges. Derzeit ist das Weinmuseum wegen Renovierungsarbeiten geschlossen.
Museu do Vinho, *Rua 5 de Outubro, ☏ 291-220581, www. vinhomadeira.pt. Öffnungszeiten: Mo-Fr 9-18 Uhr, Sa 10-13 Uhr, Eintritt frei*

Von der Westseite des Rathausplatzes setzt man den Stadtrundgang fort und geht durch die Rua Câmara Pestana bis zur Avenida Zarco und ein paar Schritte geradeaus weiter, wo das **Fotomuseum** (*Museu Photographia Vicentes*) (**8**) alle Fotofreunde zu einem Besuch einlädt.

Sie betreten zunächst den schönen Innenhof mit dem bekannten Café-Restaurant „O Pátio“ und steigen dann die Treppe hinauf zum Museum. Hier können Sie das erste Fotostudio Portugals besichtigen, das 1848 von *Vicente Gomes da Silva* eröffnet wurde und mit seiner Originaleinrichtung und -ausstattung erhalten ist. Alte Fotoapparate, technische Geräte, Kulissen, Möbel, Requisiten und ein 380 000 Bilder umfassendes Fotoarchiv lohnen den Besuch ebenso wie die Fotoalben mit interessanten historischen Aufnahmen, die Aufschluss über das Leben auf Madeira geben. Das Fotoatelier war bis 1960 im Besitz der Familie Vicente und wurde 1982 als Museum wiedereröffnet.
Museu Photographia Vicentes, *Rua da Carreira 43, ☏ 291-225050, Öffnungszeiten: Mo-Fr 10-12.30 Uhr und 14-17 Uhr, Eintritt: 2,50 €, www.photographiamuseuvicentes.com.pt*

Anschließend gehen Sie zurück in die schön gepflasterte, von Bäumen beschattete Avenida Zarco, wo Sie am Regierungsgebäude, am Verkaufsraum der Telecom Portugal und am Hauptpostamt mit seiner philatelistischen Abteilung vorbeikommen, und weiter bis zur inzwischen teilweise verkehrsberuhigten Avenida M. Arriaga. Sie erreichen das von *Francisco Franco* geschaffene **Standbild João Zarcos** (**9**), das 1934 zu Ehren des Inselentdeckers aufgestellt wurde, und sehen an dieser Straßenkreuzung die schöne Fassade des historischen Gebäudes der Bank von Portugal.

Touristen-information

Wenn Sie nach rechts der Avenida Arriaga, der breiten Prachtstraße Funchals, folgen, wo im Frühjahr die Jacarandá-Bäume wunderschön blühen und in der Weihnachtszeit Verkaufsbuden aufgestellt sind, erreichen Sie die Touristeninformation. Gleich daneben liegt die **Old Blandy Madeira Wine Company** (**10**), die älteste Weinkellerei Madeiras.

Die Räume der Madeira Wine Company befinden sich in dem Gebäude des ehemaligen Franziskanerklosters aus dem 16. Jahrhundert. Bevor Sie zu den Lagerräumen gehen, können Sie einen Blick in eine der ältesten kopfsteingepflasterten Straßen Funchals mit einer kleinen Kapelle werfen. In den Lagerräumen sind handgefertigte Fässer aus Eiche und Mahagoni mit Weinen u.a. des 19. und 20. Jahrhunderts gestapelt. Jedes Fass ist mit Kreidezeichen so gekennzeichnet, dass die Rebsorte, das Jahr der Lese und das letzte Fülldatum davon abgelesen werden können. In dem angeschlossenen, kleinen Firmenmuseum sind Briefe, Dokumente, Auszeichnungen, Auftragsbücher und historische Arbeitsgeräte ausgestellt.

Montag bis Freitag finden täglich um 10.30 Uhr, Sa um 11 Uhr Führungen statt, die über die Herstellung, Reifung und Verschiffung des berühmten Madeiraweines anschaulich

Bei der Weinprobe

auch in deutscher Sprache informieren. Außerdem wird ein kurzer, mehrsprachiger Videofilm über „Die Geschichte des Madeiraweines" gezeigt.
Die Führung endet mit einer Kostprobe verschiedener Weine in der Probierstube „Max Römer", die den Namen des deutschen Malers trägt, der von 1922 bis 1966 auf Madeira lebte und die Wände mit Szenen aus der Weinherstellung gestaltete. Nach der Verkostung können Sie die Weine kaufen!
Touristeninformation, *Avenida Arriaga 18, ☎ 291-229057, 🖷 291-232151, Öffnungszeiten: Mo-Fr 9-19 Uhr, Sa 9-18 Uhr, So und feiertags 9-13 Uhr*
Old Blandy Madeira Wine Company, *Avenida Arriaga 28, ☎ 291-740110, Öffnungszeiten: Mo-Fr 10-18.30 Uhr, Sa 10-13 Uhr, Eintritt/Führung: 4 €, www.madeirawinecompany.com*

Schöne Parkanlage

Wenn Sie das Gebäude der Wine Company zur Rua S. Francisco hin verlassen, liegt der **Stadtgarten São Francisco** (*Jardim Municipal de São Francisco*) (**11**) vor Ihnen. Das Gelände des heutigen Gartens gehörte zu einem Franziskanerkloster aus dem 16. Jahrhundert. Nach dem Verbot und der Auflösung aller religiösen Orden im Jahre 1834, verfiel das Kloster. 1878 wurde mit der Anlage des Parks begonnen. Dazu wurden von der damaligen Stadtverwaltung Bäume und Pflanzen aus der ganzen Welt angepflanzt. Da viele der exotischen Bäume beschildert sind, kann man die Herkunftsländer schon an den Namen erkennen, wie z.B. *Dammara australis* oder *Pterocaya japonica*.

Zwischen Palmen, Magnolien und Korallenbäumen findet man in der Südostecke das Wappen des Klosters. Im hinteren Teil des Stadtgartens wurde 1982 eine Statue des *Franz von Assisi* anlässlich seines 800. Geburtstages aufgestellt. Außerdem gibt es einen Musikpavillon und daneben das beliebte Gartencafé „O Concerto". Bei den Einheimischen und als Fotomotiv besonders beliebt ist der kleine See mit Gänsen und Enten und einem am Abend beleuchteten Springbrunnen, dessen kleine Skulptur der zwei spielenden Jungen jedem Anwohner bekannt ist.

An der Avenida M. Arriaga, an der der Stadtgarten sich entlang zieht, warten meist viele der gelb-blauen Taxis in einer langen Warteschlange. Jedes Mal, wenn nach dem Wegfahren des vordersten Taxis die anderen Wagen nachrücken können, schieben die Taxifahrer ihre Autos per Hand einfach ein Stück weiter vor – ganz nach portugiesischer Manier!
Die Avenida M. Arriaga und der kleine, an die Festung São Lourenço angrenzende Platz werden bei allen Festen und Feiern genutzt für Verkaufsbuden, Musik- und Tanzgruppen und für folkloristische Darbietungen. In der Weihnachtszeit werden Figurengruppen aufgestellt, die Szenen aus der Geschichte Madeiras nachstellen.
Wenn Sie die Avenida M. Arriaga überqueren, liegt südlich dem

An der Avenida M. Arriaga

Stadtgarten gegenüber das Gebäude der **Handelskammer** (*Câmera de Comércio*) (**12**), das schon von außen leicht an den großen Kachelbildern zu erkennen ist.

Beliebter Treffpunkt

Rechts daneben steht das 1888 im klassizistischen Stil erbaute **Stadttheater** (*Teatro Municipal Baltazar Dias*) (**13**). Der renovierte Theatersaal wird regelmäßig für Theater- und Konzertveranstaltungen, Filmvorführungen und Kunstausstellungen genutzt. Dann ist im Theaterfoyer ein kleiner Theatershop geöffnet. Sehr beliebt als geselliger Treffpunkt ist das Theatercafé im linken Gebäudeflügel und im hübschen, schattigen Innenhof.

An der nächsten Straßenecke kommt man gleich an zwei modernen Einkaufszentren vorbei, am **Marina Shopping** und am neuen **Centro Comercial Dolce Vita**.
Öffnungszeiten: Geschäfte und Restaurants 9-23 Uhr, Parkhaus 8-24 Uhr

Auf dem Rückweg zur Avenida do Mar sollten Sie auf jeden Fall bei der **Casa do Tourista** (**14**) vorbeischauen, wo Sie **hochwertige Geschenkartikel**, Töpfer- und Glaswaren, Stickereien, alte Stiche und Landkarten, Gobelins, Madeira-Weine und andere Souvenirs von Madeira finden, die sehr ansprechend präsentiert werden.

Einladend ist schon der blumengeschmückte Treppenaufgang, der zu mehreren Räumen führt, in denen u.a. Tische mit schönem Geschirr und herrlichen Blumengestecken dekoriert sind, weiter zu einem kleinen, üppig begrünten Innenhof mit einer alten Steinbank, die zu einer kurzen Rast einlädt, zu einem kleinen Haus mit alten Möbeln und einem Webstuhl und zu den übrigen Verkaufsräumen.
Casa do Tourista, *Rua do Conselheiro José Silvestre Ribeiro 2,*
Öffnungszeiten: Mo-Fr 9.30-13 Uhr und 14.30-18.30 Uhr, Sa 9.30-13 Uhr

Von der Casa do Tourista kann man zum Ausgangspunkt des ersten Stadtrundganges zurückgehen oder noch den Rundgang durch den Stadtpark anschließen.

2. Spaziergang: Durch den Stadtpark (Karte s. S. 124/125)

Dauer des Spazierganges: ca. 1 Stunde

Was gibt es zu sehen?

Praça do Infante – Denkmal Heinrich des Seefahrers – Stadtpark mit der Capela de Santa Catarina – Quinta Vigia – Casino und Casino Park Hotel – Casa do Tourista – Yachthafen/Marina

Der Ausgangspunkt des zweiten Stadtspazierganges liegt am westlichen Ende der Avenida Arriaga, die in einem Kreisverkehr endet. Auf diesem Platz, dem Praça do Infante, befindet sich ein prächtiger Springbrunnen, dahinter steht das **Denkmal Heinrich des Seefahrers** (*Estátua do Infante Dom Henrique o Navegador*) (**15**), das 1947 aufgestellt wurde und an die Verdienste des Infanten *Heinrich* bei der Kolonisation Madeiras erinnert.

Die Capela de Santa Catarina

Kunst im Park

Folgen Sie den Stufen hinauf in den **Stadtpark Santa Catarina** (*Parque de Santa Catarina*), der in den Jahren 1945-1966 angelegt wurde und ein beliebter Ort der Ruhe und Erholung für die Stadtbewohner ist. Pflanzen und Bäume wurden mit kleinen Schildern versehen, die Auskunft über den lateinischen und portugiesischen Namen sowie das Herkunftsland der jeweiligen Pflanze geben. So ist ein Besuch durch den Stadtpark gut geeignet, um eine erste Übersicht über die artenreiche Vegetation Madeiras zu gewinnen. **Schön angelegte Wege** führen zu gepflegten, farbenprächtigen Beetanlagen mit Rosen, Gerbera, Oleanderbüschen und tropischen Gewächsen, zur Pfauenwiese und Voliere, zum Kinderspielplatz und zu dem kleinen See, auf dem schwarze Schwäne zuhause sind. Das beliebte Gartencafé „Esplanada do Largo", das angenehmen Schatten bietet, ist ebenfalls dort zu finden. Im Park wurden mehrere **Plastiken** des madeirischen Künstlers *Francisco Franco* aufgestellt; besondere Beachtung verdienen die Bronzestaue „Der Sämann"(*semeador*) und, in Hafennähe, das Standbild der beiden portugiesischen Piloten, die 1921 zum ersten Mal von Lissabon nach Madeira flogen.

Gleich links im östlichen Teil des Stadtparks, oberhalb des Fischerhafens, steht die **Capela de Santa Catarina** (**16**), ein weißer Steinbau aus dem 17. Jahrhundert, an der Stelle der ersten Kirche auf Madeira von 1426.

Die leider meist verschlossene Kapelle ist auch von außen sehenswert wegen des Glockenstuhles aus manuelinischer Zeit und des steinernen Taufbeckens an der Frontseite, das um das Jahr 1500 datiert wird. Auf dem Giebel wurde das Kreuz des Christusordens aufgerichtet.

Wenn man von der Kapelle durch den Park in Richtung Avenida do Infante geht, fällt ein rosafarbenes Bauwerk auf, die **Quinta Vigia** (**17**), die heute als **Regierungssitz**

(*Presidência do Governo*) **und Gästehaus der Regierung** genutzt wird und deshalb von innen nicht besichtigt werden kann. Das Gebäude geht auf ein Herrenhaus aus dem 17. Jahrhundert zurück, wurde aber im Laufe der Zeit mehrfach umgebaut. Zur Quinta gehört eine Barockkapelle aus dem Jahre 1662, die der Schmerzensmadonna geweiht und mit großen, blauweißen Kachelbildern ausgestaltet ist.

Das Herrenhaus war zunächst unter dem Namen Quinta das Augústias bekannt. Als aber die daneben liegende Quinta Vigia wegen des Casinoneubaus abgerissen werden musste, wurden die Namen ausgetauscht. Die Quinta diente auch in der Vergangenheit als Gästehaus. Zu den berühmtesten Gästen zählten die österreichische Kaiserin *Sissi*, die englische Königinmutter *Adelaide* und die Kaiserin *Dona Amélia* von Brasilien mit ihrer Tochter.

Die Quinta wird als Regierungssitz natürlich bewacht, aber der schöne Garten mit seiner Blumenpracht, den Wasserspielen, Papageienkäfigen und Pfauen sowie dem alten Hudson-Oldtimer ist zu besichtigen. Ein schöner Blick auf die weite Hafenbucht bietet sich von der Parkterrasse.
Quinta Vigia, *Avenida do Infante, Öffnungszeiten: täglich 10-16 Uhr*

Wenn man der Avenida do Infante weiter nach Westen folgt, grenzt an das Gelände der Quinta Vigia ein interessantes, auffälliges „Gebäudetrio“: das Kongresszentrum (*Centro de Congressos da Madeira*), das Casino und das Casino Park Hotel: alle drei Bauwerke wurden von dem **brasilianischen Architekten** *Oscar Niemeyer* entworfen.

Wegbereiter der modernen Architektur: Oscar Niemeyer

info

Der 1907 in Rio de Janeiro geborene *Oscar Niemeyer* studierte in seiner Heimatstadt Architektur und erregte schon bald Aufsehen durch den **Einfallsreichtum** und die **Kühnheit** seiner Entwürfe. Er gehört zu den Wegbereitern der modernen Architektur in Brasilien und gilt international als einer der führenden Architekten der Moderne. Merkmale seiner äußerst unterschiedlichen Bauwerke sind sowohl weiche, geschwungene Formen als auch hoch aufragende Beton- oder Stahlpfeiler vor großen Glasfassaden.
Niemeyer wirkte mit bei der Planung von Gebäuden für die Vereinten Nationen in New York und war der **federführende Architekt** für die Planung der neuen brasilianischen Hauptstadt Brasília. Neben Bauwerken in Paris und Mailand entwarf *Niemeyer* auch den Rundbau des Casinos von Funchal in Form einer Dornenkrone auf Pfeilern.

Das **Casino da Madeira** (**18**) ist täglich geöffnet. Im Erdgeschoss stehen über 200 Spielautomaten, während Sie in der ersten Etage Ihr Glück beim Roulette, Backgammon oder Baccara versuchen können. Im Restaurant Bahia begeistern Kabarett und aufwändig inszenierte Dinner Shows. Krawatte und Jackett für den Herrn, angemessene Kleidung für die Dame sind erwünscht; außerdem müssen Sie Ihren Personalausweis mitbringen. Von der Terrasse können Sie den weiten Blick über Funchal und den Hafen genießen.
Casino da Madeira, *Avenida do Infante, ☏ 291-231121, Öffnungszeiten: täglich von 17-3 Uhr, www.casinodamadeira.com*

Nach Plänen von Oscar Niemeyer erbaut: das Casino von Funchal

An der Avenida do Infante, vor dem Casino Park Hotel, wurde eine Bronzeskulptur der Kaiserin *Elisabeth von Österreich* („*Sissi*") am 29. April 1999 feierlich enthüllt, die an die Besuche der Monarchin in den Jahren 1862 und 1893 erinnern soll.

info

Sissi auf Madeira

Elisabeth wurde am 24. Dezember 1837 in München als zweite Tochter des Herzogs *Maximilian von Bayern* und seiner Frau *Maria Ludowika* geboren. Schon im Jahre 1854 wurde ihre Heirat mit dem österreichischen Kaiser *Franz Joseph I.* aus politischen und dynastischen Gründen arrangiert. Als Kaiserin von Österreich und ab 1867 auch als Königin von Ungarn musste sie vielfältige Aufgaben und Pflichten des Hofes wahrnehmen, die ihr um so schwerer fielen, als sie, die zwanglos in der ländlichen Residenz ihrer Eltern aufgewachsen war, sich immer stärker durch die strenge höfische Etikette eingeengt und oft auch missverstanden fühlte. *Elisabeth* und *Franz Joseph* hatten drei Töchter und einen Sohn, *Kronprinz Rudolf*.

Aus Abneigung gegen das Leben am Hofe, das ihr nur wenig Zeit für ihre Kinder ließ, die Meinungsverschiedenheiten mit der Schwiegermutter und die Spannungen im Zusammenleben mit *Franz Joseph,* blieb *Elisabeth* immer häufiger dem Wiener Hof fern. Sie litt unter einem „Nervenleiden" und suchte deshalb Genesung und Abwechslung auf vielen Reisen, die sie u. a. nach Griechenland und auch nach Madeira führten, wo sie 1862 im Hafen einlief. Sie verbrachte die Wintermonate in Funchal und äußerte sich begeistert über das milde Klima und den herrlichen Ausblick auf das Meer, beklagte aber in einem Brief den „Mangel an Abwechslung".

Die Beziehung zu Kaiser *Franz Joseph* wurde im Laufe der Jahre immer distanzierter; einen schweren Schicksalsschlag erfuhr das Ehepaar 1889 durch den Selbstmord des Sohnes *Rudolf*.
Am 10. September 1898 starb *Elisabeth* in Genf an den Folgen eines Attentats.

Für den Rückweg können Sie entweder einen Weg durch den Park wählen oder über die verkehrsreiche Avenida do Infante zum Zentrum zurückgehen. Dabei kommen Sie an einem schönen, von alten Bäumen beschatteten Park vorbei, der zum **Hospício da Princesa Dona Maria Amélia** (**19**) gehört und für Besucher geöffnet ist. Sie betreten den Garten durch ein schmiedeeisernes Tor und steigen die von alten Drachenbäumen beschattete Treppe hinauf zu dem großen, herrschaftlichen Haus, das 1862 im Auftrag der Kaiserin Amélia von Brasilien als Sanatorium für Lungenkranke gebaut wurde und den Namen der brasilianischen Prinzessin Maria Amélia erhielt, die neun Jahre zuvor auf Madeira an Tuberkulose gestorben war.

Der Rundweg geht zurück bis zum Denkmal Heinrich des Seefahrers am Praça do Infante und wendet sich dem Meer zu. Unterhalb des Stadtparks Santa Catarina ragt von der Estrada da Potinha die Hafenmole Potinha in die Bucht hinein. Hier legen die **großen Kreuzfahrtschiffe** und die **Fähre nach Porto Santo** an. Fahrkarten nach Porto Santo und Informationen erhalten Sie im Büro an der Avenida do Mar und im Hafengebäude der Porto Santo Line.
Porto Santo Line, *☏ 291-210300, www.portosantoline.pt, Öffnungszeiten: Mo-Fr 9-12.30 Uhr und 14.30-18 Uhr*
Weiter westlich ist die Anlegestelle für die „Santa Maria do Colombo", die von hier aus zu ihren täglichen Segelfahrten aufbricht. Die **Fahrt mit der Santa Maria** dauert jeweils ca. 3 Stunden und kostet 27,50 € pro Person, für Kinder 13,75 €.
Tickets können Sie am Kiosk an der Marina kaufen.

Ausflugsfahrt mit der „Santa Maria"

Santa Maria do Colombo, *☏ 291-220327 und 291-225695, www.santamariacolombo.com. Dort bekommen Sie auch Informationen und können Voranmeldungen erledigen*

Vielleicht haben Sie Glück und können zusehen, wie die „Santa Maria" von ihrer Fahrt zurückkommt und gerade in den Hafen von Funchal einläuft.
Das Schiff wurde in den Jahren 1997 und 1998 von dem Holländer *Robbie Wijntge* und einheimischen Handwerkern in Câmara de Lobos weitgehend originalgetreu der „Santa Maria", dem Flaggschiff von *Christoph Kolumbus*, nachgebaut. Es ist ein stattliches Schiff – und doch ist es schwer vorstellbar, dass ein Schiff dieser Größe die Gefahren der Atlantiküberquerung überstanden hat!

Jeweils um 10.30 Uhr und um 15 Uhr können Sie täglich zu einer Fahrt mit der „Santa Maria" aufbrechen und, wenn die Segel gesetzt sind, nacherleben, wie es *Kolumbus* und seinen Gefährten auf ihrer **Fahrt vor über 500 Jahren** erging. Beobachten Sie die Seeleute, die in der Tradition jener Zeit gekleidet sind, bei ihrer Arbeit, während Sie selbst entspannt die Fahrt entlang der Südküste von Madeira genießen und im Sommer bei einem Zwischenstopp auch schwimmen können.

Ausfahrt mit der „Santa Maria“

Wenn Sie die Avenida do Mar überqueren und dem breiten Kai bis zum Ende folgen, erreichen Sie den **Yachthafen/Marina**. Hier finden Sie Segelboote und Yachten aus aller Herren Länder, am Hafenkai liegen mehrere Fischrestaurants und die Ticketschalter für Bootsausflüge, Angeltouren und Delfin-Beobachtungsfahrten.

3. Spaziergang: In der Oberstadt (Karte s. S. 124/125)

Dauer des Spazierganges: (ohne Besichtigungen) ca. 45 Minuten bis zum 1. Aussichtspunkt, ca. 1 Stunde bis zur Fortaleza do Pico/PicoFort.

Was gibt es zu sehen?

Quinta das Cruzes mit archäologischem Park – Convento de Santa Clara – Casa Museu Frederico de Freitas – Naturkundliches Museum – Kirche von São Pedro – Englische Kirche – Aussichtspunkt mit Kachelbildern – Englischer Friedhof – Fortaleza do Pico/PicoFort

Der Spaziergang beginnt an der Avenida do Mar in Höhe der **Festung São Lourenço** (**2**). Man geht von dort zunächst bis zur Avenida Arriaga, überquert diese, geht vorbei an der **Madeira Wine Company** (**10**) und am **kleinen Stadtpark** (**11**) und aufwärts bis zur Rua da Carreira, wendet sich nach links bis zur Rua do Surdo, die nach wenigen Metern in die Calçada Santa Clara übergeht, hinauf zur Quinta das Cruzes.

Das **Haus der Familie das Cruzes mit archäologischem Park** (*Quinta das Cruzes*) (**20**) ist ein schönes Herrenhaus mit stilvoll möblierten Räumen und einem gepflegten Park, das einen sehr guten Eindruck von der Lebensart wohlhabender Familien Funchals vom 16. bis zum ausgehenden 19. Jahrhundert vermittelt.

Es wurde **1748** auf den Überresten eines älteren, einfacheren Gebäudes errichtet, das der Überlieferung nach dem Entdecker der Insel, *João Zarco,* gehört hatte und durch das große Erdbeben weitgehend zerstört worden war. Nur zwei aus rotem Madeira-Stein gefertigte Torbögen und die im Jahre 1692 gebaute Kapelle überstanden die Naturkatastrophe.
Die Quinta gehörte zunächst der Familie *Lomelino*, ging dann in den Besitz der einflussreichen Familie *das Cruzes* über, die es an den Baron *Jardim do Mar* verkaufte. Erst 1952 kaufte die Stadt Funchal das Herrenhaus und richtete 1953 ein **kulturgeschichtliches Museum** mit einer sehenswerten Sammlung von **Uhren**, alten **Kachelbildern** und **Stichen**, Weihnachtskrippen, zwei alten Sänften und einer wertvollen **Silber- und Porzellansammlung** ein. Besonders interessant sind die schönen Schränke und Truhen aus Mahagoniholz, die aus ehemaligen brasilianischen Zuckerkisten gefertigt worden waren.

„Bilder aus Stein" im Archäologischen Garten der Quinta das Cruzes

Tipp

In den einzelnen Ausstellungsräumen finden Sie in Fächern an den Wänden Beschreibungen der Ausstellungsstücke auch in deutscher Sprache.

Archäologischer Park

Die Quinta ist von einem großen Park umgeben, der als **archäologischer Park** gestaltet wurde. Im Schatten exotischer Bäume zwischen blühenden Blumen oder von Efeu umrankt finden Sie einige der schönsten Steinmetzarbeiten aus dem 15.-19. Jahrhundert, die hier aus allen Teilen der Insel zusammengetragen wurden.

Zu den **interessantesten Ausstellungsstücken** gehören:
– die beiden manuelinischen Fensterbögen (**15**, **16**) im hinteren Teil des Gartens, die 1507 aus madeirischem Basalt gefertigt und mit kunstvollen Reliefs verziert wurden.
– das eher unscheinbare Fragment des Schandpfahls (Pelourinho, **11**), der 1486 auf Befehl von König *Manuel I.* in Funchal am Largo do Pelourinho aufgestellt wurde und bis 1835 zur Bestrafung von Verbrechern in Gebrauch war.
– ein im 17. Jahrhundert aus Marmor gefertigtes Grabmal mit zwei Löwenköpfen (**7**)
– die Grabsteinplatte von Gil Enes (**5**), dem Architekten der Kathedrale von Funchal.

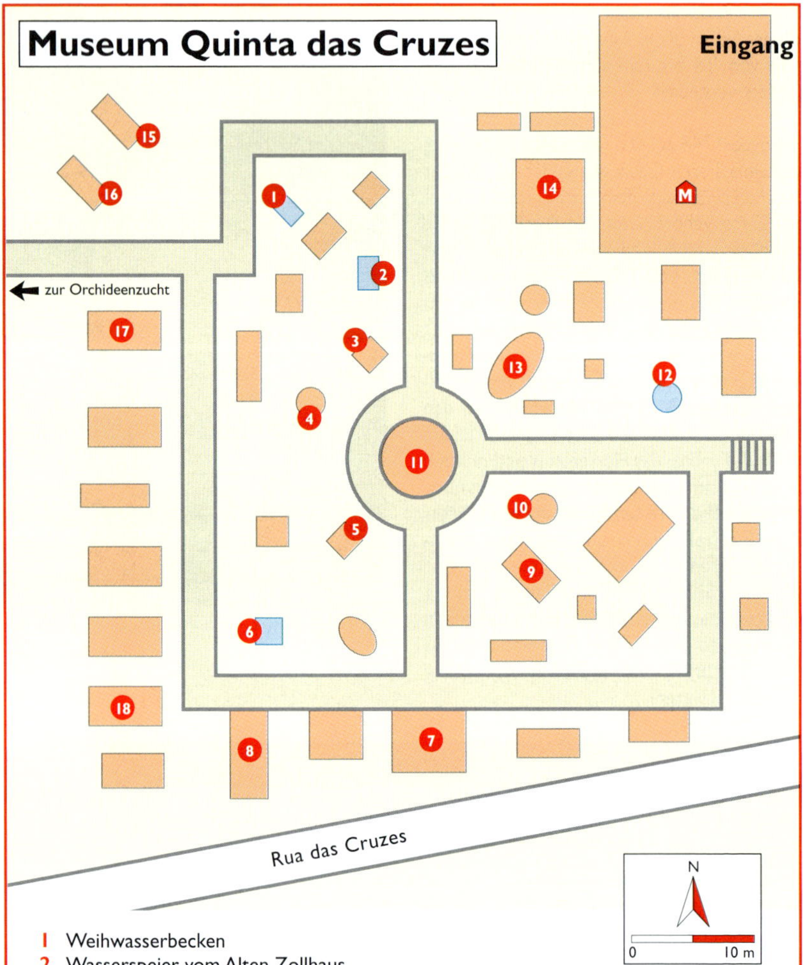

1 Weihwasserbecken
2 Wasserspeier vom Alten Zollhaus
3 Basaltkreuz (16. Jh.)
4 Deckstein eines öffentlichen Brunnens
5 Grabsteinplatte aus Madeira-Basalt
6 Weihwasserbecken aus Marmor
7 Grabmal mit zwei Löwenköpfen (17. Jh.)
8 Wappenschild und Gedenkstein aus Basalt (1689)
9 Portugiesisches Wappenschild
10 Fragment eines Trinkbrunnens
11 Fragment des Schandpfahls von Funchal (15. Jh.)
12 Weihwasserbecken
13 Wappenschild des Vereinigten Königreichs von Portugal und Brasilien
14 Gravierte Grabplatte (1800)
15/16 Manuelinisches Fenster (1507)
17 Marmorgrabplatte mit Wappen (17. Jh.)
18 Marmorgrabstein (1674)

Im hinteren, östlichen Teil des Parks finden Sie unter Schutzdächern eine Orchideenzucht, die auf seltene Arten spezialisiert ist.
Quinta das Cruzes mit dem Archäologischen Park, *Calçada do Pico 1, ☎ 291-740670, www.muesuquintadascruzes.com, Öffnungszeiten: täglich außer Mo 10-12.30 Uhr und 14-18 Uhr, Eintritt: 3 €, der Park ist montags durchgehend von 10-18 Uhr geöffnet*

Gleich gegenüber der Quinta, wo die Calçada Santa Clara in die Calçada do Pico übergeht, kann man im kleinen Gartencafé des Kulturzentrums „Universo de Memórias" eine Pause einlegen und sich mit Teevariationen, Scones oder Sandwiches auf der Terrasse mit üppig blühenden Kübelpflanzen verwöhnen lassen.
Universo de Memorias, *Öffnungszeiten: Di-Fr 9-17 Uhr, Sa 10-17 Uhr, freier Zugang zum Teehaus, Eintritt und Führungen 3 €*

Wer einen weiten Blick über Funchal und das Meer genießen will, kann nach der Besichtigung der Quinta das Cruzes zu der Aussichtsterrasse in der Rua das Cruzes gehen, die nur durch eine kleine Gasse von der Quinta-Kapelle getrennt ist. Hier können Sie sich im Schatten eines mächtigen Baumes auf einer der steinernen, mit Azulejos geschmückten Sitzbänke der Aussichtsterrasse ausruhen.

Danach gehen Sie zurück zur Calçada do Pico/ Calçada Santa Clara, wenden sich nach rechts und gehen hinunter zum **Convento de Santa Clara** (**21**), einer großen Klosteranlage, deren Anfänge bis ins 15. Jahrhundert zurückreichen.

Hinweis

Da das Kloster heute als Kinderhort dient, ist der Komplex für Besucher meist geschlossen; man kann jedoch an der seitlichen Pforte klingeln und wird dann eingelassen.

Geschichte des Klosters

An der Stelle, an der der Inselentdecker *João Zarco* gegen Ende des 15. Jahrhunderts unterhalb seines Wohnsitzes die Kapelle der Nossa Senhora da Conceição errichten ließ, wurde 1492 im Auftrag seines Sohnes *João Gonçalves da Câmara* mit dem Bau eines Klosters begonnen, das der Heiligen Klara gewidmet wurde. Als erste Äbtissin übernahm eine Enkelin *Zarcos* die Leitung des Klosters, das sich in der Folgezeit zu einem **großen und wohlhabenden Kloster** entwickelte. Da viele Nonnen Töchter aus angesehenen und reichen Familien waren und bei ihrer Aufnahme ihren persönlichen Besitz in Form von Land, Geld oder Schmuck in das Klostervermögen einbringen mussten, gehörte das Kloster bald zu den Großgrundbesitzern auf Madeira und konnte durch erfolgreiche Investitionen beträchtliche Gewinne in Weinanbau und Handel erzielen. Herausragende Ereignisse und Zeiten in der Geschichte des Klosters waren im Jahre 1566 die Flucht der Nonnen ins „Nonnental" *(Curral das Freiras)*, um dem Überfall französischer Piraten zu entkommen, und die mehrfach notwendig gewordenen Neu- und Umbauten zur Vergrößerung des Klosters im 17. und 18. Jahrhundert – in der Blütezeit um 1720 lebten **170 Nonnen** und **100 Novizinnen** im Konvent! 1821 verfügte die portugiesische Regierung die Auflösung aller Klöster. Nach dem Tod der letzten Äbtissin erhielten 1896 Franziskanerinnen die Erlaubnis, im Kloster weibliche Missionare für den Dienst in den Kolonien auszubilden. In der Zeit der

In den Straßen von Funchal

Republik wurde das Kloster von 1910-1926 erneut geschlossen, seit 1927 leben wieder Franziskanerinnen im Kloster und betreuen eine Kindertagesstätte und leisten Hilfe für Bedürftige.

Vom ursprünglichen Klosterbau blieben das Nordportal der gotischen Klosterkirche und der Kreuzgang mit einem Flügelaltar aus dem 16. Jahrhundert erhalten. Besonders beeindruckend sind im Kircheninneren die auf der ganzen Höhe mit blau-weiß-gelben Azulejos aus dem 16. und 17. Jahrhundert gestalteten Wände und die mit Bildern und Ornamenten verzierte Holzdecke.

Auffälliger als die Gräber von *Zarco* und seinen Töchtern, die unter einem Holzfußboden in der Klosterkirche verborgen liegen, ist das Grab seines Schwiegersohnes *Mendes de Vasconcelos* aus manuelinischer Zeit.
Convento de Santa Clara, *Öffnungszeiten: Mo-Fr 10-12 Uhr und 15-17 Uhr, Eintritt 2 €*

Die Calçada de Santa Clara führt dann abwärts zum **Casa Museu Frederico de Freitas** (**22**), dem einstigen Herrensitz der Grafen von Calçada. Das im 18. Jahrhundert errichtete Gebäude dient heute als Museum und trägt den Namen des Rechtsanwaltes Dr. *Frederico de Freitas*, der bis 1978 in diesem Haus lebte und seinen ganzen Besitz der Autonomen Region Madeira vermachte. Dazu gehören vor allem seine umfangreichen und wertvollen Sammlungen mit alten Stichen und Zeichnungen, englischen Möbeln, Gemälden, Kachelbildern und Krippen. Die Museumsräume wurden mit originalen Möbelstücken aus verschiedenen Epochen eingerichtet und vermitteln zum Beispiel durch den Ball- und Musiksaal oder das Speisezimmer einen Eindruck vom luxuriösen Leben der gehobenen Gesellschaft Madeiras in den vergangenen Jahrhunderten. Werfen Sie einen Blick in das „Sonnenzimmer“, das wie ein schöner Wintergarten Licht und Sonne einfängt.

Sehenswertes Museum

Im modernen, hellen Anbau des Museums befindet sich in der **Casa dos Azulejos,** eine Sammlung der ältesten und schönsten Azulejos der Insel. Zugleich wird die Entwicklung der Fliesenherstellung von den Anfängen im 13. Jahrhundert bis ins 20. Jahrhundert dokumentiert. Durch die Ausstellungsräume gelangt man auch zum „Turm“ mit seinen vier Fenstern, die vier ganz unterschiedliche Ausblicke auf Funchal bieten. Genießen Sie auch den Blick in die Gartenanlage des Convento de Santa Clara.
Casa Museu Frederico de Freitas, *Calçada de Santa Clara 7, ☏ 291-220578, Öffnungszeiten: Di-Sa 10-12.30 Uhr und 14-18 Uhr*
Casa dos Azulejos, *im Anbau des Museums, Öffnungszeiten: Di-Sa 10-17.30 Uhr, Eintritt: 2 €*

Ebenfalls an der Calçada de Santa Clara liegt die **Kirche São Pedro** (*Igreja de São Pedro*) (**23**), die 1596 eingeweiht wurde und in den folgenden Jahrhunderten durch mehrere An- und Umbauten vergrößert wurde. Die Außenansicht der Kirche ist geprägt von dem Kontrast zwischen den weißen Mauern und den braunen Kantensteinen und durch den schönen, mit vielfarbigen Kacheln und einem Wetterhahn geschmückten Glockenturm. Das Innere der Kirche ist im portugiesischen Barockstil sehr reich ausgestattet: die Wände sind bis in Deckenhöhe mit blau-weißen Kacheln aus dem 17. Jahrhundert und mit 6 Wandgemälden in barocken Rahmen geschmückt. Die Decke ist mit blumenverzierten Holzkassetten ausgestaltet, und Altäre und Chorgestühl sind mit vergoldeten Holzschnitzereien kunstvoll gestaltet.
Der Kirche gegenüber, Ecke Calçada de Santa Clara/Rua Mouraria befindet sich das **Naturkundliche Museum** (*Museu Municipal de História Natural e Aquário*)(**24**). Der Eingang des Museums liegt rechts um die Ecke in der Rua da Mouraria 3. Das Museum wurde 1933 gegründet und im Palast von São Pedro, der ehemaligen Residenz des Grafen *de Carvalhal*, eingerichtet. Das aus der zweiten Hälfte des 18. Jahrhunderts stammende Gebäude gilt als eines der besterhaltenen Wohnhäuser jener Zeit, einen Hauch jenes Zeitgeistes verspürt man noch beim Eintritt durch das wappengeschmückte Hauptportal.
Im Erdgeschoss befinden sich mehrere Aquarien mit Meerestieren und -pflanzen, die in den Gewässern um Madeira leben. Über eine große Treppe erreichen Sie die naturwissenschaftliche Ausstellung, die einen guten Überblick über die Geologie und die **Pflanzen- und Tierwelt des Madeira-Archipels** vermittelt. Das Museum zeigt außerdem Dokumente zur Stadtgeschichte Funchals, alte Fotos, Land- und Seekarten und beherbergt regionale Archive von Madeira sowie eine Bibliothek.
Museu Municipal de História Natural e Aquário, *Rua Mouraria 3, ☏ 291-229761, Öffnungszeiten: Di-Fr 10-18 Uhr, Sa, So und feiertags 12-18 Uhr, Mo geschlossen, Eintritt: 2,10 €*

In den umliegenden Gassen gibt es mehrere kleine Antiquitätengeschäfte mit antiken Möbeln, Porzellan, Fotoapparaten und alten Bildern und Stichen, in denen es sich zu stöbern lohnt.

Der Rundgang führt weiter durch die Rua da Mouraria, wo Sie bei Haus Nr. 31 A den **Garten der aromatischen Pflanzen** (*Jardim de Plantas Aromáticas*) finden. Schon beim Betreten des Innenhofs können Sie je nach Jahreszeit den Duft von Heilpflanzen und Kräutern wie Rosmarin, Salbei, Minze, Lavendel, Baldrian, Zitronenmelisse oder Aloe Vera wahrnehmen und sich dabei entspannen.
Jardim de Plantas Aromáticas, *Öffnungszeiten: Mo-Fr 9-17.30 Uhr, Sa/So und feiertags geschlossen, der Eintritt ist frei.*

Wo die Rua da Mouraria auf die Rua da Carreira stößt, hält man sich rechts und geht weiter bis zur kleinen, rechts abbiegenden Nebenstraße Rua do Quebra Costas. Dort weist ein kleines Hinweisschild den richtigen Weg („To the English Church 1st gate on the right. Nr. 18"). Dieser Hinweis ist notwendig, denn die Englische Kirche liegt versteckt im hinteren Bereich des Grundstücks.

Da nach portugiesischem Recht Protestanten bis 1765 nicht auf der katholischen Insel begraben, sondern stattdessen nur dem Meer bei Garajau übergeben werden durften,

Hinweis

Wenn Sie den **Englischen Friedhof** mit den Gräbern der Familie *Blandy* und anderer wohlhabender englischer Familien besuchen wollen, folgen Sie der Rua da Carreira bis zur Hausnummer 235. **Hinter einer hohen Mauer** liegt linker Hand der Friedhof. Falls das Tor geschlossen ist, können Sie die Klingel am Portal benutzen. Zur englischen Kirche gehen Sie dann wieder zurück bis zur Rua do Quebra Costas.

war die Freude groß, als 1765 der portugiesische König den auf Madeira lebenden Protestanten die Erlaubnis zur Anlage eines Friedhofes gab.

Briten auf Madeira

Ein Besuch der **Englischen Kirche** (*Igreja Inglesa*) (**25**), die 1822 eingeweiht wurde, und der nicht weit entfernt liegenden, 1861 eingeweihten **Schottischen Kirche**, Rua do Conselheiro, ist zugleich eine Begegnung mit der Geschichte Madeiras. Während die Englische Kirche 1822 nach portugiesischem Gesetz nur unter der Auflage gebaut werden konnte, dass das Gebäude von außen nicht als Kirche erkennbar sein dürfe, zeigten sich die Behörden knapp 40 Jahre später nichtkatholischen Glaubensrichtungen gegenüber toleranter und genehmigten den Bau der Schottischen Kirche mit einem Glockenturm.

Der britische Konsul *Henry Veitch*, der Architekt der Englischen Kirche, entwarf einen Kirchenbau, der mit seinem säulengeschmückten Portal und einer lichtdurchfluteten Kuppel eher einem im klassizistischen Stil errichteten Herrensitz ähnelt. Im Kirchengarten steht eine Statue *Philippas von Lancaster*, die 1973 zur Erinnerung an die 600-jährige „Englisch-Portugiesische Allianz" aufgestellt wurde und die Inschrift trägt: „*Philippa von Lancaster*, 1359-1416, Prinzessin von England, Königin von Schottland, Mutter von sieben Söhnen, unter ihnen Prinz *Heinrich der Seefahrer*". Sie können sich im schönen, ruhigen Kirchgarten mit Bänken unter schattigen Bäumen ein wenig ausruhen oder auch in der kleinen, überwiegend englischsprachigen Bibliothek im vorderen Gebäude.
Igreja Inglesa, *Rua do Quebra Costas 18, ☏ 291- 220674*

Empfehlung

Von April bis Juni finden in der Englischen Kirche jeweils um 21 Uhr Mandolinen-Konzerte statt. Auf dem Programm stehen „leichte" klassische Stücke. Karten für das Madeira Mandolin Orchester sind an der Touristeninformation, im Stadttheater oder an der Kirche 1 Stunde vor Einlass erhältlich.

Von hier aus kann man abwärts durch die Gassen zurück ins Zentrum gehen.

Wer noch über genügend Kondition verfügt, kann den Rundgang bis zur **Fortaleza do Pico** fortsetzen, das zwar nicht von innen besichtigt werden kann, jedoch einen herrlichen Blick auf Funchal bietet.

Dazu folgt man der Rua do Quebra Costas nach rechts über Treppenstufen hinauf, überquert die Straße, steigt weiter hinauf und erreicht so wieder den Aussichtspunkt an der Rua das Cruzes hinter der Quinta das Cruzes.

Großartiger Blick auf Funchal

Der ca. 20 minütige Aufstieg zum Fort durch die steile Calçada do Pico ist anstrengend. Auf der Höhe biegt man links in die Rua do Castelo zum Fort ein; dort liegt ein kleiner Lebensmittelladen, wo es etwas gegen den Durst gibt.

Das mächtige **Pico Fort** (*Fortaleza do Pico*) (**26**) erhebt sich auf dem 111 m hohen Felsenhügel Pico dos Frias. Mit dem Bau der Festung wurde 1572 zum Schutz vor Überfällen der Piraten begonnen. Im Laufe der Zeit wurde sie mehrfach umgebaut und erweitert. Im 18. Jahrhundert diente das Fort als Pulverlager und bot der Bevölkerung eine Rückzugsmöglichkeit vor den großen Überschwemmungen des Jahres 1803. Seit den 1950er Jahren wird es von der portugiesischen Marine als Sendestation benutzt.
Pico Fort, *das Fort selbst ist militärische Zone und deshalb für Besucher geschlossen, aber der Zugang zur äußeren Anlage ist täglich von 9-18 Uhr kostenlos möglich*

Es geht auf demselben Weg zurück zur Quinta das Cruzes und zurück ins Zentrum.

4. Spaziergang zu der Markthalle und durch die Altstadt

Karte s. S. 124/125
Dauer des Spazierganges: ca. 45 Minuten (ohne Besichtigungen)

Was gibt es zu sehen?

Avenida do Mar – Praça da Autonomia – Markthalle – Altstadt – Kirche von Santa Maria Maior – Fort São Tiago – Capela Corpo Santo – Largo do Corpo Santo – Elektrizitätsmuseum- Avenida do Mar

Der vierte Stadtrundgang beginnt wieder an der Avenida do Mar, der man in östlicher Richtung bis zum Autonomie-Platz (*Praça da Autonomia*) folgt. Auf dem Platz, der von den beiden kanalisierten Flüssen Ribeira de Santa Luzia und Ribeira de João Gomes eingeschlossen wird, wurde eine große Frauenplastik zur Erinnerung an die 1974 bei der Nelkenrevolution errungene Autonomie aufgestellt.

Autonomie-Platz

Aber die Geschichte des Platzes reicht weiter in die Vergangenheit zurück, denn nördlich von dieser Stelle befanden sich im 15. und 16. Jahrhundert das Zollhaus, die ersten Handelshäuser, der Sklavenmarkt und der Schandpfahl, an dem Verbrecher bis 1835 öffentlich bestraft wurden. Heute ist hier nur eine Kopie des ehemaligen Stadtprangers zu sehen; das Fragment des alten Schandpfahles ist im Park der Quinta das Cruzes zu besichtigen.

Am Autonomie-Platz, einem der wichtigsten Verkehrsknotenpunkte der Stadt, beginnt die stark befahrene Rua Profetas, der man bergauf nach Norden folgt. Vorbei an den Auslagen der Straßenhändler und an zahlreichen Verkaufsständen, sieht man schon nach wenigen Metern den Eingangsturm der **Markthalle** (*Mercado dos Lavradores*) (**27**).

Am Autonomie-Platz

Die Markthalle ist immer einen Besuch wert

An der Stelle des heutigen Marktes stand die von Gouverneur *Zarco* gegründete Kirche Santa Maria do Calhau, die aber mehrfach von Überschwemmungen beschädigt und 1803 endgültig zerstört wurde. 1835 wurde erstmals ein Markt gebaut, die heutige Markthalle wurde 1940 eröffnet. Vor dem Gebäude befindet sich ein großer Brunnen.

Vom Haupteingang mit großen blau-weißen Kachelbildern kommt man zu dem schönen, gepflasterten, mit Bäumen bestandenen Innenhof, dessen Wände ebenfalls mit Kachelbildern geschmückt sind. Im Innenhof und auf der Galerie im ersten Stock sind die Verkaufsstände der Blumen-, Obst- und Gemüsehändler aufgebaut, die mit ihrer großen Farbenpracht die Käufer und Besucher anlocken. Bei den Blumenfrauen, die gleich im vorderen Teil des Innenhofes Schnittblumen anbieten, können Sie Blumen für den Rückflug kaufen, denn Strelitzien, Calla und Orchideen werden Ihnen auch hier versandfertig eingepackt.

Auch die anderen Stände im Innenhof sind vollgepackt: bei den **Obsthändlern** können Sie in dem großen Angebot von Äpfeln, Bananen, Ananas, Trauben, Aprikosen, Feigen, Avocados und anderen Früchten auch solche entdecken, die Mitteleuropäern eher noch fremd sind. Dies sind zum Beispiel die köstliche Cherimoya, die von den Portugiesen *Anona* genannt wird und in unterschiedlichen Formen und Farben angeboten wird.
Bei den **Gemüsehändlern** sind die frischen Waren ebenfalls in großen Mengen aufgetürmt. Sie werden von den Kunden sorgfältig geprüft, betastet und berochen, bevor sie dem Verkäufer zum Auswiegen weitergegeben werden. In großen Weidenkörben werden verschiedene Kartoffelsorten angeboten, darunter auch die auf Madeira so beliebten Süßkartoffeln.

Daneben gibt es Stände mit **Fleisch**, **Molkereiprodukten**, **Brot und Eiern**, aber auch mit **Korb- und Lederwaren** und den bekannten **Handarbeiten**.

Im hinteren Teil der Markthalle ist der **Fischmarkt** untergebracht, wo vormittags fangfrische Fische verkauft werden. Auf den Tischen liegen, je nach Jahreszeit, riesige Thunfische, von denen große Scheiben abgeschnitten werden. Besonders auffällig sind die pechschwarzen, langen, schlangenähnlichen Espadas, eine besondere madeirische Spezialität.

Blumenverkäuferin am Eingang der Markthalle

Rund um die Markthalle gibt es in den engen Gassen viele kleine, einfache Kneipen und Restaurants, die frisch gegrillte Fisch- und Fleischgerichte oder die typischen „Sandes", mit Fisch, Fleisch und Rührei belegte Brötchen anbieten.
Mercado dos Lavradores, *Öffnungszeiten: Mo-Fr von 8-20 Uhr, von Sa 7-14 Uhr. Die beste Besuchszeit ist der frühe Vormittag und besonders der Freitag- oder Samstagmorgen, wenn die Bauern der Umgebung ihre Produkte anbieten und der Markt besonders reichhaltig, bunt und belebt ist. Für die Madeirenser ist der Freitag der wichtigste Tag, um frisches Gemüse und Obst, aber auch Fisch und Fleisch für das Wochenende einzukaufen.*

Östlich der Markthalle breitet sich die **Altstadt von Funchal** aus. Es sind nur ein paar Schritte bis zu drei bekannten Sehenswürdigkeiten:

Das **Elektrizitätsmuseum** (*Museu da Electricidade*) (**32**) liegt in der Rua Casa da Luz. 1997 wurde das interessant gestaltete Museum im „Haus des Lichts" eingerichtet, in dem sich seit der Einführung der Elektrizität auf Madeira vor über 100 Jahren die Elektrizitätswerke von Madeira (EEM) befanden. Das Museum dokumentiert, auch in deutscher Sprache, die spannende Geschichte der Stromerzeugung und der Verbreitung der Elektrizität auf der Insel mit Schautafeln, Modellen, Nachbildungen, Maschinen und interaktiven Demonstrationsobjekten.
Museu da Electricidade, *Rua Casa da Luz, 2, ☏ 291-233900, Öffnungszeiten: Di-So 10-12.30 Uhr und 14-18 Uhr, Mo geschlossen, Eintritt 2 €*

Stromerzeugung auf Madeira

info

Seit dem Mittelalter war Olivenöl der wichtigste Brennstoff für die Beleuchtung, zuerst in Wohnungen und Häusern, später auch in Straßen und auf Plätzen.
Als im Oktober 1846 der Ratsherr *José Silvestre Ribeiro* Zivilgouverneur wurde, veranlasste er die Aufstellung von drei Straßenlaternen an den zentralen Punkten der

info

Stadt. Damit war der erste Schritt zur Beleuchtung von Funchal getan.
Da Funchal sich Mitte des 19. Jahrhunderts stark ausdehnte, musste die Beleuchtung der Stadt zur Sicherheit der Bürger ständig erweitert werden. Im Januar 1847 gab es 31, **im August 1849 bereits 70 Öllaternen.** Die Beleuchtungskörper hatten zwei oder drei Brenner, die mit Oliven-, Harz- oder Fischöl gespeist wurden. 1870 endete die Ära dieser Brennstoffe in der öffentlichen Beleuchtung der Stadt Funchal.

Im Elektrizitätsmuseum

Mit der **Einführung des Petroleums** als Brennstoff begann ein neues Zeitalter in der Beleuchtung der Stadt. 1866 fand die erste Umstellung statt. Wegen der Intensität seiner Flamme ersetzte das Petroleum nach und nach die alte Beleuchtung. Zwei Jahrzehnte später forderte Funchal von der Regierung vergeblich eine Gasbeleuchtung wie in Lissabon.
1897 wurden die ersten elektrischen Lampen durch das kleine Kraftwerk von Funchal eingeschaltet, was von der Tagespresse sehr gefeiert wurde. Damit war der **erste Schritt zur Elektrifizierung** getan.

Der weitere Ausbau der Elektrifizierung erfolgte in den Jahren von 1910 bis 1930; 1952 wurde die CAAHM (Verwaltungskommission zur Wassernutzung auf Madeira) gegründet und übernahm die Verantwortung für die Erzeugung, den Transport und die Verteilung der elektrischen Energie auf der ganzen Insel. Ab 1953 versorgte die CAAHM sämtliche Bezirke von Funchal mit Strom. Im gleichen Jahr nahm sie die Wasserkraftwerke Serra de Água und Calheta in Betrieb. Die beiden Wasserwerke erzeugten Wechselstrom, während im Stromnetz von Funchal noch Gleichstrom floss.
Zur Standardisierung dieser Stromarten musste das in Funchal installierte Stromnetz umgestellt werden. Während der Umstellungsphase wurde das Verteilernetz über einen Gleichrichter, der im Wärmekraftwerk von Funchal installiert war, mit Wechselstrom versorgt.

Wendet man sich zum Meer, stößt man am östlichen Ende der Avenida do Mar auf die **Talstation der Seilbahn** (*Teleféricos*) nach Monte. Wo in der 1. Hälfte des 20. Jahrhunderts noch eine laut zischende Zahnradbahn zwischen Funchal und Monte verkehrte, verbindet jetzt eine fast geräuschlose Seilbahn das sehenswerte Bergdorf mit dem Zentrum der Inselhauptstadt. Das moderne Gebäude aus Glas und Stahl setzt einen ganz neuen Akzent in der Altstadt.

Über den Dächern von Funchal

Nach der Eröffnung der Seilbahn im November 2000 hat sich die Fahrt mit der Seilbahn von Funchal nach Monte zu einer besonderen touristischen Attraktion entwickelt; **mehr als drei Millionen Fahrgäste** haben inzwischen die Seilbahnfahrt kennengelernt, die ca. 15 Minuten dauert und einen herrlichen Ausblick über ganz Funchal und auf das Meer bietet. Seilbahn nach Monte

Die Strecke ist 3.718 km lang und überwindet einen Höhenunterschied von 560 m. Jeweils acht Fahrgäste finden in den 39 Gondeln Platz.

Teleféricos da Madeira, *Caminho das Babosas 8, am Campo Almirante Reis, ☏ 291-780280, www.madeiracablecar.com. Fahrzeiten: ganzjährig täglich von 10-18 Uhr, letzte Fahrt um 17.45 Uhr, Fahrpreise: einfache Fahrt: Erwachsene 10 €, Kinder von 4-14 Jahren 5 € ; Hin- und Rückfahrt: Erwachsene 14,50 €, Kinder von 4-14 Jahren 7,25 €. Ein Audioguide kostet zusätzlich 1 €. Ein besonderes Angebot schließt die Eintrittsgebühr zum Monte Palace Tropical Garden ein. Erwachsene 22,50 €, Kinder 7,25 €*

Nur wenige Schritte von der Seilbahnstation entfernt befindet sich das **Madeira Story Centre** (**33**), wo Sie multimedial und interaktiv alles über die Geschichte Madeiras von seiner vulkanischen Entstehung bis in die Gegenwart erfahren. Hier sehen Sie in chronologischer Folge nachgestellte Szenen wie zum Beispiel aus der Zeit der Entdeckung Madeiras, Sie lernen bedeutende Persönlichkeiten kennen oder erfahren in interaktiven Spielen am Bildschirm Wissenswertes vom Zuckerrohr- und Weinanbau, vom Kampf der Inselbewohner gegen Piraten oder vom Schiffsbau.

Von der schönen, bepflanzten Dachterrasse, auf der einige Teleskope aufgestellt wurden, bietet sich ein weiter Blick auf die Stadt; im Erdgeschoss lädt das Café zu einer Pause ein und der Museumsshop bietet eine Auswahl madeirischer Souvenirs.

Im Story Centre lernen Sie die Geschichte Madeiras kennen

Madeira Story Centre, *Rua D. Carlos 27-29, ☏ 291-000770, www.storycentre.com, Öffnungszeiten: täglich außer 25. Dezember 10-18 Uhr, Eintritt: 9 €, Kinder 4,50 €*

Am Madeira Story Centre können Sie Ihren Rundgang durch die **Altstadt** von Funchal, die **Zona Velha**, mit ihrem Gewirr malerischer Gassen fortsetzen.

Das Viertel mit seinen kopfsteingepflasterten Straßen geht auf die ersten Siedler zurück, die sich in der Bucht von Funchal niederließen. Parallel zur Küste verläuft die **Rua de Santa Maria**, die vom Verlauf her wahrscheinlich älteste Straße Funchals. Schon gegen Ende des 15. Jahrhunderts zogen Fischer, Zimmerleute und andere Handwerker in das Viertel und richteten in ihren kleinen Häusern Läden und Werkstätten ein. Nachdem in den letzten Jahren viele Straßen und Häuser instand gesetzt und restauriert wurden, finden sich jetzt in der Zona Velha in fast jedem Haus kleine Restaurants, Cafés und Bars, u.a. auch eine Fadokneipe, in der jeden Abend die sentimentalen Klänge des Fado zu hören sind.

Man folgt der Rua de Santa Maria bis zur **Erlöserkirche Santa Maria Maior** (*Igreja do Socorro*) (**28**). Die Kirche wurde 1538 gebaut, nachdem der Apostel Jakobus d. J. zum Schutzheiligen gewählt und ihm die Kirche mit der Bitte geweiht worden war, Funchal von der Pest zu befreien, unter der die Stadt bereits seit zwei Jahren litt. Die Stadt wurde gerettet, und noch heute beginnt jedes Jahr am 1. Mai an der Kirche eine große Prozession, die an die Rettung vor der Pest erinnert.

Die Kirche wurde 1748 durch ein Erdbeben weitgehend zerstört und bis Ende des 18. Jahrhunderts im Barockstil wieder aufgebaut. **Bilder und Schnitzereien** aus dem Inneren der alten Kirche sind im Museum für sakrale Kunst ausgestellt. Das heutige Bauwerk ist der Mutter Gottes geweiht.

Strandbad

Von dem kleinen Kirchvorplatz und von der mit Bougainvilleen bewachsenen Aussichtsterrasse kann man auf den Hafen von Funchal schauen und auf die unterhalb gelegene **Felsbadeanlage Barreirinha**, die schon 1937 an dieser Stelle mit einem Ponton eröffnet wurde. Das moderne öffentliche Freibad an einem kleinen Strandabschnitt mit Zugang zum Meer wurde 1994 gebaut und ist im Sommer ein **beliebter Erholungsort** mit großen Liege- und Sonnenflächen, Duschen, Swimmingpools, Wasserrutsche, Sprungbrett und einer Snackbar mit Sonnenterrasse.

Barreirinha, *☏ 291-231150, Öffnungszeiten: im Sommer 8.30-19 Uhr, im Winter 9-18 Uhr, Eintritt: 2,70 €*

Das Freibad Barreirinha mit Zugang zum Meer

Es geht auf dem gleichen Weg zurück bis zur kurzen Rampa do Forte, die man hinuntergeht bis zur malerischen **Festung São Tiago** (*Forte de São Tiago*) (**29**), die am östlichen Ende der Zona Velha steht. Bis zum Ende des 16. Jahrhunderts lag die Altstadt außerhalb der Stadtmauern von Funchal. Um die Stadt vor der zunehmenden Gefahr durch Piratenüberfälle zu schützen, wurde zunächst eine Schutzmauer gebaut, die sich am Meer entlang zog. 1614 wurde dann als weitere Sicherheitsmaßnahme mit dem Bau der Festung begonnen. Über dem Hauptportal des gelb und ockerfarben gestrichenen Bauwerkes gibt die Jahreszahl 1767 das Entstehungsjahr eines großen Erweiterungsbaus an. Besonders reizvoll sind die Häuschen der Schildwachen aus dem 16. und 17. Jahrhundert, die wuchtigen Mauern mit den Schießscharten und die kleinen Türmchen, von deren Ausguck sich ein weiter Blick auf das Meer bietet.

In der alten Festung wurde das **Museum für moderne Kunst** (*Museu de Arte Contemporânea*) (**30**) eingerichtet mit einer Dauerausstellung moderner Künstler aus Portugal und Madeira.
Museu de Arte Contemporânea, *Öffnungszeiten: Mo-Sa 10-12.30 Uhr und 14-17 Uhr, So 10-13 Uhr, an Feiertagen geschlossen, Eintritt: 2 €*

Von dem Vorplatz der Festung kann man hinuntergehen zu dem kleinen, groben Kieselstrand „Praia das Estrelas", an dem einige kleine Fischerboote liegen und vor allem die Kinder dieses Viertels im Sommer baden.

Von der Festung geht man nach links über die Rua D. Carlos I. bis zu einem Platz mit der kleinen **Fischerkapelle Corpo Santo** (*Capela Corpo Santo*) (**31**), die 1559 von einheimischen Fischern und Seefahrern gestiftet wurde. Diese hatten sich zu einer

Bruderschaft zusammengeschlossen mit dem Ziel, in mehreren Ortschaften Gotteshäuser zu bauen und bedürftige Fischer und Seeleute im Alter und bei Krankheit zu unterstützen. Im 17. Jahrhundert wurde die Kapelle weiter ausgestaltet, zum Beispiel mit einer vergoldeten Figur des Schutzpatrons der Fischer.
Capela Corpo Santo, *Öffnungszeiten: Mo-Fr 9-12 Uhr, 14-18 Uhr, Eintritt frei*

Am hübschen Platz Largo do Corpo Santo mit mehreren kleinen Cafés und Restaurants können Sie eine kleine Rast einlegen. Auf dem Rückweg kommen Sie zu einem weiteren Platz, der als Marktplatz, zeitweilig aber auch mit Zirkusvorstellungen und Buden als Festplatz genutzt wird, und zum **Busbahnhof.** Auf der rechten Straßenseite liegt der **Club Sport Marítimo,** Rua Don Carlos I. 14, ☏ 291-233712, mit einem kleinen Museum in der ersten Etage, das vor allem für Fußballfans interessant ist. Ausgestellt sind über 2.000 Pokale und Trophäen von Fußballmeisterschaften und Pokalwettbewerben seit 1910. Im Erdgeschoss können Sie Souvenirs, Trikots und Fahnen des 1910 gegründeten Fußballclubs Marítimo kaufen, der in der ersten portugiesischen Liga spielt.
Von dort sind es nur noch wenige Schritte zurück zum Ausgangspunkt des Stadtrundganges.

Das Hotelviertel von Funchal (Karte s. S. 164/165)

Westlich des Santa Catarina Parks und des Casino-Komplexes beginnt das **Hotelviertel Funchals**, das sich mit vielen Hotel- und Apartmentneubauten immer weiter nach Westen ausdehnt.
Die Hotels, die überwiegend der gehobenen Klasse oder sogar der Luxuskategorie zugeordnet werden, bieten mit Swimmingpools, Gartenanlagen, Tennisplätzen, Fitnessräumen, Bars und Restaurants sehr guten Komfort.

In der Umgebung der Hotels gibt es zahlreiche Restaurants und Geschäfte. Das ganze Viertel wird von der **Estrada Monumental** durchzogen, die eine der wichtigsten Verkehrsadern der Stadt ist. Als Fußgänger muss man deshalb Verkehr und Lärm in Kauf nehmen.

Park- und Sportgelände

Vom Casino Park Hotel folgen Sie zur Quinta Magnólia weiter der Avenida do Infante nach Westen bis zu dem großen Verteilerkreis, den Sie nach der Überquerung des Ribeiro Seco erreichen. Auf der rechten Seite liegt das große Hotel Quinta do Sol, dahinter sehen Sie das **Parkgelände der Quinta Magnólia** (**35**), Voranmeldungen und Platzreservierung für Tennis und Golf sind sinnvoll.

Der schöne Park, der zunächst zu einem Landgut, später zum Britischen Country Club gehörte und jetzt für die Öffentlichkeit freigegeben ist, bietet den Besuchern Abwechslung für einen ganzen Tag: Spazierwege und Bänke unter alten Bäumen, ein gut angelegter Trimmpfad entlang des Ribeiro Seco, Tennisplätze, ein Schwimmbad, eine Squashhalle, ein Golfübungsplatz, ein großer Kinderspielplatz und ein hübsches Gartencafé. Außerdem wurde eine deutschsprachige Bibliothek eingerichtet, in der auch Besucher Ferienlektüre ausleihen oder gelesene Bücher abgeben können.
Quinta Magnólia, *in der Rua do Dr. Pita ☏ 291-764598, Öffnungszeiten: täglich 8.30-18 Uhr, Eintritt frei*

„Das Reid´s" – eines der großen Luxushotels der Welt

Etwa 500 m oberhalb der Quinta Magnólia liegt das **Stadion Barreiros,** in dem die Fußballmannschaft CS Marítimo von ihren Anhängern begeistert unterstützt wird, wenn sie gegen die portugiesischen Spitzenmannschaften der ersten Liga antritt. *Fußballstadion*
Die Portugiesen, und damit auch viele Inselbewohner, sind ein fußballbegeistertes Volk. Zu den internationalen Erfolgen trägt ganz wesentlich ein junger Stürmer von Madeira bei: Cristiano Ronaldo, der in Funchal geboren und aufgewachsen ist, bei den großen europäischen Fußballclubs einen Stammplatz hat, 2008 zu Europas „Fußballer des Jahres" gewählt wurde und jetzt auf Porto Santo in touristische Großprojekte investiert.
Am oben erwähnten Verteilerkreis beginnt die Estrada Monumental, und schon nach wenigen Metern sehen Sie an der dem Meer zugewandten Seite Madeiras bekanntestes und traditionsreichstes Hotel: das berühmte „Reid´s"!

Einen Nachmittag sollten Sie sich Zeit nehmen und sich das Erlebnis eines „Five-o´clock-Tea" im Teeraum oder auf der Terrasse des traditionsreichen **Reid´s Palace Hotel** (**36**) gönnen, das sich aus der Vielzahl der Hotels schon wegen seiner herausragenden Lage direkt auf einem Felshügel am Meer hervorhebt.

Folgt man weiter der Estrada Monumental, zweigt bald die Rua Gorgulho ab, die zum **städtischen Schwimmbad Lido** führt. Zu der großen, viel besuchten Anlage gehören Meerwasserschwimmbecken mit Zugang zum Meer, Rutschbahnen, Sonnenterrassen, eine Snackbar und ein beliebtes Restaurant.
Lido, ☏ *291-2217, Öffnungszeiten: täglich 8.30-19 Uhr, Eintritt: 2,70 €*

In den Straßen oberhalb des Lido finden Sie viele Hotels, Restaurants, Geschäfte und die beiden Einkaufszentren Eden Mar und Monumental Lido. Am Abend kann man in

info

Luxus pur: Reid´s Palace Hotel

Das **Reid´s Palace Hotel** zählt seit mehr als 100 Jahren zu den herausragenden Luxushotels der Welt. Es liegt in spektakulärer Lage **auf einem Felsvorsprung** hoch über dem Meer, umgeben von einem 40.000 m² großen Garten mit üppiger, subtropischer Vegetation und einem herrlichen Blick auf die Bucht und die Stadt Funchal.

Die Geschichte des Hotels begann in der ersten Hälfte des 19. Jahrhunderts. 1836 kam *William Reid* als 14-Jähriger von Schottland nach Madeira – es heißt, dass er nur 5 englische Pfund in der Tasche hatte! Sein Vater besaß eine kleine Farm in Schottland, die die Familie mit 12 Kindern kaum ernähren konnte. *William* entschloss sich, Schottland zu verlassen und heuerte als Schiffsjunge auf einem Schiff an, das ihn nach Madeira brachte. Dort arbeitete er zunächst in einer Bäckerei und übernahm später, zusammen mit *William Wilkinson,* den er auf der Überfahrt kennen gelernt hatte, die Vermietung komplett eingerichteter Quintas an wohlhabende Besucher. Er verdiente damit so gut, dass er das Royal Edinburgh Hotel und noch weitere Häuser kaufen konnte, die er zu kleinen Pensionen umbauen ließ.
William Reid kaufte ein großes Stück Land im Westen der Stadt, um dort seinen **Traum vom Bau eines Luxushotels** zu verwirklichen. Er beauftragte den Architekten *George Somers Clark* mit der Planung und Bauausführung, aber als *William Reid* 1888 im Alter von 66 Jahren starb, war das Hotel noch nicht fertig gestellt. Seine Söhne konnten das Reid´s Hotel zwar 1891 eröffnen, aber bis zur endgültigen Fertigstellung dauerte es noch weitere 10 Jahre.
1925 verkauften die Söhne von *William Reid* das Hotel, das wegen fehlender elektrischer Einrichtungen nicht mehr zeitgemäß war, an eine englische Gesellschaft. 1937 ging es in den **Besitz der Familie** *Blandy* über, die das Hotel modernisieren ließ und zum Luxushotel ausbaute, so dass es schon bald von Königen, Politikern, Filmstars und Künstlern besucht wurde.
Das Reid´s Hotel bietet mit seinen bestens ausgestatteten **21 Suiten** und **168 Gästezimmern,** dem vornehmen Speisesaal, dem französischen Gourmetrestaurant, der Tee-Terrasse, den stilvollen Salons, Kaminzimmern und Bars exklusiven Service und gute Unterhaltung. Für sportliche Aktivitäten stehen temperierte Meerwasser-Swimmingpools, ein Naturschwimmbecken und kleine Badeplateaus, Boote und Tennisplätze zur Verfügung.

---

den an der Promenade gelegenen Restaurants das Essen stimmungsvoll bei Sonnenuntergang genießen.
Vom Lido führt die neue 2,5 km lange Promenade zu mehreren kleinen Stränden am westlichen Rande der Stadt. Die **Promenade**, die an der Küste entlang führt, wurde mit Bänken, Palmen und Blumenbeeten schön angelegt und bietet eindrucksvolle Ausblicke auf den Atlantik bis hin zum Cabo Girão. Auch an Sportler wurde gedacht: Über 4,9 km wurde entlang der Promenade ein Nordic Walking-Rundkurs ausgeschildert, der auf elf Schautafeln auch in deutscher Sprache Hinweise zum Nordic Walking gibt.

Nordic Walking Rundkurs

Folgt man der Promenade nach Westen, kommt man zu den beiden **Schwimmbädern** Clube Naval und Ponta Gorda-Pocas do Governados mit mehreren Swimmingpools, Liegeflächen, Strandbar und einer kleinen Felsenbucht, die bei ruhiger See zum Baden einlädt.

Clube Naval *und* **Ponta Gorda – Pocas do Governados**, *Öffnungszeiten: täglich 8.30-19 Uhr, Eintritt: 2,70 €*

Noch weiter westlich liegt die Praia Formosa, mit 800 m Madeiras längster Strand, den man durch einen Fußgängertunnel erreicht. Der Strand besteht meist aus groben Kieseln, am westlichen Rand gibt es auch sandige Abschnitte. Drei weitere kleine, sandige bis kiesige Strände sind über eine Promenade zu erreichen. Alle Strandabschnitte verfügen über sanitäre Einrichtungen und Strandbars und werden überwacht.
Im westlichen Bereich des Hotelviertels liegt die **Tourismus- und Hotelfachschule** (**37**). Sie erreichen diese, wenn Sie, von Funchal kommend, hinter dem Hotel Madeira Palace in die nächste Straße rechts abbiegen und dann der Ausschilderung „Escola Hotel/Restaurant" folgen.

info

Gut aufgehoben durch die Tourismus- und Hotelfachschule

Der bekannt gute Service in vielen Hotels von Madeira kommt nicht von ungefähr, denn Madeiras Hotellerie bildet in der Tourismus- und Hotelfachschule ihr eigenes Personal aus! Im Westen des Hotelviertels liegt **ein neuer Schulungskomplex,** in dem die künftigen Köche, Kellner, Rezeptionisten und Zimmermädchen ausgebildet werden.

Unter der Aufsicht ihrer Ausbilder führen die Schüler der Abschlussklassen in eigener Verantwortung ein Hotel mit 20 komfortablen Doppelzimmern, Schwimmbad, Sauna, Bar und Restaurant. Nicht nur Einheimische, sondern auch Touristen lassen sich gerne vom guten Ausbildungsstand und der persönlichen Bedienung der jungen Leute überzeugen und genießen auf der Terrasse ihren Nachmittagstee oder bei einem Mittag- oder Abendessen die ausgezeichnete, kreative Küche. Da das Interesse groß ist, empfiehlt es sich, rechtzeitig einen Tisch zu reservieren, ☏ 291-700380. Zum Service gehört auch, dass Sie von Ihrem Hotel abgeholt werden.
Tourismus- und Hotelfachschule, *Travessa dos Piornais, ☏ 291-700386.*

Weitere Sehenswürdigkeiten in Funchal

Für Kunstliebhaber lohnt sich ein Besuch im **Museu Henrique e Francisco Franco** (**38**). Die Ausstellung gilt dem Lebenswerk der beiden Brüder *Henrique Franco* (1883-1961) und *Francisco Franco* (1885-1955), die auf Madeira geboren wurden. Sie studierten beide in Paris. Während *Henrique Franco* als Maler vor allem durch Porträts und Motive seiner Heimat bekannte wurde, wandte sich *Francisco Franco* der Bildhauerei zu. Im Museum ist eine Sammlung von Entwürfen, Skizzen, Stichen, Zeichnungen und Skulpturen zu sehen.
In der Innenstadt sind der „Sämann" im Santa Catarina Stadtpark, das Flieger-Denkmal an der Avenida do Mar und das Denkmal von *João Gonçalves Zarco* zu besichtigen.
Museu Henrique e Francisco Franco, *Rua João de Deus, ☏ 291-230633, Öffnungszeiten: Mo-Fr 9-12.30 und 14-17.30 Uhr, Eintritt: 2 €*

Das **Museum für Kunsthandwerk IBTAM** (**39**), ein Institut für Stickerei und Tapisseriearbeit, ist nicht nur eine Ausbildungsstätte für das madeirische Kunsthandwerk, sondern zeigt auch eine Ausstellung zur Madeira-Stickerei mit wertvollen Ausstellungsstücken und Demonstrationsobjekten vom Ende des 19. Jahrhunderts bis zur Gegenwart. Ein im Stil des 19. Jahrhunderts eingerichteter Raum zeigt die vielfältigen Verwendungsarten im Wohn-, Ess- und Schlafbereich; in einem weiteren Raum werden die verschiedenen Phasen der Anfertigung und Ausführung der Stickarbeiten dargestellt.
IBTAM, *Rua Visconde do Anadia 44, 291-223141, Öffnungszeiten: Mo-Fr 10-12.30 Uhr und 14-17.30 Uhr, Eintritt: Erwachsene 2 €*

Nicht weit vom IBTAM entfernt liegt **einer der traditionsreichsten Stickereibetriebe** Madeiras, der zur Besichtigung und zum Verkauf der Handarbeiten einlädt. Hier können Sie bei einem Rundgang die verschiedenen Arbeitsschritte verfolgen: vom Entwurf des Musters, der Übertragung auf den Stoff, der Berechnung des Materialbedarfs, der Zusammenstellung der Lieferung von Stoffen und Garnen an die Stickerinnen, vom Säumen, Waschen und Bügeln der Stoffe bis hin zur Endkontrolle.
Patrício & Gouveia, *Rua Visconde do Anadia 33/34, ☏ 291-1222723, Öffnungszeiten: Mo-Fr 9-13 Uhr und 15-19 Uhr, Sa 9-13 Uhr, Eintritt frei*

Das **Spielzeugmuseum** (*Museu do Brinquedo*) zeigt die Privatsammlung eines madeirischen Architekten. Zu sehen sind die Schätze seiner Kindheit, vom kleinen Wagen aus Schilfrohr, einer Stoffpuppe bis hin zum beliebten Plastikauto.
Museu do Brinquedo, *Rua Barreiros 48, Di-Sa 10-20 Uhr, So 10-13.30 Uhr, Eintritt 3 €, Kinder und Senioren 1,50 €*

Parkanlagen in Funchal und Umgebung

Botanischer Garten

Der **Botanische Garten** (*Jardim Botânico da Madeira*) (**40**) liegt am nordöstlichen Stadtrand von Funchal. Das Gartengelände, das bis 1936 mit der Quinta do Bom Successo im Besitz der bekannten Familie *Reid* war und seit 1953 der Stadt Funchal gehört, wurde 1960 als Botanischer Garten eröffnet mit dem Ziel, hier **Pflanzen aus aller Welt** zur Schau zu stellen. Auf einer Fläche von 35.000 m² finden Sie deshalb neben einem Bereich mit endemischen Arten auch Pflanzen von allen Kontinenten und aus allen Klimazonen. Es gibt den Palmengarten, eine Sammlung von Sukkulenten, eine interessante Orchideenzucht sowie Gewächshäuser und Felder mit Nutzpflanzen und Beete mit heimischen Küchen- und Heilkräutern. Pflanzenliebhaber können sich hier bestens informieren, denn alle Pflanzen sind mit Namen und Herkunftsland **sorgfältig beschriftet**.

Zum herrlichen Park, der geprägt ist durch den alten Baumbestand und die schön angelegten Beete, gehören **drei Aussichtsterrassen** mit Blick auf Funchal oder auf die nahen Strelitzienfelder, mehrere Teiche und Springbrunnen, eine „Liebesgrotte“, Volieren und ein Café. Im ehemaligen Herrenhaus wurde ein kleines natur-

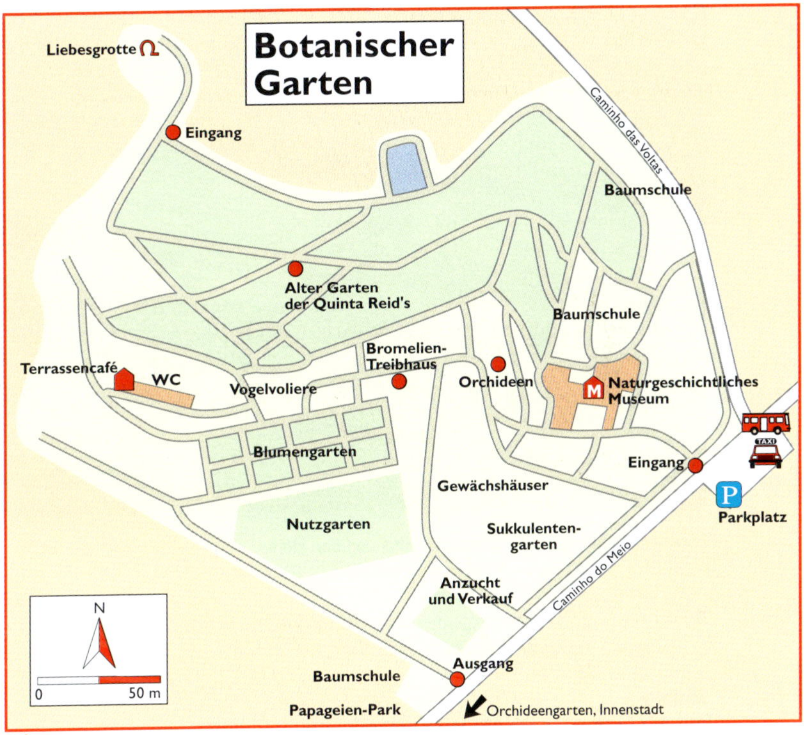

© graphic

historisches Museum eingerichtet, dessen Prachtstück ein Teil einer versteinerten Baumheide ist.
Im unteren Bereich des Botanischen Gartens wurde 1989 ein Vogelpark (*Jardim dos Loiros*) eingerichtet, in dem mehr als **300 farbenprächtige, meist tropische Vögel** leben, wie Ara, Kakadu, Papageien und Pfauen.

Der Besuch des Botanischen Gartens lohnt sich nicht nur wegen des großartigen Pflanzenbestandes – von den Terrassen bieten sich eindrucksvolle Ausblicke auf Funchal und den Atlantik.
Jardim Botânico da Madeira, *Caminho do Meio,* ☏ *291-2002-*

Im Vogelpark

Blick vom Botanischen Garten auf Funchal und den Hafen

0000, www.madeirabotanicalgarden.com, Öffnungszeiten: täglich 9.30-18 Uhr, Eintritt: Erwachsene 3 €, Kinder 1 €, einschließlich Vogelpark, erreichbar mit Bus Nr. 29, 30, 31

Anfahrt

mit der Seilbahn nach Monte(Babosas)

Teleférico do Jardim Botânico, ☏ 291-210290, www.botanicalgardencablecar.com, täglich außer 25.12. von 9.30-18 Uhr, Fahrpreis: Erwachsene 8 €, Kinder 4-14 Jahre 4 €, Hin- und Rückfahrt: Erwachsene 12,50 €, Kinder 6,25 €.

mit dem Bus

Stadtbusse Nr. 29, 30 und 31. Fahrtzeit ca. 30 Minuten. Abfahrtsort ist die Avenida do Mar

mit dem eigenen Fahrzeug

Vom Autonomie-Platz Richtung Markthalle, vorbei an der Rua Brigadeiro Oudinot und weiter geradeaus der Rua Dr. Manuel Junior folgen. An dieser Straße ist der Weg zum Botanischen Garten bereits ausgeschildert.

Orchideengarten

Nur etwa 200 m unterhalb des Botanischen Gartens liegt der **Orchideengarten** *(Jardim Orquídea)*. Dort können Sie in der Aufzuchtstation die **verschiedenen Entwicklungsstadien der Orchideen** von der Aussaat bis zur Blüte betrachten und sich vor allem in der Zeit von November bis April in den Gewächshäusern an dem reichen Bestand von ca. 50.000 Pflanzen aus 70 Gattungen und 300 Arten erfreuen. Im

Im Orchideengarten

angeschlossenen Laden können Sie auch Pflanzen kaufen. Von der Terrasse mit dem kleinen Café bietet sich ein schöner Blick auf Funchal.
Jardim Orquídea, *Rua Pita da Silva 37, ☏ 291-238444, www.madeiraorchid.com, Öffnungszeiten: täglich 9.30-18 Uhr, Eintritt: 4,90 €, erreichbar mit Bus Nr. 29, 30, 31*

Quintas

Die madeirischen „Quintas" waren **Gutshäuser, Landgüter und Herrensitze**, die sich wohlhabende Familien im 18. und 19. Jahrhundert bauen ließen. Sie waren häufig von einer hohen Mauer umgeben, hinter der sich gepflegte Innenhöfe, schön angelegte Gärten und das Herrenhaus verbargen. Zunächst wurde der Begriff nur für ein solches Herrenhaus verwendet, später wurden auch die herrschaftlichen Stadthäuser mit ihren kunstvoll verzierten, schmiedeeisernen Balkongittern und Toren so bezeichnet.

Die auf Madeira ansässigen, wohlhabenden britischen Handelsfamilien bauten ihre Häuser außerhalb der Stadt und umgaben sie **mit großen Parkanlagen** und schön gestalteten Gärten nach englischem Vorbild. Die Quintas zeigen noch etwas vom Glanz vergangener Jahrhunderte. Einige werden heute nach ihrer vollständigen Renovierung als Museum, als Repräsentationsgebäude oder als komfortables Hotel genutzt.
Besonders schöne Beispiele sind die Quinta das Cruzes, die Quinta Vigia, die Quinta do Palheiro und die Quinta Splendida in Caniço.

Quinta da Boa Vista

Die **Quinta da Boa Vista** liegt oberhalb der Altstadt von Funchal und ist auch zu Fuß gut zu erreichen. Das etwa 2 ha große Gelände mit dem schönen Herrenhaus ist seit über 100 Jahren im Besitz der englischen Familie *Garton*, die sich mit der Pflege und Züchtung seltener Orchideen und Bromelien beschäftigt. Im Gewächshaus kann man sich über Aufzucht und Auspflanzung der verschiedenen Orchideenarten informieren. Der Park ist weitgehend naturbelassen. Das **kleine Café mit schöner Terrasse** lädt zum Bleiben ein, im Laden werden Pflanzen zum Kauf angeboten.
Quinta da Boa Vista, *Rua Lombo da Boa Vista, ☏ 291-220468, Öffnungszeiten: Mo-Sa 9-18 Uhr, Eintritt in den Park frei, Eintritt ins Orchideenhaus: Erwachsene 3,50 €, auch Blumenverkauf, erreichbar mit Bus Nr: 32 (Rochinha), Öffnungszeiten: Mo-Sa 9-18 Uhr*

Quinta da Palmeira

Die **Quinta da Palmeira** liegt oberhalb von Funchal, der Weg dorthin ist von der Straße Funchal – Monte her ausgeschildert.
Die Quinta Palmeira mit ihrem **ausgedehnten Park** gehörte zum Besitz des Zuckerfabrikanten *Harry Hinton*. Riesige, alte Bäume, weite Grünflächen, Blumenbeete, exotische und einheimische Pflanzen, Volieren, Brunnen und Teiche prägen die Parkanlage. Kulturhistorisch interessant ist das Herrenhaus: es gibt gut erhaltene Azulejo-Bilder und ein manuelinisches Fenster, das aus der Stadtvilla der Familie *Esmeraldo* stammt, deren Gast *Christoph Kolumbus* 1498 auf seiner dritten Fahrt nach Amerika war. Versäumen Sie nicht, von den markierten Aussichtspunkten einen Blick auf das eindrucksvolle Stadtpanorama von Funchal zu werfen.
Quinta Palmeira, *Rua da Levada de Santa Luzia 31A, ☏ 291-211200, Öffnungszeiten: Mo-Fr 9-12 Uhr und 14-17 Uhr, Eintritt: 5 €, erreichbar mit Bus Nr. 25, 26*

Quinta do Palheiro Ferreiro/Blandy's Garden

Malerisch liegt die Quinta do Palheiro inmitten prächtiger Gartenanlagen

Die **Quinta do Palheiro Ferreiro** ist eine der schönsten Parkanlagen Madeiras, die unbedingt einen Besuch lohnt. Die Quinta liegt ca. 10 km nordöstlich von Funchal. Das etwa 12 ha große Gelände wurde um 1790 auf Wunsch des Grafen *de Carvalhal* im Stil französischer Gärten mit Blumenbeeten, Rabatten, kleinen Seen und Fischteichen angelegt. Im 19. Jahrhundert wurde der Park nach dem Vorbild eines englischen Landschaftsgartens mit großen Rasenflächen, Nadelbäumen, Hecken, Rhodo-

© graphic

dendren und Azaleen umgestaltet. Seit 1885 ist die Quinta do Palheiro im Besitz der Familie *Blandy*.

Je nach Jahreszeit beeindrucken gleich am Haupteingang die weißen, rosa oder roten Blüten der großen Kamelienhecken, die den Weg zum viktorianischen Wohnhaus der Familie *Blandy* und in den hoch gelegenen neueren Teil des Parks säumen. Auf den Grünflächen vor der Quinta fallen die verschiedenartigen Proteen ins Auge, die von *Mildred Blandy* aus ihrer südafrikanischen Heimat eingeführt worden sind.

Im älteren, tiefer liegenden Bereich des großen Parkgeländes befinden sich das alte Herrenhaus des Grafen *de Carvalhal*, das zu einem stilvollen Hotel umgebaut wurde, eine Barockkapelle, ein Obstgarten, der Rosengarten sowie Blumenbeete und Rabatten.

Eine der Pflanzen aus der Protea-Sammlung

Beeindruckend ist vor allem die **Vielfalt der Pflanzen** in den einzelnen Parkabschnitten. Je nach Jahreszeit ziehen neben den Kameliensträuchern auch Rosen, Lilien, Dahlien, Magnolien oder Agapanthus die Blicke auf sich. Während im Ribeira do Inferno, in der Höllenschlucht, vor allem die Schatten liebenden Baumfarne, Rhododendren und Azaleen gedeihen, prägen Buchsbaumhecken, Laubengänge und Wasserspiele den „Garten der Dame". Hinter weiteren Kamelienhecken und Araukarien, den immergrünen Koniferen, liegt das hübsche Teehaus.

Östlich an das Parkgelände schließt sich die gepflegte Anlage des Palheiro Golf Clubs an. Öffnungszeiten: Mo-Fr 9.30-16.30 Uhr.

Quinta do Palheiro Ferreiro/ Blandy's Garden, *☏ 291-793044, Öffnungszeiten: Mo–Fr 9-12.30 Uhr, Eintritt: Erwachsene 9 €, Kinder 4,50 €, erreichbar mit Bus Nr: 29 und mit den Bussen 36, 37 nach Camacha*

Anfahrt

mit dem Bus

Mit den Stadtbussen Nr. 36 (Fahrziel Lombo da Quinta) und Nr. 37 (Fahrziel Palheiro Ferreiro = Blandy's Garden) ist das Ausflugsziel gut zu erreichen. Abfahrtsort beider Buslinien ist die kleine Verbindungsstraße zwischen der Avenida do Mar und der Rua d. Carlos I. gegenüber dem großen Elektrizitätsgebäude. Fahrzeit ca. 30 Minuten.

mit dem eigenen Fahrzeug

Folgen Sie zunächst der Ausschilderung zur Autobahn (Via Rápida) in Richtung Caniço, Camacha oder auch Flughafen; an der Autobahn ist die Ausfahrt ausgeschildert. Folgen Sie der Hauptstraße in Richtung Camacha, der Eingang zum Park ist wiederum ausgeschildert.

Unterkunft

€€€ **Casa Velha do Palheiro**, *Rua de Estalagem 23, ☏ 291-790350, 🖷 291-794925, www.casa-velha.com. Luxuriöses, stilvolles Gästehaus, das im ehemaligen Jagdpavillon des Grafen de Carvalhal eingerichtet wurde, umgeben von Blandy´s Garden und dem Palheiro Golfplatz, mit Spezialitätenrestaurant, Swimmingpool und Salon mit Kamin.*

Reisepraktische Informationen zu Funchal

Information

Das Fremdenverkehrsamt **Direcção Regional do Turismo**, *Avenida Arriaga 18, 9000 Funchal, ☏ 291-211900, 🖷 291-232151, www.madeiratourism.com, Öffnungszeiten: Mo-Sa 9-20 Uhr, So 9-18 Uhr. Die Mitarbeiter der Touristeninformation verteilen kostenlos einen Stadtplan von Funchal und die nützlichen Broschüren „Hotel Guide" und „Madeira by Bus" mit Informationen über die Abfahrtsorte und -zeiten der wichtigsten Buslinien (s. Stichwort Bus, S. 82). Neben allgemeinen Informationen sind die teilweise deutsch sprechenden Mitarbeiter auch bei Übernachtungsbuchungen in Funchal oder in anderen Inselorten gerne behilflich.*

Ein weiteres Fremdenverkehrsbüro liegt im Hotelviertel im Einkaufszentrum Monumental Lido, ☏ 291-775254, Öffnungszeiten: Mo-Fr 19-18 Uhr, Sa 9.30-14 Uhr.

Unterkunft

Bei dem ständig wachsenden Angebot an Hotels kann man nur betonen: „Wer die Wahl hat, hat die Qual...".

Zentral gelegene Unterkünfte (Hotelkarte s. S. 164/165)

€€€-€€€€ **The Vine Hotel** (7), *Rua das Aranhas 27, ☏ kostenfrei ab Mitteleuropa: 00-800-37468357, www.designhotels.com. Das 2008 eröffnete Luxushotel liegt ganz zentral auf dem Gelände einer ehemaligen Tabakfabrik, verfügt über 57 mit allem Komfort ausgestattete Zimmer und Suiten, ein Gourmet-Restaurant, eine Dachterrasse mit herrlichem Panoramablick und Schwimmbad und ein „Vinotherapy Spa".*

€€€ **Quinta Bela de São Tiago** (10), *Rua Bela de São Tiago, ☏ 204500, 🖷 291-204510, www.quintabelasaotiago.com. Dieses komfortable Hotel, das aus einem renovierten ehemaligen Herrenhaus aus dem Jahre 1894 und drei modernen Erweiterungsbauten besteht, liegt am Rande der Altstadt. Das Hotel verfügt über 46 ansprechend eingerichtete Zimmer und Suiten, Restaurant, Süßwasser-Swimmingpool, Sauna, Jacuzzi und ein Türkisches Bad. Besonders schön sind der helle Wintergarten, in dem das Frühstück serviert wird, und die große Terrasse, von der sich ein herrlicher Blick auf die Stadt und das Meer bietet.*

€€-€€€ **Porto Santa Maria** (6), *Avenida do Mar 50, ☏ 291-206700, 🖷 291-206720, www.portobay.com. Neues, komfortables Hotel in guter Lage am Rande der Altstadt mit 146 geschmackvoll eingerichteten, geräumigen Zimmern und Suiten, Restaurant, Swimmingpool, Terrasse und schönem Meerblick.*

€€-€€€ **Funchal Design Hotel** (8), *Rua da Alegria 2, ☏ 291-201800, 🖷 291-201809, www.funchaldesignhotel.com. Das 2008 eröffnete Hotel liegt in einer ruhigen Seitenstraße mitten im Stadtzentrum. Ein altes Stadthaus wurde aufwändig restauriert und erweitert und verfügt jetzt über 16 modern eingerichtete Zimmer mit einer praktischen Küchenzeile.*

€€ **Hotel Madeira** (1), *Rua Ivens 21, ☏ 291-230071, 🖷 291-229071, www.hotel-madeira.com. Das moderne Hotel liegt nicht nur zentral, sondern auch ruhig in der Nähe des Jardim de S. Francisco. Die 53 Zimmer verfügen über Telefon, TV, und es gibt eine Dachterrasse mit Pool.*

€ **Aparthotel Reno** (2), *Rua das Pretas 15–25, ☏ 291-226125/6, 🖷 291-226125, E-Mail: www.reno1@sapo.pt. Dieses ältere Haus liegt zentral, doch trotzdem ruhig. Die Zimmer sind sehr einfach eingerichtet und angenehm geräumig. Sie verfügen über Balkon, Küche, TV und Telefon.*

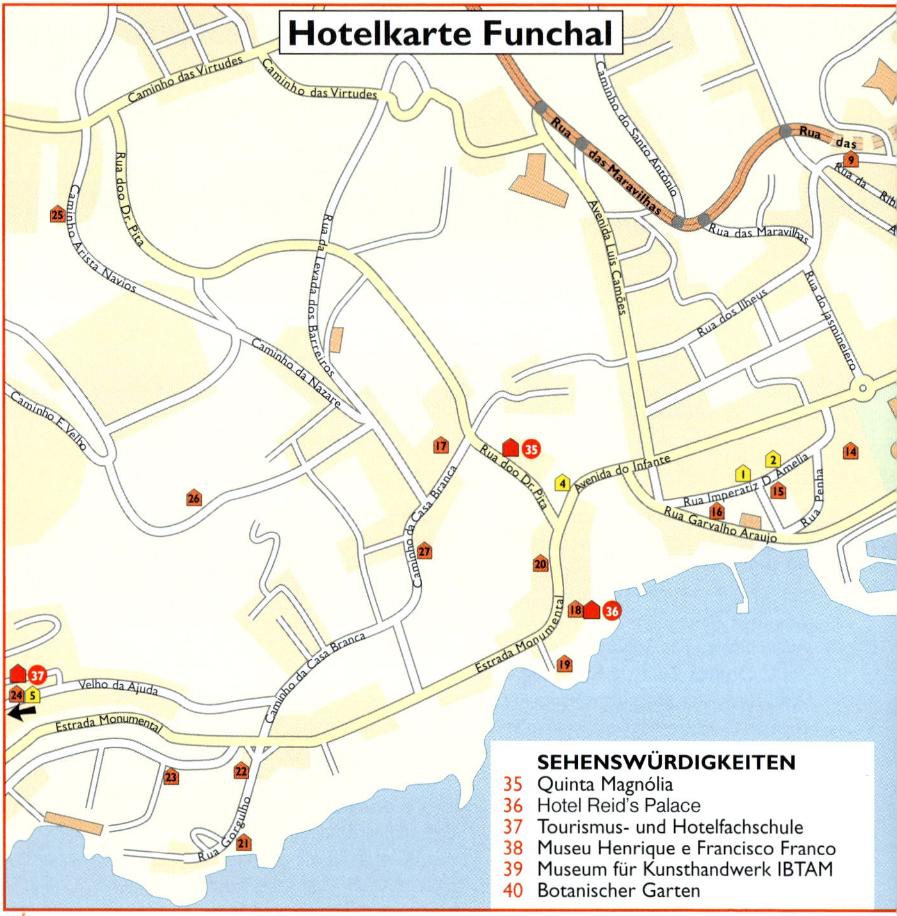

© graphic

€ **Apartamentos do Castanheiro** (**3**), *Rua do Castanheiro 27, ☏ 291-227060/22 0889, 🖷 291-227940, www.aparthotelcastanheiro.com. Das komfortable Apartmenthaus liegt in einer ruhigen Seitenstraße in der Nähe der Universität. Die 20 Studios, zu denen jeweils auch ein Balkon gehört, und die 12 Apartments sind geräumig und ansprechend eingerichtet und mit einer kleinen Kochnische, CD-Anlage und Klimaanlage ausgestattet. Außerdem gibt es ein gemütliches Lesezimmer, einen kleinen Speiseraum, eine Bar und einen schönen Innenhof, wo auch das Frühstück eingenommen werden kann. In der näheren Umgebung gibt es gute Einkaufsmöglichkeiten.*

€ **Residencial Colombo** (**4**), *Rua da Carreira 182,* ☏ *291-225231/2,* 🖷 *291-222170.* *In der Nebenstraße wohnt es sich ruhig, und es befinden sich zahlreiche Restaurants in der unmittelbaren Nähe. Die Pension verfügt über modern eingerichtete Zimmer inkl. Satelliten-TV.*

€ **Residencial Chafariz** (**5**), *Rua do Estanco 3,* ☏ *291-232260,* 🖷 *291-232250.* *Das neue Gebäude mit den 20 kleinen Zimmern liegt direkt im Zentrum; TV in allen Räumen, jedoch keinen Balkon. Bei längerem Aufenthalt etwas günstiger.*

€ **Residencial Vila Teresinha** (**9**), *Rua das Cruzes 21,* ☏ *291-741723,* 🖷 *291-*

744515, www.vilateresinha.com. Das in den 1930er Jahren gebaute Haus liegt in einer kleinen Straße der Oberstadt, knapp 10 Gehminuten vom Zentrum entfernt. Die Pension, die an den Park der Quinta das Cruzes grenzt, verfügt über 12 zweckmäßig eingerichtete, relativ kleine Zimmer, von denen drei auch einen Balkon haben. Zum Haus gehören eine schöne Terrasse mit weitem Blick über die Stadt und das Meer sowie ein gepflegtes Restaurant.

Unterkünfte zwischen den Flüssen:

€€ **Windsor Hotel** (**11**), *Rua das Hortas 4-C, ☏ 291-225831, 🖷 291-233915 und 291-233080, www.hotelwindsorgroup.com. Neben Touristen steigen auch viele Geschäftsleute in diesem eleganten Hotel ab. Die 67 Zimmer sind gut ausgestattet, und es gibt einen stilvollen Pool auf der Dachterrasse.*

€€ **Hotel do Centro** (**12**) *Rua do Carmo 20-22, ☏ 291-225831, 🖷 291-233915, und 291-233080. Dieses moderne Hotel steht unter gleichem Management wie das Windsor. Die 30 Zimmer bieten TV und Klimaanlage, und es gibt eine kleine Snackbar.*

€ **Hotel Sirius** (**13**), *Rua das Hortas 31-37, ☏ 291-226117/8, 🖷 291-223482. Das freundlich eingerichtete Hotel verfügt über 38 Zimmer, die alle mit TV ausgerüstet sind.*

Unterkünfte in der Umgebung des Casinos:

€€€ **Pestana Casino Park Hotel** (**14**) *Resort & Casino, Quinta da Vigia, ☏ 291-209100, 🖷 291-232076, www.pestanacasinopark.com. Das bekannte Hotel liegt eindrucksvoll inmitten eines üppigen Gartens über dem Meer und nur wenige Gehminuten vom Stadtzentrum entfernt. Das empfehlenswerte Hotel verfügt über 373 komfortabel eingerichtete Zimmer und Suiten, Restaurants, Bars, ein großes beheiztes Freibad und bietet vielseitige Sportmöglichkeiten an.*

€€ **Aparthotel Imperatriz** (**15**), *Rua Imperatriz D.Amélia 72, 9000 Funchal, ☏ 291-233456/7, 🖷 291-229558. Dieses Aparthotel ist ideal für Individualisten, die sich selbst versorgen möchten, da die 27 Studios mit Balkon, Küche, Telefon und TV ausgestattet sind. Auf dem Dach des dreistöckigen Hauses gibt es einen kleinen Pool.*

€€ **Madeira Regency Club** (**16**), *Rua Carvalho Araújo, ☏ 291-205757, 🖷 291-205777, www.madeira-regency-club.com. Das komfortable Hotel liegt oberhalb des Hafens, nur etwa 10 Gehminuten vom Stadtzentrum entfernt. Es verfügt über 96 ansprechend eingerichtete Studios und Apartments, jeweils mit einer Küchenzeile und einem schönen Meerwasser-Swimmingpool. Das Hotel ist durch eine Durchgangsstraße vom Meer getrennt; über eine Fußgängerbrücke hat man direkten Zugang zum Wasser.*

Unterkünfte in der westlich gelegenen Hotelzone:

€€€€ **Hotel Reid's Palace** (**18**), *Estrada Monumental 139, ☏ 291-7007171, 🖷 291-7007177, www.reidspalace.com. Das „Reid´s" ist das wohl bekannteste Hotel Madeiras: Das traditionsreiche Luxushotel zählt zu den „leading hotels of the world" und kann seit mehr als 100 Jahren auf eine stattliche Gästeliste von internationaler Prominenz verweisen. Das Hotel liegt in einem großen, üppig blühenden Garten mit subtropischer Vegetation, knapp 2 km vom Stadtzentrum entfernt, und bietet neben allem zeitgemäßen Komfort ein großes Unterhaltungsangebot mit musikalischen Veranstaltungen, Galadinners und Shows sowie ein umfangreiches Sportangebot. Über einen Lift sind mehrere Badeplateaus und ein von Felsen umgebenes Naturschwimmbecken bequem zu erreichen. Eine besondere „Institution" ist der Nachmittagstee, der auf der berühmten Teeterrasse oder im behaglichen Teeraum nach guter englischer Tradition serviert wird.*

€€€ **The Cliff Bay** (**19**), *Estrada Monumental 147, ☏ 291-707700, 🖷 291-762524,* *www.portobay.com. Das sehr ansprechende, empfehlenswerte Hotel liegt etwa 20 Gehminuten vom Stadtzentrum entfernt auf einem Steilfelsen direkt über dem Meer. Jedes der 201 luxuriösen Gästezimmer hat einen Balkon, von dem aus sich ein schöner Blick auf's Meer oder auf die Gartenanlage bietet. Das Hotel verfügt über mehrere Restaurants, Cafés und Bars, Innen- und Außenschwimmbäder, Tennisplätze, Fitnesscenter, Sauna und über einen Außenlift über einen direkten Zugang zum Meer.*

€€€ **Pestana Palms Hotel** (**21**), *Rua do Gorgulho 15, ☏ 291-709200, 🖷 291-766247, www.pestana.com. Die schöne Hotelanlage liegt auf einem Felsvorsprung mit direktem Zugang zum Meer, etwa 2 km außerhalb des Zentrums von Funchal, und umfasst die liebevoll restaurierte, von einem schönen Garten umgebene Quinta Vila Lido mit Rezeption, Bar, Teesalon, Bibliothek, Spielzimmer, Healthclub und Sauna, das moderne Hotelgebäude und den Rundbau mit insgesamt 73 komfortabel eingerichteten Studios und dem Panorama-Restaurant. Alle Studios bestehen aus einem Wohn/Schlafzimmer mit Kitchenette und Balkon und sind mit Ventilator, Bad/WC, TV, Radio, Telefon und Mietsafe ausgestattet. Ein beheizter Süßwasser-Pool mit Kinderbecken, eine große Sonnenterrasse und ein Bad im Meer laden zur Erholung ein.*

€€-€€€ **Pestana Village Hotel** (**20**), *Estrada Monumental 194, ☏ 291-701600, 🖷 291-763988, www.pestana.com. Eingebettet in eine schöne Gartenanlage, etwa 1,5 km vom Zentrum Funchals entfernt, wurde die Anlage im traditionellen Stil gebaut. Zum „Dorf" gehören das Haupthaus mit Rezeption, Aufenthaltsräumen und Restaurant sowie drei Gebäudekomplexe mit Bistro, Fitness mit Sauna, Süßwasser-Swimmingpool und 88 Wohneinheiten. Alle Studios und Apartments verfügen über Kitchenette und Balkon.*

€€-€€€ **Suite Hotel Eden Mare** (**22**), *Rua do Gorgulho 2, ☏ 291-709700, 🖷 291-761966, www.portobay.com. Das Eden Mare gehört wie das Hotel Porto Mare zum Resort Vila Porto Mare und teilt sich mit diesem die gepflegte Gartenanlage. Die Studios und Suiten sind geräumig, modern und mit einer Küchenzeile eingerichtet. Außerdem gibt es mehrere Restaurants, Swimmingpools und Sportangebote.*

€€-€€€ **Hotel Porto Mare** (**23**), *Rua Simplicio Passos de Gouveia 21, ☏ 291-703700, 🖷 291-703720, www.portobay.com. Das beliebte, gut geführte und mehrfach ausgezeichnete Hotel liegt oberhalb des Lido inmitten eines schön angelegten Gartens, nur durch die Uferpromenade vom Meer getrennt; gute Restaurants und vielseitige Sportmöglichkeiten.*

€€ **Tourismus- und Hotelfachschule von Madeira** (**24**), *Travessa do Piornais, ☏ 291-700386/9, 🖷 291-700381. Im Westen der Stadt liegt das Hotel mit angeschlossener Hotelfachschule, das über 20 ansprechend und komfortabel ausgestattete Zimmer mit Balkon, ein empfehlenswertes Restaurant, Konferenzräume, Swimmingpool und Sauna verfügt. Hervorzuheben ist der zuvorkommende, sehr persönliche Service, um den sich das Personal und die Hotelfachschüler bemühen.*

Unterkünfte nördlich der Hotelzone:

€€-€€€ **Quinta da Bela Vista** (**25**), *Caminho do Avista Navios 4, ☏ 291-764144, 🖷 291-765090, www.belavistamadeira.com. Das 150 Jahre alte, stilvoll renovierte Herrenhaus und der moderne Erweiterungsbau liegen in einer großen Parkanlage oberhalb der Stadt. Die Quinta verfügt über 65 elegant eingerichtete Zimmer, Salons, Restaurants und eine Bibliothek, einen Swimmingpool mit Terrasse, Tennisplatz und Fitnessraum.*

€€-€€€ **Quinta da Casa Branca** (**27**), *Rua da Casa Branca 7, ☏ 291-700770, 🖷 291-765033, www.quintacasabranca.pt. Das mit nur 48 Zimmern kleine komfortable Hotel wurde in modernem Design mit viel Holz und Glas erbaut und ist von einem großen*

Hotelanlage in Funchal

Garten mit exotischem Baumbestand umgeben; mit Aussichtsterrasse, Swimmingpool und Restaurant, gute Busverbindung ins Zentrum.

€€ **Madeira Panoramico Hotel** (**26**), *Rua Estados Unidos da América 34, ☏ 291-766113, 🖷 291-766114, www.madeirapanoramico.com. Das moderne, gut geführte Hotel mit 81 ansprechend eingerichteten Zimmern, Swimmingpool, Sauna und Fitnessraum liegt oberhalb der Stadt, etwa 2,5 km vom Zentrum entfernt; herrlicher Ausblick auf Funchal und das Meer, werktags kostenloser Shuttlebus in die Stadt.*

€ **Privatunterkunft "Stadt-Oase"** (**17**), *Rua da Casa Branca (Nähe Quinta Magnólia), Kontaktaufnahme über www.madeira-nest.de. Diese einfache Wohnung für 2-3 Personen bietet mit kleiner Küche, Waschmaschine und großer Dachterrasse dem Individualtouristen eine günstige Alternative zu den gängigen Hotels. Die Stadt-Oase ist gut gelegen (ca. 20 Minuten Fußweg zum Zentrum oder alternativ mit dem Bus zu fahren) und recht ruhig. Die Wohnung liegt im dritten Stock und hat keinen Lift!*

Taxi

In der Innenstadt bzw. in der westlich gelegenen Hotelzone gibt es zahlreiche Taxistände, an denen die gut sichtbaren, leuchtend **gelben Taxen** *warten. Die größten Stände befinden sich an folgenden Plätzen:*

Avenida Arriaga *(am Stadtpark); ☏ 291-220911*
Avenida Arriaga *(an der Kathedrale); ☏ 291-222500*
Largo do Município *(am Rathausplatz); ☏ 291-222000*

Avenida do Mar; ☏ *291-224588*
Hotelviertel – am Lido, ☏ *291-771610.*

Taxipreise: Das Taxifahren innerhalb Funchals ist vergleichsweise günstig: Innerhalb des Stadtgebietes wird der Taxameter eingeschaltet, der Mindestpreis liegt bei 1,90 €.

Für Überlandfahrten und für Fahrten zu touristischen Zielen, zum Beispiel nach Monte oder zum Botanischen Garten, gibt es Festpreise. Über diese Preise informiert eine Liste, die jeder Taxifahrer im Wagen mit sich führt, oder die Informationstafel gegenüber dem Hotel Monumental Lido in der Estrada Monumental.

Auch für Ganztagsausflüge können Taxis gemietet werden. Wenn Sie z.B. zu viert eine Taxitour unternehmen, wird diese Tour auch nicht teurer als die Teilnahme an einem organisierten Busausflug. Die Fahrt mit einem Taxifahrer ist meist sogar persönlicher, und man kann eventuell mehr über Madeira und die Bevölkerung erfahren.

Mietwagen

In Funchal gibt es ein **großes Angebot** *an internationalen und lokalen Mietwagenfirmen. Die großen Anbieter sind schon am Flughafen vertreten und haben daneben ihre Büros im Hotelviertel an der Estrada Monumental. Außerdem gibt es Mietstationen in Caniço, Machico und auf Porto Santo.*

Die Fahrzeuge können schon bei der Reisebuchung über ein Reisebüro oder von zu Hause aus reserviert werden, zum Beispiel bei Holiday Autos, ☏ 01805-179191, www.holiday-autos.de. Der Wagen steht dann am Flughafen bereit. Wenn Sie das Fahrzeug erst vor Ort über die Hotelrezeption, ein Reisebüro oder in einem der Mietwagenbüros bestellen, wird es ohne Aufpreis zum Hotel gebracht und kann auch dann am Flughafen (gegen eine Extragebühr von 10 €) zurückgegeben werden. Für den Eintrag eines zusätzlichen Fahrers in den Vertrag wird ebenfalls eine weitere Gebühr berechnet.

Anbieter sind zum Beispiel:
Avis, *Largo Antonio Nobre Sovialma 64, ☏ 291-764546, 🖷 291-765240 und am Flughafen (täglich geöffnet von 7-24 Uhr), ☏ 291-524392, 🖷 291-765240, www.avis.com*
Baía Car Rental, *Estrada Monumental 270, ☏ 291-768270, 🖷 291-768271*
Budget, *Estrada Monumental 239, ☏ 291-766518, 🖷 291-765619, www.budget.com*
Europcar, *Estrada Monumental 306, ☏ 291-765116, 🖷 291-766850, www.europcar.com*
Hertz, *Estrada Monumental 284, ☏ 291-764410, 🖷 291-764452, www.hertz.com*
Rodavante, *Estrada Monumental 306, ☏ 291-764361 und an den Flughäfen auf Madeira, ☏ 291-524718 und auf Porto Santo, ☏ 291-982925, www.rodavante.com*
Sixt Estrada Monumental *182, ☏ 291-764221, 🖷 291-762857, www.sixt.com*

Tankstellen

Rund um Funchal gibt es ein **dichtes Netz von Tankstellen**, *zum Beispiel liegen an allen Ausfallstraßen Tankstellen, von denen einige täglich 24 Stunden geöffnet haben. Eine durchgehend geöffnete Tankstelle befindet z.B. an der Avenida do Infante auf der Höhe des Casino Park Hotels. Außerhalb Funchals gibt es nur wenige Tankstellen. Das Nachtanken in anderen Inselorten ist eigentlich auch nicht nötig, da eine Tankfüllung für eine Inselrundfahrt ausreicht.*

Parken

Die Parkplatzsuche in Funchal ist oft schwierig, denn Parkraum in den Straßen im Zentrum ist knapp. Einfacher ist es deshalb, in eines der Parkhäuser zu fahren, die bis spät in den Abend oder sogar 24 Stunden geöffnet sind.
Die Parkscheinautomaten funktionieren wie auch bei uns: die gewünschte Parkzeit wird zuerst bezahlt, danach wird der ausgedruckte Parkschein gut sichtbar in das Fahrzeug gelegt.

Parkgebühren im Zentrum	*1,64 € pro Stunde*
außerhalb des Zentrums	*0,58 € pro Stunde*
im Parkhaus	*1 € pro Stunde*

Tipp

Am besten ist es, wenn Sie das gemietete Fahrzeug nur für Ausflugsfahrten benutzen und in der Stadt auf den Bus zurückgreifen bzw. zu Fuß gehen.

Cafés

Fast an jeder Ecke bekommt man einen Espresso (bica), der bei der Bevölkerung – besonders nach dem Essen – sehr beliebt ist. Aber auch die echte Kaffeehaus-Kultur lebt in Funchal wieder auf. So sind das **Café Funchal** *und das* **Apollo** *im Schatten der Kathedrale Sé bei Einheimischen und Touristen gleichermaßen beliebt. Besonders im Frühjahr, wenn die Jacarandá-Bäume blühen, ist das Verweilen unter dem violetten Blütenmeer sehr reizvoll.*
Wer es stilvoll mag, sollte unbedingt das **Grand Café Golden Gate** *an der Ecke Avenida Arriaga/Av. Zarco besuchen. Hier sitzt der Besucher in den traditionellen Korbstühlen und kann das geschäftige Treiben beobachten. Man kann auch oben im ersten Stockwerk auf dem Balkon sitzen und hat von hier aus einen schönen Blick auf das Zarco-Denkmal. Oben steht übrigens auch eine Auswahl an hervorragenden Torten...*
Bei der städtischen Bevölkerung ist das kleine und geschäftige **Café Lido Távira** *in der Fußgängerzone Rua de João Távira Nr. 16-20 bekannt für seine ausgezeichneten Torten. Der Preis richtet sich nach dem Gewicht der Tortenstücke, und da es in dem kleinen Raum irgendwie immer zu voll ist, nehmen viele ihre Auswahl mit nach Hause. Doch bleiben Sie einmal hier und genießen Sie neben Kaffee und Torte die Atmosphäre.*
Das **Café do Teatro,** *Av. Arriaga, ☏ 291-226371, im Städtischen Theater, ist mit seinem kleinen schattigen Innenhof ein beliebter Treffpunkt; Öffnungszeiten: Mo-Do 8-24 Uhr, Fr 8-4 Uhr.*
Mitten in der Stadt, wenige Schritte von der Avenida Arriaga entfernt, liegt auf der anderen Seite des Stadtparks das **Café O Concerto.** *Vor dem Kiosk sind unter betagten Bäumen ein paar Tische aufgestellt, wo man sich im Schatten ausruhen und preiswert einen Salat oder eine Suppe in Ruhe essen kann.*

Restaurants (s. Karte S. 164/165)

Ähnlich wie bei den Unterkünften ist die Zahl der Restaurants sehr groß. Dabei reicht die Auswahl von Restaurants der Luxusklasse bis zu einfachen, preiswerten Lokalen. Die meisten Restaurants bieten mehrsprachige Speisekarten an.
Casa Velha *(1), Rua Imperatriz D. Amélia 69, ☏ 291-225749. Ein Restaurant für Fein-*

Frische Speisen vom Markt

schmecker und Weinkenner in einem stilvoll restaurierten Stadthaus, vorzüglich sind die auf madeirische Art zubereiteten Fischgerichte.

Dona Amélia (2), *Rua Imperatriz D. Amélia 83, ☏ 291-225784. Gepflegtes Restaurant in einem Haus aus dem 19. Jahrhundert. Empfehlenswert sind verschiedene Fischplatten, zum Beispiel mit flambiertem Degenfisch und köstliche, mit exotischen Früchten zubereitete Desserts.*

Patio (3), *Avenida Zarco 21/Rua da Carreira 43, ☏ 291-227376. Bekanntes Café und Restaurant mit Wintergarten im Innenhof des Fotomuseums.*

Quinta Palmeira (4), *Avenida do Infante 5, ☏ 291-221814 und 291-222907. Im Herrenhaus aus dem Jahre 1763 wurde schon 1994 ein Restaurant eröffnet, das seitdem von Feinschmeckern wegen seiner exzellenten Küche und einer erlesenen Weinkarte sehr geschätzt wird. Sehr schön ist auch das ruhige Garten-Ambiente. Tischreservierung ist empfehlenswert.*

Tourismus- und Hotelfachschule von Madeira (5), *Travessa dos Piornais, ☏ 291-700386/9. Die Speisekarte der Hotelfachschule umfasst sowohl madeirische Spezialitäten als auch internationale Gerichte, die trotz ihrer „klassischen" Namen durch eine fantasiereiche und kreative Zubereitung überraschen. Außerdem werden Sie sich über den aufmerksamen Service der jungen angehenden Kellnerinnen und Kellner freuen. Bei rechtzeitiger Anmeldung und Tischreservierung werden Sie auf Wunsch von Ihrem Hotel abgeholt.*

Restaurante Caravela (6), *Avenida do Mar 15, ☏ 291-228464. Das Restaurant an der*

Hafenpromenade lockt mit einem großartigen Ausblick auf Funchal und mit guter madeirischer Küche. Die köstlich zubereiteten Vorspeisen und die fangfrischen Fischgerichte warten auf Genießer.

Carochinha *(**7**), Rua S. Francisco 2 A, ☏ 291-223695. Kleines, zentral gegenüber dem Stadtgarten gelegenes „englisches" Restaurant, in dem sich aber auch Gäste anderer Nationalität wohlfühlen können. Internationale Gerichte, angemessene Preise, So geschlossen*

O Tapassol *(**8**), R. D. Carlos I. 62. Portugiesischer Wein und madeirische Spezialitäten lassen sich hier gut kennenlernen, z.B. „Cozido à Madeira".*

In den Straßen Rua da Carreira, Rua de Pretas und Rua de Santa Maria liegen mehrere Restaurants dicht zusammen, in denen Sie gut und preisgünstig essen können:

Restaurante Dragão Vermelho *(**9**), Rua da Carreira 54. In diesem Restaurant ist die Einrichtung fast schon spartanisch und die Tische drängen sich aneinander, doch dafür isst man hier leckeres Knoblauchbrot und besonders gute Fleischspieße (Espetada).*

Restaurante Londres, *Rua da Carreira 64a, ☏ 291-235329. In dem gemütlich eingerichteten Restaurant können Sie zwischen verschiedenen Fischgerichten auswählen. Probieren sollten Sie die Spezialität Madeiras „Espada com banana": Der schmackhafte schwarze Degenfisch wird mit Tomaten, Zwiebeln und Knoblauch gedünstet und auf traditionelle Weise mit einer gegrillten Banane serviert.*

Restaurante Jardim da Carreira *(**10**), Rua da Carreira 118. Auf der Speisekarte des beliebten Gartenrestaurants stehen madeirische und internationale Speisen, auf Wunsch bereitet der Koch Ihnen auch ein vegetarisches Gericht zu.*

Restaurante do Forte *(**11**), Rua Portão São Tiago, ☏ 291-235470. Gepflegtes Ambiente in außergewöhnlicher Lage; das Restaurant liegt innerhalb der Festung São Tiago, das Essen wird bei gutem Wetter auf der schönen Terrasse direkt über dem Meer serviert.*

O Jango *(**12**), Rua de Santa Maria 166. Dieses Restaurant ist schon wegen seiner ungezwungenen Atmosphäre immer einen Besuch wert; hier treffen sich Einheimische und Fremde.*

Bio-Logos *(**13**), Rua Nova de São Pedro 34, ☏ 291-236868. Über dem im Souterrain liegenden Naturkostladen Bio-Logos gibt es ein vegetarisches Restaurant, in dem alle angebotenen Gerichte aus biologisch angebauten Lebensmitteln hergestellt werden; wechselnder Mittagstisch, Suppen und Snacks, Öffnungszeiten: Mo-Fr 10-18 Uhr.*

Café do Museu *(**14**), Praça do Município, ☏ 291-281121. Vor den Arkaden des Museu de Arte Sacra können Sie stilvoll mit Blick auf den Rathausplatz köstliche, leichte Gerichte genießen.*

Bar da Murca *(**15**), Rua da Murcas.*
Die Bar liegt nicht weit von der Sé entfernt in der Fußgängerzone, wo Sie preiswerte, frisch zubereitete, typisch madeirische Gerichte probieren können. Bei schönem Wetter werden einige Tische auf die Straße gestellt.

Embairador Madeirense *(**16**), Rua dos Barreiros/Rua da Santa Maria. In dem kleinen Ecklokal in der Altstadt kann man dem Koch bei der Zubereitung inseltypischer Gerichte zuschauen.*

A Seta, *Estrada do Livramento, ☏ 291-743643. Beliebtes Lokal, wo an manchen Abenden Fado-Gesänge zu hören sind.*

@ Internetcafés

Das Internetcafé **cyber café,** *Avenida do Infante 6, ☏ 291-236948, befindet sich kurz hinter dem Kreisverkehr, Öffnungszeiten: Mo-Sa 8-1 Uhr.*

Cremesoda, *Rua dos Ferreiros 9, nördlich vom Rathausplatz (Nähe Kollegiumskirche; port.*

Igreja do Colégio), ☏ 291-224920, 🖷 291-222667, Öffnungszeiten: Mo-Fr 9-19 Uhr, Sa 9-13 Uhr.
Global Net Café, *Rua do Hospital Velho 25, ☏ 291-280671, Öffnungszeiten: Mo-Fr 9-19 Uhr, Sa 9-13 Uhr.*
BMF, *Centro Comercial Monumental Lido, Estrada Monumental.*

In allen Cafés liegen die Kosten bei ca. 1.50 € pro angefangener Stunde.

Tipp

Auf Madeira gibt es inzwischen ca. 50 Hot Spots, die einen öffentlichen Internetzugang ermöglichen, 20 davon in Funchal, zum Beispiel an der Avenida Arriaga, am Rathausplatz, im Lido-Schwimmbad, am Freizeithafen und in den großen Einkaufszentren.

Nachtclubs/Bars und Pubs

Die meisten Tanz- und Nachtlokale findet man im Umkreis des Hotelviertels. Daneben hat sich durch den langjährigen britischen Einfluss eine kleine „Pubkultur" mit vielen Biersorten entwickelt.

Beliebt ist das **Café de Teatro**, *Avenida Arriaga, ☏ 291-249959, mit ansprechender Cocktailbar und Tanz am Freitag- und Samstagabend.*
Seit vielen Jahren gut besucht ist die **Discoteca „Vespas"**, *Avenida Sá Carneiro (in der Nähe der Marina), ☏ 291-234800, Öffnungszeiten: Mi, Fr und Sa 0-6 Uhr, mit Lasershow.*
Tanz-Pub „O Fugitivo", *Rua Imperatriz de Amélia 68, ☏ 291-222003, hier werden Tanzshows um 0 und 1.30 Uhr angeboten, der Pub hat täglich von 22-6 Uhr geöffnet.*
Pub The Prince Albert, *Rua Imperatriz de Amélia 86, ☏ 291-235793, dieser im victorianischen Stil eingerichtete Pub hat täglich von 12-2 Uhr geöffnet.*
O Molhe, *Forte de Nossa Senhora da Conceição, ☏ 291-203840, hat von 0-6 Uhr geöffnet und bietet einen schönen Blick auf den Hafen, Fr und Sa Tanz.*
Fadomusik erleben Sie in der Altstadtbar **Marcelino Pão e Vinho**, *Travessa das Torres 22, ☏ 291-220216, täglich 22-2 Uhr geöffnet.*

In den Sommermonaten und dann besonders an den Wochenenden werden in Funchal zahlreiche Open-air-Aktivitäten angeboten. In den milden Sommernächten trinkt man dann sein Lieblingsgetränk in den gut gefüllten Straßencafés und genießt dabei z.B. die Freiluftkonzerte, Straßenumzüge oder auch das Feuerwerk am Unabhängigkeitstag (25. April).

Casino

Das Gebäude des Casinos ist wegen seiner auffälligen Architektur bekannt und bietet neben Black Jack, Roulette, Backgammon und Baccara **über 200 Spielautomaten** *(slot-machines). Personalausweis oder Pass müssen vorgelegt werden, angemessene Kleidung ist erwünscht. Weiterhin werden begeisternde, aufwändig inszenierte Dinner Shows angeboten (vorherige Buchung notwendig). Öffnungszeiten: täglich 16-3 Uhr. Spielautomaten, Roulette, Black Jack täglich 20-3 Uhr (Fr/Sa bis 4 Uhr); Avenida do Infante, ☏ 291-232111, www.casinomadeira.com.*

Einkaufen

Die **lokalen Supermarktketten** *sind durch die Filialen von* **Sa** *und* **Pingo Doce** *vertreten. So befindet sich z.B. ein großer Sa-Supermarkt an der nordwestlich gelegenen Ausfallstraße Caminho de S. Martinho. An der Estrada Monumental liegen mehrere Supermärkte, und an der Rua Gorgulho deckt ebenfalls ein größerer Supermarkt die Bedürfnisse der Touristen. An diesen beiden Straßen gibt es auch spezielle Läden, die sich auf den Verkauf von Wein, Bier und anderen Alkoholika spezialisiert haben. Auf Madeira sind alkoholische Getränke etwa so teuer wie bei uns, teilweise sind einige hochprozentige Spirituosen sogar preiswerter als in Deutschland. Direkt in der Stadt befinden sich in der Rua do Seminário (zwischen den Flüssen) zwei Supermärkte. Wenn Sie noch eine Kleinigkeit am Wochenende bzw. am Abend kaufen möchten, so bietet sich der kleine Sa-Markt im Untergeschoss des Marina-Shopping-Centers an. Wie die meisten anderen Läden des Einkaufszentrums hat er täglich bis 22 Uhr geöffnet (auch an Feiertagen!). Ansonsten gibt es in der Stadt viele kleinere Läden und Kioske, in denen man Lebensmittel bzw. Getränke kaufen kann.*
Funchals neuestes Einkaufszentrum ist das **Centro Comercial Dolce Vita**, *Rua Dr. Brito Câmara 9, ☏ 291-235103, Öffnungszeiten: Geschäfte und Restaurants 9-22 Uhr, Parkhaus 8-24 Uhr. Hier finden Sie in elegantem Ambiente 70 Geschäfte und Boutiquen, einen Pingo Doce-Supermarkt, ein Fitnesscenter und einen Foodcourt.*

Ganz am Ende der Hotelzone (beim Aparthotel Duas Torres) befindet sich ein **Hypermarkt** *der Modelo-Kette, der zusammen mit einem weiteren Modelo-Markt im Osten der Stadt den Vergleich mit den riesigen Verbrauchermärkten auf dem europäischen Festland nicht zu scheuen braucht. Dabei sind diese Hypermärkte nicht unbedingt preiswerter als ihre kleineren Konkurrenten, sondern lediglich die Auswahl ist größer.*

Außerdem gibt es mehrere Einkaufszentren, wie zum Beispiel die Galerias São Lourenço, die San Francisco Arkaden und das 2005 eröffnete Forum Madeira im Hotelviertel Lido/Ajuda mit 86 Geschäften, 17 Restaurants, Cafés und Snackbars, Kinos, Supermarkt und einem schönen Dachgarten mit herrlicher Fernsicht.

Außerhalb der Stadt liegt das große **Madeira Shopping Centre**, *Santa Quitéria/St. António, mit 110 Geschäften, 21 Restaurants, 7 Kinos und 8 Bowlingbahnen. Die Anfahrt ist von der Autobahnausfahrt her ausgeschildert, täglich geöffnet von 9-22 Uhr.*

Spezielle Läden

Kaufhaus: *In der Einkaufsstraße Rua do Ajube, die gleich links von der Kathedrale verläuft, liegt der* **Bazar do Povo**, *ein Kaufhaus, das schon in den 1890er Jahren gegründet wurde und mit seinen Holzfußböden, breiten Holztreppenhäusern und dem Innenhof zwar an die alten Zeiten erinnert, aber doch ein breit gefächertes, modernes Sortiment bietet.*
Brotwaren: *Eine beliebte* **Bäckerei und Konditorei** *mit einer großen Auswahl an Brötchen und Gebäck finden Sie an der Rückseite des* **Einkaufszentrums Dolce Vita**, *Ecke Rua Ivens/Rua das Aranhas.*
Spirituosen: *In der Nähe der Touristenzentren gibt es eine* **große Auswahl an Wein- bzw. Spirituosenläden**. *Generell sind hochprozentige Alkoholika im Vergleich zu Deutschland recht günstig. Den Madeira-Wein können Sie direkt z.B. bei Old Blandy Madeira Wine Lodge, Avenida Arriaga 28, kaufen. Dort erhalten Sie die Hausmarken; Öffnungszeiten: Mo-Fr 8.30-18.30, Sa 10-13 Uhr.*

Tipp

Günstig kaufen Sie Madeira-Weine und Spirituosen in einem Geschäft in der Caminho da Casa Branca in der Nähe des Hotels Monumental Lido. Der Laden befindet sich in der Passage eines kleinen Shopping-Centers.

Blumenladen: *Wenn Sie frische Strelitzien kaufen möchten, dann sind Sie natürlich auf dem* **Markt** *genau richtig. Möchten Sie diese exotischen Blumen jedoch mit nach Deutschland nehmen, dann empfehlen wir Ihnen die drei Filialen des* **Pflanzencenters „A Estufa"** *(Gewächshaus): Ein Blumenladen befindet sich in der Rua Gorgulho im Centro Comerçial Eden (Shopping-Center) gegenüber dem Hotel Eden Mar, ☏ 291-771022. Weitere Filialen gibt es in der Rua do Castanheiro 39 und im Centro Comercial da Sé, ☏ 291-237577. Hier erhalten Sie garantiert frische Orchideen, Strelitzien und Proteas aus der eigenen Gärtnerei, und die Blumen werden mit Grün und transportsicherer Verpackung im Karton ab 18 € angeboten. In anderen Läden bzw. auf dem Markt bezahlt man meistens für die Verpackung einen deutlichen Aufschlag.*

Korbwaren: *Neben dem Markt befindet sich in der Rua do Castanheiro 47 (beim Praça do Munícipio) ein empfehlenswertes Geschäft, das Korbwaren in großer Auswahl anbietet. In der Rua da Carreira 102 finden Sie den Korbwarenladen Vimescope mit verschiedensten Korbwaren aus dem* **Korbflechterdorf Camacha**.

Stickereien: *Die „Institution" bezüglich der Madeira-Stickerei ist* **Patricio & Gouveia**, *der Hersteller und Exporteur, den es bereits seit 1925 gibt. Neben den Fabrikräumen kann*

Die Blumeninsel zeigt sich gern

man im Erdgeschoss eine Ausstellung besichtigen. Das Gebäude befindet sich in der Rua do Visconde de Anadia 33, der westlichen Parallelstraße zum Ribeira de Jado Gomes; ☏ 291-222928, Öffnungszeiten: Mo-Fr 9-13 und 15-18.30 Uhr, Sa 9.30-12 Uhr.

Tipp

Casa do Tourista, Rua do Conselheiro José Silvestre Ribeiro 2, ☏ 291-224907, 🖷 291-227176 (zwischen der Marina und dem Stadttheater gelegen). Diese schöne, aufwändig gestaltete Ausstellung zeigt alle handwerklichen und kulinarischen Höhepunkte der Insel: Stickereien, Wandteppiche, Korbwaren, Keramiken, Spirituosen und auch üppiger Blumenschmuck machen das Haus sehenswert. Im angeschlossenen Verkaufsraum werden zahlreiche Waren zum Verkauf angeboten, Öffnungszeiten: Mo-Fr 9.30-13 Uhr, 14.30-18.30 Uhr, Sa 9.30-13 Uhr.

Märkte: *Der größte und bekannteste Markt ist die Markthalle „Mercado dos Lavradores", Rua Latino Coelho, die Sie auf jeden Fall besuchen sollten. Öffnungszeiten: Mo 7-14 Uhr, Di-Do 7-16 Uhr, Fr 7-20 Uhr, Sa 7-14 Uhr.*
Seit dem Frühjahr 2008 gibt es einen **kleinen Bio-Markt** *in der Avenida Arriaga. Angeboten werden außer einheimischen Gemüse- und Obstsorten auch aus Biotrauben gewonnene Weine und Bio-Fleisch. Öffnungszeiten: Mi von 11-18 Uhr, nicht an Feiertagen.*

Strände/Öffentliche Freibäder

Es gibt **nur wenige Möglichkeiten**, *direkt im Meer zu baden. Einen kleinen Strand gibt es direkt an der Marina, jedoch ist das Wasser dort nicht sehr sauber. Im Westen von Funchal liegen der grobkiesige bis steinige Strand Praia Formosa und angrenzend mehrere kleine Buchten mit teilweise sandigen Abschnitten. Zwar besitzen nur wenige Hotels einen direkten Zugang zum Meer, aber die meisten Hotels der gehobenen Kategorien verfügen über Swimmingpools, ein kleines Hallenbad oder einen Wellness-Bereich.*

Die öffentlichen Freibäder

In der Nähe des Forte de São Tiago befindet sich die schöne **Badeanlage Barreirinha,** *die gerne von der städtischen Bevölkerung besucht wird. Man folgt der Rua de Santa Maria ein wenig weiter in Richtung Osten und kann direkt gegenüber der Kirche den Aufzug zur Badeanlage (Pool und bewachter Schwimmbereich im Atlantik) benutzen. Zum* **Meeres-Schwimmbad** *gehören große Liege- und Sonnenflächen, Duschen, Swimmingpools, Wasserrutsche, Sprungbrett und eine Snackbar mit Sonnenterrasse.*
Barreirinha, ☏ *291-231150, Öffnungszeiten: täglich 8.30-19 Uhr, Eintritt: 2,50 €*

Beliebt ist auch die weitläufige **Badeanlage Lido** *in der westlich gelegenen Hotelzone. Sie befindet sich am Ende der Rua Gorgulho, die links von der Estrada Monumental abgeht. Die Anlage ist mit fünf Wasserbecken, Kinderbecken, Rutschbahn, Spielgeräten, Liegeplattformen, Badefloß und einem Zugang zum Meer auch für Kinder gut geeignet.*
Badeanlage Lido, ☏ *291-762217, Öffnungszeiten: täglich 8.30-19 Uhr, Eintritt: 2,70 €, erreichbar mit dem Stadtbus Nr. 6*

An der neuen Küstenpromenade im Hotelviertel wurde das Schwimmbad Ponta Gorda mit zwei Meeresschwimmbecken, Meerzugang, Kinder- und Ballspielplatz, Wasserrutschen, Sonnenterrasse und Snackbar eröffnet.
Schwimmbad Ponta Gorda, *Öffnungszeiten: im Sommer täglich von 8.30-19 Uhr, im Winter täglich von 9-18 Uhr, Eintritt: 2,70 €*

Das in einem Park gelegene beheizte Schwimmbad Quinta Magnólia mit Liegewiese und Bar ist ebenfalls einladend.
Quinta Magnólia, *Rua Dr. Pita, ☏ 291-764598, Öffnungszeiten: ganzjährig täglich 9-20 Uhr, Eintritt frei.*

Der insgesamt etwa 1.500 m lange **Strand Praia Formosa** *liegt am westlichen Rand des Hotelviertels und setzt sich aus den vier Teilstränden Praia Formosa, Praia Nova, Praia dos Namorados und Praia do Arieiro zusammen. Der Strand wurde mit der „Blauen Fahne" ausgezeichnet. Er verfügt über Duschen, Umkleidekabinen, Sonnenschirme und eine Strandaufsicht. Während die Strände Praia dos Namorados und Praia Arieiro aus dunklem, fast schwarzem Sand bestehen, gibt es an den anderen Strandabschnitten nur grobe Kiesel, hier sind Badeschuhe zu empfehlen. Außerdem gibt es vier Strandcafés, die bis in den späten Abend geöffnet haben.*

Ausflüge

Das Angebot an Ausflügen ist groß. Informationen erhalten Sie im Touristenbüro, an den Hotelrezeptionen, in Reisebüros und an den Informationskiosks entlang der Avenida do Mar und an der Marina.

Funchal Sightseeing Tours, *☏ 966-923943, die Fahrt im offenen Doppeldecker-Bus zu den Sehenswürdigkeiten von Funchal dauert ca. 75 Minuten, tägliche Abfahrten im 30-Minutentakt zwischen 10 und 17.30 Uhr, Abfahrt zum Beispiel an der Avenida do Mar, Fahrpreis: Erwachsene 10 €, Kinder 5 €.*
Heliatlantis, *Estrada da Potinha, Cais dos Contentores (direkt am Hafen gelegen), ☏ 291-232882, 🖷 291-232804. Lufttaxiservice und Rundflüge mit dem Helikopter, die Flugpreise sind mit 5 Personen kalkuliert. Flug über die Bucht von Funchal (10 Minuten) 60 € p.P., Flug nach Curral das Freiras (15 Minuten) 65 €, Inseltour (45 Minuten) 160 € p.P.*
Blandy Travel Services, *Rua de São Francisco, 20, ☏ 291-200620, Stadtrundfahrten, Inseltouren und geführte Wanderungen.*
Safari Company, *Rua das Aranhas 20 (2. Stock), ☏ (Handy): 0931-9864485, Fahrten im Jeep durch das ländliche Madeira. Tägliche Abfahrten um 9 und 15 Uhr, Preis: ab 24 €.*

Bootsausflüge

Santa Maria de Colombo, *kleines Büro an der Marina, ☏ 291-220327, 🖷 291-220327, www.santamariacolombo.com. Den beeindruckenden Nachbau des Originalschiffes von Christoph Kolumbus haben Sie sicher schon bei der Einfahrt in den Hafen bewundert. Das Schiff wurde 1998 in Câmara de Lobos gebaut und bricht seitdem täglich zu Ausflugsfahrten auf. Täglich dreistündige Ausfahrten jeweils um 10.30 und 15 Uhr (Sommerprogramm), der Preis beträgt für Erwachsene 27,50 €, für Kinder 13,75 €; von Juni bis September werden auch 1½-stündige Abendfahrten durchgeführt, Erwachsene 24 €, Kinder 12 €.*
Porto Santo Line, *☏ 291-210300, www.portosantoline.pt Tageskreuzfahrt nach Porto Santo, im Preis von 64 € ist das Ticket und der Transfer vom und zum Hotel enthalten, Möglichkeiten zum Baden am 9 km langen Strand, zum Reiten, Golfspielen und Wandern auf Porto Santo.*

Sea Pleasure und Sea the Best, *an der Marina, ☎ 291-224900, www.madeiracatamaran.com. Täglich dreistündige Bootsfahrten mit einem Segel-Katamaran, Gelegenheit zur Beobachtung von Delfinen, Walen und Meeresschildkröten, im Sommer auch zum Schwimmen und Schnorcheln, Abfahrten um 10 und 15 Uhr, Abendfahrten um 18.30, Fahrpreis: Erwachsene 25 €, Kinder bis 12 Jahre 12,50 €.*
Beluga Submarine, *Kiosk an der Marina, ☎ 96-7044217, tägliche Ausfahrten mit einem Glasbodenboot zur Delfin- und Walbeobachtung, Abfahrten um 11 und 15.30 Uhr, Fahrpreis 25 € p. P.*
Rota dos Cetáceos, *Avenida Arriaga 75, im Marina Shopping Center, ☎ 291-280600, www.rota-dos-cetaceos.pt. Vor Fahrtbeginn gibt es eine Einführung zur Delphin- und Walbeobachtung durch eine Video-Präsentation, während der 2½-stündigen Fahrt informieren Meeresbiologen über Vorkommen und Verhalten der Tiere. Tägliche Abfahrten von Mai bis Oktober um 8.45, 12.30 und 16 Uhr, von November bis April um 9 und 14 Uhr, Fahrpreis: Erwachsene 45 €, Kinder 30 €.*
Seaborn, *an der Marina, ☎ 291-229981, tägliche Segelfahrten mit einem Katamaran um 10.30 Uhr, 15 Uhr und 19.15 Uhr, Erwachsene: 25 €, Kinder 12,50 €.*

Wanderungen

Nature meetings, *☎ 291-524484, www.naturemeetings.com. Geführte Halbtags- und Tageswanderungen zu den schönsten Ausflugszielen der Insel, je nach Dauer ab 24,50 € p. P.*

Museen

Eine Übersicht und aktuelle Informationen über die Museen in Funchal finden Sie im Kapitel 2 unter Allgemeine Reisetipps von A-Z auf den Seiten 97ff.

Medizinische Versorgung

Hospital Cruz de Carvalho, *Avenida Luís de Camões, ☎ 291-742111 und 291-705600*
Hospital Dr. João de Almada, *Quinta Santana (Monte), ☎ 291-743222*
Hospital Marmeleiros, *Estrada Marmeleiros, ☎ 291-782933*
Clínica de Santa Luzia *(Ambulanz Tag u. Nacht geöffnet), Rua da Torinha 5, ☎ 291-233434 oder 291-200000*
Clínica Dentária Cinco de Outubro *(Zahnärztliche Klinik), Rua 5 de Outubro 79-A, ☎ 291-228217*
Für Notfälle stehen im **Centro da Sé**, *Rua das Murcas 42, ☎ 291-230127/29 und 291-2301777/78 Fachärzte zur ambulanten Behandlung Tag und Nacht zur Verfügung.*
Krankenwagen-Notfallservice: *☎ 291-741115*
In den Hotels und beim örtlichen Touristenbüro können Sie sich nach deutsch- oder englischsprachigen Ärzten erkundigen.

Apotheke

In Funchal gibt es eine **große Anzahl von Apotheken**, *z.B. in den Fußgängerzonen der Innenstadt und im Hotelviertel in der Estrada Monumental. Die Apotheken (Farmácia) sind von Mo-Fr 9-13 und 15-19 Uhr geöffnet, samstags 9-13 Uhr; auf Wochenend- und Nachtdienste weisen Schilder in den Apotheken hin.*

Post/Telecom

Hauptpostamt, *Avenida G. Zarco, Öffnungszeiten: Mo-Fr von 8.30 bis 20 Uhr, Sa von 9-13 Uhr; daneben ist das Gebäude der Telecom, wo Telefonkarten verkauft werden. Öffnungszeiten: Mo-Sa 9-18 Uhr.*

Banken

Die Banken (banco oder caixa) sind im Allgemeinen Mo-Fr von 8.30-14.45 Uhr geöffnet. Alle großen Banken verfügen über Geldautomaten, an denen Sie mit EC-Karte und Geheimzahl problemlos Geld abheben können. Alle Buchungsschritte werden in Deutsch angezeigt, wenn man zu Beginn die deutsche Sprache gewählt hat.

Verkehrsverbindungen

Bus/Busverbindungen

Das gesamte Bussystem Madeiras ist zentral auf Funchal ausgerichtet. So haben alle Busgesellschaften ihren Standort in der Hauptstadt, und alle Fahrpläne weisen Funchal als Start- bzw. Zielort aus.

Grundsätzlich sind die **gelben Stadtbusse** *von den Überlandbussen der verschiedenen Gesellschaften zu unterscheiden. Alle Informationen zum Bus fahren finden Sie unter den Allgemeinen Reisetipps unter dem Stichwort „Busse" auf den Seiten 82ff.*

Die wichtigen Bushaltestellen für mögliche Touristenziele befinden sich überwiegend an der Avenida do Mar. Zwischen der Avenida do Mar und der westlich gelegenen Hotelzone verkehren regelmäßig die Stadtbusse Nr. 35 (Fahrziel: Praia Formosa) und Nr. 48 (Nazaré). Die Nr. 6 hat das Fahrziel Lido und hält so direkt in der unteren Rua Gorgulho; sie verkehrt aber nicht ganz so oft.

Seit 2006 gibt es die umweltfreundliche Buslinie „Linha Eco". Die leisen, orange-gelben Elektrobusse fahren Mo-Sa die wichtigsten Parkplätze und Parkhäuser rund um die Innenstadt in einem Rundkurs an, so dass man sein Fahrzeug in einem beliebigen Parkhaus abstellen und dann zum Einheitspreis von 0,50 € ins Zentrum fahren kann. Die Busse der „Linha Eco" sind auch für Rollstuhlfahrer geeignet.

Seilbahn nach Monte

Seilbahn Teleféricos da Madeira, *Caminho das Babosas 8, am Campo Almirante Reis, direkt an der Hafenpromenade von Funchal, ☏ 291-780280, E-Mail: info@madeiracablecar.com, www.madeiracablecar.com. Fahrzeiten: ganzjährig täglich von 10-18 Uhr, letzte Fahrt um 17.45 Uhr, Fahrpreise: einfache Fahrt: Erwachsene 10 €, Kinder von 4-14 Jahren 5 €; Hin- und Rückfahrt: Erwachsene 14,50 €, Kinder von 4-14 Jahren 7,25 €. Ein Audioguide kostet zusätzlich 1 €.*

Besondere Angebote:

– Hin- und Rückfahrt und Besuch des Monte Palace Tropical Garden: Erwachsene 22 €, Kinder 7,25 €

– Hin- und Rückfahrt und Besuch des Madeira Story Centre Museums: Erwachsene 21 €, Kinder 10 €

Parkmöglichkeiten gibt es unterhalb der Seilbahnstation.

Ausflugsziele in der Umgebung von Funchal

Monte

Ohne einen Ausflug nach Monte, etwa sechs km nördlich von Funchals Zentrum gelegen, wäre eine Madeirareise unvollständig. Der kleine Bergort liegt auf einer Höhe von 600 bis 700 m, und seine besondere Lage am Berghang begründet höhere Niederschlagsmengen, die das Gedeihen von üppiger Vegetation ermöglichen. So gilt der **Monte Palace Tropical Garden** als der schönste botanische Garten Madeiras. Außerdem ist die zweitürmige Kirche von Monte einen Besuch wert. Aber die meisten Besucher verbinden mit Monte die berühmte **Korbschlittenfahrt** hinunter nach Funchal. Auch wenn man selbst nicht mitfahren möchte, so ist es doch ein Erlebnis, andere Touristen dabei zu beobachten.

Sehenswerter Tropischer Garten

Mittlerweile kann man nach Monte mit ganz verschiedenen Verkehrsmitteln gelangen. „Klassisch" ist der Ort natürlich per Auto, Taxi oder Bus zu erreichen, aber seit Beginn des 21. Jahrhunderts gibt es auch eine Seilbahn, die in der Altstadt Funchal startet. Seit September 2005 schließlich verkehrt eine zweite Seilbahn zwischen dem Botanischen Garten Funchals und Monte. So können verschiedene Ziele miteinander kombiniert werden.

Erreicht man Monte mit der Buslinie 20 oder mit dem Taxi, erblickt man den kleinen Largo da Fonte, wo sich neben dem Taxistand auch ein größerer Souvenirladen und einige aufgebaute Verkaufsstände befinden. Sofort fällt der Blick auf Teile des kleinen

Die sehenswerte Wallfahrtskirche von Monte

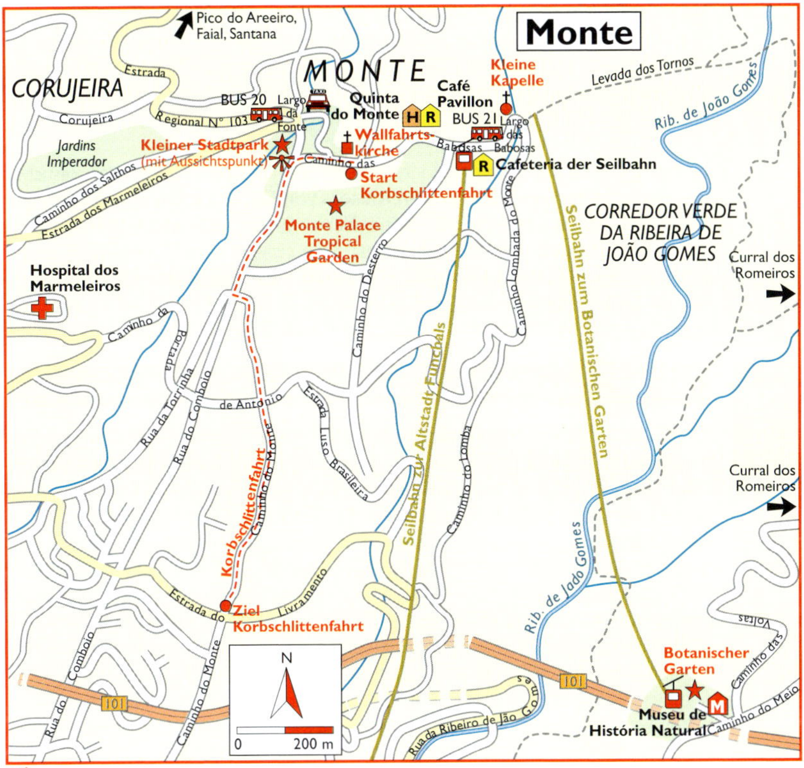

Stadtparks, der mit seinen besonders prächtigen Baumfarnen Lust auf den Tropischen Garten macht. Die alte Brücke der ehemaligen Zahnradbahn wurde kunstvoll in das Gesamtbild eingebaut.

Die Ära der **Zahnradbahn**, die **Funchal, Monte und Terreiro da Luta** (ca. drei km von Monte entfernt) miteinander verband, war jedoch nur von kurzer Dauer: Nachdem die Bahnlinie im Jahr 1893 eröffnet worden war, kam es 1919 zu einem schweren Unfall, bei dem vier Menschen starben und viele weitere verletzt wurden. Danach existierte die Zahnradbahn zwar offiziell noch bis in das Jahr 1939, doch seit dem Unfall benutzten nur noch wenige Menschen diese Art der Beförderung. Danach wurden die Anlagen demontiert.

Die Zahnradbahn ist Vergangenheit

Südlich des Largo da Fonte liegt der bereits erwähnte **Parque Municipal do Monte**, ein kleiner, aber sehr einladender Stadtpark, der meist kaum beachtet wird. Jedoch hat man vom südlichen Ende dieses Stadtparks einen tollen Blick auf Funchal.

Nach der Besichtigung des Parks hält man sich östlich und folgt dem Caminho das Babosas bis zur eindrucksvollen Wallfahrtskirche Montes, die **Nossa Senhora do Monte**. Bereits im Jahr 1470 entstand unter der Leitung von *Adão Gonçalves Ferreira* an dieser Stelle eine Kirche. Diese wurde im Jahr 1818 durch ein Erdbeben zerstört, und es wurde die heutige Wallfahrtskirche im Barockstil errichtet.

Neben der heiligen Marienstatue interessieren sich die deutschsprachigen Besucher besonders für das **Grab des letzten Kaisers von Österreich-Ungarn**. Die letzte Ruhestätte von *Karl I.* befindet sich in einer kleinen Seitenkapelle links vom Hauptschiff. Vor der Kirche steht ebenfalls ein Denkmal *Karls*, sein Name auf Portugiesisch lautet klangvoll: „Beato Carlos de Habsburg". Wie aber hat es den Kaiser von Österreich-Ungarn nach Madeira verschlagen?

info

Wie der letzte Kaiser von Österreich-Ungarn nach Madeira kam

Nach dem tödlichen Attentat am 28. Juni 1914 auf *Franz Ferdinand* in Sarajewo, das den ersten Weltkrieg auslöste, wurde *Karl* als Großneffe des alten Kaisers *Franz Joseph I.* offiziell zum Thronfolger. Nach dem Tod von Kaiser *Franz Joseph* am 21. November 1916 bestieg er dann den Thron.

Nach dem Krieg verweigerte *Karl I.* eine offizielle Abdankung und lebte ab November 1918 zunächst im Schweizer Exil. Er bemühte sich weiterhin um seinen politischen Einfluss, doch die Zeit für ein kaiserliches Österreich-Ungarn war abgelaufen und so wurden er und seine Frau schließlich im Jahr 1921 durch die Alliierten nach Madeira verbannt. Die beiden erreichten am 19. November 1921 Funchal; ihre Kinder kamen am 2. Februar 1922 nach.

Standesgemäß wohnte *Karl* mit Familie und Angestellten im Reid's, doch bald schon war das Familienvermögen ausgegeben. Ein Bankier bot ihm seine Quinta in Monte an und so zogen *Karl I.* und Familie im Winter nach Monte. Viele behaupten, dass das feuchtkalte Klima Ursache seiner Erkrankung war. So starb der letzte Kaiser von Österreich-Ungarn bereits im Alter von 34 Jahren am 1. April 1922 an den Folgen einer Lungenentzündung. Rund 30.000 Menschen sollen am 5. April an seiner Beisetzung in der Kirche von Monte teilgenommen haben.

An Mariä Himmelfahrt wird zu Ehren der Heiligen Jungfrau von Monte, deren hölzerne Statue in der Wallfahrtskirche Nossa Senhora do Monte steht, ein **großes Kirchenfest** veranstaltet. Diese Marienstatue wird von den Gläubigen als wundertätig verehrt und gilt als die Schutzheilige der Insel Madeira. Bei der feierlichen Prozession am 15. August wird sie durch die Straßen getragen und fromme Pilger erklimmen die insgesamt 74 Stufen zur festlich geschmückten Kirche auf ihren Knien.

Die Feierlichkeiten am 15. August werden von den Einheimischen zum sogenannten **„Tag der sieben Senhoras"** (*Dia das Sete Senhoras*) zusammengefasst.

Korbschlittenfahrt

Direkt vor der Kirche kann man das wohl traditionsreichste Verkehrsmittel der Insel bewundern: Die weißgekleideten Korbschlittenführer (*Carreios*) mit ihren bekannten **Korbschlitten** (*Carro de cesto*) sind bis heute ein Wahrzeichen Madeiras. Die Fahrt im Korbschlitten ist wohl einmalig auf der Welt und allein schon deshalb ein empfeh-

lenswertes, wenn auch nicht ganz preiswertes Vergnügen.
Die Fahrt geht mittlerweile nur noch nach Livramento und ist mit ca. zwei km nicht mehr so lang wie früher.
Korbschlittenfahrten, *gefahren wird Mo-Sa von 6-18 Uhr und sonntags von 9-13 Uhr (nur am Karfreitag, 14. und 15. August, 25. Dezember sowie am 1. Januar bleiben die Korbschlitten im Depot). Die einzigartige Fahrt mit dem Korbschlitten kostet für eine Person 20 €, für 2 Pers. 25 € und bei einer Korbbelegung mit 3 Pers. 37,50 € (Stand Jan. 2009)*

Einzigartiges Vergnügen: Eine Fahrt mit dem Korbschlitten

Jetzt sind es nur noch wenige Schritte bis zum oberen Eingang des Tropischen Gartens von Monte (ein zweiter Eingang auf der westlichen Seite des Gartens wird eher als Ausgang benutzt).

Im Monte Palace Tropical Garden

Früher war die Anlage ein privates Anwesen (*Quinta do Prazer*), das Ende des 19. Jahrhunderts zu einem „Palast" mit ansprechendem Garten erweitert wurde. Später wurde das Hauptgebäude als Hotel genutzt, bis schließlich im Jahr 1987 *José Manuel Rodrigues Berardo* unter Gründung einer gleichnamigen Stiftung die Errichtung des **Monte Palace Tropical Garden** ermöglichte. Da zu den Zielen der Stiftung auch die Wiederherstellung und Bewahrung von Kunstwerken und Denkmälern gehört, kann man im Tropischen Garten zwischen den Pflanzen alte Steinwappen, manuelinische Fenster und Azulejos aus dem 15.-19. Jahrhundert entdecken; moderne Kachelbilder stellen Ereignisse aus der portugiesischen Geschichte dar.
Im Tropischen Garten von Monte sind auf einer Gesamtfläche von 7 km² neben endemischen Pflanzen von Madeira auch eingeführte Pflanzen aus aller Welt zu sehen. Besondere Aufmerksamkeit verdienen die fast 50 verschiedenen Proteen-Arten und die Palmfarne aus Südafrika, der Japanische Garten mit künstlich angelegten Teichen sowie der Orientalische Garten. Außerdem gibt es kleine Wasserfälle, einen Bogengang, eine Wandtafel zur „Geschichte der Portugiesen in Japan" und ein kleines Café.
Monte Palace Tropical Garden, *Caminho das Babosas 4, 9050-288 Monte, ☏ 291-782339 und 291-771310 (Büro), 🖷 291-771608, www.montepalace.com. Öffnungszeiten: täglich 9.30-18 Uhr. Eintritt 10 €, begleitete Kinder unter 15 Jahren haben freien Eintritt. Es gibt auch noch ein* **Museum**, *das im Tropischen Garten Monte Palace gelegen ist. Es beherbergt zwei Sammlungen: Eine Mineraliensammlung und eine Sammlung über zeitgenössische Bildhauerei aus Simbabwe, geöffnet von 10-15.30 Uhr*

Am Ende des Caminho das Babosas befindet sich ein kleiner Platz (*Largo das Babosas*) und eine kleine Kapelle (*Capela de N. Senhora da Conceição*), die jedoch meistens verschlossen ist. Hier beginnt der **Wanderweg nach Curral dos Romeiros** und auch die zweite Seilbahnstation ist nach wenigen Schritten erreicht. Diese Seilbahn verbindet Monte mit dem Botanischen Garten Funchals.

Reisepraktische Informationen zu Monte

Unterkunft

€€€ **Quinta do Monte**, *Caminho do Monte 192, 9050-288 Monte, ☏ 291-780100, 🖷 291-780110, www.carminghotelsmadeira.com. Wenn man ein Hotel empfehlen kann, dann dieses Haus, das inmitten eines tollen Gartens mit wunderschönem Baumbestand liegt. Im Herrenhaus befinden sich die Rezeption, Bibliothek, Billardzimmer, Bar und Restaurant. Außerdem gibt es ein beheiztes Hallenbad, ein türkisches Dampfbad, einen Whirlpool sowie einen Fitnessraum.*

Essen und Trinken

Café Pavillon, *der Tipp für ein sehr stilvolles Einkehren ist dieses Café inmitten des wunderschönen Gartens der Quinta do Monte. Besonders beliebt sind hier Tee und kleine Snacks.*

Kleine Erfrischungen gibt es in der **Cafeteria der Seilbahn** *Teleféricos da Madeira, hier hat man auch einen schönen Blick auf die Seilbahn und Funchal.*

Anfahrt

mit dem PKW

Da Monte sehr gut mit Seilbahn oder Bus zu erreichen ist, lohnt es sich eigentlich nicht, mit dem Leihwagen dorthin zu fahren. Doch wer nicht auf das Auto verzichten mag, kann natürlich auch selbst fahren. Grundsätzlich gibt es zwei Möglichkeiten von Funchal nach Monte zu fahren: Entweder über die Autobahn oder quer durch die Stadt. Empfehlenswert ist es jedoch, die Autobahn (Via Rápida) zu benutzen, die Ausfahrt Monte zu wählen und dann der Ausschilderung nach Monte zu folgen.

Die zweite Variante durch das Stadtgebiet Funchals ist manchmal etwas aufregend, denn an einigen Stellen kann es eng werden. Wenn man sich jedoch sicher fühlt, kann man den **Stadtplan** *benutzen. Der Weg ist anhand der gelb eingefärbten Straßen sehr gut zu verfolgen. Es geht ab dem Autonomie-Platz los. Man folgt der Rua 31 de Janeiro bis zur ersten Tankstelle, die sich in der Mitte zwischen der Rua de 31 Janeiro und der Rua 5 de Outubro befindet. Hier biegt man nach rechts in die* **Rua do Til** *ein und bleibt auf dieser Straße. Die Straßennamen wechseln dann häufig, aber es geht immer bergauf durch die Vororte der Stadt. Dann wird schließlich Monte erreicht. An Montes Busendstation kann man rechts zu den touristischen Sehenswürdigkeiten Montes abbiegen und einen Parkplatz suchen.*

mit der Seilbahn ab Funchal (Altstadt)

Die Abfahrtstation befindet sich in der Altstadt Funchals. Der Kurs ist 3.718 m lang und es werden insgesamt 560 Höhenmeter überwunden. Die Fahrt über das Stadtgebiet mit ihren interessanten Gebäuden und Straßen ist empfehlenswert. Die Kabinen verfügen über 7 Sitzplätze, meistens kann man zu zweit eine „eigene“ Kabine belegen. Ankunft in Monte ist der Caminho das Babosas, ganz in der Nähe des Monte Tropical Gardens.

Teleféricos da Madeira, *Caminho das Babosas 8, 9050-541 Funchal, ☏ 291-780280, 🖷 291-780281, www.madeiracablecar.com. Ganzjährig geöffnet (nur am 25.12. geschlossen), die Betriebszeiten sind täglich von 9.30-17.45 Uhr, einfache Fahrt 10 €, Hin- und Rückfahrt 14,50 € pro Person.*

mit der Seilbahn ab Botanischem Garten (Funchal)

Die Seilbahnfahrt, die in ca. 9 Minuten den Botanischen Garten mit dem Largo das Babosas (Monte) erreicht, ist sehr attraktiv, denn es geht über das wunderschöne bewaldete Tal (Vale da Ribeira de João Gomes). Der Wanderweg an der Levada dos Tornos und die Häuser von Curral dos Romeiros sind ebenfalls zu erkennen. Der Seilbahnkurs ist etwa 1.600 m lang und bietet acht Sitzplätze in einer Kabine, die Betriebszeiten sind wie bei den Teleféricos da Madeira.

Teleféricos do Jardim Botânico, *Largo das Babosas, Monte, ☏ 291-210290, www.teleféricojardimbotanico.com. Der Preis für die einfache Fahrt beträgt 8 € (Hin- und Rückfahrt 12,50 €) pro Person.*

mit dem Bus

Die Busanbindung von Funchal nach Monte ist sehr gut: Die Haltestelle der **Stadtbusse 20 und 21** *befindet sich wenige Schritte nördlich von der Avenida do Mar am Autonomie-Platz. Die Stadtbusse fahren werktags fast stündlich nach Monte, der Busplan mit den genauen Abfahrtszeiten befindet sich an der Bushaltestelle bzw. man kann die Abfahrtszeiten im Busfahrplan (Guia de Autocarros) nachlesen. Die Fahrt dauert etwa 30 Minuten. Zu beachten ist, dass der Stadtbus 20 westlich vom Tropischen Garten am Largo da Fonte und der Stadtbus 21 östlich vom Tropischen Garten am Largo das Babosas ankommt.*

zu Fuß

Es ist sehr lohnend, von Monte nach **Curral dos Romeiros** *zu wandern. Die genaue Wegbeschreibung finden Sie in dem Kapitel „Wanderungen auf Madeira – Levadawanderungen", S. 262f.*

Curral das Freiras

Curral das Freiras liegt etwa 20 km nordwestlich von Funchal und gehört zu den beliebtesten Ausflugszielen auf Madeira. Das Tal wird „Nonnental" genannt, obwohl die korrekte Übersetzung für „Curral das Freiras" „Stall" bzw. „Pferch der Nonnen" wäre. Dieser Name lässt sich damit erklären, dass seit dem 16. Jahrhundert die Nonnen des Klosters Santa Clara ihre Tiere im schwer zugänglichen Talkessel weideten. Das Kloster selbst lag in Funchal. Durch zahlreiche Piratenangriffe wurden die Nonnen im Jahr 1566 gezwungen, den Hauptort zu verlassen und Schutz in diesem Tal zu suchen.

Auf zum Nonnental!

Bereits die Fahrt auf der sich in die Höhe schraubenden, kurvenreichen Straße durch **Eukalyptus- und Pinienwälder** ist ein Abenteuer, und auf dem Weg nach Curral das Freiras sollten Sie auf keinen Fall den spektakulären Aussichtspunkt **Eira do Serrado** verpassen. Er befindet sich auf 1.094 m und liegt etwa 4 km vor dem eigentlichen Ort Curral das Freiras.

Die Anfahrt mit dem Auto von Funchal ist leicht: Man folgt zunächst der **Avenida do Infante** in den Westen Funchals. Beim Hotel Quinta do Sol halten Sie sich rechts und folgen der Rua do Dr. Pita. Schließlich kommen Sie an einen Kreisverkehr, an dem es links zur Kirche von São Martinho geht; von der Kirche hat man einen schönen Blick auf Funchal. Fährt man die erste Abzweigung am Kreisverkehr nach rechts, so ist man auf dem richtigen Weg nach Curral das Freiras, der nach der Überquerung der Autobahn leicht zu finden ist.

Der **Aussichtspunkt Eira do Serrado** ist gut ausgeschildert. Ganz an die Bedürfnisse der Touristen angepasst, gibt es hier einen Souvenirshop, eine kleine Snackbar, das Panorama-Restaurant und die Unterkunft Estalagem Eira do Serrado.
Der eigentliche Aussichtspunkt (*miradouro*) ist zu Fuß über einen gut ausgebauten Weg in etwa zehn Minuten zu erreichen. Dieser kleine Spaziergang ist ein „absolutes Muss", denn von hier ist der spektakuläre Blick auf das tief eingeschnittene Tal am besten. Außerdem kann man von diesem Punkt aus auch den Verlauf der alten Straße sehen, die mittlerweile nicht mehr befahren werden darf. Autofahrer müssen heutzutage den gleichen Weg zurückfahren und danach durch den Tunnel.

Wandertipp

Am Parkplatz beginnt der serpentinenreiche Wanderweg hinab in den Ort (ca. 90 Minuten), wo man den Bus zurück nach Funchal nehmen kann. Auf dem Weg hat man schöne Ausblicke auf den Ort und in das Tal, die diesen Abstieg sehr lohnend machen.

Die weitere Fahrt nach Curral das Freiras ist ebenfalls sehr reizvoll. Einige Besucher scherzen, dass der Aussichtspunkt Eira do Serrado der eigentliche Höhepunkt des Tals sei und der Ort Curral das Freiras zu vernachlässigen sei. Damit täte man dem kleinen Ort wohl Unrecht. Schließlich gibt es nur hier die berühmten **Köstlichkeiten aus Kastanien**. In der Vergangenheit waren bereits die Nonnen für die Herstellung von (Kastanien-)Wein und Likör sowie Süßigkeiten aus Kastanien, Kirschen und Zitrusfrüchten bekannt. Man musste auf den Anbau von Obst, Gemüse und eben Kastanien und Haselnüssen zurückgreifen, da andere Früchte nicht angebaut werden konnten. Doch der Standortnachteil von Curral das Freiras wurde durch den aufwändigen Bau der Straße im Jahr 1959 langsam ausgeglichen.

info

Der imposante Talkessel von Curral das Freiras

Fast senkrechte Wände, die eine Höhe bis zu 1.000 m erreichen können, begrenzen den Talkessel. Die Entstehung des tief eingeschnittenen Tals war lange umstritten.
Obwohl der **Talkessel von Curral das Freiras** sehr große Ähnlichkeit mit einem vulkanischen Krater bzw. einer Caldera hat, ist diese Talform nicht das Ergebnis vulkanischer Tätigkeit.
Das Gestein ist zwar vulkanischen Ursprungs, aber die geomorphologische Entstehung der Talform ist ausschließlich auf Erosionsprozesse zurückzuführen. Wichtig für die Abtragsleistung ist das Klima: Es müssen hohe Niederschlagsmengen vorhanden sein, damit durch Talverzweigung und Hangrückverlegung Hohlformen entstehen können. Der Talkessel von Curral das Freiras wird vom Ribeira dos Soccoridos entwässert, dessen Abtragsleistung in vielen tausend Jahren diese eindrucksvolle Landschaft erschaffen hat. Eine solche Talform wird als **Erosionskesseltal** bezeichnet.

Oberhalb der Kirche heißen eine Handvoll Restaurants und Läden die Besucher willkommen. Die meisten Bars und Restaurants bieten die lokalen Spezialitäten wie Kastanien- (*Licor de Castanha*), Kirsch- (*Ginja*) und Haselnußlikör (*Licor de Avelã*) aus eigener Herstellung an. Besonderen Andrang gibt es immer am 1. November, denn dann findet das Kastanienfest statt. Durch die exponierte Lage Curral das Freiras' ist der ruhige Ort ein typisches Ziel für Tagesausflügler, Übernachtungsmöglichkeiten fehlen hier.

Wenn die Kirche geöffnet ist, sollte man einen Blick auf die typischen blau-weißen Azulejos und die sehenswerten Deckengemälde werfen.

Der Blick auf Curral das Freiras

Reisepraktische Informationen zu Curral das Freiras

Unterkunft

€€ Estalagem Eira do Serrado, *Eira do Serrado, 9000-421 Funchal, ☏ 291-724220, 🖷 291-762171, www.eiradoserrado.com. Dieses 2001 eröffnete Hotel bietet 25 modern ausgestattete Zimmer, die über Telefon und TV verfügen. Alle Zimmer haben einen Balkon mit Talblick – diesen spektakulären Blick hat man auch vom Panoramarestaurant aus, wo man gut essen kann.*

Essen und Trinken

Natürlich bieten alle Restaurants die lokalen Spezialitäten an, empfehlen möchten wir das Restaurant **„Nun's Valley"**, *das etwas abseits von der Kirche liegt: Neben guten und günstigen Hauptgerichten gibt es die hausgemachten Liköre. Der Deutsch sprechende Wirt verkauft gerne ein Fläschchen... Ständig im Angebot sind auch frisch gebackene Obstkuchen.*

Anfahrt

mit dem Bus

Die **Buslinie Nr. 81** *der Gesellschaft „Carros de São Gonçalo" bedient diese Strecke fast stündlich, die genauen Abfahrtszeiten erhält man durch den Busplan. Der Abfahrtsort befindet sich im östlichen Teil der Avenida do Mar, noch hinter dem Praça da Autonomia. Wichtig ist, dass der Bus über den Aussichtspunkt* **Eira do Serrado** *fährt, denn wie oben erwähnt, ist dieser Miradouro absolut empfehlenswert. Man sollte den Bus ab Funchal morgens um 9 oder 10 Uhr nehmen, denn dann hat man etwa eine Stunde am Aussichtspunkt Eira do Serrado und kann mit dem nächsten Bus weiter nach Curral das Freiras fahren (bitte alle Abfahrtszeiten unbedingt überprüfen).*

Blick auf den Pico Ruivo

Pico do Arieiro (1.818 m)

Auf den höchsten Bergen Madeiras

Wichtig bei diesem Ausflug ist, dass man möglichst früh am Morgen in die Berge fährt. Am späten Vormittag hüllen sich die hohen Berge meist in Wolken, die dann einen Blick über das Inselinnere verhindern. Für Wanderer gilt dieser Hinweis natürlich besonders! Auf dieser Höhe von über 1.800 m kann es empfindlich kühl werden; also bitte etwas Warmes zum Überziehen mitbringen, selbst wenn Sie nicht wandern gehen möchten...

Mit dem PKW fährt man von Funchal zunächst **in Richtung Monte**. Wie schon bei der Anfahrt nach Monte beschrieben, ist der Beginn der Fahrt durch die Ausschilderung etwas schwierig: Sie folgen der Rua 31 de Janeiro bis zur ersten Tankstelle, die sich in der Mitte zwischen der Rua de 31 de Janeiro und der Rua 5 de Outubro befindet. Hier biegen Sie rechts in die Rua do Til ein und folgen der Straße. Sie fahren bergauf durch die Vororte der Stadt und kommen schließlich nach Monte. An Montes Busendstation hält man sich scharf links und kann dann ab hier der guten Ausschilderung zum Pico do Arieiro folgen. Später muss man auf der Passhöhe von 1.400 m (Paso de Poiso) zum Pico do Arieiro links abbiegen.

Die asphaltierte Straße führt bis auf den **Pico do Arieiro** und endet auf dem großen Parkplatz am alten Gebäude der ehemaligen Pousada (staatliches Hotel). Das Hotel ist mittlerweile nicht mehr geöffnet, es gibt nur noch ein Restaurant mit Bar. Ein großer Souvenirladen befindet sich auch im Gebäude.
Es sind nur wenige Schritte zum Aussichtspunkt, und man hat einen fantastischen Blick auf die höchsten Berge im Inselnorden. Dabei wirkt die zerklüftete Gipfelregion des

Pico das Torres (1.851 m) imposanter als der **Pico Ruivo de Santana**, der mit seinen 1.862 m der höchste Berg Madeiras ist.

Meistens kann man einige Wanderer beobachten, da der Beginn des Weges zum „Roten Gipfel" (*Pico Ruivo*) sehr gut einzusehen ist. Man sollte sich aber nicht täuschen lassen: Der Weg zum Pico Ruivo dauert je nach Fitness zwei bis drei Stunden! Man kann aber auch das erste Teilstück, das durch Treppen sehr gut befestigt wurde, angehen und die Ausblicke genießen. Empfehlenswert ist auch der kurze Weg zum **Miradouro do Juncal**, der sich etwas abseits beim rot-weißen Sendemast befindet. Hier ist der Blick fast noch schöner, und man muss ihn nicht mit den zahlreichen Touristen der großen Ausflugsgruppen teilen.

Reisepraktische Informationen zum Pico do Arieiro

Essen und Trinken

Man kann in der Pousada etwas essen und trinken, aber das alte Gebäude ist nicht gerade einladend.

Wandern

Vom Pico do Arieiro starten die meisten Gipfelstürmer zum höchsten Berg der Insel (Pico Ruivo, 1.862 m). Die genaue Beschreibung dieser Gebirgswanderung finden Sie im Kapitel „Wanderungen auf Madeira – Gebirgswanderungen", S. 275ff.

Es gibt **keine öffentlichen Busverbindungen** zu diesem touristischen Berggipfel. Wenn Sie sich kein Fahrzeug leihen möchten, besteht die Möglichkeit, mit einem Wanderanbieter im Kleinbus (bzw. mit Ausflugsanbieter im großen Bus) anzureisen. Alternativ kann man auch ein Taxi nehmen (Tourverlauf und Preis vorher aushandeln).

Fajãs do Cabo Girão, Cabo Girão und Fajã dos Padres

Dieser Tagesausflug verbindet einen Ausflug mit der Seilbahn zur kleinen Kulturfläche **Fajãs do Cabo Girão**, die Besichtigung des einzigartigen **Kliffs Cabo Girão** und schließlich eine Fahrt mit dem Aufzug zur kleinen Siedlung und der Obst- und Weinplantage **Fajã dos Padres**. *Steiles Kliff*

Fajãs do Cabo Girão

Es gibt zwar einen öffentlichen Bus, der zum Kliff Cabo Girão fährt, doch die weiteren Abstecher zu den beiden sehenswerten Kulturflächen am Meer sind nur mit dem Mietfahrzeug zu machen.

Tipp

Nehmen Sie sich unbedingt Ihre Schwimmsachen mit, denn nach der Besichtigung der beiden Kulturflächen am Meer lockt ein erfrischendes Bad im Atlantik!

Fajãs do Girão mit der unteren Seilbahnstation

Man fährt in Funchal auf die Autobahn R 101 (*Via Rápida*) in westliche Richtung. Nach der Ausfahrt „Câmara de Lobos" kommt die Ausfahrt zu den **Fajãs do Cabo Girão**, diese ist leicht am Seilbahnzeichen zu erkennen. Bitte hier die Autobahn verlassen und einfach der guten Ausschilderung folgen. (Man könnte auch durch Funchals westliche Hotelzone und dann über die reizvolle und kurvige Landstraße ER 229 zunächst nach Câmara de Lobos fahren. Dann führt eine kleine Straße wieder steil bergauf nach Rancho, wo sich die Seilbahnstation befindet. Aber wir möchten diesen Weg nicht empfehlen, denn die Straße ist schmal und steil und deshalb bei Gegenverkehr recht unangenehm.)

Anfahrt mit der Seilbahn

Die **Teleférico Fajãs do Cabo Girão** fährt wie folgt: So 9-19 Uhr, Mo 8-9 Uhr und 17-20 Uhr sowie Di-Fr 8-19 Uhr. Außerdem gibt es oben an der Station ein Restaurant mit guter portugiesischer Küche und schönem Panoramablick. Die Seilbahn wird manchmal auch „Seilbahn von Rancho" genannt.

Mit der Seilbahn zu den Fajãs

Auf der Kulturfläche wird überwiegend Getreide angebaut und diese ungewöhnlich gelegenen Felder erreichten die Bauern früher nur mit dem Boot.
Im August 2003 wurde die Seilbahn eröffnet; zunächst nur um die Landarbeiter und ihre Ernten zu transportieren. Aber selbstverständlich werden mittlerweile auch gerne Touristen befördert… Unten lockt nach einem Spaziergang durch die Felder ein Bad im Meer.

Um den Weg in Richtung Westen fortzusetzen, fährt man auf dem gleichen Weg zurück auf die Via Rápida R 101. Die nächste Autobahnausfahrt führt den Besucher zum bekannten Kliff Cabo Girão, auch hier ist die Ausschilderung vorbildlich.

Cabo Girão

Die Besichtigung des Kliffs Cabo Girão gehört im wahrsten Sinne des Wortes zu den **Höhepunkten der Insel**. Besonders der Blick hinab in die Tiefe ist sehr beeindruckend.

Die Höhe dieses beeindruckenden Kliffs beträgt 580 m, damit gehört es zu den höchsten der Erde. Der Blick hinab ist nur etwas für Schwindelfreie, selbst die kleine Fläche der vorgelagerten Meeresterrasse wird landwirtschaftlich genutzt. Sinngemäß über-

Blick vom Cabo Girão

setzt heißt Cabo Girão **Kap der Umkehr**. Nach der Überlieferung soll der Inselentdecker *Zarco* an dieser feindseligen Stelle umgekehrt sein, um schließlich im Osten bei Machico seinen Fuß auf die unbekannte Insel zu setzen.

Beeindruckendes Kliff

Anfahrt
mit dem Bus zum Cabo Girão

Wie bereits erwähnt, ist diese Tagestour mit dem öffentlichen Bus nicht machbar. Wer aber nur zum Kliff möchte, kann den **Rodoeste-Bus Nr. 154** nehmen, der in der Nähe des Cabo Girão hält. Doch die Busverbindungen sind eher sparsam; werktags gibt es vier Verbindungen, samstags lediglich eine und am Sonntag keine. Es ist also ratsam, das bekannte Steilkliff mit dem Mietwagen zu besuchen (wer nicht selbst fahren möchte, kann auch mit dem Taxi bzw. einer organisierten Tour hierher kommen).

Nach dem Stopp am bekannten Kliff folgt man wieder ganz kurz der R 101 und für einen Besuch der **Fajã dos Padres** muss diese gleich wieder verlassen werden (erneut gute Ausschilderung).

Fajã dos Padres

Nach einer kurzen Fahrt ist der kleine Parkplatz für die Besucher der **Fajã dos Padres** erreicht. Man genießt zuerst den Blick von der Höhe des Parkplatzes tief hinunter auf die winzig erscheinende Anlage am kristallklaren Wasser. Dann geht der Weg über viele Stufen hinunter zum Aufzug.
Es führt keine Straße hinunter, was den Reiz der Plantage deutlich erhöht...

Hinweis

Der Aufzug (Elevador Pánoramico) ist im Winter vom 10. Januar bis zum 1. März geschlossen. Sonst verkehrt er täglich außer dienstags von 11-18 Uhr. Die Hin- und Rückfahrt kostet 7,50 €. Ansonsten gibt es auch die Möglichkeit einer Bootstour von Funchal aus, Informationen dort im Touristenbüro.

Der Fajã dos Padres besteht heute aus **großen Weinanbauflächen und Obstplantagen**, einem Restaurant, einigen restaurierten Wohnhäusern und einem kleinen Badeplatz. Natürlich war auch dieser besondere Platz bis vor wenigen Jahren nur vom Meer her erreichbar.

Fruchtbarer Boden

Es ist überliefert, dass diese fruchtbare Kulturfläche bereits seit dem 15. Jahrhundert landwirtschaftlich genutzt wurde.
Zunächst wurde auf Anordnung König *Manuels I.* Zuckerrohr angebaut. Dann begannen jesuitische Priester, die über 150 Jahre im Besitz der Fajã waren, Malvasia-Wein anzubauen. Daher leitet sich auch der Name Fajã dos Padres ab. Zu dieser Zeit sollen bis zu etwa 50 Menschen hier gelebt und gearbeitet haben. Nach der Weinkrise im 19. Jahrhundert wurde wieder Zuckerrohr, aber auch Gemüse angebaut. Nach dem zweiten Weltkrieg dominierte der Anbau von Bananen. Erst Anfang der achtziger Jahre begann eine Umstrukturierung:
Das besonders milde Mikroklima erlaubt den Anbau tropischer Früchte wie zum Beispiel Mango, Avocado, Papaya, Feigen und sogar Litschis. Und auch der Malvasia-Wein wird wieder angebaut.
Bei geführten Rundgängen werden Sie in Portugiesisch oder Englisch über die modernen Anbaumethoden informiert, die Früchte dürfen auch probiert werden – ebenso wie die Weine, die nach der Besichtigung der Kellerei angeboten werden.

Reisepraktische Informationen zur Fajã dos Padres

Unterkunft

€€ Fajã dos Padres, *Estrada Padre António Dinis Henriques 1, Quinta Grande, ☏ 291-944538, 🖷 291-741945, www.fajadospadres.com. Ende Juli 2005 war die Restaurierung der ersten Häuser, die als kleine, aber sehr besondere Unterkünfte dienen sollen, abgeschlossen. Heute können Sie die Ruhe und Abgeschiedenheit der Fajã dos Padres in vier*

Häusern genießen: Im „Haus des Matrosen", im „Bootshaus" und in zwei Doppelhaushälften, den sogenannten „Häusern des José Soldado". Reservierungen am besten online, der Internetauftritt ist sehr übersichtlich und auch in deutscher Sprache.

Essen und Trinken
Das Restaurant (Kontakt siehe Unterkunft) ist sehr empfehlenswert, beliebt sind die Fischgerichte, besonders Thunfisch mit Sauce nach Art des Hauses und die hier angebauten Früchte sowie der eigene Malvasia-Wein und der Tischwein.

Reiserouten auf Madeira

Die folgenden reisepraktischen Informationen sollen Ihnen bei der Planung Ihrer Rundfahrten über die Insel helfen. In diesem Kapitel finden Sie die Angaben über die wichtigsten Entfernungen auf Madeira und ausführliche Routenvorschläge und -beschreibungen.

Die folgenden Beschreibungen sind an „Entdecker" mit Mietfahrzeug gerichtet.

Folgende Tipps sollten beachtet werden:
• Falls Sie noch keinen Mietwagen von Deutschland aus gebucht haben: Gehen Sie mindestens ein bis zwei Tage vor Ihrem geplanten Ausflugstag zu dem Vermieter Ihrer Wahl und machen Sie eine Vorbestellung. Nur dann erhalten Sie auch ein Fahrzeug in Ihrer gewünschten Kategorie
• Starten Sie so früh wie möglich, denn in den Morgenstunden ist die Sicht meistens noch ungetrübt. Außerdem haben Sie dann genügend Zeit, an besonders schönen Stellen länger zu verweilen
• Nehmen Sie sich etwas zu trinken und eventuell auch andere Kleinigkeiten (z.B. Obst oder Kekse) mit. Auf den Strecken gibt es zwar auch Kaufgelegenheiten, aber rechnen Sie damit, dass die kleineren Läden in den Inseldörfern über die Mittagszeit geschlossen haben könnten
• Vergessen Sie bitte auch nicht, Ihren Sonnenschutz (Sonnenmilch und Kopfbedeckung) mitzunehmen
• Im bergigen Inselinneren sinken die Temperaturen deutlich ab; oft fallen auch Niederschläge, während zur gleichen Zeit in Funchal und an den Küsten die Sonne scheint. Nehmen Sie also warme Kleidung und Regenschutz mit
• Die Straßen auf Madeira sind überwiegend in gutem Zustand, fahren Sie aber trotzdem aufmerksam. Besonders an der Nordostküste gibt es

Entfernungen in km ab Funchal

Câmara de Lobos	6
Caniçal	32
Curral das Freiras	18
Machico	24
Ponta do Pargo	57
Porto da Cruz	35
Porto Moniz (über Pául de Serra)	67
Porto Moniz (über die Südwestküste)	77
Porto Moniz (über São Vicente)	62
Ribeira Brava	15
Santa Cruz	17
Santana (über Paso de Poiso)	40
Santana (über Portela)	48
Santana (über São Vicente)	71
São Vicente	38
Seixal	47

immer noch sehr enge Straßen bzw. Tunnel, die nur für einen Wagen Platz haben. Es gibt dann Ausweichstellen, an denen die Fahrzeuge aneinander vorbeifahren können. Hier ist vorsichtiges und rücksichtsvolles Fahren gefordert

• Nehmen Sie sich Zeit: Sicher können Sie die vielen Höhepunkte der Insel auch an einem Tag „abfahren", doch für eine erholsame Fahrt und eine bleibende Erinnerung sollte Madeira in mindestens zwei bis drei Tagen „entdeckt" werden.

Von Funchal in den Nordwesten

(s. Große Reisekarte, rote Route)

Redaktionstipps

Besichtigung des einzigartigen **Kliffs Cabo Girão** (S. 190).
Spaziergang zum malerischen **Wasserfall Risco** (Ausflugsgebiet Rabaçal) (S. 203).
Baden in den einzigartigen **Lavapools in Porto Moniz** (S. 204).
Zum besonderen **Espetada-Genuss** in das rustikale Restaurant Casa de Pastro (bei Seixal) einkehren (S. 208).

Ein reizvolles Ausflugsziel ist Madeiras Nordwesten mit der malerischen Küstenstraße zwischen São Vicente und Porto Moniz, dem durch die „Lavapools" bekannt gewordenen Zielort dieser Tagestour.

Es gibt mehrere Gelegenheiten, sich unterwegs im Meer abzukühlen, daher sollte man **Badezeug mitnehmen**. In Porto Moniz laden die natürlich entstandenen Lavapools zu einem Badevergnügen der besonderen Art ein. Da das Lavagestein teilweise scharfkantig ist, schützen Plastiksandalen empfindliche Füße (es geht aber auch ohne!).

Man verlässt Funchal auf der Estrada Monumental (Hotelzone) **in Richtung Ribeira Brava**. Es ist übrigens schöner, zunächst die Küstenstraße (ER 229) zu benutzen und sich die Via Rápida (Autobahn) für den Rückweg aufzubewahren. Die kurvenreiche Straße führt durch landwirtschaftlich intensiv genutztes Gebiet, dabei dominiert die Banane als Anbaupflanze. Nach wenigen Kilometern wird der bekannte Fischerort **Câmara de Lobos** erreicht.
Kurz nach dem Ortseingang geht es rechts zum **Pico das Torres,** der Weg ist ausgeschildert.

Schöne Aussicht

Vom Pico das Torres (205 m Höhe) hat man einen schönen Blick auf die Bucht von Câmara de Lobos

Man fährt auf dem gleichen Weg zurück und hält sich aber dann rechts in Richtung Câmara de Lobos.

Câmara de Lobos

Der Name **„Câmara de Lobos"** erklärt sich aus dem einstigen reichen Vorkommen von Mönchsrobben (*Lobos Marinhos* bedeutet streng übersetzt *Seewölfe*, damit sind

Und immer wieder der Blick aufs Meer

aber die Mönchsrobben gemeint). Heute ist diese Art fast ausgerottet, lediglich auf den geschützten Desertas-Inseln lebt eine kleine Population. Der Fischerort, ca. 15 km westlich von Funchal gelegen, wird gerne von den Touristen als das letzte **„wirkliche Fischerdorf"** der Insel romantisiert.

Am Anfang der engen Hafenzufahrt findet meistens ein kleiner Markt statt, und folgt man der Straße zum Wasser, so liegt auf der linken Seite die kleine **Capela de Nossa Senhora da Conceição**. Der prächtige Hochaltar und die schöne Holzdecke überraschen den Besucher. Ihr Bau in den Jahren 1420 bis 1424 wurde vom Siedlungsgründer *J. G. Zarco* befohlen, und die Kapelle, die damals noch N. S. do Calhau hieß, gehört damit zu den ersten der Insel. In den Jahren 1723 und 1908 wurde sie restauriert. In der kleinen Kapelle wird am 29. Juni das Fest zu Ehren des Schutzpatrons der Fischer (São Pedro) gefeiert.

Sehenswerte Kapelle

Man hält sich dann links und kommt zu den kleinen Fischerbooten. Manchmal kann man auch einige Bootsbauer entdecken. Die Zahl der schönen bunten Holzboote nimmt leider immer weiter ab. Größere Boote aus Stahl mit modernen Navigations-

Die bunten Fischerboote von Câmara de Lobos

geräten sind sicherer und die Fischer können weiter hinausfahren. Das ist auch nötig, denn die küstennahe Fischerei ist aufgrund der Überfischung kaum noch möglich.

In der Welt der Fischer

Dann geht es bis zum Ende des Kais, von hier aus hat man einen guten Überblick auf den von Bananenhainen eingerahmten Ort. Auch der eben besuchte **Pico das Torres** ist von hier aus zu sehen.

Auf dem Rückweg kann man die Treppen hochgehen und in die kleine Welt der Gassen eintauchen. Hier wird die Wäsche recht abenteuerlich an Häuserfassaden getrocknet und die Balkone sind mit Grünpflanzen übersät. Auch winzige Läden und fast ebenso kleine Kneipen prägen das unverfälschte Viertel.

Der berühmteste Besucher des Ortes war ohne Zweifel *Winston Churchill,* der seit 1949 das kleine Fischerdorf immer wieder besucht und hier auch gemalt hat. Das oberhalb des Hafens gelegene Restaurant „Churchill's Place" befindet sich gleich neben *Churchills* Malplatz; heute erinnert eine Tafel an den bekannten Hobbymaler.

Sie können vom alten Hafenviertel auch noch einen Abstecher in die eigentliche Ortsmitte machen. Dazu gehen Sie in westliche Richtung, bis die Straße am zentralen Platz endet, in dessen Mitte ein Pavillon steht. Am Platz befindet sich die große **Igreja Matriz de São Sebastião**, deren Bau von *Heinrich dem Seefahrer* im Jahr 1426 angeordnet wurde, und damit sind ihre Ursprünge fast genauso alt wie die kleine Kapelle am Hafen. Das heutige Gebäude stammt allerdings aus dem 18. Jahrhundert. Die Feierlichkeiten für den Heiligen Sebastian finden jedes Jahr am 20. Januar in der großen Kirche am Hauptplatz statt.

An diesem schön gestalteten Platz befinden sich einige Cafés und Restaurants, empfehlenswert ist das Fischrestaurant Praia do Vigário, das direkt am Meer liegt. Von hier aus wirkt das 580 m hohe Steilkliff Cabo Girão besonders mächtig.

Für Weinfreunde lohnt ein Abstecher zu der Weinhandlung von Henriques & Henriques, die hier im **Weinzentrum der Insel** auch einen neuen Weinkeller errichtet hat. Auf den terrassierten Feldern des zersiedelten Estreito da Câmara de Lobos, die sich bis weit in das Inselinnere erstrecken, wird der Wein angebaut. Dieses Gebiet gehört zur Großgemeinde von Câmara de Lobos.

Reisepraktische Informationen zu Câmara de Lobos

Touristeninformation

Turismo de Câmara de Lobos, Rua Padre Eduardo Clemente Nunes Pereira (Casa da Cultura de C. d. L.), 9300-116 C. d. L., ☏ 291-943470. Öffnungszeiten: Mo-Fr 9-12.30 und 14-17 Uhr, Sa 9.30-12 Uhr.

Neben Informationen zu lokalen Unterkunftsmöglichkeiten erfährt man hier auch die genauen Daten für das bekannte Weinfest, das immer im September stattfindet.

Unterkunft

Es gibt zwar keine Unterkünfte direkt in Câmara de Lobos, aber schöne und ruhige Landhotels, die eine Alternative zum Aufenthalt in Funchal sein können, findet man in der oberhalb gelegenen Streusiedlung Estreito de Câmara de Lobos:

€€€ **Quinta Estreito**, *Rua José Joaquim da Costa, 9325-034 Estreito de Câmara de Lobos, ☏ 291-775936, 🖷 291-762171, www.quintadoestreitomadeira.com. Das ehemalige Herrenhaus wurde zu einem stilvollen Landhotel mit 44 komfortablen Zimmern und mittlerweile zwei guten Restaurants umgebaut. Es gibt einen Swimmingpool mit großer Sonnenterrasse. Schöner Ausblick auf die Weinberge der Umgebung.*

€€ **Vila Afonso**, *Estrada João Gonçalves Zarco 574B, 9325-033 Estreito de Câmara de Lobos, ☏ 291-911510, 🖷 291-911515, www.vilaafonso.com. Das Landhaus liegt inmitten von Bananenhainen und Weinbergen, die diese Gegend beherrschen. Man hat durch die Hanglage einen tollen Panoramablick über diese landwirtschaftlich geprägte Landschaft und das Meer. In dem etwa 300 Jahre alten Stammhaus sind fünf stilvoll renovierte Zimmer untergebracht; außerdem gibt es noch 2 neue Bungalows (mit Küche). Die Erweiterungen wurden architektonisch ansprechend mit dem alten Haus verknüpft. Es gibt einen Swimmingpool, Sonnenterrasse und einen eigenen Weinkeller.*

Essen und Trinken

Beim Hauptplatz empfiehlt sich das direkt am Meer gelegene Fischrestaurant **Praia do Vigário**, *das über wenige Stufen zu erreichen ist, ☏ 291-942354.*

Beliebt ist auch das Restaurant **Coral**, *Largo da República (direkt hinter der Kirche), ☏ 291-942469, von dessen Dachterrasse sich ein schöner Blick auf das Meer bietet. Zu den Spezialitäten des Hauses gehören köstliche Fischsuppen und das inseltypische Espadata-Filet mit gegrillten Bananen.*

Anreise

mit dem Bus

Mit verschiedenen **Rodoeste-Bussen**, *die alle in Richtung Westen fahren, kann Câmara de Lobos sehr gut erreicht werden (z.B. der Nr. 1, 7, 27, 80 usw.). Die am häufigsten verkehrende Buslinie ist die* **Nr. 96**, *die als Endziel entweder Corticeiras oder Jardim da Serra* *hat, aber immer in Câmara de Lobos einen Stopp macht. Informationen über die genauen Abfahrtszeiten findet man im kleinen Busführer oder man fragt an dem Informationsstand von Rodoeste. Eine Haltestelle befindet sich an der mittleren Avenida do Mar. Die Busse halten genau an der Stelle, die durch das Schild mit der Aufschrift SAM/RODOESTE gekennzeichnet ist, bitte nicht an den benachbarten Haltestellen der Stadtbusse warten!*

mit dem Auto

Der bekannte Malplatz Winston Churchills liegt noch oberhalb des Hafens. Wenn Sie diesen bekannten Platz besuchen wollen, versuchen Sie gleich auf der rechten Seite einen Parkplatz zu bekommen. Ansonsten geht es direkt hinter „Churchill's Place" links hinunter zum Zentrum und Hafen.

Auf der linken Seite, direkt neben dem kieseligen Strand, auf dem die malerischen Fischerboote liegen, befindet sich ein großer, kostenpflichtiger Parkplatz. Es ist empfehlenswert, hier zu parken.

Spezialitäten

Henriques & Henriques, Av. Autonomia 10, 9300-146 Câmara de Lobos, ☏ 291-941551, 🖷 291-941590. Sie können den Madeirawein auch in gut sortierten Wine Shops in Funchal kaufen.

Nach dem Stopp in Câmara de Lobos folgt man wieder der ER 229 in nördliche Richtung zur Via Rápida (R 101). Man fährt auf die R 101 in Richtung Ribeira Brava. Es erwarten Sie jetzt drei Höhepunkte dieser Rundfahrt:

- die **Teleférico Fajãs do Cabo Girão** (Seilbahn zur kleinen Kulturfläche)
- das einzigartige Kliff **Cabo Girão**
- der **Fajã dos Padres Elevador** (Aufzug zur kleinen Siedlung und der Obstplantage).

Wir empfehlen auf jeden Fall die Besichtigung des 580m hohen Kliffs. Da der zeitliche Rahmen dieser Tagesrundfahrt begrenzt ist, sollte man sich überlegen, ob der Ausflug mit der Seilbahn bzw. dem Aufzug sinnvoll ist. Wenn man alles machen möchte, empfiehlt sich ein Tagesausflug zu diesen drei Zielen.

Hinweis

Alle Informationen rund um diese drei Ziele sind unter dem Kapitel „Ausflugsziele in der Umgebung von Funchal – Fajãs do Cabo Girão, Cabo Girão und Fajã dos Padres" ab der Seite 189ff zu finden.

Ribeira Brava

Das nächste Ziel ist das Städtchen **Ribeira Brava** *(Wilder Fluß)*, das an der Mündung des gleichnamigen Flusses liegt und etwa 30 km von Funchal entfernt ist. Die kleine Stadt wird heute überwiegend von Tagestouristen besucht, nur wenige Besucher übernachten hier. Gegen eine kleine Parkgebühr (1 €) kann man direkt an der Küstenstraße Rua Gago Coutinho e Secadura Cabral parken.

Ribeira Brava mit neuer Promenade und markantem Kreisverkehr

Die Orientierung in Ribeira Brava ist einfach: Die neue Promenade bestimmt das Ortsbild zwischen der neuen Schwimmanlage und dem (auch neuen…) Kreisverkehr am östlichen Ende.
Geht man über die Brücke erreicht man die neue Strandanlage und das Schwimmbad; beides ist durch Wellenbrecher geschützt.

Auch in der Kleinstadt gibt es Sehenswertes

Inmitten der modernen Promenade wirkt der alte Turm (*Forte de São Bento*) etwas veraltet, aber ein Besuch des Turms lohnt sich, denn hier befindet sich nicht nur die Touristeninformation, sondern man hat auch einen schönen Blick auf den Ort.
An der Küstenstraße laden die zahlreichen Cafés bzw. Restaurants ein. Außerdem prägen touristisch ausgerichtete Geschäfte und der überdachte Markt die lebendige Einkaufsstraße.

Am östlich gelegenen Kreisverkehr direkt gegenüber vom Hotel Brava Mar lohnt sich ein kleiner Abstecher zu einem Aussichtspunkt. Über eine schöne Wendeltreppe ist dieser **Miradouro** zu erreichen und bietet einen guten Überblick über Ribeira Brava. Oben kann man auch einen Blick auf den kleinen Leuchtturm werfen, doch der direkte Zugang zum Leuchtturm bleibt verwehrt.

Sehenswert im Ortsinneren sind die **Kirche São Bento** und das **völkerkundliche Museum**. Man folge der Rua Visconde da Ribeira Brava hinunter bis zur Kirche, die als große Gemeindekirche auch Igreja Matriz da Ribeira Brava genannt wird. An dieser Stelle befand sich bereits seit 1440 die **Capela Manuelina de São Bento**. Die heutige Kirche vereinigt mehrere Stilepochen des 16. Jahrhunderts. Außerdem ist das reich verzierte Taufbecken sehenswert. Am 29. Juni findet in der Kirche das Kirchenfest für den Schutzpatron São Pedro statt.

Man folgt der Rua Visconde weiter bis zur Rua Infante D. Henrique, an der sich ein Taxistand befindet. Jetzt sind es nur noch wenige Schritte entlang der Rua de São Francisco bis zum Gebäude des Museums.

Das sehr ansprechend gestaltete **Völkerkundliche Museum** (*Museu Etnográfico*) wurde 1996 in einem alten, aufwändig restaurierten Gebäude eingerichtet, das in den vergangenen Jahrhunderten als Zuckerrohr- und Getreidemühle gedient hatte. Die damals eingesetzten Produktionsverfahren werden ebenso anschaulich und interessant dargestellt wie die Entwicklung der Fischerei, des Verkehrs, der Transportmittel und des Weinanbaus auf Madeira. Manchmal kann man auch einem Korbflechter oder Schuhmacher, einer Teppichknüpferin oder Stickerin bei der Arbeit zuschauen.
Museu Etnográfico, *Rua de S. Francisco, 24, ☏ 952598, Öffnungszeiten: Di-So 10-12.30 Uhr, 14-18 Uhr, Mo und an Feiertagen geschlossen.*

Reisepraktische Informationen zu Ribeira Brava

Touristeninformation

Es gibt eine kleine Touristeninformation, die sich im Forte de São Bento befindet, 9350 Ribeira Brava, ☏ 291-951675, Öffnungszeiten: Mo-Fr 9-12.30 Uhr und 14-17 Uhr, Sa 9-12.30 Uhr.

Unterkunft

€-€€ **Hotel Bravamar**, *Rua Comandante Camacho de Freitas, 9320 Ribeira Brava, ☏ 291-952224, 🖷 291-951922.*
Das moderne Hotel mit Restaurant befindet sich am östlichen Ende der Promenade und verfügt über 68 Zimmer. Es gibt eine Dachterrasse mit Pool.
€ **Aparthotel Valemar**, *R. de São Pedro 1, 9350-212 Ribeira Brava, ☏ 291-952563, 🖷 291-951666.*
Das Haus liegt im Ortsinnern und bietet 20 freundlich eingerichtete Apartments (mit Küche) unterschiedlicher Größe, mit kleinem Garten und einer Dachterrasse.

Essen und Trinken

An der Promenade liegt der touristische Schwerpunkt, und so befinden sich hier mehrere Restaurants und Cafes. Es ist reizvoll, hier kurz zu verweilen und einen Café bzw. einen Galão (portugiesischer Milchkaffee) zu trinken und das Geschehen zu beobachten.

Einkaufen

Schöne handwerkliche Arbeiten finden Sie im Shop des **Ethnographischen Museums.**
Im Ort gibt es in der Rua Comandante Camacho de Freitas gegenüber der Tankstelle den **Supermarkt Pingo Doce.**
Außerhalb des Ortes an der Ausfallstraße in Richtung Norden liegt der große **Modelo-Supermarkt**, *der über einen kostenlosen Parkplatz verfügt und täglich bis 22 Uhr geöffnet ist.*

Anfahrt
mit dem Bus

Es gibt gute Busverbindungen durch die Busse der **Rodoeste-Gesellschaft** *(Buslinie* **Nr. 7**, *Abfahrtszeiten durch den Busfahrplan der Touristeninformation). Abfahrtsort in Funchal ist vor dem Fort S. Lourenço an der Avenida do Mar. Die Bushaltestellen in Ribeira Brava befinden sich an der Avenida Louis Mendes direkt am Meer. Außerdem verkehren 5x täglich Expressbusse, die über die Autobahn ohne Zwischenstopp Funchal und Ribeira Brava miteinander verbinden („Autocarros pela Via Rápida“).*

Man verlässt den Ort in Richtung Norden, die nächsten Ziele sind der Ort **Serra de Água** und der Gebirgspass **Boca de Encoumeada**. Die neu asphaltierte Straße verläuft parallel zum Tal des Ribeira Brava, der weiter flussaufwärts zum Ribeira da Serra de Água wird. Kurz hinter Ribeira Brava befindet sich der große Supermarkt der spanischen Modelo-Kette. Falls Sie Selbstversorger sind oder einfach einmal gucken möchten, lohnt sich ein kurzer Stopp.

Serra de Água

Kurz vor **Serra de Água**, was übersetzt *Gebirge des Wassers* bedeutet und so an die Anfänge der Wasserkraftnutzung erinnert, biegt man links ab und folgt dann der ER 228. Jetzt beginnt der stetige **Aufstieg in die Bergwelt Madeiras**.
Im Ort selbst gibt es eigentlich nichts Besonderes zu sehen, wenn man von dem neuen Wasserkraftwerk absieht.
Doch am besten ist es, man verlässt die Durchgangsstraße nicht, sondern macht einen Stopp an der auf 634 m Höhe gelegenen **Pousada dos Vinháticos**, die sich auf der linken Straßenseite befindet. Hier hat man einen Blick auf den Ort und kann auch die Bergwelt bewundern.

Tolle Ausblicke

Es fehlen immer noch einige Höhenmeter bis zum Pass und der Blick rechts hinunter ins Tal ist selbst während der Fahrt sehr reizvoll. Es gibt zahlreiche Möglichkeiten zu halten. Ein Stopp an der Estalagem Encoumeada ist für den Fahrer sehr angenehm, denn hier auf dem großen Parkplatz ist es leicht, den Wagen abzustellen.

Reisepraktische Informationen zu Serra de Água

Unterkunft

€€ **Pousada dos Vinháticos,** *Serra de Água, 9350-306 Ribeira Brava, ☏ 291-952344, 🖷 291-952540, www.dorisol.com. Unser Unterkunftstipp in den Bergen: Diese mit Natursteinen gebaute Pousada harmoniert mit den schönen Bergen der Umgebung. Sie liegt außerhalb des Ortes an der Landstraße vor dem Encoumeada-Pass. Von der Hausterrasse, wo man die Mahlzeiten einnimmt, hat man einen tollen Panoramablick, und die familiäre Atmosphäre wird in der Pousada mit 21 Zimmern groß geschrieben. Früher war diese Pousada staatlich, heute gehört das Haus der Hotelkette Dorisol.*

€ **Estalagem Encoumeada,** *Feiteirals – Serra de Água, 9351-909 Ribeira Brava,*

☏ 291-951282, 🖷 291-951281, www.recidencialencoumeada.com. Mittlerweile ist aus der einfachen Unterkunft ein recht großes, aber auch günstiges Hotel geworden: Es gibt 50 Zimmer, die durch die besondere Lage im Inselzentrum meistens durch Wanderer belegt werden, sowie ein angeschlossenes Restaurant mit schönem Ausblick.

Boca da Encoumeada

Schließlich wird der 1.007 m hoch gelegene **Encoumeada-Pass** erreicht. Früher war dieser Pass ein wichtiger Punkt, denn jeder, der von Ribeira Brava nach Norden (São Vicente) wollte, musste über diesen Pass. Jetzt erleichtert der über drei Kilometer lange Tunnel durch den Berg die wichtige Nord-Süd-Passage.
Auf der rechten Straßenseite befindet sich ein Restaurant, man fährt jedoch an der Kreuzung nach links auf die ER 110 (in Richtung Paúl da Serra).
Hier befindet sich der eigentliche Aussichtspunkt und man kann auf den zahlreichen Parkplätzen an beiden Straßenseiten parken.

Schöne Aussicht

Wenn das Wetter mitspielt, haben Sie vom Encoumeada-Pass eine tolle Aussicht und können sowohl die Nordküste mit São Vicente als auch die Südküste mit Ribeira Brava sehen. Im Westen erkennt man die Hochebene **Paúl da Serra,** im Osten erheben sich die höchsten Berggipfel der Insel. Leider versperren oft Wolken den Panoramablick.

Noch gefangen von der fantastischen Bergwelt Madeiras geht es auf der ER 110 weiter nach Westen. Lohnenswert ist die weitere Fahrt jedoch nur, wenn keine Wolken die interessante Umgebung verhüllen.

Die Hochebene Paúl da Serra

Zunächst fährt man noch durch bergiges und bewaldetes Gebiet, doch dann wechselt die Vegetation, und der spärliche Pflanzenwuchs besteht aus niedrigen Sträuchern und Heidekraut. Die großflächigen Weiden werden extensiv mit der Haltung von Rindern, Schafen und Ziegen genutzt.

Der Straßenverlauf ist auf einigen Kilometern schnurgerade und lädt zum schnellen Fahren ein. Doch bitte denken Sie nach der Überquerung des ersten **Viehgitters** daran, dass das Vieh diese Straße auch benutzt; oft liegen die Tiere sogar auf der Fahrbahn und ruhen sich aus. Nicht nur aufgrund dieser Tatsache vergleichen viele Reisende dieses im Gegensatz zur üppigen Vegetation an den Küsten karge Landschaftsbild mit Schottland.
Auch die schnellziehenden Wolken, die für ein interessantes Licht- und Schattenspiel sorgen, erinnern an diese Region.

Auf der ganzen Strecke auf dem Hochplateau werden keine Aussichtspunkte (Miradouros) ausgeschildert. Meistens kann man die abgegrasten Weiden rechts oder links von der Fahrbahn als Parkfläche benutzen und so den Blick über die Ebene bzw. auf die Nordküste genießen.

Hinweis

Das Restaurant **Jungle Train** ist die einzige Einkehrmöglichkeit auf der Hochebene, doch Durchreisende nach Porto Moniz machen hier nur selten Stopp.

Rabaçal

Reizvoller Spaziergang zum Wasserfall

Man passiert die Abzweigung nach Arco da Calheta, nach etwa weiteren fünf Kilometern gibt es rechts einen Parkplatz, der Ausgangspunkt zum bekannten Ausflugsziel **Rabaçal** (1.070 m Höhe), zum **Wasserfall Risco** sowie zu den **25 Fontes** (*25 Quellen*) ist. Bei Rabaçal handelt es sich um eine kleine Gebäudeansammlung, die als Forststation und als staatliche Wanderhütte dient.

Früher führte die Zufahrt nach Rabaçal über eine 2 km lange Piste, die stets in einem sehr schlechten Zustand war, da einfach zu viele PKWs hinunterfuhren. Jetzt wurde eine praktikable Lösung gefunden: Direkt an der Hochlandstraße gibt es den Parkplatz und nur ein kleiner Shuttle-Bus darf zwischen dem Parkplatz und den Gebäuden Rabaçals pendeln. Inzwischen ist die kleine Straße hinunter auch asphaltiert worden. Selbstverständlich kann man den Weg auch hinunter (und später wieder hinauf) wandern.

Auf dem Weg zum Wasserfall Risco

Leichter Spaziergang zum Risco

Dauer und Schwierigkeitsgrad: Die reine Gehzeit zum Wasserfall beträgt für den Hin- und Rückweg etwa 40 Minuten und kann von jedermann bewältigt werden. Gutes Schuhwerk ist natürlich immer empfehlenswert, doch hier ginge es auch ohne.

Zu beachten: An der staatlichen Berghütte gibt es zwar Toiletten, doch keine Möglichkeit, etwas zu kaufen, jeder sollte seinen eigenen Proviant dabeihaben. Und: Bei den Einheimischen ist dieses Gebiet sehr beliebt, gerade an den Wochenenden kommen viele Ausflügler zum Picknick nach Rabaçal.

Sie werden den alten und sehr reizvollen Weg erkennen, der unter dem Wasserfall entlang führt und sich schließlich aus dem kleinen Tal windet. Mittlerweile ist es verboten, diesen Weg zu benutzen. Bitte halten Sie sich unbedingt an dieses Verbot, da es durch die immerwährende Feuchtigkeit sehr glatt und damit die Gefahr des Hinfallens hoch ist!

Wegbeschreibung: Zum Wasserfall führt ein breiter und gut befestigter Fußweg. Es ist ein ausgesprochen schöner Spaziergang im Halbschatten der umgebenden Bäume (überwiegend Baumheide) entlang der Levada do Risco. Nach wenigen Minuten auf dem Hauptweg führt eine Abzweigung nach links und ein Schild weist den Weg zu den 25 Quellen. Zum Wasserfall jedoch muss man auf dem Hauptweg bleiben! Abhängig von der gefallenen Niederschlagsmenge der letzten Tage kann es vorkommen, dass Sie auch kleinere Wasserrinnsale überqueren müssen. Die Macht des Wasserfalles variiert ebenfalls mit den letzten Niederschlagsmengen, doch da der Risco aus einer Höhe von etwa hundert Metern stürzt, ist der Anblick immer lohnend.

Wegbeschreibung zu den 25 Fontes

Der Weg zu den 25 Fontes ist länger und etwas anstrengender als zum Wasserfall, und hier sollte festes Schuhwerk getragen werden. Bitte denken Sie auch daran, dass diese Wanderung im Rahmen der Nordwest-Rundfahrt wahrscheinlich zu viel Zeit kosten wird; es ist deshalb empfehlenswert, für diese Wanderung noch einmal hierher zu fahren. Alle weiteren Hinweise zu dieser Wanderung finden Sie unter dem Kapitel „Wandern auf Madeira“ ab Seite 278ff.

Weiter geht die Fahrt durch das nahezu unberührte Hochland Madeiras fort. Wenn Sie gute Sicht haben, können Sie in Richtung Norden das tief eingeschnittene Tal des **Ribeira do Seixal** verfolgen und sogar den bekannten Brandungspfeiler erkennen, der der kleinen Ortschaft Seixal vorgelagert ist. Nehmen Sie sich Zeit und halten Sie an geeigneten Stellen an, um diese besondere Landschaftsform zu genießen. Selbst wenn Sie kein gutes Wetter haben, kann die Fahrt durch wolkige Abschnitte, die unvermutet ganz kurz von der Sonne durchbrochen werden können, durchaus sehr reizvoll sein.

Schließlich geht es wieder bergab durch die Waldzone. An der ersten Straßenkreuzung hält man sich rechts **in Richtung Porto Moniz**. Es geht durch besiedeltes Gebiet und bevor sich die Serpentinen hinunter nach Porto Moniz winden, sollte man unbedingt an dem Miradouro anhalten. Dieser Aussichtspunkt wurde inzwischen ausgebaut und kann nicht verpasst werden.

Porto Moniz

Porto Moniz ist das Hauptziel der Rundfahrt. Mittlerweile gibt es zwei kleine touristische Zentren in diesem Ort: den westlichen (und älteren) Teil rund um das **Mee-**

Porto Moniz aus der Vogelperspektive

resschwimmbecken („Lavapool-Freibad“) und den östlichen Teil mit weiteren Lavapools und der kleinen **vorgelagerten Ilhéu Mole**. Darum hat sich jeweils eine touristische Infrastruktur mit Unterkünften, Restaurants bzw. Bars und kleinen Souvenirläden gebildet. Dazwischen prägt die unvermeidliche Promenade das Bild. Aber alles spielt sich in einem vergleichsweise kleinen Rahmen ab, der den Aufenthalt in Porto Moniz sehr angenehm macht. Früher kamen nur Tagesgäste, heute versucht man, die Besucher länger zu halten. Langsam gelingt auch das, denn mittlerweile gibt es kleine Hotels und die Pensionen haben ein gutes Niveau. Besonders voll wird es im Sommer während der Schulferien, viele Familien aus Funchal machen dann hier Urlaub.

Beliebtes Ausflugziel

Schöne Aussicht

Vom Miradouro auf der rechten Straßenseite hat man einen tollen Blick auf Porto Moniz. Die Häuser und das Grün der deutlich abgetrennten Felder stehen in einem reizvollen Kontrast zum tiefen Meeresblau mit dem strahlenden Weiß der Brandungswellen. Auch die Lavapools sind auszumachen.

Die touristischen Bemühungen des Ortes sind noch recht jung, früher lebten die Bewohner ausschließlich von der Fischerei und Landwirtschaft. Diese **landwirtschaftliche Prägung** zeigt sich bis heute in der Siedlungsform: Es gibt keinen echten Siedlungskern, die Gebäude liegen zerstreut zwischen den kleinen Feldern. Die aus Mauern bestehenden Abgrenzungen der Felder sollen vor dem rauen Wind und der ärgsten Salzgischt schützen.

Ende des 16. Jahrhunderts lebte der **Adelige** *Francesco Moniz* hier und zunächst wurde nur der Hafen nach ihm benannt, später die ganze Siedlung. Häufige Piratenüberfälle sorgten dafür, dass die Bevölkerung etwas oberhalb des Meeres siedelte. So liegt die schlichte „Mutterkirche", die als Igreja de Nossa Senhora da Conceição im 17. Jahrhundert errichtet wurde, auch in deutlicher Entfernung vom Meer. Und noch heute befinden sich Apotheke, Bank und Supermarkt in der Nähe der Kirche…

Eine Ausnahme war im Jahr 1730 die Errichtung eines Forts direkt am Meer. Von diesem **Fort João Baptista** blieben im Verlauf der Jahrhunderte nur Ruinen, die erst 1998 von der Stadt Porto Moniz übernommen wurden. Man baute das Fort originalgetreu wieder auf und heute beherbergt es ein **modernes Aquarium**. Es wurde im September 2005 eröffnet und präsentiert elf Ausstellungsbecken, die die Unterwasserwelt Madeiras veranschaulichen.

In Madeiras Aquarium

Aquário da Madeira, *Rua do Forte de São João Baptista, 9270-096 Porto Moniz, ☏ 291-850340, 🖷 291-850349, www.aquariodamadeira.com, geöffnet täglich 10-18 Uhr, Eintritt 7 €*

In der Nähe des Aquariums wurde eine weitere touristische Einrichtung geschaffen: Das Centro Ciência Viva do Porto Moniz, das moderne **„Ausstellungszentrum für lebendige Wissenschaft"**, das überwiegend interaktiv wissenschaftliche Inhalte besonders für Kinder vermitteln möchte. Die Ausstellungsthemen wechseln regelmäßig, über die aktuellen Ausstellungen gibt die unten genannte Internetadresse Auskunft. Außerdem werden in der „Cyberzone" acht Computer mit Internetanschluss angeboten.

Centro Ciência Viva do Porto Moniz, *Rotunda do Ilhéu Mole, ☏ 291-850300, 🖷 291-850305, www.ccvportomoniz.com, geöffnet Di-So 10-19 Uhr, Eintritt 5 €*

Mittlerweile verbindet auch die neue Promenade den östlichen Teil der Stadt mit dem westlichen Teil, der durch das tolle Meeresschwimmbecken geprägt ist. Wenn die Nordostwinde wieder einmal sehr heftig wehen, muss das Naturfreibad wegen der starken Brandungswellen geschlossen werden. Aber auch dann ist diese Küste sehr reizvoll: Es bieten sich interessante Fotomotive, besonders an den östlich gelegenen **einzigartigen kleineren Lavabecken**. Vom östlichen Teil Porto Moniz' aus sind die Brandungstore in südwestlicher Richtung bereits zu sehen. Dabei handelt es sich um die **Ilhéus da Ribeira Janela**, die man auf der Fahrt zurück nach São Vicente bzw. Funchal noch besser sehen kann.

Reisepraktische Informationen zu Porto Moniz

Information

Turismo do Porto Moniz, *Vila do Porto Moniz, 9270 Porto Moniz, ☏ 291-852555. Das Büro der Touristeninformation befindet sich im östlichen Teil des Ortes in einem neuen Gebäude, Öffnungszeiten: Mo-Fr 10-15 Uhr, Sa 12-15 Uhr. Die Mitarbeiter sind gerne bei der Unterkunftssuche behilflich. Ein Stadtplan wird angeboten.*

Unterkunft

€-€€ **Hotel Moniz Sol**, *Vila do Porto Moniz, 9270-095 Porto Moniz, ☏ 291-*

850150, 🖷 291-850155, www.hotelmonizsol.com. Nahe am Hafen gelegenes, neues Hotel mit 45 ansprechend eingerichteten Zimmern, die alle vom Balkon einen schönen Blick auf das Meer bieten. Nette Atmosphäre, außerdem mit gutem Restaurant, Sauna und geheiztem Hallenbad. Das Hotel ist unser Tipp für Porto Moniz, denn das gute Preis-Leistungsverhältnis hat uns überzeugt.

€-€€ **Euro Moniz Inn,** *Vila do Porto Moniz, 9270-095 Porto Moniz, ☏ 291-850050, 🖷 291-853933, www.euromoniz.com. Ein ebenfalls neues Hotel in guter Lage mit 33 freundlich eingerichteten Zimmern, Balkonen, Terrassen, Hallenbad und gutem Restaurant.*

€ **Residencial Calhau,** *9270-095 Vila do Porto Moniz, ☏ 291-853104, 🖷 291-853443, www.residencialcalhau.web.pt (die Seiten sind auf Portugiesisch). Die ansprechende Unterkunft in perfekter Lage direkt am großen Meeresschwimmbecken hat 15 Zimmer. Alle Zimmer haben einen Balkon mit Meeresblick. Obwohl die Unterkunft in die Jahre gekommen ist, sind Atmosphäre und Zimmereinrichtung sehr individuell und heben sich angenehm vom üblichen „Hoteleinerlei" ab. In den Sommermonaten unbedingt vorher buchen, da die Pension sehr beliebt ist.*

€-€€ **Apartmentos Gaivota,** *Rua Alfarrobeiras, 9270-095 Vila do Porto Moniz, ☏ 291-850030, 🖷 291-850041. Die fünf modernen und geräumigen Apartments bieten eine Küche, außerdem gibt es noch zwei Zimmer ohne Kochmöglichkeit. Alle Zimmer haben Balkon und TV, Restaurant/Café befinden sich unten.*

€ **Residencial Salgueiro,** *Lugar de Tenente, 9270-095 Vila do Porto Moniz, ☏ 291-850080, 🖷 291-850089. Die 21 Zimmer sind sehr gut ausgestattet und das neu entstandene Gebäude verfügt über ein Restaurant an der Straßenseite. Obwohl die vorderen Zimmer einen tollen Meerblick haben, ist die Lage an der Straße ein kleiner Nachteil.*

€ **Residencial Atlântico,** *☏ 291-852500, 🖷 291-852504, www.residencial-atlantico.com. Diese moderne Pension liegt im östlichen Teil des Ortes in der Nähe des Aquariums. Sie verfügt über zehn Doppelzimmer, die alle mit Sat-TV und Telefon ausgestattet sind. Snackbar ist angeschlossen.*

Essen und Trinken

Besonders beliebt sind die Restaurants, die einen schönen Blick auf das Meer und auf die Lavapools haben:

Restaurant Orca, *Sítio das Pocas, ☏ 291-850000, dieses Restaurant bietet schon seit vielen Jahren schmackhafte Gerichte, die Terrasse liegt direkt oberhalb der Badeanlagen.*

Residencial Calhau, *s.o.*

Pólo Norte, *Sítio das Pocas, ☏ 291-853222, www.restaurantepolonorte.com. Der „Nordpol" liegt zwar nicht direkt am Meeresschwimmbecken, doch die regionale Küche ist sehr kreativ (zum Beispiel Huhn am Spieß mit Ananas).*

Einkaufen

Im beliebten Ausflugsziel Porto Moniz gibt es inzwischen mehrere Geschäfte mit inseltypischen Souvenirs, einen Supermarkt, eine Apotheke und eine Bank.

Anfahrt

Porto Moniz ist auch mit dem RODOESTE-Bus (Nr. 139/80) zu erreichen. Der Bus startet aus Funchal um 9 Uhr, und um 16 Uhr geht es von Porto Moniz aus zurück. Diese Verbindung gibt es auch an Samstagen, Sonn- und Feiertagen. Der Hinweg führt über São Vicente, und zurück geht es über Calheta. So bekommt man zwar einen eindrucksvollen Überblick über die Insel, doch dauert der Weg pro Strecke etwa 4 Stunden ohne Zwischen-

stopp. Es ist empfehlenswert, einen PKW zu mieten oder sich einer organisierten Tour anzuschließen.

Blick zurück auf Porto Moniz

Nach dem Aufenthalt in Porto Moniz führt der Weg an der wildromantischen Nordküste zurück in Richtung Osten. Bis vor wenigen Jahren war die Fahrt auf der engen Nordküstenstraße mit zahlreichen Tunneln ein kleines Abenteuer. Heute bietet zwar die neue Straße ER 104 mehr Sicherheit, nimmt aber den Reiz, denn durch zahlreiche, lange Tunnelpassagen bleibt der Blick auf Küste und Meer oft verwehrt.

Die alte Küstenstraße verläuft parallel zur „Tunnelroute"

Eine Alternative ist es, zumindest einen kleinen Abschnitt auf der alten Küstenstraße ER 101 zu fahren, um die tolle Küstenlandschaft mit den vorgelagerten Brandungspfeilern bzw. -toren zu genießen. Die alte ER 101 (*Antiga Estrada*) ist heute für den Verkehr in eine Richtung freigegeben, nämlich von Osten nach Westen. Das bedeutet, dass man von der neuen Straße abfahren und ein kleines Stück in Richtung Porto Moniz zurückfahren muss.

Nach ca. zwei Kilometern kann Stopp gemacht werden, um zu den bereits erwähnten **Ilhéus da Ribeira da Janela** zu kommen. Man folgt der Ausschilderung zum Campingplatz (*Parque de Campismo*) und kann in Sichtweite des Wasserkraftwerkes parken. Die bekannten Felsen gaben dem Fluss, der hier in den Atlantik mündet, dem Tal und schließlich auch dem Ort seinen Namen: Ribeira da Janela (*Fensterfelsen*). Der Fels aus schwarzem Lavagestein mit dem kleinen Fenster ist ein einzigartiges Fotomotiv.

Der Fluss **Ribeira da Janela** wird durch das Wasser des Risco-Wasserfalls gespeist, den wir auf dem Hinweg bereits bewundert haben. Ähnlich wie die Flüsse, die zum Süden hin entwässern (z.B. der mächtige Ribeira dos Socorridos), hat der Ribeira da Janela ein eindrucksvolles Tal geschaffen, das eine Besiedlung erst ermöglichte.
Es geht weiter auf der neuen ER 104 und nach kurzer Zeit wird der kleine Ort **Seixal** erreicht.

Seixal

In dem kleinen Ort **Seixal** angekommen, hält man sich links in Richtung der Kaianlage (ausgeschildert mit **Cais**). Die wenigen Meter bis zum kleinen Hafen kann man entweder von hier zu Fuß erreichen oder mit dem Auto bis ganz an das Wasser fahren.

Eine kleine, meist verschlossene Kapelle beherrscht die Szene. Wenn Sie nun dem Straßenverlauf weiter in Richtung Osten folgen, werden Sie einen Wasserfall erblicken, der aus großer Höhe in den Atlantik fällt. Direkt darunter ist der Tunnel der alten Küstenstraße zu erkennen. Dieser Wasserfall trägt bei den Einheimischen den romantischen Namen **Véu da Noiva** (*Brautschleier*).

Die Ilhéus da Ribeira da Janela

Reisepraktische Informationen zu Seixal

Information

Seixal hat keine eigene Touristeninformation, bei Bedarf kann das Informationsbüro in Porto Moniz kontaktiert werden.

Unterkunft

€ **Pension Brisa Mar**, *Sítio do Cais-Seixal, 9270 Porto Moniz, ☏ 291-854476, 🖷 291-853377. In Sichtweite des kleinen Hafens von Seixal kann man nach der Renovierung des ganzen Hauses angenehm in den 12 freundlichen Zimmern mit Balkon übernachten.*

€€ **Casa das Videiras**, *Sítio Serra d'Agua, 9270 Porto Moniz, ☏ 291-854020, 🖷 291-222667, www.casa-das-videiras.com. Wer Intimität, Ruhe und Abgeschiedenheit in einem rustikalen Ambiente sucht, ist in diesem alten Landhaus genau richtig. Es gibt nur 3 komfortable Doppelzimmer.*

Essen und Trinken

Brisa Mar, *☏ 291-854476, dieses Restaurant am Kai von Seixal ist trotz seiner Größe empfehlenswert und bietet frische Fischgerichte. Mittags kehren hier manchmal Tagesausflügler im Kleinbus ein.*

Casa de Pastro *(unser Tipp), so ganz geheim ist dieses urige und einfache Restaurant mittlerweile zwar nicht mehr, aber es bleibt unser Tipp… Etwa einen Kilometer hinter Seixal biegt man rechts ab und folgt der zunächst steilen Straße (auf der Straßenkarte die Nr. 221) in Richtung der kleinen Streusiedlung Chão da Ribeira. Am Ende dieser Straße befindet sich auf der rechten Seite das urige und einfache Restaurant Casa de Pastro, dessen Gäste überwiegend Einheimische sind. Die Spezialitäten sind Espetada und die gegrillte Forelle. Das Besondere sind die „echten" Lorbeerholzspieße, die am Tisch an einer Kette, die von der Holzdecke pendelt, aufgehängt werden. Dazu bestellt man Kartoffeln oder hausgemachte Fritas (Pommes) und Salat.*

Anfahrt

Die meisten Touristen kommen auf ihrem Weg nach bzw. von Porto Moniz nach Seixal. Auch hier ist ein eigenes Fahrzeug sinnvoll, die Busverbindungen mit Funchal sind nicht zu empfehlen.

Gut gestärkt geht es dann die letzten Kilometer auf der neuen Schnellstraße durch zahlreiche Tunnel nach **São Vicente.**

São Vicente

Man folgt der ER 104 und nach der Durchquerung des letzten Tunnels ist es empfehlenswert, gleich auf dem großen Parkplatz in der unmittelbaren Nähe der kleinen Kapelle an der Brücke zu parken.

São Vicente ist ein ruhiges Städtchen, das sehr schön zwischen den Berghängen liegt und trotzdem über einen Zugang zum Meer verfügt. Die Sehenswürdigkeiten der Kleinstadt sind die schon erwähnte winzige Kapelle an der Brücke, die von weitem sichtbare Hauptkirche, die angenehmen Gassen in der Stadtmitte und die außerhalb der Ortschaft gelegenen **Grotten von São Vicente** mit angeschlossenem Vulkanzentrum.

Besondere Lage der Kapelle

Die **Capela São Roque** entstand im Mündungsbereich des Ribeira Vicente, weil der Überlieferung nach der Heilige Vinzenz genau hier erschien. Die Kapelle wurde im Jahr 1692 direkt in den Basaltfelsen hinein errichtet, daher auch ihr Name. Bis die erste Brücke gebaut wurde, musste die kleine Kapelle vom Flussbett aus erreicht werden. Seitdem es eine Brücke gibt, wird auch von der „Capela da Ponte" gesprochen.

Die kleine Capela São Roque im Mündungsbereich

Die neu angelegte Promenade direkt am Fluss überrascht mit modernen Kunstwerken („Stein am Spieß") und erlaubt einen entspannten Spaziergang zur Flussmündung. Beim Blick auf den Atlantik kann man dann das aufgestellte Kreuz auf dem Basaltfelsen und damit auch die Kapelle erkennen.

An dieser Stelle war früher ein wichtiger Verkehrsknotenpunkt, um den Norden der Insel zu erreichen: Von Süden kommend beginnt hier die Küstenstraße ER 101, Richtung Westen geht es nach Porto Moniz, und über die Brücke führt der Weg weiter nach Ponta Delgada und Santana. An beiden Straßen tauchen einige Hotelanlagen, Restaurants und Bars auf, die wegen ihrer Lage am Wasser besonders gerne aufgesucht werden.

Nach der Besichtigung der Kapelle geht es entweder zu Fuß in die Stadtmitte oder man fährt das kleine Stück mit dem Auto. Das Zentrum von **São Vicente** ist jedoch nur zu Fuß zu erreichen. Ganz sicher ist diese Maßnahme der Hauptgrund für die angenehme Beschaulichkeit, die der Ort ausstrahlt.

Die **Igreja Matriz de São Vicente** wird erreicht, deren weiß-blau gekachelter Turm das bekannte Wahrzeichen der Stadt ist. Die Kirche ist ursprünglich im 17. Jahrhundert entstanden und wurde in den vierziger Jahren des 20. Jahrhunderts wieder aufgebaut. Auch im Inneren der Kirche wurden Kacheln verarbeitet und die **vergoldeten Holzschnitzereien** lohnen einen Besuch. Das Fest zu Ehren des Schutzpatrons São Vicente wird immer am 22. Januar gefeiert. Neben Kirchenfesten ist noch die sogenannte São Vicente-Woche erwähnenswert, die immer in der letzten Augustwoche stattfindet. Dann kann der Besucher religiöse Feierlichkeiten, zahlreiche Musikveranstaltungen und auch sportliche Aktivitäten sehen.

Weiterhin besteht das Zentrum aus Geschäften, kleinen Restaurants, einem neuen Rathaus und mehreren Banken. Immerhin ist São Vicente Kreisstadt und weist so die nötige Infrastruktur auf.
Nach dem Stopp in São Vicente folgt man der Durchgangsstraße in südlicher Richtung. Das nächste Ziel sind die Grotten von São Vicente, die mit dem Schild **Grutas de São Vicente** ausgeschildert sind. Im Oktober 1996 sind die sehenswerten Grotten für die Öffentlichkeit zugänglich gemacht worden.

Besuch der Grotten

Bitte bedenken Sie, dass es in den Höhlen kühl und feucht ist und ziehen Sie sich deshalb warme Kleidung an. Obwohl die Wege gut befestigt und beleuchtet sind, ist festes Schuhwerk von Vorteil.
Die Grotten sind beleuchtet und im Hintergrund sorgt klassische Musik für die richtige Atmosphäre. Die unterirdischen Höhlen sind durch Lavaströme vor 400.000 Jahren entstanden. Damit fällt die Entstehung in das Quartär, genauer gesagt in die Serie des Pleistozäns, aus geologischer Sicht ist die Lava also noch recht jung. Beim Rundgang können verschiedene Lavaformen bewundert werden. Außerdem wird durchfließendes Süßwasser zu einem reizvollen kleinen See gestaut.
Nach der Besichtigung kann man noch einen Blick in das neu angelegte **Vulkanologie-Zentrum** werfen. Hier bekommt man nähere Informationen zur geologischen Entstehung Madeiras und des Höhlenkomplexes. Neben der Ausstellung werden zwei Filme gezeigt, die sehr informativ sind.
Grutas e Centro do Vulcanismo de São Vicente, *Sitio do Pé do Passo, 9240-039 São Vicente, ☏ 291-842404, 🖷 291-842684, www.grutasecentrodovulcanismo.com, Öffnungszeiten: täglich 10-19 Uhr, Eintritt: 8 €, regelmäßige Führungen*

Reisepraktische Informationen zu São Vicente

Unterkunft

€€ **Estalagem do Mar**, *Juncos-Fajã da Areia, 9240 São Vicente, ☏ 291-840010, 🖷 291-840019, estalagemdomar.com. Diese Unterkunft liegt außerhalb des Ortes in Richtung Osten direkt am Meer, man muss also über die Brücke fahren. Es gibt neben dem* *beheizten Innenschwimmbad auch ein schönes Meerwasserschwimmbad, von den 80 Zimmern haben einige Meerblick.*

€ **Pensão Praia Mar**, *Sítio do Calhau, São Vicente, ☏ 291-842383, 📠 291-842749. Einfache Pension an der alten Küstenstraße nach Porto Moniz mit 20 Zimmern. Durch die jetzt geringe Verkehrsbelastung ist die Lage am Meer sehr reizvoll, eigenes Restaurant ist im Hause.*

Essen und Trinken

Die kleinen Bar-Restaurants im Ortskern werden meistens nicht von Touristen besucht, obwohl gerade hier die lokalen Gerichte besonders gut schmecken. Die Touristenbusse halten gerne an den neueren Restaurants an der alten Küstenstraße ER 101. Der besondere Reiz dieses Restaurants ist ihre Lage direkt am Meer. Ein Beispiel hierfür ist das **Calamar** *(neben dem Estalagem do Mar gelegen), das passend zur maritimen Lage schmackhafte Fischgerichte serviert, ☏ 291-842218.*

Anfahrt

mit dem Bus

Auf dem Weg nach Porto Moniz hält der **Rodoeste-Bus Nr. 139** *in São Vicente; auch* **Bus Nr. 6** *der gleichen Linie macht hier auf dem Weg nach Boaventura einen Stopp. Doch die Busse fahren selten, und ähnlich wie die Fahrt nach Porto Moniz ist die Busfahrt sehr lang.*

Nun ist das Ende der Nordwest-Rundreise fast erreicht. Es geht wieder in Richtung Serra de Água nach Süden. Die Durchquerung des Encumeada-Tunnels – mit 3.086 m Länge einer der längsten Tunnel der Insel – ist etwas Besonderes. Ab Serra de Água ist der Weg bereits bekannt und kurz vor Ribeira Brava fährt man wieder auf die Autobahn (Ausschilderung: Funchal – Via Rápida).

Von Funchal in den Nordwesten

(Alternativstrecke entlang der Südwestküste. s. große Reisekarte, gelbe Route)

Abseits der typischen Routen

Diese Fahrt über die Südwestküste (Funchal – Câmara de Lobos – Ribeira Brava – Ponta do Sol – Calheta – Ponta do Pargo – Porto Moniz und zurück nach Funchal) ist wirklich nur als eine Alternativroute zu bezeichnen. Durch die kurvige Streckenführung ist das Fahren anspruchsvoll, deshalb wählen die wenigsten Reisenden diesen Weg nach Porto Moniz. Aber wer abseits der bekannten Touristenpfade diese stark landwirtschaftlich geprägte Region kennenlernen möchte, gerne Auto fährt und genügend Zeit mitbringt, sollte diese Strecke wählen.

Der unumstrittene Höhepunkt auf dieser Strecke ist die äußerste Westspitze **Ponta do Pargo**, die durch einen sehenswerten Leuchtturm markiert wird. Es ist es ratsam, Badezeug für ein kleines Bad in den Lavapools von Porto Moniz mitzunehmen.
Autofahrertipp: Für diese Alternativstrecke sollten Sie **genügend Zeit** einplanen und deshalb möglichst früh starten!

Anfahrt
mit dem Bus

Natürlich steuern auch Busse die kleinen Orte an der Südwestküste an. Die Busverbindungen sind aber eher rar und die Fahrzeiten sehr lang, so dass sich das Busfahren hier wirklich nicht lohnt. Wenn Sie jedoch gerne Bus fahren, fahren Sie morgens über den Encumeada-Pass und die Nordküste zunächst nach Porto Moniz. Kehren Sie dann über Ponta do Pargo und Ribeira Brava zurück nach Funchal. Erkundigen Sie sich vorher über die Abfahrtszeiten und die langen Fahrzeiten! **Allerdings**: *Wer die Südwestküste kennen lernen will, sollte besser ein Fahrzeug mieten.*

Redaktionstipps

Besichtigung der **Zuckerrohrfabrik** in Calheta (nur im April/Mai möglich) (S. 216).
Besichtigung des sehenswerten **Leuchtturms in Ponta do Pargo** (S. 223).
Baden in den einzigartigen **Lavapools** in Porto Moniz (S. 204).
Zum besonderen **Espetada-Genuss** in das rustikale Restaurant Casa de Pastro (bei Seixal) einkehren (S. 209).

Wie bereits bei der ersten Streckenbeschreibung wird Funchal in westliche Richtung verlassen, die Route ist bis Ribeira Brava identisch. Danach jedoch wird der Küstenstraße ER 101 bis nach **Ponta do Sol** gefolgt.

Ponta do Sol

In **Ponta do Sol** kann man direkt unten am Wasser parken und die friedliche Umgebung zu Fuß erkunden. Der Ort entstand in einer kleinen Talform, die durch den gleichnamigen Fluss erschaffen wurde. So begrenzen steile Abhänge das Tal, die für den Bau der Küstenstraße durchbrochen werden mussten. Direkt am Atlantik gibt es eine klei-

Eher selten: Ponta do Sol bei stürmischem Wetter

ne Badeanlage, die jedoch nur im Sommer dem Ort ein wenig mehr Leben verleiht. Zahlreiche kleine Gässchen und Treppenwege führen vom unteren Ortsteil, wo sich auch die sehenswerte **Igreja de Nossa Senhora da Luz** befindet, in den oberen Teil der Altstadt. Der ursprüngliche Kirchenbau stammt aus dem 15. Jahrhundert, das Gebäude wurde im 18. Jahrhundert restauriert. Das Kircheninnere überrascht durch gekachelte Wände und eine bemalte Holzdecke. Einzigartig ist das **Taufbecken aus grüner Keramik**, das König *Manuel I.* gestiftet haben soll. Außerdem sind das Grab des Kirchengründers *Rodrigues Eanes* und einige flämische Bilder zu sehen. Am 8. September wird ein kleines Kirchenfest zu Ehren der Patronin Nossa Senhora da Luz gefeiert.
Die Geschichte des Ortes ist wechselhaft: Zunächst kam Ponta do Sol ab Ende des 15. Jahrhunderts durch den Zuckerrohranbau und der damit verbundenen Zuckerproduktion zu Wohlstand. Nachdem der Handel mit dem „weißen Gold" zusammengebrochen war, wurden die fruchtbaren Böden überwiegend zum Bananenanbau genutzt. Der weit ins Meer hineinragende Steg wurde erst im 19. Jahrhundert erbaut und vereinfachte nicht nur das Erreichen des kleinen Ortes, sondern erlangte auch als Verladeplatz der landwirtschaftlichen Produkte Bedeutung. Im 20. Jahrhundert wurde es in Ponta do Sol sehr ruhig und erst in jüngster Zeit wurden zwei Hotels erbaut sowie die Strandpromenade mit Badestrand angelegt. Der Name dieser kleinen Ortschaft ist übrigens Programm: Ponta do Sol gehört zu den sonnenreichsten Orten der Insel.

Kleines Dorf mit bekanntem Schriftsteller

Unter Literaten ist dieses kleine Dorf als Herkunftsort der Familie *dos Passos* bekannt: Der Großvater des später erfolgreichen **Schriftstellers** *John dos Passos* wanderte im 19. Jahrhundert in die USA aus, wo sein Enkel 1896 in Chicago zur Welt kam. *John dos Pasos* starb am 28.9.1970 in Baltimore. Neben seinem Antikriegsroman „Drei Soldaten" (1921) wurde der Roman "Manhattan Transfer" (1925) international bekannt. Das alte Wohnhaus des Großvaters existiert heute noch und befindet sich in der Rua Principe D. Louis I. in der Nähe der Igreja. Es wurde aufwändig restauriert und dann im Jahr 2004 als **„Centro Cultural John dos Passos"** der Öffentlichkeit zugänglich gemacht. Das Haus mit vielen Fotos der Familie *dos Passos*, einer Bibliothek und Räumlichkeiten für wechselnde Ausstellungen ist kein „echtes" Museum, aber zu normalen Geschäftszeiten führen Angestellte der Stadt interessierte Besucher gerne herum. Stolz wird dann auch erwähnt, dass die Tochter von *John dos Passos* zur Eröffnung des Kulturzentrums angereist war. Übrigens ist eine Besichtigung mit Kindern besonders empfehlenswert, denn die alte Lebensweise im 19. Jahrhundert wird anschaulich dargestellt.

Der ehemalige Reichtum des Ortes spiegelt sich auch in der Quinta de *João Esmeraldo* wieder. Die Quinta liegt etwa einen Kilometer außerhalb von Ponta do Sol in Richtung Lombada. Ein gebürtiger Flame, der sich später *João Esmeraldo* nannte, fing hier mit einer Zuckerrohrplantage an und ließ sich Ende des 15. Jahrhunderts dieses Herrenhaus bauen. Der Baustil mit zwei Stockwerken auf dem Land war zu jener Zeit schon etwas Besonderes und *João Esmeraldo* wurde ein bedeutender Zuckerhändler, der in dieser Quinta sogar *Christoph Kolumbus* als Gast empfangen haben soll.
Im 20. Jahrhundert stand das Haus leer und schließlich kaufte die Gemeinde das verfallende Haus im Jahr 1997 und restaurierte es. Die Außenfassade wurde rosa gestrichen und heute dient das Gebäude als Grundschule.
Neben dem ehemaligen Herrenhaus liegt die Capela do Espírito Santo, in der sich auch das Grab *João Esmeraldos* befindet. Leider ist die Kapelle meistens verschlossen.

Reisepraktische Informationen zu Ponta do Sol

Unterkunft

€€ **Estalagem da Ponta do Sol**, *☎ 291-970200, 🖷 291-970209, www.pontadosol.com. Dieses Designerhotel wurde auf einer Klippe gebaut. Es ist eine architektonische Meisterleistung, die eine alte Quinta mit modernen Elementen verbindet. Es gibt 54 Zimmer, die alle mit Balkon, Kabel-TV, Kühlschrank und Wasserkocher ausgestattet sind. Unvergleichlich ist der Außenpool mit der Poolbar und Panoramablick auf den Atlantik, desweiteren gibt es ein Restaurant, beheiztes Hallenbad, Whirlpool, Sauna und Fitnessraum.*

€€ **Baía do Sol**, *Rua Dr. João Augusto Teixeira, 9360-215 Ponta do Sol, ☎ 291-970140, 🖷 291-970149, www.enotel.com. Das Hotel mit sehr freundlichem Personal liegt nahezu direkt am Kieselstrand, nur die wenig befahrene Straße trennt das Hotel vom Meer. Die 71 geräumigen Zimmer sind modern ausgestattet, zusätzlich gibt es ein Restaurant, ein kleines Hallenbad, Sauna und Jacuzzi.*

Essen und Trinken

Reizvoll ist die exponierte Lage des Restaurants **Sol Poente** *mit einem schönen Blick auf den Strand und die kleine Ortschaft. Hier werden einfache Gerichte gereicht, während Sie den Ausblick genießen können.*

Das einfache Restaurant **Dois Amigos** *befindet sich im oberen Ortsbereich und ist durch seine sehr gute Küche nicht nur bei den Einheimischen bekannt.*

Nach dem Besuch in Ponta do Sol geht es direkt auf der alten Küstenstraße ER 101 weiter nach Madalena do Mar. Somit spart man sich die Fahrt durch den neueren langen Tunnel.

Madalena do Mar

In diesem kleinen Dorf gibt es nichts Besonderes zu sehen, dafür ranken sich viele Legenden um den Ort, in dem angeblich ein König Zuflucht gesucht haben soll.

Die heutige **Igreja de Santa Maria Madalena do Mar** stammt aus dem Jahr 1471 und wurde von *João Rodrigues de Freitas* erbaut. Sie wurde also erst nach dem Tod *Heinrichs* errichtet. Diese Region ist durch den Bananenanbau geprägt, der Tourismus hat hier noch keinen Einzug gehalten.

Bis Mitte der 1980er Jahre endete die Straße hier in Madalena do Mar, so dass man zurück nach Ponta do Sol fahren musste, um über die alte Straße weiter nach Calheta zu gelangen. Durch zwei Tunnelbauten führt die Küstenstraße heute direkt nach Calheta.

Reisepraktische Informationen zu Madalena do Mar

Unterkunft

€€ **Ferienhaus Madalena do Mar,** *buchbar über das Internet unter www.vacando.de oder www.interhome.at (hier sind auch last minute Angebote verfügbar).*

Es liegt ca. 5 Kilometer vom Zentrum von Madalena do Mar entfernt. Nur eine Nebenstraße trennt das 2007 erbaute Steinhaus vom Meer. Das 70 m² große Haus verfügt über einen Wohnbereich mit offener Küche im Untergeschoß, die beiden Schlafzimmer befinden sich im Obergeschoß, außerdem gibt es zwei Terrassen. Moderne Ausstattung mit Sat-TV, DVD-Player, Waschmaschine, Geschirrspüler und Mikrowelle.

Essen und Trinken

Restaurante Madalena do Mar, *Sítio da Vargem, 9360 Madalena do Mar, ☏ 291-972081, das Restaurant ist bekannt für die leckeren Fisch- und Meeresfrüchte-spezialitäten.*

info

„Heinrich der Deutsche" und Madeira

Offiziell wurde König *Ladislaus III.* von Polen und Ungarn in der Schlacht von Varna (1444) von den Türken besiegt. Angeblich fand er dabei den Tod, doch einem abgelegten Gelübde zufolge versprach er – im Falle seines Überlebens –, auf die heilige Pilgerreise gehen zu wollen. Auf dieser Reise nannte er sich **„Ritter der Heiligen Katharina vom Berg Sinai".** Jahre später soll er angeblich den portugiesischen König *Afonso V.* um Asyl gebeten haben, der ihn nach Madeira schickte. Hier bekam er im Jahr 1454 fruchtbares Land von *Zarco.* Diese Ländereien waren an der Südküste und der fremde Ritter nannte seine Siedlung **Madalena do Mar.** Er heiratete eine Madeirensin und wurde von der Bevölkerung „Henrique Alemão" *(Heinrich der Deutsche)* genannt. Wie er zu diesem Namen kam, ist unklar; vielleicht entsprach er dem damaligen Bild eines Deutschen? Wenige Jahre später starb er durch herabfallende Felsbrocken vom Cabo Girão, als er mit dem Boot dort unterwegs war. So wurde er in seiner 1457 erbauten **Capela Santa Caterina** bestattet, die später zerstört wurde. Die Grabplatte ist im Museu das Cruzes in Funchal zu sehen.

Calheta

Arco da Calheta befindet sich nahezu oberhalb von Madalena do Mar, das eigentliche **Calheta** befindet sich direkt an der Küste, und **Estreito da Calheta** ist das obere Calheta, somit ist diese Ortschaft dreigeteilt. Am leichtesten ist es, wenn Sie mit dem Wagen kommend der Ausschilderung „Praia" folgen. Direkt am Strand bzw. am Yachthafen gibt es genügend Parkplätze gegen eine kleine Gebühr.

Zuckerrohr…

Früher lebte diese Region vom **Zuckerrohr**, die alten industriellen Anlagen sind direkt von der Straße, die zum Strand/Yachthafen führt, zu sehen. Die große, 1430 gebaute Gemeindekirche, die sich kurz nach den Industrieanlagen auf der linken Straßenseite befindet, ist einen Besuch wert. Der Altarraum ist für sein außergewöhnliches **Deckengewölbe** bekannt, das im maurischen Stil entstand. Neben anderen interessanten Einzelheiten sind die beiden Altarflügel, die mit Malereien aus der flämischen Stilepoche verziert worden sind, einen Blick wert, und der **Tabernakel aus Ebenholz**, der der Gemeinde 1502 von König *Manuel I.* geschenkt wurde.

Hier wird das Zuckerrohr gepresst

Neben der Kirche befindet sich eine der letzten beiden **Zuckerrohrfabriken** Madeiras, die noch zur Erntezeit des Zuckerrohrs in Betrieb genommen werden. Die Ernte ist etwa von April bis Mai, nur dann kann hier der Vorgang des Pressens und des nachfolgenden Destillierens des süßen Saftes sehr anschaulich beobachtet werden. Danach können interessierte Besucher **Zuckerrohrschnaps** (*Aguardente da Cana*) und auch den ausgezeichneten Honigkuchen (*Bolo de Mel*) probieren und erwerben. Außerdem wird Mel de Cana angeboten. Das ist Zuckerrohrsirup, der sehr süß ist und an deutschen Zuckerrübensirup erinnert. Die ganze Anlage wird hier Engenho da Calheta genannt: Engenho ist ein alter portugiesischer Begriff aus der Kolonialzeit und beschreibt ursprünglich eine Zuckermühle und alle dazugehörigen Einrichtungen. Hier sieht man zwar keine „klassische" Rohrzuckerproduktion, dafür aber die Gewinnung des Zuckerrohrsaftes und den Destillationsvorgang. Die zweite Anlage dieser Art befindet sich in Porto da Cruz.

...und moderner Yachthafen

Noch vor wenigen Jahren war es rund um Calheta eher verschlafen und es gab nur wenige Unterkunftsmöglichkeiten und Restaurants. Mit der Anlage des Sandstrandes und des recht großen **Yachthafens** wurde ein neues Kapitel in der Geschichte des Ortes aufgeschlagen und die touristische Infrastruktur wurde deutlich verbessert.
Damit die Meeresströmung den kostbaren goldenen Sand nicht gleich wieder abträgt, wurde zunächst eine Brandungsmauer parallel zur Küste errichtet. Dann wurden rund **40.000 Kubikmeter Wüstensand** auf zwanzig Frachtschiffen von Marokko nach Madeira transportiert, die hier verteilt wurden. Erwähnenswert ist auch der 2004 eröffnete Yachthafen, der Platz für 300 Yachten bietet und damit nach Funchal der zweitgrößte Yachthafen Madeiras ist. Gleichzeitig wurde für die nötige Infrastruktur rund um die Bedürfnisse der Segler gesorgt. Jedenfalls lohnt sich ein kleiner Spaziergang am

Am künstlich erschaffenen Sandstrand von Calheta

Yachthafen. Ganz am Ende der Promenade erscheint das neue Parkhaus mit über 300 Stellplätzen etwas überdimensioniert, aber im Sommer wird es durchaus von einheimischen Strandbesuchern genutzt.

Hinweis

Mehr Informationen für Segler gibt es bei Porto de Recreio da Calheta, ☏ 291-824003, 🖷 291-824009, www.Portoderecreiodacalheta.com

Kunst in der Provinz

Eine weitere Attraktion ist das **Kunstzentrum Casa das Mudas**, das durch seine Architektur bemerkenswert ist: Ein moderner Anbau an eine Quinta aus dem 16. Jahrhundert, die ursprünglich einer Enkeltochter von Madeiras Entdecker *João Gonçalves Zarco* gehörte, ist zur kulturellen Plattform für verschiedene Bereiche geworden. So wird der Anbau für musikalische Aufführungen, Theaterstücke, Konferenzen und Ausstellungen genutzt. Ein unumstrittener Höhepunkt war im Jahre 2008 die Ausstellung von plastischer Kunst, wobei Werke von namhaften Künstlern wie *Francis Bacon, David Salle, Eric Fischl, Picasso* und *Dalí* zu betrachten waren.
Casa das Mudas, *Vale de Amores, Calheta, ☏ 291-822808, 🖷 291-820911, geöffnet von Di-So von 10-19 Uhr, Eintritt: 5 €, Senioren: 2,50 €*

Das Gebiet von Calheta ist von **zahlreichen Kapellen und Kirchen** geprägt. Wenn Sie dann weiter in Richtung Westen fahren, werden Sie feststellen, dass die Zahl der Kirchengebäude stark abnimmt. Diese Tatsache hat einen historischen Grund: Wie wir wissen, wurde der Südwesten bereits unter *Zarco* für die Landwirtschaft urbar gemacht. So bauten die ersten Siedler ihre Gotteshäuser, doch westlich von Calheta wurde nicht mehr gesiedelt. Zum einen verhinderte die mächtige Steilküste einen seewärtigen Zugang, zum anderen konnten die meist winterlichen Westwinde sehr stark auffrischen, je weiter man in die exponierte Lage nach Westen kam. Und so vermutete man bereits damals zu Recht, dass sich dieses Mikroklima an der Westseite Madeiras für den Anbau des windempfindlichen Zuckerrohrs nicht eignen würde.

In Estreito da Calheta befindet sich die bemerkenswerte **Capela dos Reis Magos** *(Dreikönigskapelle)*. Dieses kleine, unscheinbare Kirchlein inmitten von Weinfeldern wurde von *Francisco Homem de Gouveia* im Jahr 1529 erbaut. Auch hier gehört die Holzdecke im Mudéjar-Stil zu den Höhepunkten. Besonders wertvoll ist das flämische Altarbild. Aus diesem Grund ist die Kapelle normalerweise verschlossen. Wenn Sie diese Kapelle besichtigen wollen, sollten Sie etwas Zeit und Geduld mitbringen: Die Capela befindet sich im Ortsteil **Lombo da Igreja**, eine abenteuerliche (weil sehr steile!) Straße führt links von der Durchgangsstraße hinunter. Haben Sie die Kapelle gefunden, müssen Sie beim benachbarten Haus klingeln und nach dem Schlüssel fragen.

Versteckte Kapelle

Reisepraktische Informationen zu Calheta

Unterkünfte am Strand

€€ **Hotel Calheta Beach,** *Tel: 291-820300, 🖷 291-820301, www.hotelcalhetabeach.com. Dieses Hotel steht direkt am angelegten Sandstrand und verfügt über 89 Zimmer und 5 Suiten. Desweiteren gibt es 2 Restaurants, 3 Bars, Innen- und Außenpools. Die Preise sind sehr moderat und über die Internetseite werden gerade in der Nebensaison sehr günstige Angebote gemacht.*

€ **Apartamentos Beira Mar,** *Cais-Vila da Calheta, 9370-133 Calheta, ☎ 291-822390, 🖷 291-823165. Schöne Lage direkt gegenüber des Yachthafens, es gibt insgesamt 7 Apartments für 2 Personen, persönliche Anfragen unten im Restaurant.*

Unterkünfte auf dem Land

€€ **Quinta das Vinhas,** *Lombo dos Serrões, 9370-221 Calheta, ☎ 291-820040, 🖷 291-822187, www.madeiracottages.com. Um das alte Herrenhaus herum sind in den Nebengebäuden 14 individuell eingerichtete Ferienwohnungen jeweils mit eigener Küchenzeile entstanden. Die DZ (ohne Kochgelegenheit) im Haupthaus sind stilvoll mit antiken Möbeln eingerichtet und das Frühstück wird in rustikal ländlicher Atmosphäre neben der Herrenhausküche gereicht. Im schönen Garten gibt es auch einen Pool.*

€€ **Landhotel Átrio** *in Estreito da Calheta, Lomo dos Moinhos Acima, ☎ 291-820400, 🖷 291-820419, www.atrio-madeira.com. Oberhalb von Calheta; etwa 500 m über dem Meer, liegt das neue Landhaushotel mit 10 gut ausgestatteten Zimmern, die alle über Terrasse oder Balkon verfügen und Meerblick bieten. Im schönen Garten liegt der beheizte Swimmingpool. Das Haus, das ein gutes Restaurant hat, eignet sich wunderbar als Ausgangspunkt für Wanderungen entlang der nahe gelegenen „Levada Nova“.*

Essen und Trinken

Restaurant Marisqueira Rocha Mar, *☎ 291-823600 (im Gebäude der Apartamentos Beira Mar), leckere Fischgerichte, aber auch das gegrillte Huhn ist empfehlenswert, große Portionen ab 8 €.*

Restaurant Onda Azul, *im Hotel Calheta Beach, ☏ 291-823230. Das Restaurant mit hübscher Terrasse bietet internationale Gerichte zu mittleren Preisen.*
Restaurants direkt an der Promenade *beim Yachthafen, diese Restaurants und Bars laden durch ihre nautische Atmosphäre zu einer Einkehr ein. Auch wenn man nicht unbedingt etwas essen möchte, kann man hier einfach etwas trinken.*

Einkaufen

Direkt an der Straße gegenüber des Hotels Calheta Beach befindet sich die neue kleine Supermarktfiliale des „Pingo Doce".
Besondere Souvenirs können Sie in der Zuckerrohrfabrik Calhetas kaufen.

Erlebnis

Erwähnenswert ist noch, dass hier in Calheta das restaurierte, traditionelle Fischerboot „Ribeira Brava" liegt, mit dem Familie Gomes interessante Ausflüge unternimmt. Bei genügend Nachfrage gibt es täglich Fahrten um 10.30 und 15 Uhr, außerdem werden Angel-, Wal- und Delfinbeobachtungs- und Sonnenuntergangsfahrten und Sonderfahrten zu den Desertas angeboten.
Lobosonda, *Actividades Turísticas – Recreativas, Caminho do Arieiro no. 9, 9000-229 Funchal, ☏/🖷 291-771582, mobil: 00351-96-8400980, www.lobosonda.com. Reservierung erforderlich, das Ehepaar Gomes spricht deutsch (Claudia Gomes ist Deutsche). Preis für Erwachsene ab 35 €.*

Ab Calheta gibt es zwei Möglichkeiten weiterzufahren: Bei Zeitknappheit sollte man weiter in Richtung **Prazeres** und **nicht** nach Jardim do Mar bzw. Paúl do Mar abbiegen. Hat man jedoch Zeit und Lust, sollte man den Umweg über Jardim do Mar und Paúl do Mar machen.

Jardim do Mar

Beschaulicher Ort

Jardim do Mar liegt sehr reizvoll auf einer Brandungsplattform nur wenige Meter vom Meer entfernt. Der **kleine Fischerort** wurde erst 1969 an das Straßennetz angeschlossen. Davor war der Ort nur über Wanderwege oder per Boot zu erreichen. Selbst heute, obwohl die Infrastruktur sehr gut ausgebaut ist, liegt Jardim do Mar abseits der gewöhnlichen Wege und ist beschaulich geblieben. Gegen das Hochwasser wurde das Ufer befestigt und eine neue Promenade errichtet. An dieser scheiden sich jetzt die Geister. Eine weitere Investition ist der kleine Hafen, der deswegen von allen Bewohnern zärtlich „Portinho" genannt wird.
Früher spielte die Fischerei hier eine große Rolle, doch heute leben **nur noch wenige Fischer** hier. Wenn die Wellen hoch genug sind, kommen einige Surfer nach Jardim do Mar. Nur wenige Touristen verirren sich hierher, aber die Ruhe und Beschaulichkeit lässt gerne bleiben oder zurückkehren. Es gibt auch keinen Straßenlärm, man lässt das Auto außerhalb stehen und kann die kleinen Gassen zu Fuß erkunden.
Erwähnenswert ist noch die Igreja Nossa Senhora do Rosário, die mit Geldern von Immigranten nach dem Vorbild der Pariser Kirche Notre-Dame entstanden sein soll.

Reisepraktische Informationen zu Jardim do Mar

Unterkunft

€ **Hotel Jardim do Mar**, *Sítio da Piedade, 9370-403 Calheta, ☏ 291-823616, 🖷 291-823617, leider kein eigener Online-Auftritt, aber Anfrage ist unter www.lumera.info möglich. Dieses überraschend ansprechende Hotel mit eigenem Restaurant direkt im ruhigen Ortskern verfügt über 30 Zimmer und 3 Suiten; durch die ruhige Lage des Hauses werden sehr günstige Preise angeboten.*

Essen und Trinken

Restaurant Tar Mar, *empfehlenswertes Restaurant mit Terrasse, von der man einen schönen Meerblick hat. Schwerpunkt der Küche liegt auf Fischgerichten.*
Außerdem kann man auch im **Hotelrestaurant Jardim do Mar** *gut essen (Adresse siehe oben).*

Nach diesem kleinen Abstecher geht die Fahrt weiter durch den 2.511 m langen Tunnel nach Paúl do Mar.

Paúl do Mar

Paúl do Mar ist beschaulich und ruhig – ähnlich wie Jardim do Mar, beide Orte waren ebenfalls lange Zeit schwer zu erreichen. Paúl do Mar liegt jedoch nicht so reizvoll wie Jardim do Mar. Die Bebauung erfolgte nicht zentral um die Kirche, sondern die Häuser entstanden meist an der Küstenstraße, so dass sich der Ort parallel zum Meer lang erstreckt.
Heute ist Paúl do Mar ein Fischerort, was sich im recht großen Hafenbereich widerspiegelt. Mittlerweile gibt es zahlreiche Kneipen und Bars, die langsam immer mehr Touristen anziehen. Am Ortsende befindet sich ein großes Aparthotel, dessen Gäste den Ort deutlich beleben.

Reisepraktische Informationen zu Paúl do Mar

Unterkunft

€ **Aparthotel Paúl do Mar**, *Ribeira das Galinhas, 9370-504 Calheta, ☏ 291-775936, 🖷 291-762171, www.hotelpauldomar.com. Dieses moderne Aparthotel verfügt über 57 Studios und 3 Suiten, die alle mit einer kleinen Küche inklusive Mikrowelle ausgestattet sind. Es gibt einen geheizten Innen- und Außenpool, die beide miteinander verbunden sind. Das eigene Restaurant bietet auch Halbpension an.*

Essen und Trinken

Direkt am Hafen und natürlich auch an der langen Straße gibt es mehrere Restaurants, die noch recht günstig Fischgerichte anbieten. Etwas „gehobener“ isst man im Hotelrestaurant.

Üppige Blumenpracht am Wegesrand

Es geht jetzt die Straße ER 101 weiter über Fajã da Ovelha, bis man nach etwa sechs Kilometern wieder auf die etwas schnellere Strecke stößt.

Prazeres

Beliebte Ferienanlage für Ruhesuchende

Eigentlich wäre dieses kleine Dorf kaum einer Erwähnung wert, wenn es hier nicht die große, doch sehr schöne **Ferienanlage Jardim Atlântico** gäbe. Diese Apartmentanlage bietet dem Natur- und Wanderfreund allen Luxus, um sich nach einem anstrengenden Tag zu erholen. Die Gäste kommen übrigens überwiegend aus Deutschland.

Seit 2004 gibt es einen weiteren Grund, in Prazeres zu halten: Direkt neben der Kirche entstand die sogenannte **„Pädagogische Quinta“**, die einheimischen und auswärtigen Besuchern die Tier- und Pflanzenwelt näher bringen möchte. Dabei gibt es sowohl einheimische Tiere (Esel, Enten, Gänse, Fasane) als auch exotische Tiere wie zum Beispiel Lamas, Strauße und Emus. Im Garten duften Kräuter und medizinische Pflanzen. Der aus diesen Kräutern entstandene Tee kann probiert werden, dazu wird köstlicher Obstkuchen gereicht. Dieser kleine Zoo ist besonders für Kinder ein tolles Ziel, auch zahlreiche Schulklassen nutzen die Quinta Pedagógica zur Umwelterziehung.

Quinta Pedagógica, *Öffnungszeiten: Mo-Fr 10-18 Uhr, Eintritt 1 €*

Reisepraktische Informationen zu Prazeres

Unterkunft

€€ **Jardim do Atlântico**, *Lombo da Rocha, Prazeres-Calheta, 9370-605 Calheta, ☏ 291-822200, 🖷 291-820221, www.jardimatlantico.com. Die ökologisch gestaltete Anlage liegt etwa 1,5 Kilometer unterhalb des eigentlichen Dorfes mit Blick auf den Atlantik. Sie bietet 97 moderne Apartments, Studios und Bungalows mit Telefon, TV und sehr gut ausgestatteter Küche. Neben Whirlpool, Sauna, Fitnessraum und kleinem Hallenbad gibt es auch einen Außenpool, Tennisplatz und einen kleinen Supermarkt. Das Restaurant bietet vegetarische Küche und Vollwertkost.*

Vor uns liegen weitere 15 Kilometer, bis der Ort **Ponta do Pargo** an der Westspitze Madeiras erreicht wird. Die Fahrt führt durch sehr dünn besiedeltes Gebiet und eröffnet reizvolle Blicke auf das Meer, obwohl sich die Straße in einiger Entfernung vom Atlantik befindet. Oft kann man in diesem abgelegenen Gebiet alte Frauen beobachten, die traditionell noch ganz in Schwarz gekleidet sind. Auffallend sind auch die sehr gepflegten, **prachtvollen Blumengärten** der überwiegend bäuerlichen Bevölkerung. Schließlich wird Ponta do Pargo erreicht.

Ponta do Pargo

Nach dem Ortseingang liegt auf der linken Seite die **Igreja de São Pedro**, die im Jahr 1690 wieder aufgebaut wurde. Von dem Kirchplatz kann man im äußersten Westen bereits den Leuchtturm erblicken.
An der kleinen Kreuzung geht es also nach links. Die mittlerweile asphaltierte Straße führt direkt an den Leuchtturm. Er ist seit 1922 in Betrieb, ein Leuchtturmwärter verrichtet auch heute noch seinen Dienst. Es gibt im Inneren eine kleine, aber interessante Ausstellung über die Leuchttürme Madeiras. Die Ausstellung ist täglich von 9.30-12 und von 14-16.30 Uhr geöffnet, eine Besichtigung des Leuchtturmes ist nicht möglich, kein Eintritt.

Der **Leuchtturm** (*Farol*) in seiner exponierten Lage ist ein sehr schönes Fotomotiv. Außerdem hat man von hier auch einen fantastischen Blick auf die hohe und unnahbar wirkende Steilküste des Westens, schließlich ist dies der westlichste Punkt Madeiras.

Der Leuchtturm von Ponta do Pargo

Wer sich mit einer Tasse Tee erfrischen möchte, sollte den kleinen Abstecher zum von außen rustikal wirkenden Teehaus machen. Das Innere des neu errichteten Steinhauses überrascht mit moderner Einrichtung, der Weg ist vom Leuchtturm ausgeschildert (Casa de Chá „O Fio").

Reisepraktische Informationen zu Ponta do Pargo

Unterkunft

€ **Residencial O Farol,** *Salão de Baixo, 9385-110 Ponta do Pargo, ☎ 291-880010, 🖷 291-880019.*

Neue Pension mit zehn DZ an der Straße zum Leuchtturm, kein Pool. Im Erdgeschoss befindet sich ein beliebtes Restaurant.

Die steile Seilbahn von Achadas da Cruz

Es sind jetzt noch etwa 18 Kilometer bis **Porto Moniz**. Man steigt in kurvigen Straßen langsam in die Höhe. Zunächst empfangen uns Eukalyptusbäume, später befindet man sich im Mischwald. Es ist kaum zu glauben, dass man vor wenigen Minuten noch am Meer war! Ein Blick auf die Karte zeigt, dass sich der Reisende teilweise im Nationalpark befindet.

Der Ort **Achadas da Cruz** ist die letzte größere Ortschaft vor Porto Moniz und ganz überraschend gibt es hier eine Seilbahn hinunter ans Meer. Man folgt der guten Ausschilderung „Teleférico", die Straße führt sehr steil nach unten, aber sie bleibt breit genug, um entspannt zum Parkplatz der Seilbahn zu kommen. Die Seilbahn ist ebenfalls sehr steil und überwindet 451 m in fünf Minuten! Diese Steigung ist nicht jedermanns Sache, aber alleine der Blick auf die kleinen, von Steinmauern umringten Parzellen lohnt sich.
Ursprünglich wurde auch diese Seilbahn für den Transport von Landarbeitern und deren Ernte gebaut. Wenn Touristen mitfahren, ist das ein willkommener Zuverdienst...

Die Öffnungszeiten: im Sommer täglich von 8-9 Uhr und von 13-20 Uhr; im Winter täglich von 8-9 Uhr und von 11-18 Uhr; die Hin- und Rückfahrt kostet 3 €.

Danach geht es die steile Straße wieder zurück nach Achadas da Cruz und dort wieder links auf die Hauptstraße ER 101 in Richtung Porto Moniz. Nach etwa nur drei km mündet von rechts die ER 110 von der Hochebene **Paúl da Serra** in die

Straße ein. Hier ist die Beschreibung der Alternativstrecke beendet, denn ab diesem Punkt kann man der Wegbeschreibung „Von Funchal in den Nordwesten" folgen.

Alle weiteren Ausführungen zu Porto Moniz und den Weg zurück über die Nordküstenstraße, São Vicente und Ribeira Brava nach Funchal finden Sie ab der Seite 204ff.

Von Funchal zur Nordküste

(s. Große Reisekarte, grüne Route)

Diese Tour führt von Funchal über **Monte** zum **Pico do Arieiro** und über **Ribeiro Frio** nach **Santana**. Von hier geht es über die kleinen Weindörfer an der Nordostküste nach **São Vicente**, von wo der Rückweg über **Ribeira Brava** nach Funchal beginnt. Bitte nehmen Sie sich warme Sachen für den Pico do Arieiro mit; dieser liegt immerhin auf 1.818 m Höhe.

Grundsätzlich gibt es zwei Möglichkeiten von Funchal nach Monte zu fahren: Entweder kann man über die Autobahn oder quer durch die Stadt fahren. Empfehlenswert ist es jedoch, die Autobahn (Via Rápida) zu benutzen, die Ausfahrt Monte zu wählen und dann der guten Ausschilderung nach Monte zu folgen.

Die zweite Variante durch das Stadtgebiet Funchals ist manchmal etwas kniffliger, aber anhand eines Stadtplans auch kein Problem.

An der Küste

Redaktionstipps

Die beeindruckende Bergwelt Madeiras vom **Pico do Arieiro** bewundern (S. 226).
Besichtigung der **Santana-Häuser** (S. 229f).
Übernachtung in der **Quinta do Furão** (S. 231).
Die Nordküste bei einer **Wanderung** zwischen Santana und São Jorge genießen (S. 271).

In Monte an der Busendstation kann man rechts zu den touristischen Sehenswürdigkeiten Montes abbiegen oder man hält sich scharf links; ab hier kann man der guten Ausschilderung zum **Pico do Arieiro** folgen.

Man fährt durch eine Waldzone, und ca. 4 km hinter Monte beginnt der geschützte „**Parque Natural da Madeira**“. Innerhalb dieses Parks befindet sich der **Ökologische Park von Funchal** (*Parque Ecológico do Funchal*). Dieser Park hat eine Größe von ca. 1.000 ha und erstreckt sich auf Höhen zwischen 520 m und 1.800 m. Er dient besonders der städtischen Bevölkerung Funchals als Freizeit- und Erholungsgebiet. Daneben soll er auch einen Beitrag zur Umwelterziehung leisten. Die einheimische Flora ist vielfältig durch die großen Höhenunterschiede und die vielen Wasserläufe. Trotzdem haben auch hier Arten wie der Eukalyptus oder die Akazie die endemischen Pflanzen verdrängt.

Einheimische Vegetation

Es wurde aktiv Landschaftspflege betrieben und heimische Bäume wie zum Beispiel Stinklorbeer, Lorbeerbaum und Kanarischer Lorbeer gepflanzt. Eine besonders seltene Art ist der Madeira Vogelbeerbaum, der auf rund 1.600 m zu finden ist.
Weiterhin sehenswert ist der sogenannte Schneebrunnen (*Poço da Neve*), wo früher Eis aufbewahrt wurde. Der Ökopark ist jederzeit für Besucher zugänglich.

Die Fahrt geht weiter und der **Paso de Poiso** (1.400 m) ist erreicht, wo man an der Kreuzung links zum Pico do Arieiro abbiegen muss (Achtung: Bitte nicht verpassen!). Nun hat man noch ca. 8 km auf der kurvigen Straße vor sich. Doch bereits diese Anfahrt gibt wunderschöne Ausblicke auf die umliegenden Berge frei. Wenn der Verkehr es zulässt und es eine gute Möglichkeit zum kurzen Halt gibt, sollte man den Blick auf sich wirken lassen.

Pico do Arieiro (1.818 m)

Schließlich ist der große Parkplatz am Pico do Arieiro erreicht und man erblickt die alte **Pousada do Pico do Arieiro**, die früher Wanderern als ansprechende Unterkunft diente. Mittlerweile ist das Gebäude verfallen, man bekommt hier allerdings noch Getränke und kleine Snacks. Außerdem erwartet ein großer Souvenirladen die Ausflügler.
Nach diesen beeindruckenden Impressionen aus der Bergwelt geht es zunächst zurück zum Pass (*Paso de Poiso*) und dann in Richtung Norden nach Ribeiro Frio weiter. Nach etwa 11 km ist die kleine Häuseransammlung erreicht.

Hinweis

Alle weiteren Informationen zum Pico do Arieiro finden Sie unter dem Kapitel „Ausflugsziele in der Umgebung von Funchal“ ab Seite 188.

Blick auf den Pico do Arieiro mit aufziehenden Wolken

Ribeiro Frio (860 m)

In Ribeiro Frio (*Kaltes Flüsschen*) befindet sich eine staatliche **Forellenzucht**. Der dazugehörige, wunderschön angelegte Garten macht die Besichtigung der Becken zu einem besonders reizvollen Spaziergang. Ein Restaurant, das selbstverständlich als Spezialität Forelle (*truta*) anbietet, liegt gegenüber der Zuchtstation. Ribeiro Frio ist also keine echte Ortschaft, denn außer diesen wenigen Gebäuden gibt es nichts. Aber hinter dem Restaurant startet die sehr empfehlenswerte Wanderung nach **Portela**.

Süßwasserfisch auf einer Insel!

Wer sich vorab schon einen kleinen Überblick verschaffen möchte, findet am Beginn des Weges eine aufgestellte Informationstafel mit Karte und englischem Begleittext.

Reisepraktische Informationen zu Ribeiro Frio

Essen und Trinken

Die gezüchteten Forellen werden in der rustikalen **„Viktors Bar"** *entweder als gekochte oder geräucherte Spezialität angeboten. Aber auch die Lammgerichte sind empfehlenswert, täglich bis 19 Uhr geöffnet.*

Wandern

Die Wanderung von Ribeiro Frio zum Aussichtspunkt **Portela** *entlang der Levada do Furado zeigt die Schönheiten der Wälder. Der* **Laurazeenwald** *mit seinen vier endemischen Arten kann auf dieser Wanderung hautnah erforscht werden. Für diese sehr emp-*

fehlenswerte Wanderung benötigt man etwa einen halben Tag. Da sie an einem anderen Ort endet, ist die Anfahrt mit dem Bus von Vorteil. Die genaue Beschreibung dieser besonderen Levadawanderung finden Sie im Kapitel „Wanderungen auf Madeira – Levadawanderungen" ab Seite 262ff.

Weiter bergab geht es in Richtung **Faial** (bitte nicht nach São Roque do Faial bzw. Porto da Cruz abbiegen). Diese Region ist geprägt durch den Anbau von Gemüse und Wein.

Faial

Die Ortschaft Faial bietet keine touristischen Höhepunkte: Auch hier wurde für die Bevölkerung eine neue Badeanlage am Meer errichtet und auch hier wurde die Infrastruktur durch den Bau eines langen Tunnels nach Santana nachhaltig verändert… Etwas Besonderes ist jedoch das Höhlenrestaurant Grutas do Faial.

Reisepraktische Informationen zu Faial

Essen und Trinken

Das Restaurant ***Grutas do Faial,*** *☏ 291-572541, täglich geöffnet von 9-22 Uhr, bietet gute regionale Gerichte ab 10 €, die in der Höhle oder auf der Terrasse serviert werden. Für dieses besondere Ambiente muss man der ER 101 kurz in Richtung São Roque do Faial folgen und an der Abzweigung zur Nebenstraße 217 befindet sich das „Höhlenrestaurant".*

Falls man nicht zum Restaurant möchte, bleibt man auf der ER 101 und fährt, allerdings **nicht durch den Tunnel,** in Richtung Santana. Man kann kurz vor dem Tunnel links abbiegen und dann dem „alten" Verlauf der ER 101 folgen, um die Schönheit der Insel zu genießen.

Kurz hinter Faial befinden sich zwei Aussichtspunkte.

Schöne Aussicht

Die beiden Miradouros westlich von Faial bieten schöne Blicke auf das Meer und in das Inselinnere. Der markante **Penha de Aguia** mit seinen 590 m östlich von Faial, beherrscht die Szene. Der Name des Berges **(Adlerfelsen)** leitet sich aus der Überlieferung ab, dass früher hier Fischadler genistet haben sollen.

Nun ist es nicht mehr weit nach **Santana**.

Der markante „Adlerfelsen" bei Faial

Santana

Bereits bei der Einfahrt fallen die „Wahrzeichen" Santanas auf: Es gibt sowohl neue Santanahäuschen als auch ältere Häuschen, die restauriert worden sind. Die Fahrt geht bis zum Rathaus Santanas, wo sich auf der gegenüber liegenden Seite ein Parkplatz befindet. Hier kann man das Auto stehen lassen, um die Stadt zu erkunden. Die Gemeinde hat zwei Santanahäuser belegt, in dem einen ist die Touristeninformation untergebracht, das andere ist mit seiner typischen Möblierung zur Besichtigung freigegeben. Das etwas abgelegene dritte Häuschen verfällt leider...

Ein Höhepunkt: Santanahäuser

Für alle Besucher Santanas sind diese beiden „Schmuckstücke" inmitten der Blumenpracht ein schöner Blickfang.

Wenn Sie noch „echte" Santanahäuser entdecken möchten, streifen Sie einfach zu Fuß durch den Ort. Die meisten noch verbliebenen Häuser sind verfallen oder werden als Abstellraum genutzt. Aber einige Häuser wurden liebevoll restauriert und werden tatsächlich wieder bewohnt.

Typisch für Santana – die Santanahäuser

info

Die kleinen **Reetdachhäuser** *(Casas de colmo)* haben einen rechteckigen Grundriss, ein niedriges Steinmauerwerk, und das Reet der Dächer reicht bis auf den Boden. Eigentlich wurde in diesen Häusern nur geschlafen, die Toilette befand sich etwas abseits, und gekocht wurde ebenfalls im Freien, um die Brandgefahr und den Rauchgeruch zu vermeiden.
Diese **traditionellen Häuser** der ländlichen Bevölkerung verschwanden im Lauf der Zeit, da der moderne Häuserbau mit Strom- und Abwasseranschluss auch den

info

Die bekannten Reetdachhäuser von Santana

Norden Madeiras erreichte. Erst seit einigen Jahren restauriert man die Häuschen bzw. errichtet neue zu touristischen Zwecken. Besondere Probleme bereitet das Material des Daches, da mittlerweile nicht mehr soviel Getreide angebaut wird. Wenn Sie durch die Region fahren, werden Sie auch in anderen Orten noch traditionelle Häuser finden, oft werden diese als Ställe oder als Abstellräume benutzt.

In Santana gibt es noch einige Läden, Bars und Restaurants, ansonsten ist die Ortschaft recht beschaulich. Die Kirche von Santana (**Igreja de Santana**) ist von außen und von innen eher schlicht gehalten. Wissenswert ist jedoch, dass die **Schutzpatronin Santa Ana** ist und sich daraus der Name des Ortes und des Kreises ableitet. Die wenigen Unterkunftsmöglichkeiten werden meist von Wanderern oder Inselrundfahrern genutzt. So können trainierte Wanderer direkt von Santana den höchsten Berg Madeiras, den **Pico Ruivo de Santana**, erklimmen.

Nicht nur für Kinder…

Eine neue Attraktion ist der **Erlebnispark von Madeira**, der direkt an der ER 101 errichtet worden ist. Es ist eine Mischung aus Natur, Kultur und Unterhaltung, besonders für Kinder geeignet. Es gibt typische Santanahäuser, Ochsenkarren, einen nachgebauten Monte-Zug und eine Wassermühle zu „erleben". Das Labyrinth, der See (Bootsfahrten) und der tolle Spielplatz animieren Groß und Klein zum aktiven Mitmachen.

Parque Temático da Madeira, *Estrada Regional 101, Fonte da Pedra, 9230-098 Santana, ☏ 291-570410, 🖷 291-570419, www.parquetematicodamadeira.pt. Täglich (außer Mo) geöffnet von 10-19 Uhr, in der Hochsaison von Mitte Dezember bis Mitte Januar auch montags geöffnet, Eintritt: 10 €, für Senioren/Kinder 8 €*

In der ersten Julihälfte findet jedes Jahr ein sehenswertes Folklorefest statt. Dann versammeln sich alle Folkloregruppen Madeiras hier in Santana und es wird zwei Tage lang gefeiert und getanzt (nicht umsonst heißt das Fest „48 Horas de Bailar", übersetzt „48 Stunden Tanz"!).

Die Quinta do Furão ist von Weinstöcken umgeben

Reizvoll ist auch das sogenannte **Gevatterfest** (*Festa dos Compadres*), das immer am zweiten Sonntag vor Karneval stattfindet und als der Beginn des Karnevals auf Madeira gilt. Das Fest besteht aus einem Umzug, der in der „Verurteilung des Gevatters" (*Sentença do Compadre*) endet, dann werden Gevatter und Gevatterin feierlich verbrannt.

Für Seilbahnfans gibt es in der Nähe von Santana eine Seilbahn, die durch eine gute Ausschilderung leicht zu finden ist. An der Straßenkreuzung vor dem Rathaus geht es rechts ab (in Richtung Polícia) und am Polizeigebäude geht es wieder nach rechts. Man folgt der Straße immer weiter bis zum Holzschild **Teleférico Rocha do Naivo**, ab hier wird die Straße immer enger und es geht steil bergab, aber kurze Zeit später ist der Parkplatz der Seilbahn erreicht. Übrigens lohnt die Fahrt hierher auch für Leute, die nicht unbedingt mit der Seilbahn fahren möchten, denn der Blick von der Steilküste ist sehr schön.

Und noch eine Seilbahn!

Die **Teleférico Rocha do Naivo** *ist extrem steil. Die Betriebszeiten sind auf die Gemüsebauern und Wochenendbesucher abgestimmt: Sa und So 9-12 Uhr und 16-19 Uhr sowie Mi 9-10 Uhr, 12-12.30 und 18-19 Uhr, Fahrpreis: 3,50 €*

Weiter geht es in Richtung **São Jorge**. Kurz vor Ortsende geht es rechts zum Hotel **Quinta do Furão**. Dieses Hotel mit angeschlossenem Restaurant hat eine großartige Lage inmitten von Weinstöcken, in der Nähe beginnt der alte Wanderweg nach São Jorge. Diese Küstenwanderung ist zu empfehlen, doch im Rahmen einer Tagestour in den Nordosten zeitlich nicht zu bewältigen.

Reisepraktische Informationen zu Santana

Information

Turismo de Santana, *Sítio do Serrado, 9230 Santana, ☏ 291-572992. Diese Touristeninformation ist ohne Zweifel eine der originellsten Madeiras, denn sie ist in einem der wunderschönen Santanahäuser gegenüber dem Rathaus untergebracht. Öffnungszeiten: Mo-Fr 9-13 Uhr und 14.30-7.30 Uhr, Sa 9-12 Uhr.*

Unterkunft

€€€ **Hotel Quinta do Furão,** *Achada do Gramacho, 9230 Santana, ☏ 291-570100/1/2, 📠 291-572131, www.quintadofurao.com. Diese gepflegte Quinta liegt ca. 2 km außerhalb von Santana. Sie steht auf einem Kliff inmitten von Weinstöcken und bietet eine sehr behagliche Atmosphäre, besonders wenn bei Regen das Kaminholz im Empfangsbereich knistert... Beheizter Außenpool und ansprechendes Restaurant.*

€€ **Hotel O Colmo**, *Sítio do Serrado, 9230 Santana, ☏ 291-570290, 🖷 291-574312, www.hotelocolmo.com. Aus der alten Pension mit wenigen und einfachen Zimmern wurde ein modernes, erstklassiges Hotel mit 40 komfortablen Zimmern, Hallenbad, Sauna und Jacuzzi. Angeschlossen ist das gleichnamige, sehr beliebte Restaurant.*

€€ **Rancho Madeirense**, *Pico das Pedras, 9230-108 Santana, ☏ 291-570230, 🖷 291-572222, www.travel.to/orancho. Diese „Ranch" liegt etwa 6 km von Santana entfernt mitten im Lorbeerwald auf rund 900 m und bietet insgesamt 15 Bungalows, die im Stil der „Santana-Häuschen" die Herzen der Touristen erobern. Es ist Platz für bis zu 4 Personen und neben dem Wohnbereich gibt es eine kleine Küchenecke. Außer Wanderungen besteht auch die Möglichkeit, Reitausflüge zu machen.*

Essen und Trinken

O Colmo, *Restaurant im gleichnamigen Hotel mit schöner Terrasse und bekannt für feine gute regionale Küche.*

Wer das edle Ambiente der **Quinta do Furado** *genießen möchte, sollte vorbestellen und mit einem höheren Preisniveau rechnen.*

Ein Kontrast zur Quinta ist das einfache Restaurant der oben erwähnten **Rancho Madeirense**, *wo man jedoch auch sehr gute Grillspezialitäten bekommt.*

Feste

Eine Woche vor Karneval findet das **Festa dos Compadres** *statt. Ende Juni wird das Schafschurfest (***Festa das Tosquias***) in Santana gefeiert. An einem Wochenende zwischen Mitte und Ende Juli findet der „24-Stunden-Tanz" statt. Dieses farbenfrohe Folklore-Fest sollten Sie sich nicht entgehen lassen!*

Wandern

Im Rahmen einer großen Wanderung benutzen eingefleischte und geübte (!) Wanderer den alten Weg über Queimadas und Achada do Teixeira zum Pico Ruivo. Wenn Sie jedoch mit dem Auto Santana besuchen und nur eine kleine Wanderung machen möchten, können Sie zu dem beliebten **Picknickziel Queimadas** *(Höhe: 900 Meter) wandern. Von Funchal kommend, passieren Sie zunächst die Abzweigung nach Achada do Teixeira kurz vor dem Ortseingang von Santana. Zum Wandern nehmen Sie jedoch die zweite Straße links; dieses ist der alte Weg nach Queimadas. Es geht immer bergauf, denn schließlich müssen etwa 500 Höhenmeter überwunden werden. Da der Weg jedoch durch den Wald führt, ist es angenehm schattig. Nach ca. 1½ Stunden erreichen Sie das Ziel, das aus fünf Häusern besteht, die nach Santana-Tradition spitze Dächer haben. Ähnlich wie in Rabaçal sind es staatliche Gebäude, in denen man nach vorheriger Anmeldung übernachten kann. Außerdem haben Forstbeamte hier einen Stützpunkt. Bei Botanikern ist Queimadas wegen seiner einzigartigen Rhododendronbäume bekannt, die bis in den April blühen.*

Anfahrt

Mit dem Bus

Die Busgesellschaft Companhia de Carros de São Gonçalo bedient mit der **Linie 56** *(täglich um 8.10 Uhr bzw. am Samstag um 9.30 Uhr und am Sonntag um 10.30 Uhr) die Strecke nach Santana. Der nächste Bus mit dem Fahrziel Arco de São Jorge (***Nr. 103***) startet um 7.30 Uhr (über Machico) und um 13.30 Uhr – allerdings nur an Werktagen. Außerdem fährt die* **Linie 138** *(Fahrziel São Jorge) nach Santana, jedoch erst um 11.30 Uhr. Da es nur wenige Verbindungen gibt, überprüfen Sie bitte vor der Abfahrt unbedingt die Zeiten dieser Verbindungen.*

São Jorge

Es sind nur etwa fünf Kilometer auf der kurvigen ER 101 nach São Jorge, wobei neben der Ribeira da Furna auch der Ribeiro de São Jorge überquert wird. In São Jorge ist die prächtige Barockkirche der Höhepunkt des Ortes. Die **Igreja Matriz de São Jorge** wurde im Jahr 1761 gebaut, und wie der Name schon sagt, ist der Heilige Georg der Schutzpatron.
Wenn man im Inneren den reich verzierten Altar und die anderen vergoldeten Schnitzereien sieht, kann man kaum glauben, dass diese Kirche in einem kleinen Dorf steht und nicht etwa in Funchal! Sehenswert in der Sakristei sind der große Tisch sowie die Schränke aus Stinklorbeer oder Rebholzstock mit wundervoll gedrehten Säulen im Rokokostil.

Die sehenswerte Kirche in São Jorge

Barockkirche und Leuchtturm

Wer den **Leuchtturm** des Ortes fotografieren möchte, der folgt der kleinen Straße, die kurz hinter der Kirche rechts abgeht. Ein wunderbar altes Straßenschild mit der Aufschrift „Estrada Municipal do Farrobo" weist den Weg...
Auf dem Weg zum Leuchtturm dominiert eine große Baustelle (Stand: Sommer 2008): Hier wird ein Tunnel gebaut, der später Teil einer neuen Straße werden soll, die São Jorge mit Arco de São Jorge verbinden wird.

Nach dem schönen Stopp am Leuchtturm geht es auf der kleinen Straße zurück, man hält sich rechts, fährt den gleichen Weg aber nicht mehr zurück. Kurz darauf geht es wieder rechts zum lohnenswerten **Miradouro Vigia** (gute Ausschilderung).
Der Anfahrtsweg durch ein Wohngebiet zu diesem Aussichtspunkt windet sich steil hoch. Doch hier oben ist es angenehm still und man hat einen wunderbaren Blick auf den Leuchtturm und die terrassierten Anbaugebiete. Aber auch die Quinta do Furão und Santana sind von hier aus zu erkennen.

Schöne Aussicht

Halten Sie unbedingt am **Miradouro das Cabanas,** der aus großer Höhe einen imposanten Blick auf das Meer bietet.
Wenn es klar genug ist, kann man sogar die Insel Porto Santo sehen. Unmittelbar vor dem Aussichtspunkt liegt auf der rechten Straßenseite das Feriendorf **Cabanas de São Jorge.** Die auf der Insel einmaligen Rundbauten sollten Sie sich aus der Nähe angucken, Snackbar und Souvenirladen sind auch vorhanden.

Reisepraktische Informationen zu São Jorge

Unterkunft

€€ **Cabanas de São Jorge Village**, *auf dem Weg zwischen São Jorge und Boaventura liegt das interessante Feriendorf Cabanas, Sítio da Beira da Quinta, 9230-015 Santana, ☏ 291-576291, 🖷 291-576032, www.cabanasvillage.com. Dabei handelt es sich um eine Anlage mit 25 Rundbauten (Bungalows) in einem angelegten Garten. Alle Bungalows sind beheizbar und verfügen über Telefon und TV. Bei den Cabanas kann man natürlich auch etwas essen, die meisten Gäste sitzen draußen und essen einen kleinen Snack, neben der Snackbar gibt es noch einen Souvenirladen.*

Essen und Trinken

Unser Tipp für einfache, aber authentische Küche: Direkt hinter der Kirche in São Jorge befindet sich das kleine und einfache Restaurant **Casa de Palha**, *☏ 291-576382. Es gibt nur wenige Gerichte zur Auswahl, die aber alle hervorragend schmecken. Man sitzt urig in der Holzhütte oder draußen direkt davor.*

Anfahrt

mit dem Bus

Die Busfahrt nach São Jorge ist nicht unbedingt zu empfehlen, denn die Fahrzeit ist lang, und es verkehren werktags nur wenige Busse (an den Wochenenden ist der Verkehr sogar noch weiter eingeschränkt). Mit dem **Bus Nr. 103** *(Busgesellschaft Companhia de Carros de São Gonçalo) gibt es um 7.30 Uhr eine Verbindung nach* **Arco de São Jorge** *(über Machico und Santana nach São Jorge). Außerdem fährt werktags die* **Linie 138** *um 11.30 Uhr nach São Jorge (ebenfalls über Machico). Bitte überprüfen Sie unbedingt vor der Abfahrt in Funchal alle Abfahrtszeiten.*

Die nächsten Kilometer sind abwechslungsreich: Man fährt durch den Wald, um kurz darauf wieder einen fantastischen Blick auf den Atlantik zu haben.

Arco de São Jorge

Schöner Rosengarten…

Früher fuhr man durch diese stark landwirtschaftlich geprägte Region und stoppte äußerst selten, denn es gab hier keine besonderen touristischen Sehenswürdigkeiten. Das hat sich mittlerweile geändert: Rund um die **Quinta do Arco** entstanden eine hochwertige Unterkunft, ein ansprechendes Teehaus, ein kleines, aber feines Weinmuseum und ein schöner Rosengarten (*Roseiral da Quinta do Arco*). Folgt man der ER 101 erreicht man zunächst den Rosengarten:
In den Gärten der Quinta do Arco wurde dieser Rosengarten angelegt, der zu den größten Rosensammlungen Portugals gehört. Diese Sammlung zählt über eintausend verschiedene Rosenarten. Darunter sind herkömmliche und moderne Gartenrosen sowie Kletter- als auch Stammrosen zu finden.
Roseiral da Quinta do Arco, *9230-018 Arco de São Jorge, ☏ 291-570270, 🖷 291-570276, www.quintadoarco.com, Öffnungszeiten: täglich von 11-18 Uhr, Eintritt: 5 €*

Das Weinmuseum in Arco de São Jorge

Direkt gegenüber liegt das Teehaus (*Casa de Chá*) und nur wenige Meter weiter westlich liegt ebenfalls auf der rechten Straßenseite die Quinta. Sie ist jedoch hinter einem großen Tor verborgen. Noch ein wenig weiter westwärts liegt dann das Weinmuseum. Wer mag, kann das kleine Stück vom Rosengarten zum **Weinmuseum** (*Museu do Vinho*) auch zu Fuß gehen.

In diesem Museum werden Gebrauchsgegenstände und alte Werkzeuge rund um den Weinanbau ausgestellt. Es gibt eine charmante Führung auf Englisch, bei der klar wird, dass man sich hier auf einem Versuchsgelände für Tafelwein (!) befindet. Durch optimierte Rebsortenzüchtungen aus Portugal, Frankreich und Deutschland sollen hier neben den bekannten Dessertweinen in Zukunft auch Tafelweine guter Qualität entstehen.

...und kleines Weinmuseum

Museu do Vinho de Arco de São Jorge, *Sítio da Lagoa, 9230-018 Arco de São Jorge, ☎ 291-578106, 🖷 291-578122, Öffnungszeiten: Di-Sa von 14-17.30 Uhr, oder nach Voranmeldung, Eintritt: 2 € (inklusive Weinprobe und Gebäck)*

Reisepraktische Informationen zu Arco de São Jorge

Unterkunft/ Essen und Trinken

€€ **Quinta do Arco**, *9230-018 Arco de São Jorge, ☎ 291-570270, 🖷 291-570276, www.quintadoarco.com. Inmitten des wunderschön angelegten Gartens entstanden insgesamt 18 Ferienhäuser, die behaglich eingerichtet sind und über Schlaf-, Wohnzimmer, kleine Küche sowie eigene Terrasse verfügen. Ebenfalls auf dem Gelände befinden sich ein unbeheizter Pool und eine kleine Snackbar; das Restaurant (Teehaus) liegt direkt gegenüber.*

Anfahrt
mit dem Bus

Nach Arco de São Jorge verkehren die Busse der **Linien 103 und 138** *(siehe unter den Busverbindungen von São Jorge). Interessant ist die Linie 6 der Busgesellschaft Rodoeste, die über São Vicente nach Arco de São Jorge fährt. Täglich geht es um 7.35 Uhr ab Funchal los, unbedingt zu beachten ist, dass die Fahrtzeit drei Stunden beträgt!*

Es geht weiter in Richtung Boaventura, kurz hinter Arco de São Jorge ist ein enger Tunnel zu durchqueren.

Boaventura

Der bemerkenswerte Terrassenanbau bei Boaventura

Der Ort **Boaventura** bietet dem Touristen nichts Aufregendes. Doch wer sich für den Weinanbau interessiert, sollte in diesem intensiv genutzten Tal einmal darauf achten, wie hoch der Wein angebaut wird und wie steil die Terrassierung ist. Empfehlenswert ist auch die Fahrt zum Aussichtspunkt in Boaventura.
Er befindet sich neben dem kleinen und idyllisch gelegenen Friedhof und ermöglicht einen schönen Blick auf die Küste. Auch die Palmen und die übrige üppige Vegetation sind sehr reizvoll.

Auf den nächsten zwei Kilometern bis zum Ort Ponta Delgada bietet die Straßenbreite nur Platz für ein Fahrzeug, so dass Ausweichstellen eingerichtet werden mussten. Der **enge Tunnel** kurz vor dem Ort ist mit Vorsicht zu durchqueren.

Ponta Delgada

Man erreicht den meerseitigen Teil Ponta Delgadas, wenn man der Beschilderung Piscina (Schwimmbad) folgt. Ponta Delgada ist seit Jahren für dieses **Meerschwimmbecken** bekannt. Besonders zur sommerlichen Ferienzeit wird das Freibad von jugendlichen Besuchern bevölkert.

Folgt man der Straße weiter parallel zum Meer, liegt auf der rechten Seite die wieder aufgebaute **Igreja do Bom Jesus**.
Ursprünglich stand an dieser Stelle die im Jahr 1470 gebaute Capela do Senhor Bom Jesus. Sie wurde durch *Manuel Afonso de Senha* zur größeren Igreja do Bom Jesus umgebaut. Der Altar ist sehr ansprechend, und besonders die blau-weißen Kacheln

Die tolle Lage von Ponta Delgada

betonen die madeirische Bauweise. Das Besondere an dieser Kirche ist die auf der ganzen Insel bekannt gewordene Geschichte von einem angespülten Kruzifix:
Der Überlieferung nach wurde hier im 16. Jahrhundert ein Kruzifix in einer hölzernen Kiste angespült. So wurde die erbaute Kirche dem Senhor Jesus geweiht, das wertvolle Kreuz wurde in der **Igreja do Bom Jesus** aufbewahrt. Am 12. Juli 1908 zerstörte ein verheerendes Feuer die Kirche vollständig, auch das Kruzifix verbrannte. Der kleine verkohlte Rest ist heute noch in der wiederaufgebauten Kirche unter Glas zu sehen.

Sagenumworbenes Kruzifix

Am ersten Septemberwochenende steht die Igreja do Bom Jesus da Ponta Delgada ganz im Zeichen des Kirchenfestes **Festa do Senhor Jesus**. Aus allen Inselteilen reisen die Gläubigen an, um dieses große Fest zu feiern. Grund für diese bunten Feierlichkeiten ist das bekannte Kruzifix.

Rechts neben der Kirche befindet sich ein restauriertes Gebäude (**Casa do Romeiro**), in dem zeitweise Malereien von lokalen Künstlern ausgestellt werden.

Außerdem wurde in Ponta Delgada im Jahr 1577 die **Capelinha dos Reis Magos** (*Kapelle der Heiligen Drei Könige*) errichtet. Sie wurde zwar 1778 restauriert, doch seitdem verfiel sie stark. Schließlich wurde sie durch private Initiative restauriert und das Landhaus, das sich in der unmittelbaren Nähe befindet, wurde zur ansprechenden Touristenunterkunft umgebaut. Wer die kleine Kapelle besichtigen möchte, sollte sich im Casa da Capelinha oder direkt gegenüber melden.

Reisepraktische Informationen zu Ponta Delgada

Unterkunft /Essen und Trinken

*€€ **Hotel Monte Mar Palace**, Sítio do Montado, 9240-104 Ponta Delgada, ☏ 291-860030, 🖷 291-860031, www.montemarpalace.com. Dieses moderne Hotel mit 111 Zimmern bietet zwei schön gelegene Meerwasserpools draußen und einen beheizten Pool innen.*

*€€ **Casa da Capelinha**, Sítio do Terreiro, 9240-121 Ponta Delgada, ☏ 291-860040, 🖷 291-860042, www.casadacapelinha.com. Fast noch ein Geheimtipp: Individuell eingerichtete Apartments mit kleiner Küche, TV und eigener Veranda, Pool mit Sonnenterrasse in ruhiger und privater Atmosphäre. Sehr empfehlenswert ist auch das Café, das eine gute Auswahl an Snacks bietet und täglich zwischen 13 und 16 Uhr geöffnet hat.*

Von Ponta Delgada nach **São Vicente** sind es etwa sieben Kilometer dabei ist nur ein kurzer Tunnel zu durchfahren. Der schmale Küstenstreifen wird zum Weinanbau genutzt, auf diesem Stück gibt es keine geschlossene Ortschaft mehr.

Rückfahrt nach Funchal

Von São Vicente geht es auf der ER 104 durch den langen Tunnel in Richtung Ribeira Brava. Kurz vor Erreichen von Ribeira Brava geht es auf die Autobahn in Richtung Funchal (Funchal – Via Rápida).

Hinweis

Alle Informationen zu São Vicente gibt es im Kapitel „Reiserouten auf Madeira – Von Funchal in den Nordwesten“ ab Seite 194ff.

Von Funchal in den Osten der Insel

(s. Große Reisekarte, blaue Route)

Diese Tagestour führt uns von Funchal über Madeiras Korbflechterzentrum in **Camacha** und den kleinen Ort **Santo da Serra** zum bekannten Aussichtspunkt **Portela** (alternativ kann man von hier einen kleinen Umweg nach Porto da Cruz machen). Danach geht es über **Machico** zur geologisch interessanten **Ponta de São Lourenço**, um schließlich an der dichtbesiedelten Südostküste über **Santa Cruz** und **Caniço** nach Funchal zurückzukehren.

Die östliche Landzunge Ponta de São Lourenço ist ein reizvolles Wandergebiet. Selbst wenn Sie nicht so wanderbegeistert sind und keine hohen Wanderschuhe mitgebracht haben, sollten Sie festes Schuhwerk für einen kleinen Rundgang mitnehmen. Außerdem befindet sich auf der Ponta de São Lourenço ein kleiner Natursandstrand; wer sich hier abkühlen möchte, sollte seine Badesachen dabeihaben.

Von Funchal aus nimmt man die Autobahn (Via Rápida) ER 101 in östliche Richtung nach Caniço. Die Ausfahrt nach Camacha ist nicht zu verpassen und dann folgt man der Landstraße ER 102. Auf dem Weg kommt man auch an der Ausschilderung zu „Blandy's Garden" vorbei. Man folgt aber weiter der Straße, die kurz darauf kurvig wird. Schließlich wird der Bergort **Camacha** erreicht.

Redaktionstipps

Besuch des **Korbwarenzentrums** in Camacha (S. 239).
Besuch des **Walmuseums** in Caniçal (S. 250).
Besuch der Zuckerrohrweiterverarbeitung in **Porto da Cruz** (nur im April und Mai) (S. 244f).
Wanderung auf der **Ponta de São Lourenço** (S. 252).

Camacha

Der Bergort Camacha, ca. zwölf km nordöstlich von Funchal gelegen, ist Madeiras unbestrittenes Zentrum der Korbflechterei. Mittelpunkt des Ortes ist der große **Largo da Achada**, um den sich der Korbwarenverkauf, eine Kirche, die Erste-Hilfe-Station, wenige Bars und der Taxistand gruppieren. Das beherrschende Gebäude des Cafés mit der dominanten Turmuhr hat eine über 100-jährige Geschichte: Der Turm mit der Uhr wurde bereits im Jahr 1896 von einem britischen Privatmann gestiftet, später ergänzte die Gemeinde den Turm um ein Gebäude. Es wurde mehrmals umgebaut und erweitert, bis es die heutige Form erlangte. Diese Entwicklung kann man an einer Wandzeichnung im oberen Verkaufsraum des „O Relógio" (*Uhr*) nachvollziehen.

Der große Platz in der Mitte Camachas ist auch bei Fußballern Madeiras bekannt: Hier wurde im Jahr 1875 das erste Mal auf portugiesischem Boden Fußball gespielt; die Briten führten das Spiel ein... Eine große Gedenktafel erinnert an dieses Ereignis.
Weitere Sehenswürdigkeiten bietet **Camacha** nicht, außer vielleicht einer modernen, sachlichen Kirche, die man erreicht, wenn man vom O Relógio in Richtung Ortschaft geht und sich gleich links hält.
Von der kleinen Aussichtsterrasse links neben dem Café Relógio hat man einen schönen Blick auf den Ostteil der Insel.

Höhepunkt des Ortes ist ohne Zweifel der **Besuch des O Relógio**, wo man wohl Madeiras größte und außergewöhnlichste Auswahl an Korbwaren bestaunen kann. Neben gebräuchlichen Gegenständen, wie z.B. Körben oder Tabletts, können auch Möbelstücke, Truhen und teilweise bizarr anmutende Tiere aus geflochtenen Weidenruten erstanden werden. Größere Stücke werden dem Käufer auch gerne in sein Heimatland nachgesandt. Im untersten Stockwerk können einige Korbflechter bei ihrer täg-

Turm und Uhr in einem: O Relógio

Bei den Korbflechtern von Camacha

lichen Arbeit beobachtet werden. Neben den Korbwaren gibt es hier aber auch eine große Auswahl an Madeirasouvenirs, wie zum Beispiel Madeirawein, Strickwaren usw.
O Relógio, *Öffnungszeiten: täglich von 9-18 Uhr*

info

Kunst aus Weidenruten

Auf Madeira wurden früher lediglich Transportkörbe und andere Körbe **für den Eigenbedarf** produziert. Im 19. Jahrhundert änderte sich die Produktion langsam, denn zu dieser Zeit waren Korbmöbel modern, und so sorgte die Nachfrage von wohlhabenden Briten für den Beginn einer neuen Handwerkstradition auf Madeira, die noch heute Bestand hat. In dieser Zeit richteten sich nicht nur britische Inselbewohner mit Korbmöbeln ein, sondern es wurde auch direkt nach England exportiert.

Grundlage für diese **kunstvollen Handarbeiten** sind Weidenruten, die jeweils Anfang des Jahres geschnitten, danach in Wasser eingeweicht, geschält und schließlich getrocknet werden. Unmittelbar vor der Verarbeitung werden die bis dahin weißen Weidenruten gekocht und bekommen so ihre typische „Korbfarbe". Die angepflanzten Weiden gedeihen am besten in der kühlen, wolkenverhangenen Höhe um 700 m. Da Camacha nun genau in dieser Region liegt, wurde es also nicht zufällig zum Zentrum der Korbflechterei.

Reisepraktische Informationen zu Camacha

Unterkunft/Essen und Trinken

€ **Estalagem Relógio,** *Largo da Achada, 9135-053 Camacha, ☏ 291-922777, 🖷 291-922415. Im Gebäude mit der Turmuhr befindet sich auch das modern ausgestattete Hotel mit 24 Zimmern.*

Restaurant Café Relógio, *☏ 291-922114, 🖷 291-922415. Dieses große Restaurant versorgt die vielen Bustouristen, die das Korbflechtereizentrum besuchen.*

Anfahrt

mit dem Bus

Die Busse der Gesellschaft Carros de São Gonçalo fahren nach Camacha; es sind die Buslinien **Nr. 29** *(Fahrziel: Camacha) und Nr. 77 (Fahrziel: Santo da Serra). Werktags bestehen fast stündliche Verbindungen mit der Nr. 29, die genauen Abfahrtszeiten erfährt man durch den Busplan, die Fahrtzeit beträgt etwa 45 Minuten.*

Nach dem ersten Stopp in **Camacha** geht es auf der ER 102 weiter in Richtung Norden. Die nächsten 15 Kilometer führen durch das bewaldete Bergland der Insel. Dabei sind einige kurvige Passagen zu bewältigen. Nach einigen Kilometern wird die Abzweigung passiert, die links zum **Pico do Arieiro** (Poiso) führt. Man fährt jedoch weiter, bis es rechts nach **Santo António da Serra** geht.

Santo António da Serra (Santo da Serra)

Der rund 650 m hoch gelegene Ort Santo António da Serra wird oft einfach **Santo da Serra** genannt, wundern Sie sich also nicht, wenn Sie diese kürzere Variante hören. Der kleine und ruhige Ort liegt auch auf der Hochfläche Santo da Serra, die im Mittel etwa eine Höhe von 700 m erreicht und überwiegend mit Kiefern und Eukalyptus bewachsen ist.
Der kleine Ort wird nur selten von ausländischen Touristen besucht, obwohl natürlich die 27-Loch-Anlage des Golfplatzes **der** Anziehungspunkt für Golfspieler ist.

Golfplatz und alter Park

Bereits im 19. Jahrhundert wurden hier auf dieser kleinen Hochfläche Quintas für wohlhabende Briten errichtet. So gelangte auch die Familie *Blandy* nach Santo da Serra, und der große Park der **Quinta de Santo da Serra** ist heute der Öffentlichkeit kostenlos zugänglich. Besonders die alten Bäume machen einen Spaziergang durch den gepflegten Park zu einem Erlebnis. In den Sommermonaten ist der schattige Park Ziel zahlreicher Ausflügler, die hier ihr Familienpicknick genießen. Vom Aussichtspunkt (*Miradouro dos Ingleses*) hat man einen eindrucksvollen Blick auf die trockene Halbinsel Ponta de São Lourenço.

Neben dem Park finden sich kaum andere touristische Höhepunkte: In der Ortsmitte gibt es nur wenige Läden und Restaurants, in denen man überwiegend Einheimische sieht, und so wird die Beschaulichkeit des Ortes selten gestört.

Magnet für Touristen: der Golfplatz

Aber rund um Santo da Serra wurden ein paar Quintas in anspruchsvolle Unterkünfte umgebaut und so kann man mittlerweile sehr stilvoll nächtigen und natürlich auch essen.

Hält man sich vom Ortszentrum auf der Hauptstraße weiter in Richtung Osten, so kommt man nach kurzer Zeit zum **Golfplatz**, der eigentlichen Attraktion der Hochfläche. Dieser wurde bereits im Jahr 1937 errichtet, damit sich die Briten bei ihrem Lieblingssport erholen konnten... Das moderne Klubhaus lädt zu einem kurzen Aufenthalt ein. Bei einer Erfrischung kann man draußen den schönen Ausblick genießen, denn auch hier ist der Blick auf die **Ponta de São Lourenço** sehenswert.

Reisepraktische Informationen zu Santo António da Serra

Unterkunft

€€ **A Quinta Estalagem**, *Estrada Santo António da Serra, Casais Próximos, Santo da Serra (9100-255 Santa Cruz), ☏ 291-550030, 🖷 291-550049, www.estalagemaquinta.com. Unser Tipp: Dieses Anwesen (ca. 1 km vom Golfplatz entfernt) in einem wunderschön angelegten Garten bietet elf geräumige und geschmackvoll gestaltete Zimmer. Da Santo da Serra etwas abseits liegt, übernachten hier meistens Golfspieler, obwohl diese Unterkunft mehr Beachtung verdient hätte. Es können auch Ferienhäuser, die noch etwas außerhalb liegen, gemietet werden. Dem Hotel sind ein Restaurant und eine Bar angeschlossen.*

€€ **Quinta Santo António da Serra**, *Casais Próximos, Santo da Serra (9100-255 Santa Cruz), ☏ 291-763879, 🖷 291-228897, www.madeiraisland.online.pt. Diese besondere Unterkunft bietet 17 Wohneinheiten in einem 20.000 qm (!) großen Garten. Man wohnt also in der „eigenen Villa", die keine Wünsche offen lässt und über Küche, Heizung und Kamin usw. verfügt. Besonders angenehm mit Kindern, denn hier gibt es genug Platz zum Spielen.*

Essen und Trinken

Empfehlenswert ist das bereits erwähnte **Restaurant A Quinta**; *wer es einfacher mag, sollte in den wenigen Bars bzw. Restaurants des Ortes speisen. Da Santo da Serra kein „typischer Touristenort" ist, ist das Essen noch sehr traditionell. Wer doch lieber in der Gesellschaft von Mitteleuropäern bleiben möchte, sollte auch als Nichtgolfer einen Abstecher zum Golf-Klubheim machen, denn der Blick von der Terrasse ist sehr reizvoll.*

Anfahrt

mit dem Bus

Der **Carros de São Gonçalo-Bus Nr. 77** *(über Camacha) und der* **SAM-Bus Nr. 20** *(über Machico) sorgen für eine regelmäßige Verbindung mit Funchal; für die Fahrtzeit sollten Sie jedoch etwa 1 ½ Stunden rechnen. Für dieses Ziel ist es deshalb günstiger, mit dem Mietwagen anzufahren.*

Golfplatz

Alle Informationen findet man online unter www.santodaserragolf.com. Der **Campo de Golfe do Santo da Serra** *wird von Madeiras Touristikmanagern gerne als einer der „spektakulärsten Golfplätze Europas" bezeichnet, denn die Aussichten, die sich von der 27-Loch-Anlage ergeben, sind wirklich besonders. Es werden Golfkurse für Anfänger und Fortgeschrittene angeboten, die Ausrüstung kann ausgeliehen werden. Auf dem Platz von Santo da Serra werden auch die* **„Madeira Island Open"** *ausgetragen, dann stehen die Profis im Mittelpunkt.*

Nach diesem kurzen Abstecher nach Santo da Serra geht es auf gleichem Weg zurück und dann folgt man wieder der ER 102 in nördliche Richtung nach Portela. Kurz vor Portela wird es noch einmal richtig steil.

Portela

Portela ist kein Ort, sondern ein bemerkenswerter **Aussichtspunkt** mit einem Restaurant. Meistens haben hier auch einige Souvenirhändler ihre Stände aufgebaut. Durch die Höhe von 620 m bietet Portela einen guten Blick auf die Nordostküste. Übersetzt heißt Portela übrigens „die Pforte".
Der **Adlerfelsen** ist eigentlich der Hausberg von Faial. Doch dieser Ort wird durch den Berg verdeckt, dagegen kann man die beiden Ortschaften São Roque do Faial und das direkt am Atlantik liegende Porto da Cruz erkennen.

Schöne Aussicht

Der Blick auf den 590 m hohen Penha de Aguia, den sogenannten „Adlerfelsen", ist wirklich ein Bild wert.

In Portela muss man sich entscheiden, ob man von hier aus direkt nach Machico fährt oder noch einen kleinen Abstecher nach **Porto da Cruz** macht. Egal, ob man jetzt in Richtung Norden oder Südosten fährt, ab hier wird die ER 108 befahren.

Porto da Cruz

Besonders lohnenswert ist der Besuch von Porto da Cruz im April und Mai, denn dann ist die kleine Zuckerrohrfabrik in Betrieb und Besucher können einen Blick in das Gebäude werfen. In diesen Monaten wird das Zuckerrohr geschnitten und nach der Gewinnung des Saftes später zu Zuckerrohrschnaps weiterverarbeitet. Das Unternehmen hat den klangvollen Namen **„Companhia dos Engenhos do Norte"**.

Das Besondere an der Zuckerrohrfabrik ist die Tatsache, dass die mächtige Presse noch heute durch die Kraft der Dampfmaschine (!) angetrieben wird.

Die Anfahrt zur Zuckerrohrfabrik ist ganz einfach: Der hohe Schornstein der Fabrik weist den Weg. Selbst wenn hier kein dunkler Rauch aufsteigt, so ist der austretende weiße Wasserdampf das Zeichen dafür, dass Zuckerrohr verarbeitet wird... Wenn man außerhalb der Erntezeit kommt, bleibt man auf der Hauptstraße, die in den Ort führt. Man passiert die große Stadtkirche auf der rechten Seite und hält sich zunächst links, um dann rechts abzubiegen. Nun ist die Zuckerrohrfabrik erreicht. Direkt gegenüber wurde eine schöne kleine Grünfläche angelegt und über eine Brücke kann man den Stolz des Ortes erreichen: Eine Badeanlage mit Umkleideräumen und Restaurant am kieseligen Strand; bei bestimmten Wetter- und Strömungsverhältnissen wird sogar ein dunkler Sandstrand freigelegt.

info

Zuckerrohrschnaps und die alte Technik der Dampfmaschine

Das Zischen des Wasserdampfes versetzt in die industrielle Pionierzeit

Wir erinnern uns: Im Jahr 1776 entwickelte der Schotte *James Watt* die Dampfmaschine. Später wurde ihm zu Ehren die physikalische Einheit der Leistung Watt genannt. Das Grundprinzip ist einfach: Durch die Verbrennung von Rohstoffen wird Wasser in einem Kessel erhitzt. Der aus diesem Kessel in einen Zylinder geführte Dampf dehnt sich dort aus und schiebt dabei den Kolben hin und her (Kolbendampfmaschine).

Diese Grundidee wurde immer weiter verbessert. Später wurden Getriebe entwickelt, die die geradlinige Bewegung der Kolbenstange in eine Kreisbewegung umsetzten, was zu einer deutlichen Erweiterung des Anwendungsbereiches führte.

Im Fabrikgebäude der Companhia dos Engenhos do Norte werden Sie sich in die **Pionierzeit des industriellen Zeitalters** zurückversetzt fühlen: Das Kesselwasser wird durch das Verbrennen des Zuckerrohrabfalls, der nach dem Quetschen des Rohrs anfällt, erhitzt. Dafür ist der Heizer zuständig, der den auf dem Transportband herangeführten Abfall in seinem

Korb hinüber zur Feuerstelle trägt. Der so erzeugte Dampf treibt die eigentlichen Dampfmaschinen an, und über eine abenteuerlich anmutende Anordnung von Zahnrädern wird die Kraft auf die Presse übertragen. Die Presse quetscht den Saft aus dem Zuckerrohr, und schließlich rinnt der kostbare süße Saft in einen in den Boden eingelassenen Behälter.

Diese alte Anlage hat ihre Vorteile: Man braucht keinen teuren Strom, nur ein elektrisches Gebläse sorgt bei der Anfeuerung für den benötigten Sauerstoff. Was für uns ein anschaulicher Ausflug in ein zurückliegendes Zeitalter ist, ist für die Arbeiter in ihrer heißen und lauten Umgebung kein Vergnügen. Aber vielleicht tröstet die Tatsache, dass diese Arbeit zeitlich begrenzt ist...

Das Ziel aller Mühen: Der Saft des Zuckerrohrs

Aus dem klebrigen und süßen Saft wurde früher der Zucker gemacht. Aber der Handel mit Zucker aus Madeira ist schon seit vielen Jahren unrentabel geworden. Heute wird aus dem Saft noch Zuckerrohrschnaps destilliert.

Neben der Produktionsstätte, in der die dampfbetriebene Presse steht, befindet sich noch ein kleinerer Raum: Hier wird der Rum in bauchige grüne Flaschen abgefüllt. Dieser Rum hat bereits eine zehnjährige Lagerung in Eichenfässern hinter sich.
Für eine Stärkung kann man die Straße Rua das Oliveiras zurückgehen und nach wenigen Schritten ist die kleine, aber feine Snackbar „A Pipa" erreicht.
Ein Stück weiter geht es zur neuen Promenade und zum großen Meeresschwimmbecken, ein absolutes Muss für Badebegeisterte.

Reisepraktische Informationen zu Porto da Cruz

Unterkunft

€€ **Costa Linda**, *Rua Dr. Abel de Freitas, Porto da Cruz, ☏ 291-560080, 🖷 291-560089, www.costa-linda.net. Nur wenige Schritte von der Kirche und der Promenade entfernt liegt dieses neue Haus mit modern eingerichteten Zimmern (6 DZ und 6 Twins), vom Balkon hat man Meerblick (nicht alle Zimmer).*

Essen und Trinken

Die Snackbar **A Pipa** *ist unser Geheimtipp: In netter Atmosphäre (überwiegend gehören Einheimische zum Publikum) werden schmackhafte Sandwiches (ab 3 €) und tolle Salate serviert.*

Anfahrt
mit dem Bus

Die Busgesellschaft Companhia de Carros de São Gonçalo bedient mit der **Linie 56** *(täglich um 8.10 Uhr bzw. am Samstag um 9.30 Uhr und am Sonntag um 10.30 Uhr) die Strecke nach Porto da Cruz (Fahrziel Santana). Der nächste Bus mit dem Fahrziel Arco de São Jorge (***Nr. 103***) startet um 7.30 Uhr (über Machico) und um 13.30 Uhr – allerdings nur an Werktagen. Außerdem fährt die* **Linie 138** *(Fahrziel São Jorge) um 11.30 Uhr. Bitte vor der Abfahrt unbedingt die Zeiten überprüfen, da es nur wenige Verbindungen gibt.*

Einkaufen
Den angebotenen **„Rhum 970 – Reserva"** *(40 % Vol.) können Sie hier kaufen. Dieser direkt beim Erzeuger erstandene Rum ist dann ein Souvenir der ganz besonderen Art...*

Nun geht es auf der ER 108 den gleichen Weg wieder zurück, um später links auf die ER 101 in Richtung Machico abzubiegen. Auf der neuen Straße und durch insgesamt drei Tunnel erreicht man sehr schnell einen Kreisverkehr. Ab hier ist dann das Zentrum Machicos ausgeschildert.

Machico

Machico war Madeiras erste Hauptstadt, denn hier sind die Entdecker Madeiras im Jahr 1419 zum ersten Mal an Land gegangen. So trägt die Bucht von Machico den Namen **„Baía de Zarco"**. Die Herkunft des Stadtnamens ist bis heute stark umstritten. Romantiker und Engländer verweisen gern auf die überlieferte Geschichte, nach der ein englisches Liebespaar bereits vor den Entdeckern hier gestrandet sein soll. Die Namen der beiden Gestrandeten sollen *Anne Dorset* und *Robert Machim* gewesen sein, und aus Machim soll Machico geworden sein...

Der Ribeira de Machico trennt den östlichen vom westlichen Teil Machicos. Der westliche Teil ist geprägt von schönen Stadthäusern, der großen Stadtkirche mit ihrem Platz und Gebäuden der öffentlichen Infrastruktur, wie zum Beispiel dem Rathaus.
Im Osten befand sich der einfache Fischerhafen und so werden die östlichen Wohnviertel von einfacheren Wohnhäusern dominiert. Der Fischerhafen musste inzwischen der Marina weichen und langsam wird der Gegensatz zunehmend ausgeglichen.

Zweitgrößte Stadt der Insel

Die Kreisstadt ist mit etwa 13.000 Einwohnern die zweitgrößte Stadt der Insel. Das wird schon bei der Anfahrt ersichtlich, denn in der geschäftigen Stadt ist es schwer, einen Parkplatz zu bekommen. Wenn Sie am Largo do Município, an dem sich auf der linken Seite die große Stadtkirche und rechts das stattliche **Rathaus** befinden, nicht parken können, fahren Sie weiter über die kleine Brücke. Gleich rechts hinter dem großen Baum sind meistens noch freie Parkplätze zu finden. Hier befindet sich auch die kleine Capela dos Milagres. Falls es immer noch nicht möglich war, den Wagen zu parken, fahren Sie halblinks in die Rua da Leiria, die zur Marina Machicos führt. Auf der linken Seite befinden sich zahlreiche Stellmöglichkeiten.

Die **Kapelle der Wunder** (*Capela dos Milagres*) war der erste kirchliche Bau Madeiras, der bereits im Jahr 1420 unter der Leitung von *Zarco* fertiggestellt wurde. Angeblich entstand sie genau an der Stelle, an der *Zarco* seinen Fuß auf madeirischen Boden setzte. Damals hieß die Kirche noch **Capela de Cristo**. Am 9. Oktober 1803 wurde das Gebäude durch eine Sturmflut zerstört und das Kruzifix auf das offene Meer hinaus getragen. Und hier geschah das Wunder: Die Besatzung eines amerikanischen Viermasters konnte das Kruzifix bergen und brachte es nach Funchal. Inzwischen wurde die Kapelle in Machico wieder aufgebaut, und am 25. April 1813 wurde das Kruzifix in einer feierlichen Prozession in die neue Kapelle gebracht, die seitdem verständlicherweise den Namen Capela dos Milagres trägt. Bis heute wird alljährlich am 9. Oktober in der Capela dos Milagres ein Fest zu Ehren des Schutzheiligen gefeiert.

Das Wunder von Machico

Nach Besichtigung der Capela dos Milagres geht es auf der alten Brücke über die Ribeira de Machico zum großen Kirchplatz. Man sollte unbedingt einen Blick in die manuelinische **Igreja de Nossa Senhora da Conceição** werfen. Ihr Bau wurde von dem zweiten bekannten Entdecker *Tristão Vaz Teixeira* im Jahr 1425 veranlasst. Sein Denkmal steht auf dem Platz. König *Manuel I.* spendete die Marmorsäulen, die die seitliche Tür der Kirche umrahmen, außerdem die Orgel und wertvollen Kirchenschmuck.

Folgen Sie dann der Rua de Mercado in Richtung Meer. Wie der Name der Straße schon sagt, gibt es hier eine große Anzahl von Geschäften und unter den alten Platanen lässt es sich wunderschön flanieren... Schließlich erreicht man die gelbgestrichene Festungsanlage **Nossa Senhora do Amparo**, in der sich auch ein kleines Büro der Touristeninformation befindet. Diese dreieckige Festung wurde im Jahr 1706 gebaut und diente als zentrale Verteidigung zwischen zwei weiteren Festungen. Das **Fort**

An der Strandpromenade von Machico

de São João Batista war die östliche Festung und ist auch heute noch erhalten. Dagegen ist die aus dem 16. Jahrhundert stammende Festungsanlage im Westen, das **Fort de São Roque**, nicht mehr vorhanden. Heute prägt an Stelle der Festung das hohe Gebäude des Hotels Dom Pedro das Stadtbild.

Noch hinter dem Hotel, an der westlichen Bucht am Ende der Straße, liegt auch die Kapelle **São Roque**. Diese Kapelle wurde 1489 errichtet und erfuhr 1739 einen Wiederaufbau; sie ist für ihre schönen Kacheln bekannt.

Neue Investitionen: Promenade und Kulturzentrum

Kaum vorstellbar ist die Tatsache, dass noch vor wenigen Jahren das meerseitige Machico von einem Spielplatz, Fußballstadion und der Fischhalle beherrscht wurde. Wie man heute sieht, wurden große Anstrengungen unternommen, um auch Machico attraktiver zu gestalten: Die breite Strandpromenade mit den zwei Reihen Palmen wurde errichtet und am westlichen Ende dominiert das architektonisch moderne „Forum Machico", das **Kulturzentrum der Stadt**. In dem Kulturzentrum gibt es eine Bibliothek, Ausstellungs- und Veranstaltungsräume, ein Kino, eine Cafeteria und ein Restaurant sowie eine Tiefgarage.

Wenn Sie östlich des Ribeira de Machico geparkt haben, können Sie an der Promenade zurückgehen und erreichen über den Largo da Praça die **alte Markthalle**. Hier wird inzwischen leider kein Fisch mehr verkauft, heute dominieren kleine Verkaufsstände und Imbisse.

Dann eröffnet sich der Blick auf die neue Brücke, die man überqueren muss, um wieder auf die Rua da Leiria zu kommen.

info

Machicos Spezialitäten

Machico ist bekannt für seine traditionellen Gerichte. So bekommt man in guten Restaurants als Vorspeise **Bolo de Caco** *(Fladenbrot)*, das auf einem heißen Stein gebacken wird und meistens mit einem Aufstrich aus Knoblauchbutter noch warm serviert wird. Dann gibt es die **Sopa de Trigo** *(Weizensuppe)* und als traditionelles Hauptgericht ist **Carne de Vinho e Alhos** *(Fleisch in Wein und Knoblauch)* besonders zu empfehlen. Probieren Sie diese schmackhaften Spezialitäten!

Reisepraktische Informationen zu Machico

Information

Turismo de Machico, *Forte Nossa Senhora do Amparo, 9200 Machico, ☏ 291-962289. Das kleine Büro der Touristeninformation befindet sich* **in** *der Festungsanlage Nossa Senhora do Amparo in der Nähe des Atlantik. Dort erhalten Sie auch kostenlos einen Stadtplan.*

Unterkunft

€€ **Hotel Dom Pedro Baía Club**, *Estrada de São Roque, 9200-126 Machico, ☏ 291-969500, 🖷 291-969501, www.dompedrobaiahotel.com. Mehrstöckiges Gebäude* *mit 218 geräumigen und modern eingerichteten Zimmern, Restaurant, Bars, Garten, beheizter Meerwasserpool, Tennisplatz und Tauchangebot.*

€ **Residencial Amparo**, *Rua da Amargura, 9200-085 Machico, ☏ 291-968120, 🖷 291-966050, www.residencialamparo.web.pt. In der Nähe des Fort N. S. de Amparo befindet sich diese gepflegte und ruhige Pension mit 12 Zimmern, die mit Telefon und TV ausgestattet ist. Kleines und gutes Restaurant im Hause.*

€ **Residencial Machico**, *Praceta 25 de Abril, 9200-084 Machico, ☏ 291-965575, 🖷 291-965210, www.machicohotels.com. Die kleine und gepflegte Pension liegt an dem runden Platz unweit des Fort N. S. de Amparo.*

€ **Residencial O Facho**, *Praceta 25 de Abril, 9200-084 Machico, ☏ 291-962786, 🖷 291-961118, www.albertooculista.com. Die Zimmer sind etwas einfacher als in der Pension Machico, aber auch sehr sauber. Das große Restaurant ist empfehlenswert.*

Essen und Trinken

Empfehlenswert und beliebt sind die Restaurants in den Pensionen **Amparo** *und* **O Facho** *am Praceta 25 de Abril. Im* **Amparo** *kann der Gast auf der hauseigenen Terrasse das Essen genießen; das* **O Facho** *bietet eine große Auswahl an madeirischen und internationalen Gerichten.*

Ebenfalls im Freien sitzt man auf der schönen Gartenterrasse des Restaurants **Mercado Velho** *hinter dem Fortaleza do Amparo in der Rua do Mercado, ☏ 291-965926. Dieses Restaurant bietet gute und einfache Kost.*

Im Restaurant **O General** *hinter der großen Stadtkirche in der Rua General António Texeira d'Aguiar 91, ☏ 291-963936, sind die Thunfisch-Steaks und die Espetada besonders empfehlenswert.*

Anfahrt

mit dem Bus

Die Verbindungen durch die **SAM-Busgesellschaft** *sind sehr gut. Die schnellste Verbindung über die Autobahn ist die Linie Machico (Expresso), die stündlich von Funchal fährt. Die Nr. 20 bzw. 23 (Fahrziel Santo da Serra), 53 (Fahrziel Faial) 113 (Fahrziel Caniçal) und 156 (Fahrziel Maroços) sorgen am Vor- und Nachmittag sogar für einen Halbstundentakt. Die genauen Abfahrtszeiten sind dem Busplan zu entnehmen. Die Busse fahren an der SAM-Bushaltestelle an der Avenida do Mar ab.* **Achtung**: *Beachten Sie bitte unbedingt, dass Sie nicht am Palácio S. Lourenço warten, da es in Richtung Osten geht, ist der Abfahrtsort an der Bushaltestelle auf der gegenüberliegenden Straßenseite!*

Tauchen

Dem Hotel Dom Pedro Baía Club angeschlossen ist das **Tauchzentrum „Madeira Oceanos"**. *Es werden viele Kurse angeboten und die Tauchschule ist mit verschiedenen internationalen Tauchorganisationen wie zum Beispiel BSAC, IDD, PADI und SSI in Kontakt.*

Das nächste Ziel ist der Aussichtspunkt **Pico do Facho**. Es geht an der Capela dos Milagres vorbei durch bewohntes Gebiet in Richtung Norden. Anschließend führt die Straße unter der Autobahn entlang und kurz vor dem Tunnel kommt die Ausschilderung **Pico do Facho, nicht** durch den Tunnel nach Caniçal.

Schöne Aussicht

Vom 322 Meter hohen **Pico do Facho** bietet sich ein schöner Überblick auf das relativ breite Machico-Tal, den Flughafen und die sich im Osten erstreckende Ponta de São Lourenço. Auch der Ort Caniçal mit seinen zunächst eher uninteressant wirkenden Industriebauten ist zu erkennen.

Das Restaurant **„O Túnel"** befindet sich an der Abzweigung zum Pico de Facho direkt am Tunnel, auf der Terrasse kann man Ausblick und einfache Gerichte genießen.

Nach diesem kurzen Stopp fährt man den gleichen Weg zurück, dieses Mal wird der moderne Straßentunnel durchquert und nach wenigen Kilometern auf der ER 109 ist Caniçal erreicht.

Caniçal

Der Höhepunkt des verschlafen wirkenden Ortes (knapp 4.000 Einwohner) ist das kleine, aber sehenswerte **Walmuseum** (*Museu da Baleia*). Es befindet sich in der unmittelbaren Nähe des Hafens und ist durch eine gute Ausschilderung leicht zu finden. Das kleine Museum bietet einen sehr anschaulichen Überblick über den madeirischen Walfang.
Museu da Baleia, *Largo Manuel Alves Vila do Caniçal, 9200 Caniçal, ☏ 291-961859, www.museudabaleia.com. Öffnungszeiten: Täglich (außer montags und an Feiertagen) 10-12 Uhr und 13-18 Uhr, Eintritt: 1,25 €*

info

Der Walfang auf Madeira und sein Ende

Auf eine lange Tradition blickt der Walfang auf Madeira nicht zurück: Zwar wurden seit Mitte des 19. Jahrhunderts Pottwale gejagt, aber erst 1940 erlebte der Walfang einen Aufschwung. Zu dieser Zeit kamen wenige **Walfänger von den Azoren** nach Madeira und machten zunächst Station in Porto Moniz und Funchal, bis einige Jahre später Caniçal zum Walfängerort wurde. Der Wal wurde in kleinen Holzbooten, in denen bis zu sechs Männer Platz hatten, direkt vor der Küste gejagt.
Caniçal war die einzige Walfangstation der Insel; bis 1981 wurden hier **Pottwale** erlegt und weiterverarbeitet. Dieser lokale Walfang war nicht mit dem internationalen Walfang zu vergleichen, dessen moderne Fabrikschiffe Mitte des 20. Jahrhunderts in der Antarktis den dortigen Walbestand dramatisch dezimierten.
Die **Internationale Walfangkommission** (IWC = International Whaling Commission) hat im Jahr 1982 ein Moratorium für jeglichen kommerziellen Walfang beschlossen, das im Jahr 1986 begann. Bekanntlich schlossen sich fast alle Staaten der Erde an, nur Norwegen und Japan betreiben noch heute den kommerziellen Walfang. So endete auch auf Madeira die Ära der Walfänger. Aber neben dem gesetzlichen Verbot sorgten auch wirtschaftliche Schwierigkeiten für eine relativ leichte Durchsetzung des Walfangstopps bei der Bevölkerung.

Nach einem Besuch im Walmuseum, kann man noch einen kleinen Spaziergang am Meer machen. Früher lagen hier zahlreiche kleine, bunte Fischerboote und es gab noch eine Werft, die diese Holzboote reparierte und baute. Mittlerweile jedoch gibt es nur noch wenige traditionelle Boote und für die größeren Stahlboote wurde der Hafen in Richtung Osten erweitert. Durch die relative Weitläufigkeit des Hafengebietes kommt leider keine maritime Stimmung auf…

Die Holzboote sind verschwunden

In westlicher Richtung wurden auch hier eine Promenade und eine moderne Badeanlage errichtet. Wenige Bars und Restaurants runden das Angebot an die Besucher ab, Pensionen oder Hotels gibt es (noch) nicht.

Von der ehemaligen Walfangstation, die noch bis 1990 zu besuchen war, ist nichts mehr zu sehen. Man hätte aus dieser Station ein riesiges Freiluftmuseum machen sollen – das hätte wahrscheinlich größeren ökonomischen Nutzen gebracht als die heutige Freihandelszone… Aber Anfang der neunziger Jahre entschied man sich für den vollständigen Abriss der Walfangstation samt aller Verarbeitungsanlagen; das ganze Gebiet wurde mit Hilfe von EG-Geldern in die große **Freihandelszone** (*Zona Franca*) umgewandelt. Noch heute wirkt das eingezäunte Gebiet irgendwie deplaziert, und der erhoffte wirtschaftliche Boom wird wohl auch in Zukunft ausbleiben.

Reisepraktische Informationen

Essen und Trinken

Die moderne ***Bar Amarelo****, Sítio Cais do Caniçal, ☏ 291-961798, bietet gute regionale Küche, die draußen unter den Palmen oder im Gebäude serviert wird.*

Anfahrt

mit dem Bus

Die Verbindungen durch die ***SAM-Busgesellschaft*** *sind sehr gut. Die Nr. 113 fährt etwa stündlich, die meisten Busse fahren über den Flughafen. Die genauen Abfahrtszeiten sind dem Busplan zu entnehmen. Die Busse fahren an der SAM-Bushaltestelle an der Avenida do Mar in Richtung Osten (!) ab.*

Es sind jetzt nur noch wenige Kilometer bis zur landschaftlich sehr reizvollen Ostspitze Madeiras.

Die Ponta de São Lourenço

Der klangvolle Name der Ostspitze stammt von dem Inselentdecker *Zarco*, der dieser Landzunge den Namen seines Schiffes gab. Auf dem Weg zur Ponta de São Lourenço fährt man an dem großen Gebiet der Freihandelszone vorbei. Der erste größere Parkplatz auf der rechten Seite ist für die Besucher des kleinen Sandstrandes (*Prainha*) errichtet worden. Den Rest des Weges zur kleinen Badebucht mit dem dunklen Sand muss man zu Fuß steil hinunter gehen. Danach kann man sich im direkt am Strand liegenden **Restaurant Prainha** stärken; hier werden auch Sonnenliegen vermietet.

Am Sandstrand

Kleine Wanderung zur Küstennordseite

Dauer und Schwierigkeitsgrad: Obwohl, oder gerade weil, dieser Weg viel begangen wird, ist festes Schuhwerk unumgänglich; am besten sind natürlich Wanderschuhe. Die Gehzeit beträgt für den Hin- und Rückweg etwa 40 Minuten; die Wanderung ist leicht, kann aber bei großer Wärme etwas anstrengend werden.
Wegbeschreibung: Am großen Parkplatz zeigt ein auffallendes Schild den Verlauf der Wanderung. Mittlerweile ist der Weg sehr gut ausgebaut worden, über feuchte Stellen führen Holzbrücken und steilere Passagen sind gesichert. Verlaufen kann man sich hier eigentlich nicht.
Aussicht: Unterwegs hat man einen tollen Blick auf die **Baía de Abra** und zur Nordküste, da wird die Nationalparkgrenze passiert. Schließlich kommt man an eine kleine Kreuzung, an der der Hauptweg weiter geradeaus in Richtung Osten führt, doch man hält sich in nördlicher Richtung nach links. Nur noch wenige Schritte trennen den Wanderer von dem bizarren **Brandungspfeiler,** der auch als Postkartenmotiv dient. Besonders wenn die Sonne scheint, leuchten das türkisblaue Meer und das rote Gestein im Vordergrund um die Wette.

Wandertipp zur äußersten Landspitze

Wer durch den kleinen Spaziergang neugierig geworden und trittsicher ist, sollte die große Wanderung „wagen". Für diese Hauptwanderung benötigen Sie insgesamt etwa 3 Stunden (mit Pause etwa 4 Stunden). Im Rahmen der Tagestour ist dieser Ausflug also weniger geeignet. Alle weiteren Hinweise und die Wegbeschreibung finden Sie im Kapitel „Wanderungen auf Madeira – Küstenwanderungen" ab der Seite 268ff.

Wie es sich schon seit der Fahrt aus Caniçal gut beobachten ließ, unterscheidet sich die Landschaftsform der Ostspitze Madeiras ganz deutlich von dem Rest der Insel. Da auf der Ponta de São Lourenço hohe Erhebungen fehlen, können die feuchten NO-Passate hier nicht abregnen. Klimatologen sprechen von einem **semiariden Randpassatklima**, denn der durchschnittliche Jahresniederschlag auf der Ponta liegt, wie auch auf der Nachbarinsel Porto Santo, bei nur 422 mm (im Inselinneren werden bis zu 2.500 mm/Jahr erreicht). Wo nur wenig Niederschlag fällt, kann auch nur **anspruchslose Vegetation** gedeihen, deshalb erscheint dem Besucher die Ostspitze sehr karg.

Eine Sonderstellung nimmt auch die **Geologie** ein: Der äußerste Osten gehört, wie das Machico-Tal, zum ältesten vulkanischen Teil der Insel. So kann man bei der Ponta de São Lourenço von einer Restkette sprechen, die weitgehend aus verfestigten Lockerprodukten aufgebaut wird. Da keine jüngeren Lavaströme diese „alte" Vulkanregion überlagert haben, konnte der äußerste Osten der Insel besonders stark abgetragen werden.

Man folgt der Straße bis zum Ende, das durch einen Parkplatz gekennzeichnet ist. Von hier aus hat man einen schönen Blick auf die fast kreisrunde **Baía de Abra**. Außerdem ist hier der Ausgangspunkt für die Küstenwanderung bis an das östliche Ende Madeiras. In der Saison läuft hier der Generator eines Getränkewagens, der die erschöpften Wanderer mit gekühlten Getränken versorgt.

Selbst wenn Sie nicht zu den „Wanderexperten" gehören, sollten Sie zumindest einen kleinen Spaziergang in die vielfältigen vulkanischen Gesteinsformationen unternehmen.

Das nächste Ziel ist Santa Cruz, das man relativ schnell über die Autobahn 101 erreicht. Caniçal und Machico werden links liegengelassen, hinter Machico fährt man

Dieser Brandungspfeiler ist wohl einmalig…

Schöne Aussicht

Dieser Miradouro gehört zu den reizvollsten Punkten der Insel. Man hat wieder den Blick auf fantastische vulkanische Gesteinsformationen, die vom Meer schäumend umspült werden. Nicht umsonst heißt dieser Punkt „Ponta do Rosto“ (Blick ins Angesicht).

unter der Start- und Landebahn des Flughafens entlang. Gleich hinter dem südwestlichen Ende muss die Autobahn verlassen werden, dort geht es in das Zentrum von Santa Cruz.

Santa Cruz

Nicht nur Flughafen

Mit Santa Cruz verbinden die meisten Touristen nur den Flughafen der Insel, doch damit tut man diesem Städtchen unrecht. Höhepunkte der 1450 gegründeten Stadt sind die große **Igreja Matriz de Santa Cruz** und das beliebte Freibad **Praia das Palmeiras** direkt am Meer.

Im Jahr 1533 wurde aus einer Kapelle eine imposante dreischiffige Kirche erbaut, die als ein kleinerer Nachbau der Kathedrale von Funchal gilt. Das Zwillingsportal und andere Ornamente sind manuelinischen Stils, die Wandkacheln im Inneren stammen

Blick vom Miradouro

aus dem 16. Jahrhundert. Der gegenwärtige Altar wurde 1783 fertiggestellt. Die Kirche ist auch unter dem Namen **Igreja de São Salvador** bekannt. Die Größe der Kirche lässt sich mit dem ehemaligen Reichtum durch den Zuckerexport erklären, der im 16. Jahrhundert seinen Höhepunkt erlebte, denn der Südosten der Insel war das Hauptanbaugebiet des Zuckerrohrs.

Fußbodenmosaiken und Markthalle

Auch in der letzten Zeit hat die Stadt investiert: Die **Strandpromenade** mit ihren Fußbodenmosaiken, die überwiegend maritime Motive zeigen, ist sehr gelungen. Auch die **Markthalle**, die unten am Wasser liegt, glänzt mit ihren sehenswerten Wandkacheln. Diese modernen Kunstwerke wurden von dem zeitgenössischen Künstler *Outeriro Agueda* geschaffen.

Für die einheimische Bevölkerung ist das Freibad mit der beaufsichtigten Schwimmzone im Meer mit dem vielversprechenden Namen **„Palmenstrand"** (so die Übersetzung von **Praia das Palmeiras**) der Höhepunkt des Ortes.

Einen Blick wert ist auf jeden Fall der kleine, aber feine **Stadtpark** oberhalb der Badeanlage. Falls Sie noch nie Drachenbäume aus der Nähe gesehen haben, lohnt der Weg zum gepflegten Park. Auch moderne Skulpturen sind zu bewundern. Und obwohl die Einflugschneise der Urlauberjets über das Meer nur einen Steinwurf entfernt zu sein scheint, hält sich der Lärm in Grenzen. Vielleicht ist die Nähe der anfliegenden Flugzeuge bei einer Tasse Kaffee direkt am Meer sogar ganz interessant...

Die neueste Attraktion ist der **Aquaparque von Santa Cruz**, der erst vor kurzem eröffnet wurde. Mit Kindern ist dieser Freizeitpark mit zwei Swimmimgpools, zahlreichen tollen Rutschen und Tobogganbahnen natürlich ein absoluter Höhepunkt.
Aquaparque de Santa Cruz, *Ribeira da Boaventura, 9100-138 Santa Cruz, ☏ 291-524112, 🖷 291-524602, www.aquaparque.com. Öffnungszeiten: täglich von 10-18 Uhr, Eintritt 6,50 €, Kinder (5-12 Jahre) 4 €, Kinder unter 5 Jahre und aktive Besucher über 65 Jahre sind eintrittsfrei*

Reisepraktische Informationen

Unterkunft

€€ **Hotel Vila Galé**, *Rua São Fernando, 9100-157 Santa Cruz, ☏ 291-529000, 🖷 291-529050, www.vilagale.pt. Dieses hochmoderne Hotel wurde 2006 eröffnet und bietet 262 Zimmer, die alle mit neuester Technik ausgerüstet sind: LCD-Fernseher, DVD-Player und kabelloser Internetanschluss, Swimmingpool, Hallenbad, Restaurant, Sauna usw. Sehr vorbildlich ist die Tatsache, dass alle Zugänge rollstuhlgerecht sind.*
€ **Residencial Santo António**, *Rua Cónego Alfredo César Oliveira, 9100-153 Santa Cruz, ☏ 291-524198, 🖷 291-524264, zurzeit keine gültige Internetseite, aber folgende E-Mail: residencialsantoantonio@oninet.pt. Einfache Stadtpension mit 14 Zimmern und kleinem Restaurant, 75 m vom Meer entfernt, bei Wanderern beliebt.*

Essen und Trinken

Santa Cruz bietet einige Cafés und Restaurants an der Promenade, die durch diese Lage sehr einladend sind. Aber auch in der Stadt sind die Restaurants empfehlenswert, denn trotz des großen Hotels Vila Galé ist Santa Cruz eigentlich kein „echter" Touristenort. Deshalb sind die traditionellen Gerichte gut und günstig.
Namentlich nennen möchten wir das Restaurant der Badeanlage **Praia das Palmeiras**, *wo man sehr schön draußen auf der Terrasse sitzen kann und ein gutes Hauptgericht (ab 6 €) genießen kann.*

Caniço

Die letzte Ortschaft vor Funchal ist **Caniço**. Im unteren Teil des Ortes befinden sich zahlreiche Hotels und andere touristische Einrichtungen. Dieser untere Teil heißt **Caniço de Baixo** (sinngemäß übersetzt bedeutet es „Unteres Schilfrohr"). Bis vor wenigen Jahrzehnten war Caniço landwirtschaftlich geprägt, auf den terrassierten Feldern wurden überwiegend Zwiebeln angebaut.

Diese noch unbebauten Flächen sowie die gute Lage zwischen dem Flughafen und Funchal waren Grundlage für den Beginn des touristischen Booms. Und das Ergebnis kann sich sehen lassen: Es entstanden viele Unterkünfte in wunderschönen Gartenanlagen. Die überwiegend deutschen Gäste schätzen diese besondere und ruhige Atmosphäre.

Wanderung zur Ponta do Garajau

Dauer und Schwierigkeitsgrad: Die Wanderung zur kleinen Landzunge mit ihrer bekannten Christusfigur ist nicht schwer, kann aber durch die Steigung besonders bei großer Wärme anstrengend werden. Je nach Ausgangspunkt variiert die Länge der Wanderung, vom oberen Caniço sollten Sie jedoch mindestens zwei Stunden für den Hin- und Rückweg rechnen.

Wegbeschreibung: Die Ponta do Garajau befindet sich südwestlich von Caniço; durch ihre exponierte Lage hat man von hier aus einen schönen Blick auf Funchal. Man kann vom oberen Caniço entlang der Levada und später einem kleinen Weg folgend das Ziel erreichen. Leider wird das Finden des Weges durch Baustellen bzw. Neubauten erschwert. Wenn möglich, fragen Sie bitte Einheimische nach dem Weg. Sie können aber auch mit dem Pkw von der alten Straße (204) abfahren und zunächst auf den 306 Meter hohen Berg Garajau zusteuern. Folgen Sie aber dann der kleinen Straße, die an einem Aparthotel mit Restaurant endet. Von hier aus ist die Christusstatue schnell zu erreichen.

Während die Bauten von Caniço de Baixo annähernd auf Meereshöhe liegen, befindet sich das „obere" Caniço auf etwa 200 Metern Höhe. Prunkstück ist die 1874 erbaute **Igreja do Caniço**. Die Kirche wurde zwei Heiligen geweiht, nämlich dem Heiligen Geist Paraclits und dem heiligen Antonius.

Diese **Doppelweihung** hat eine geschichtliche Ursache: Bereits zu Zeiten von *Zarco* und *Teixeira* trennte die Ribeira do Caniço die Einflussgebiete beider Kapitäne. Auf beiden Seiten entstanden Kirchen, die jeweils einem Heiligen geweiht worden waren. Im 15. Jahrhundert kam es zu einer Zusammenführung der Gemeinden, doch erst über 300 Jahre später einigte man sich auf einen gemeinsamen Bau der heutigen Kirche. Die alten Kirchen waren inzwischen verfallen, und um den Streit um die Heiligen der neuen Kirche zu beenden, kam es zur Doppelweihung.

Obwohl sich Caniço durch den Zustrom der Touristen stark verändert hat, strahlt der Platz vor der Kirche noch madeirische Ruhe aus, für viele Einheimische ist er immer noch Treffpunkt. Die vielen Restaurants und kleinen Läden haben nicht nur wegen der Touristen geöffnet. Ausnahme ist einzig vielleicht das Einkaufszentrum, dessen großer Supermarkt auch viele deutsche Produkte umfasst.

Jetzt geht es über die Autobahn (Via Rápida) nach **Funchal** zurück. Wenn noch Zeit ist, kann man einen kleinen Abstecher nach Garajau (ausgeschilderte Autobahnabfahrt) zur Christusstatue machen.

Reisepraktische Informationen zu Caniço

Information

Obwohl sehr viele Touristen hier ihre Unterkunft haben, gibt es ***kein*** *staatliches Büro der Touristeninformation. Doch die Hotels und die verschiedenen Agenturen helfen gerne weiter. Einige Hotels bieten einen eigenen Shuttle-Service nach Funchal, ansonsten informieren die Rezeptionen über die öffentlichen Busse. Falls Sie mehr Informationen benötigen, besuchen Sie das Hauptbüro der Touristeninformation in der Avenida Arriaga 18 in Funchal.*

Unterkunft

Neben Funchal bietet Caniço das größte Angebot an erstklassigen Hotels.

In Caniço

€€ **Inn & Arts Hotel A. Sprotte**, *R 61/62, Rua Robert Baden Powell, ☏ 291-938200, 🖷 291-938219, www.innart.com. Das ansprechend im Landhausstil eingerichtete Hotel verfügt über 10 komfortable Zimmer mit Zugang zum Garten, eine Weinbar mit Kamin, einen Innenhof mit subtropischen Pflanzen, ein gutes Restaurant und eine sehr schöne Terrasse direkt am Kliff mit großartigem Meerblick; in der Eingangshalle sind Bilder von A. Sprotte und zeitgenössischen Künstlern ausgestellt. Außerdem werden mehrere Apartments in schönem Garten und die Villa Cliff View vermietet.*

€ **Residencial Lareira**, *Estrada Ponta Oliveira 4, ☏ 291-934284. Diese Pension am Hauptplatz ist eine der wenigen Unterkünfte, die sich im oberen Caniço befinden. Die 17 Zimmer sind mit Telefon und TV ausgerüstet, wegen der zentralen Lage allerdings etwas unruhig. Restaurant mit kleiner Terrasse.*

Caniço de Baixo

€€€ **Hotel Quinta Splendida Wellness & Botanical Garden**, *Sitioda Vargem, ☏ 291-930400, 🖷 291-930401, www.quintasplendida.com. Die schön gestaltete Hotelanlage ist in einen botanischen Garten mit subtropischem Baumbestand eingebettet und bietet großartige Ausblicke auf den Atlantik. Die Anlage besteht aus der herrschaftlichen Quinta, architektonisch ansprechend gestalteten Bungalows mit 165 komfortabel eingerichteten Zimmern, Suiten und Studios (ausgestattet mit Küche), die sich perfekt in das Gesamtbild einfügen, und einem großen Süßwasser-Swimmingpool. Es gibt auch einen Gemüse- und Kräutergarten, dessen Erzeugnisse in den Restaurants der Anlage angeboten werden. Das Gourmet-Restaurant* **La Perla** *verwöhnt mit internationaler-mediterraner Küche, zum Buffet-Restaurant Galeria gehört eine schöne Terrasse, und in der Thai Lounge werden asiatische Gerichte serviert.*

€€-€€€ **Hotel Royal Orchid**, *Travessa da Praia, ☏ 291-934600, 🖷 291-934700, www.hotelroyalorchid.com. Dieses direkt am Meer gelegene moderne Hotel mit seinen 84 Zimmern bietet neben dem Pool draußen auch ein beheiztes Schwimmbad im Inneren des Hauses sowie einen Fitnessraum.*

€€-€€€ **Hotel Roca Mar**, *Caminho Cais da Oliveira, ☏ 291-934334, 🖷 291-934044, www.hotelrocamar.com. Das Hotel wurde terrassenförmig in die Steilküste eingebettet, es verfügt über 100 Zimmer, Restaurant, Meerwasser-Swimmingpool, Sonnenterrasse und einen direkten Zugang zum Meer. Erwähnenswert ist noch die angeschlossene Tauchschule, das Club Atalaia Diving Center unter deutscher Leitung.*

Die drei beliebten Hotels €€€ **Sport Hotel Galosol**, *€€€* **Hotel Alpino Atlântico** *und €€-€€€* **Hotel Galomar** *stehen unter demselben Management und sind deshalb unter einer Adresse zu erreichen: Ponta da Oliveira, Apartado 12-C. P., ☏ 291-930930, 🖷 291-934555, www.galoResort.com. Das* **Hotel Galosol** *verfügt über 123 komfortabel eingerichtete Zimmer, meist mit Meerblick, vier Restaurants, drei Swimmingpools, Hallenbad, Saunalandschaft und eine eigene Badebucht. Auf demselben Gelände steht das Stammhaus* **Galomar** *mit zweckmäßig eingerichteten Zimmern auf einer Klippe oberhalb der Badebucht; das kleinere* **Hotel Alpino Atlântico** *liegt ca. 400 m entfernt in ruhiger Lage direkt über dem Atlantik und verfügt über 24 Studios.*

Das **Manta Diving Center**, *☏ 291-935588, ist in das Felsenstrandbad des Hotel Galomar integriert.*

€€ **Villa Opuntia**, *Rua Miradouro da Falésia, ☏ 291-934733, 🖷 291-934518, www.villaopuntia.com. Die Villa Opuntia liegt hoch über den Klippen in einem schönen Garten und bietet 11 freundlich und wohnlich eingerichtete Apartments mit Küche, offenem Kamin und Balkon oder Terrasse, Swimmingpool und Leseraum.*

€€ **Hotel Oasis Atlantic**, ☏ 291-930100, 🖷 291-930109, www.hoteloasis-atlantic.com. *Das Hotel liegt an der Küste, gleich neben dem Strand Reis Magos. Die insgesamt 224 Zimmer, Studios und Suiten sind geräumig und freundlich eingerichtet, meist mit Balkon und Meerblick; das Hotel verfügt über 2 Restaurants, Meerwasserpool, Hallenbad und Sonnenterrasse.*
€-€€ **Villa Ventura**, ☏ 291-934611, 🖷 291-934680, www.villa-ventura.com. *Kleines, familiär geführtes Aparthotel mit 22 zweckmäßig eingerichteten Studios mit Küchenzeile und Balkon. Im Gartenrestaurant werden einheimische Speisen serviert. Die deutschsprachigen Besitzer geben den Gästen gerne Tipps für Wanderungen, Radtouren und Tauchgänge, die über das* **„Ventura Diving Center"** *gebucht werden können.*

Essen und Trinken

Es gibt eine große Auswahl an Restaurants. Dabei haben sich die meisten Restaurants in Caniço de Baixo auf den Touristengeschmack eingestellt und bieten deutsche Küche und deutsche Biersorten an. Wer ursprünglicher speisen möchte, schaut sich im oberen Caniço um.
Restaurant Lareira, *Estrada Ponta Oliveira 4, ☏ 291-934284, das am Hauptplatz in Caniço gelegene Restaurant bietet eine gute Küche mit internationalen und madeirischen Spezialitäten.*
Klenk´s Café, *Estrada Ponta Oliveira, ☏ 291-934316, netter Biergarten unter deutschsprachiger Leitung, das Angebot umfasst deutsche Kost, frische Fischgerichte und die inseltypischen Fleischspieße.*
Praia dos Reis Magos, *☏ 291-934345, einfaches Lokal am Strand von Reis Magos, mit schöner Terrasse, auf der frische Fischgerichte serviert werden.*

Nachtleben

Wie schon erwähnt, bieten verschiedene Restaurants/Bars Bierspezialitäten aus allen Teilen der Welt an. Da auch zahlreiche Briten zum Publikum zählen, gibt es selbstverständlich verschiedene Pubs, wobei der **Village Pub** *im oberen Caniço zu den bekanntesten zählt. Alle größeren Hotels in Caniço de Baixo verfügen meist über mehrere Bars, und in den Hotels werden Live-Musik, Folklore und Fadogesang angeboten.*

Ärztlicher Notdienst

Normalerweise ist die medizinische Versorgung speziell in Funchal und Umgebung sehr gut. Doch viele Touristen haben Bedenken wegen der Sprachbarriere. In Caniço de Baixo in der Rua Bartolomeu Perestrelo, Casa (Haus) A-1-A, ☏ 291-932218, praktiziert **Dr. med Pierre Curado**, *der in Hamburg studiert hat und somit hervorragend Deutsch spricht. Er ist Facharzt für Innere Medizin und Allgemeinmedizin. In Notfällen (bitte wirklich nur dann!) können Sie ihn unter seiner Handy-Nr. 351-965075100 erreichen. Es gibt auch eine E-Mail-Adresse: pierre.curado@gmail.com.*

Anfahrt

mit dem Bus

Die Busverbindungen zwischen Funchal und Caniço sind sehr gut. Es fahren mehrere Buslinien von zwei unterschiedlichen Busgesellschaften. Die **Automóveis do Caniço** *verkehrt mit den* **Linien 2, 109, 136 und 155**; **SAM** *mit der* **113**. *Die Abfahrtszeiten finden Sie auf den Kopien der Touristeninformation, aus dem kleinen Busfahrplan oder über die Hotels in Caniço. Die SAM-Haltestelle in Funchal befindet sich an der Avenida do Mar auf der dem Atlantik zugewandten Straßenseite. Die Haltestelle der Gesellschaft* **Automóveis do Ca-**

niço *liegt am östlichen Ende der Avenida do Mar. In Caniçal und Caniço de Baixo gibt es mehrere Bushaltestellen.*

Garajau

Garajau ist kein eigenständiger Ort, er gehört zu Caniço und ist ein typischer Wohnort für Einheimische. Die Ausnahme ist die sehr große Hotelanlage Dom Pedro, die jedoch nicht mit dem Hotel Dom Pedro Baía Club in Machico zu verwechseln ist (obwohl beide Häuser der „Dom-Pedro-Hotelkette angehören).
Höhepunkt für Besucher ist die **Ponta do Garajau** mit der 18 m hohen Christusstatue – die sehr viel bekanntere Christusstatue in Rio de Janeiro ist übrigens 38 m hoch. Die „Christo Rei" soll alle Seefahrer beschützen. Von hier hat man einen herrlichen Blick auf das Meer und auch bis nach Funchal.
Dann geht es zurück auf die Autobahn und schnell wird Funchal erreicht.

Reisepraktische Informationen zu Garajau

Unterkunft

€€-€€€ **Hotel Dom Pedro**, *Estrada do Garajau 131, 9125-067 Caniço, ☎ 291-930800, 🖷 291-930801, www.dompedro.com. Die Anlage erstreckt sich über sechs Gebäude auf insgesamt 300 m Länge und verfügt über 282 Zimmer, tolle Poollandschaft mit Poolbar, Hallenbad, Restaurant; es gibt 104 Twins (2 Pers. mit Frühstück) und 178 Studios mit kleiner Küchenzeile (auch für 2 Pers.).*
€ **Ferienwohnung „Meerblick"** *mit Blick auf die Christusstatue befindet sich in der Rua Gonçalves Zarco 128, 9125-068 Caniço-Garajau, www.urlaub-anbieter.com. Ansprech-*

Die Christusstatue in Garajau

partner ist Reina Guschok. Vollausgestattete 60 m² Ferienwohnung für zwei Personen mit Sat-TV, Kamin, Zugang zum Garten, Transfer vom Flughafen möglich.

Anfahrt

mit dem Bus

Die **Automóveis do Caniço** *verkehrt mit den* **Linien 109 und 155**, *aber nicht alle Busse fahren über Garajau! Bitte unbedingt die Zeiten in der Touristeninformation bzw. aus dem kleinen Busfahrplan bestätigen.*

mit der Seilbahn

Direkt am Parkplatz befindet sich auch eine Seilbahnstation. Die Seilbahn brachte Besucher zum kieseligen Strand, sie war jedoch im Sommer 2008 nicht in Betrieb. Es ist fraglich, ob die Seilbahn wieder fahren wird, denn auch eine kleine Straße führt hinunter.

Wandern auf Madeira

Redaktionstipps

Hier sind noch einmal die wichtigen Rufnummern **für den Notfall:**

SOS: **112**
Zivilschutz: **291-700112**
Polizei (Funchal): **291-222022**
Hospital Cruz de Carvalho (Funchal): **291-742111**
Hospital Dr. João de Almada (Funchal): **291-743222**
Krankenwagen-Notfallservice (24 Stunden): **291-741115**

Auf Madeira sind die reizvollen Wanderungen entlang der künstlich angelegten Levadas berühmt. Dabei braucht der Wanderer keine großen Anfahrten zurückzulegen, viele **Levadawege** befinden sich in der unmittelbaren Nähe Funchals und können mit öffentlichen Bussen erreicht werden. Es gibt wohl an die 50 verschiedene Levadawanderungen, was kaum verblüfft, denn Madeiras Bewässerungssystem hat eine Gesamtlänge von 2.150 km!

Die **Küstenwanderungen** werden durch die Dominanz der Levada- und Gebirgswanderungen oft vergessen. Aber auch diese zeigen die Naturschönheiten der Insel und sind sehr reizvoll. So findet sich für jede Kondition und jeden Geschmack die richtige Wanderung.

Die **Gebirgswanderungen** jedoch sind auf Madeira etwas Besonderes, diese Ziele sind allerdings meist nicht mit öffentlichen Bussen zu erreichen. Für die Anfahrt benötigt man einen eigenen PKW, ein Taxi oder man schließt sich einer geführten Tour an.

Bei den Wanderungen zu beachten:

Bitte tragen Sie **festes Schuhwerk.** Am besten sind knöchelhohe Wanderstiefel mit einer noch nicht abgetragenen Profilsohle. Eine griffige Sohle ist wichtig, denn bei Regen werden die Wege schnell glatt, und die Gefahr des Ausgleitens steigt. Bei manchen Le-

vadawanderungen kann man zwar durchaus ohne Wanderschuhe gehen, doch bei den Gebirgswanderungen sind diese unumgänglich. Da es um Ihre Gesundheit geht, ist das Tragen von Wanderschuhen jedoch auf allen Wegen ratsam.
Zur richtigen Ausrüstung gehören natürlich auch ein **warmer Pullover** und ein **Regenschutz** in den Rucksack. Selbst wenn das Wetter am frühen Morgen noch sehr gut ist. Die Passatwolken erscheinen meistens am späten Vormittag, und wenn Sie in die bergige Inselmitte fahren, ist ein Wetterumschwung sehr wahrscheinlich.

Wer es gewöhnt ist, sollte seine **Wanderstäbe** bzw. seinen Wanderstock mit nach Madeira nehmen. Meistens ist die Verwendung dieser Hilfsmittel jedoch nicht nötig, deshalb brauchen Sie sich für die Wanderungen auf Madeira nicht extra Wanderstäbe anzuschaffen.

Nehmen Sie sich immer ein wenig **Proviant** (z.B. Obst und/oder Kekse) **und Wasser** mit. Ihre Trinkflasche aus Aluminium können Sie jedoch zu Hause lassen, denn Sie können die überall erhältlichen Plastikflaschen mit Wasser mit auf die Wanderung nehmen. Neben den 2- und 1-Liter-Flaschen gibt es auch kleinere Flaschen, die meistens besser im Rucksack verstaut werden können. Oft gibt es in den Orten auch kleine Läden oder Bars, in denen man sich nach der Wanderung stärken kann, doch es ist trotzdem empfehlenswert, einen eigenen kleinen Vorrat mit zuführen. In alten Publikationen wird noch davon gesprochen, dass man das Wasser aus den **Levadas** trinken könnte, wir würden davon prinzipiell abraten.

Wandertipps

Viele Wanderungen enden unglücklich, weil der Wanderer seine **eigene Leistungsfähigkeit** überschätzt. Beachten Sie vorher den Schwierigkeitsgrad und die Länge der Wanderung. Besonders Wanderungen in den Bergen sind anstrengend und sollten auf keinen Fall unterschätzt werden.

Ein wichtiger Faktor ist das **Wetter**. Wenn Sie am nächsten Tag eine Wanderung unternehmen wollen, fragen Sie an Ihrer Rezeption nach oder schauen Sie in die „Diário de Notícias“, eine der lokalen Tageszeitungen. Auch wenn Sie über keine portugiesischen Sprachkenntnisse verfügen, finden Sie hier eine sehr ausführliche Wetterkarte mit eindeutigen Zeichen.
Bei vielen Wanderungen benötigen Sie eine **Taschenlampe**, um sicher durch die längeren Tunnel zu gelangen. Bitte unterschätzen Sie diesen Hinweis nicht, denn das Tasten durch einen Tunnel mit feuchten und kantigen Tunnelwänden entlang einer rauschenden Levada ist nicht ganz ungefährlich. Bei der genauen Beschreibung der einzelnen Wanderungen weisen wir auf die Verwendung einer Taschenlampe hin.

Levadawanderungen

Hinweis

Es gibt einige Passagen, wo der befestigte Weg neben der Levada sehr schmal ist und im Anschluss fällt das Gelände dann gleich steil ab. Dort gibt es dann auch Schutzgeländer, aber wer nicht schwindelfrei ist, könnte hier Probleme bekommen. Bitte berücksichtigen Sie diese Tatsache für Ihre Planungen.

Monte – Curral dos Romeiros

Infos zur Route

Route und Gehzeiten: Monte (Largo das Babosas) – Curral dos Romeiros (Streckenwanderung)
Dauer: ca. 50 min
Länge: 2,5 km
Wegbeschaffenheit: ausgebauter Wanderweg und befestigter Weg an der Levada (kann aber nach langen Regenfällen rutschig sein)
Schwierigkeitsgrad: leicht, für jedermann geeignet
Hinfahrt: Die Stadtbusse Nr. 20 und 21 sorgen für eine gute Anbindung nach Monte. Oder Sie nehmen die Seilbahn aus Funchals Altstadt bzw. die Seilbahn vom Botanischen Garten.
Rückfahrt: Von Curral dos Romeiros können Sie den Stadtbus Nr. 29 nehmen, der Sie zurück nach Funchal bringt.

Es ist zwar nur eine kleine Wanderung nach Curral dos Romeiros, doch diese ist auf jeden Fall lohnenswert. Der Wanderweg beginnt am Largo das Babosas. Zunächst ist der Weg noch gepflastert, denn auch die Gäste der Seilbahn, die Monte mit dem Botanischen Garten Funchals verbindet, benutzen diesen Weg.

Dann weist ein kleines Schild mit der Aufschrift „Levada dos Tornos" den Weg. Zunächst ist die Levada nicht zu sehen, und man geht durch den Wald. An einer kleinen Kreuzung hält man sich links in Richtung Norden. Nach etwa 25 min erreicht man schließlich die Levada.

Unterwegs hat man einen schönen Blick auf das Tal der Ribeira de João Gomes: Die Seilbahnkabinen bewegen sich beruhigend gleichmäßig und auch der Blick auf die Straßenbrücke und schließlich auf ganz Funchal ist interessant. Die Levada führt nach Curral dos Romeiros, falls sich der Weg zwischen den Gebäuden verliert, weisen eindeutige Zeichen weiter. Ab hier kann man mit dem Stadtbus nach Funchal zurückfahren, aber es ist empfehlenswert weiter zum Hortensia Gardens Teahouse zu gehen und von dort den Bus zu nehmen.

Curral dos Romeiros – Hortensia Gardens Teahouse

Diese leichte Wanderung entlang der **Levada dos Tornos** ist ein Teilstück des Weges zwischen Monte und Camacha. Da dieser Weg zwischen Romeiros und dem Teehaus sehr beliebt ist, trifft man meistens auch auf zahlreiche andere Wanderer. Nach der Ankunft mit dem Bus folgt man zunächst den Stufen, die hinauf zum Ort führen. An der Wand befindet sich rechts der Hinweis „Levada", dem Sie folgen. Der Weg ist leicht zu finden, doch bei Nässe könnte er etwas rutschig werden. Die Wanderung verläuft

Die Levada dos Tornos nach einem Unwetter

nun direkt an der Levada entlang, der **Akazien- und Kiefernwald** spendet angenehmen Schatten. Nach einiger Zeit ist das Hortensia Teahouse ausgeschildert, das schließlich nach einer guten Stunde Gehzeit erreicht wird. Das Anwesen liegt wunderschön in einem sehr gepflegten Garten und lädt zu einer Rast ein.

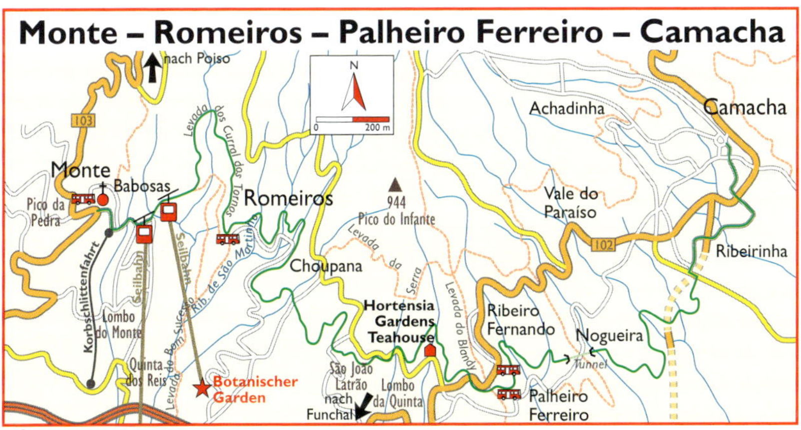

Infos zur Route

Route und Gehzeiten: Romeiros – Hortensia Gardens Teahouse (Streckenwanderung)
Dauer der Wanderung: 1 Std. 20 min
Wegbeschaffenheit: befestigter Erdweg entlang der Levada
Länge: 6 km
Schwierigkeitsgrad: leicht, für jedermann geeignet
Hinfahrt: Nehmen Sie den gelben Stadtbus Nr. 29, der auf dem Weg nach Curral dos Romeiros auch am Botanischen Garten hält.
Rückfahrt: Wenn Sie nur die Kurzwanderung bis zum Hortensia Teahouse machen, können Sie den Stadtbus Nr. 47 zurück nach Funchal nehmen.

Einkehrtipp
Die Einkehr in das **Hortensia Teahouse** *(☏ 291-795219) schafft eine bleibende Erinnerung. Lassen Sie sich in angenehmer Atmosphäre mit einer Kanne Tee oder Kaffee zu Kuchen, Waffeln oder „Scones“ verwöhnen. Wenn Sie noch etwas weiter wandern, kommen Sie zum* **Yasmin Teahouse**, *das zwar nicht so idyllisch im Garten liegt, aber eine sehr große Auswahl an verschiedenen Teesorten bietet.*

Nur wenige Schritte hinter dem Teehaus erreichen Sie die Straße. Bergab befindet sich eine Bushaltestelle, an der der Stadtbus Nr. 47 hält. Halten Sie sich weitere 10 Minuten bergab, kommen Sie zu Blandy's Garden (Palheiro Ferreiro), wo der Bus Nr. 36 und 37 verkehrt.

Ausweitung der Tour: Sie können noch weiter über **Palheiro Ferreiro** oder sogar bis nach Camacha wandern. Dazu benötigen Sie jedoch unbedingt eine Taschenlampe, denn es muss ein langer und sehr feuchter Tunnel durchquert werden. Die Gehzeit vom Hortensia Teahouse nach Camacha beträgt noch einmal etwa 2 Stunden und sollte nur von erfahrenen Wanderern unternommen werden, denn der Weg ist anspruchsvoll und an einigen Stellen schwer zu finden. Die Busrückfahrt nach Funchal ist kein Problem: Mit den Stadtbussen Nr. 36/37 geht es ab Palheiro Ferreiro oder mit dem Bus Nr. 77 (AC-Bus – startet nachmittags nur zweimal in Santo da Serra!) ab Camacha zurück in die Hauptstadt.

Ribeiro Frio – Portela

Die Wanderung beginnt beim Forellen-Restaurant; ein Informationsschild gibt Auskunft über den Wegverlauf und die ursprüngliche Vegetation der Insel. Die folgende Wanderung führt durch einen Wald, in dem endemische Laurazeenpflanzen wachsen. Dabei handelt es sich um folgende **vier Spezies**: Loureiro (*Laurus azorica*), Til (*Ocotea foetens*), Vinhático (*Persea indica*) und Barbusano (*Apollonias babyjana*).

Tipp

Wer früh genug hier ist, kann vor der eigentlichen Wanderung noch einen Abstecher zu den **Balcões** machen: Der Hin- und Rückweg ist nur etwa 3 km lang (Gehzeit max. 50 Minuten), leicht begehbar und gut ausgeschildert. Unterwegs gibt es eine Kreuzung, an der man sich rechts halten muss. Der Blick auf das **Tal des Ribeira da Metada** und die Bergwelt lohnt sich.

Die Levada do Furado

Neben diesen endemischen Pflanzen leben hier verschiedene Vogelarten, als Besonderheit gilt eine **endemische Taube**, die im portugiesischen **Pombo trocaz** (*Columba trocaz*) heißt.

Entlang der Levada do Furado

Der Weg, der durch den Wald führt, ist gut ausgebaut, und nebendran plätschert angenehm das Wasser der **Levada do Furado**. Nach kurzer Zeit eröffnet sich ein bemerkenswerter Blick auf die höchsten Berge der Insel: den Pico Ruivo (1.862 m), den zerklüfteten Pico das Torres (1.851 m) und den Pico do Arieiro (1.818 m) mit der nebenan liegenden Pousada. Diese Berggipfel liegen westlich von uns, wir müssen also den Blick nach links richten.

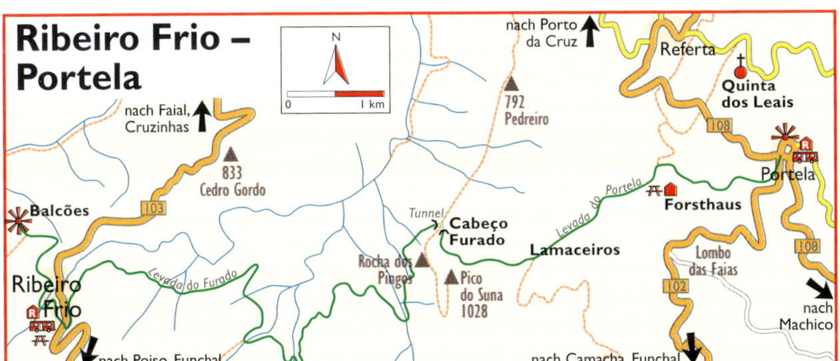

©graphic

Infos zur Route

Route und Gehzeiten: Ribeira Frio – Forsthaus (Lamaceiros) – Portela (Streckenwanderung)
Dauer der Wanderung: ca. 3,5 Std.
Länge: 7 km
Wegbeschaffenheit: Levadawege und ausgetretene Wege
Schwierigkeitsgrad: mittlere Schwierigkeit
Anfahrt: Für die Wanderer ist die Verbindung nach Ribeiro Frio interessant. Wer den Morgen in den Wäldern genießen möchte, muss früh aufstehen: Die Linie Nr. 56 der Busgesellschaft Companhia de Carros de São Gonçalo startet täglich um 8.10 Uhr (am Samstag um 9.30 Uhr bzw. am Sonntag um 10.30 Uhr) in Richtung Santana.
Der nächste Bus mit dem Fahrziel Arco de São Jorge (Nr. 103) beginnt um 13.30 Uhr seine Fahrt, allerdings nur an Werktagen. Die Fahrzeit nach Ribeiro Frio beträgt eine gute Stunde. Bitte alle Abfahrtszeiten noch einmal vor Ort überprüfen!
Rückfahrt: Zurück geht es mit den Bussen **Nr. 20** (an Sonntagen Nr. 25) und **Nr. 53** der Busgesellschaft SAM. Wenn Sie nicht auf einen Bus warten möchten, stehen am Aussichtspunkt Portela meistens auch einige Taxifahrer, die Sie nach Funchal bringen könnten. Die Bushaltestelle befindet sich etwas unterhalb des Aussichtspunktes, Sie müssen bergab um die Kurve gehen.

Entlang der Levadas

Der Weg bleibt zunächst noch sehr breit, erst nach der Durchquerung von Felswänden und einem kleinen Tunnel wird er deutlich enger.

Hinter dem Tunnel folgen noch andere durch den Fels gearbeitete Durchgänge; teilweise wird der Weg durch Geländer gesichert. Schließlich erreicht man das **Wasserhaus Lamaceiros**, wo man gut picknicken kann. Kurz hinter dieser Stelle teilt sich der Weg, doch die deutliche Ausschilderung (nach Portela) weist uns den Weg nach links.

Man geht an der kleineren Levada bergab und trifft auf das **Forsthaus**. Die Waldvegetation endet hier. Die Flächen um die Forststation sind als Ausflugsziel bei Fami-

Tipp

Abstecher zum Pico do Suna (1.028 m)
Vor dem Tunnel geht man nach links und dann gleich wieder rechts **über** den Tunnel. Es geht bergauf und wenig später stößt man auf einen Weg, dem man links zum Gipfel des Pico do Suna folgt. Hat man den Turm erreicht, geht es auf dem gleichen Weg wieder zurück zum Hauptweg. Der Abstecher dauert etwa 45 Minuten.

Das markante Relief des Pico das Torres

lien sehr beliebt. Für die zahlreichen Ausflügler wurden Picknickplätze und ein neues Toilettenhaus errichtet. Auch hier gibt eine Informationstafel Auskunft über die ursprüngliche Laurasilva-Vegetation.

Ab dem Forsthaus geht es einen Fahrweg hinab, der von Forstfahrzeugen benutzt werden darf. An einem Strommast verläuft der Weg links; auch hier ist er nicht zu verfehlen, da er gut ausgeschildert ist.
Bei der nächsten Möglichkeit geht es nach rechts, die Levada befindet sich ebenfalls rechts. An einem verfallenden Wasserhaus wendet sich der Weg nach links und die Stufen hinunter nach **Portela**. Man trifft schließlich auf die Straße, geht bergab um die Rechtskurve und erreicht den bekannten Aussichtspunkt und das Restaurant.

Von Portela hat man einen schönen Blick auf die Orte Porto da Cruz, São Roque do Faial und den markanten **Penha de Aguia**. Zur Bushaltestelle halten Sie sich bitte bergab um die Kurve.

Küstenwanderungen

Ponta de São Lourenço

Infos zur Route

Route und Gehzeiten: Parkplatz an der Baía de Abra – Casa do Sardinha – Baía de Abra
Rundwanderung: hin/zurück
Dauer der Wanderung: ca. 3 Std.
Länge: 8 km
Wegbeschaffenheit: ausgetretene Wege auf anstehendem Gestein mit wenigen schmalen Passagen
Schwierigkeitsgrad: mittlere Wanderung, die Trittsicherheit erfordert
Anfahrt: Die Buslinie **113** (SAM) bedient die Strecke nach Caniçal und einige Busse fahren dann weiter zur **Baía de Abra.** Die genauen Abfahrtszeiten sind dem Busplan zu entnehmen.
Falls die Zeiten nicht „passen", kann man auch mit dem Bus **Nr. 113** nach Caniçal fahren und die wenigen Kilometer zum Parkplatz der **Baía de Abra** mit dem Taxi zurücklegen. Die Rückfahrt nach Funchal ist am Nachmittag einfacher, die Busse fahren regelmäßiger. Die meisten Wanderer kommen allerdings mit dem Mietfahrzeug.
Hinweis: Im Rahmen der Inselrundfahrt kann man auch eine kürzere Wanderung machen. Dann sind Sie mit dem eigenen PKW unabhängiger und nicht auf Bus und Taxi angewiesen. Wenn Ihnen die Ostspitze Madeiras bei Ihrem ersten kurzen Aufenthalt sehr gut gefallen hat, lohnt es sich durchaus, noch einmal für einen halben Tag hierher zu kommen. Sie können auch an einer **geführten Wanderung** teilnehmen, dann ist für den Transport gesorgt und Sie bekommen die herbe Schönheit der Ponta de São Lourenço durch eine sachkundige Führung erklärt. Beachten Sie bitte, dass es an dem Parkplatz **keine Toiletten** oder eine Bar gibt. In den Sommermonaten werden jedoch gekühlte Getränke von einem Verkaufswagen angeboten. Am sichersten ist es, den Proviant selbst mitzubringen. In den Sommermonaten sollten Sie möglichst früh am Morgen aufbrechen, um die Mittagshitze zu vermeiden.

Die spärliche Vegetation der **Ponta de São Lourenço**, die sich durch das semiaride Klima begründet, bietet einen interessanten Gegensatz zur überwiegend üppigen Vegetation der restlichen Insel. Sehr reizvoll sind die auffällig gefärbten vulkanischen Gesteinsformationen.

Am Parkplatz zeigt eine große Übersichtskarte den Verlauf der Wanderung, die am wunderschön gelegenen „Casa do Sardinha" bzw. an den „Cais do Sardinha" endet.
Man startet vom Parkplatz und folgt dem Weg, der mittlerweile fachgerecht angelegt worden ist und den man dadurch auch nicht mehr verfehlen kann. Da diese Küstenwanderung sehr viel begangen wird, hat man die mit Steinen befestigten Passagen sowie Holzwege und –brücken errichtet, damit Vegetation und Böden nicht völlig erodieren. Informationsschilder mit der Aufschrift „**Zona de Recu-**

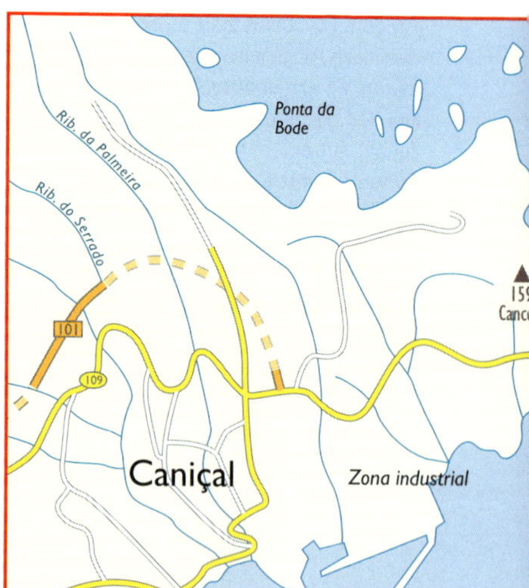

© i graphic

Auf befestigten Wegen zum östlichen Ende Madeiras

peraçâo de Flora" (*Bereich der Wiedergewinnung der Flora*) möchten auf diese Probleme hinweisen und fordern den Wanderer auf, die Wege aus diesem Grund nicht zu verlassen.

Bald eröffnet sich ein toller Blick auf die fast kreisrunde **Baía de Abra** und schließlich wird die Nationalparkgrenze an einer flachen Steinmauer passiert. An der

Die kleine „Oase" am Ende der Ponta de São Lourenço

ersten Wegkreuzung verlässt man den Hauptweg und hält sich in nördliche Richtung nach links. Nach wenigen Schritten steht man an der Steilküste und kann den Blick auf den spektakulären Brandungspfeiler genießen. Wenn die Sonne scheint, bilden das türkisblaue Meer und das rote vulkanische Gestein einen herrlichen Kontrast.

Rot-weiße Holzpflöcke zeigen den Weg

Es geht auf dem Hauptweg weiter, der manchmal noch durch alte rot-weiße Holzpflöcke markiert ist. Aber seit der Wanderweg so gut ausgebaut worden ist, ist es unproblematisch, den Weg zu finden. Unterwegs eröffnen sich noch einige tolle Ausblicke auf farbige Laven. Schließlich muss man eine schmale Passage bewältigen, an der es rechts vom Grat unmittelbar steil abfällt und man direkt auf das Wasser blickt. Aber auch hier gibt es inzwischen schützende Geländer, die diese Stellen absichern.

Dann erkennt man ein einsam gelegenes Haus *Casa do Sardinha,* das mit seinen angepflanzten Palmen wie eine Oase vor einem liegt. Die Landschaft hat sich inzwischen verändert: Wir wandern nicht mehr über scharfkantiges Gestein oder Geröll, da sich hier ein Boden mit einer anspruchslosen Vegetationsdecke bilden konnte. Wir passieren das Privathaus und erblicken in östlicher Richtung die Erhebung, deren steiler Anstieg uns noch einige Mühen kosten wird.

Der Aufstieg lohnt sich, denn dann ist man fast am Ende des Weges angekommen und kann den Blick auf den Leuchtturm genießen. Wir wissen es zwar bereits durch den Blick auf die Landkarte, dass der Leuchtturm nicht zu Fuß zu erreichen ist, aber erst hier wird sichtbar, dass noch zwei kleine Inseln der eigentlichen Ponta de São Lourenço vorgelagert sind.

Hinter der **Ilhéu da Cevada** liegt die noch kleinere **Ilhéu do Farol**, die den östlichsten Punkt Madeiras kennzeichnet. Der Wanderweg verläuft sich am Ende, doch die steil abfallenden Klippen verhindern irgendwann ein Weitergehen. Suchen Sie sich einen windgeschützten Platz und blicken Sie nach Nordosten. Wenn die Sicht klar genug ist, können Sie in der Ferne **Porto Santo** erkennen.

Nach dem Genuss dieser schönen Küstenlandschaft und einer kleinen Rast geht es auf dem gleichen Weg zurück zum Parkplatz.

Santana – São Jorge

Diese Küstenwanderung ist eine **sehr reizvolle Wanderung**, die dem Wanderer die herbe Schönheit der Nordküste der Insel zeigt. Dabei ist man überwiegend allein unterwegs, denn dieser Weg ist durch seine relative Abgeschiedenheit nicht so stark frequentiert wie viele andere Wanderwege Madeiras.

Infos zur Route

Route und Gehzeiten: Quinta do Furão (Santana) – Calhau – São Jorge (Streckenwanderung)
Dauer der Wanderung: ca. 3 Std.
Länge: 7 km (ab der Quinta do Furão)
Wegbeschaffenheit: überwiegend befestigter Weg mit steilen Stufen
Schwierigkeitsgrad: mittlere Wanderung mit steilem Ab- und Aufstieg
Hinfahrt: Mit dem Bus **Nr. 103** (Busgesellschaft Compania de Carros de São Gonçalo) gibt es am frühen Morgen eine Verbindung nach **Boaventura** (über Santana). Steigen Sie bitte nicht in der Ortsmitte aus, sondern sagen Sie dem Fahrer, dass Sie zur **Quinta do Furão** möchten.
Rückfahrt: Mit der **Nr. 103** sollte man auch wieder zurück nach Funchal fahren. Der Bus startet um 12.30 Uhr und um 16.30 Uhr von Boaventura und hält dann in São Jorge und Santana. Bitte überprüfen Sie unbedingt vor Beginn der Wanderung alle Abfahrtszeiten!

Bei der lokalen Bevölkerung ist dieser **Küstenpfad** noch sehr bekannt: Vor dem Straßenbau war der Weg die einzige Landverbindung zwischen den einzelnen Küstenortschaften.

Von der Hauptstraße halten wir uns rechts in Richtung der **Quinta do Furão**. Dieses zum Hotel umgebaute Herrenhaus besticht durch seine gepflegte Atmosphäre und die traumhafte Lage an der Steilküste. Außerdem prägen **Weinreben** die Umgebung der Quinta, im Garten des Hotels ist die alte Weinpresse sehenswert.
Wenn Sie ein Weinfreund sind, sollten Sie einen kleinen Abstecher zur Quinta do Furão machen. Ansonsten folgen Sie der kleinen Straße in Richtung Nordwesten durch ein schönes Wohngebiet.

Schließlich geht es leicht bergauf; kurz bevor diese Straße auf der Anhöhe endet, halten Sie sich gegenüber des Hauses des Achada do Gramacha Lota 6 links und folgen dem Weg. Bei diesem handelt es sich zunächst noch um einen Fahrweg, doch wenig später wird es ein mit Steinen gepflasterter Fußweg, dem man leicht folgen kann. Nun beginnt der alte Weg nach **São Jorge**. Schließlich wird der Punkt erreicht, von dem aus der Wanderer einen eindrucksvollen Blick in das Tal der Ribeira de São Jorge hat. Unten liegt das neu erbaute Freibad, oben wird der **Leuchtturm** von São Jorge sichtbar.
Der Verlauf des gegenüberliegenden Zick-Zack-Weges ist gut zu erkennen und sieht sehr schön aus, aber der Anstieg des Weges wird noch beim bevorstehenden Aufstieg zu schaffen machen. Außerdem gibt sich ein anderer Pfad zu erkennen, der parallel zur Küste verläuft.

Doch zunächst steigt man einmal hinab und genießt die herrliche Landschaft. Besonders auffällig ist die kleine Zone von **Sukkulenten**, die durchquert wird. Auf den ersten Blick scheinen diese Pflanzen, die ja in trockenen Regionen beheimatet sind, überhaupt nicht hierher zu passen, denn der Norden der Insel zeichnet sich durch relativ hohe Niederschläge aus. Doch da es sich dabei überwiegend um Steigungsregen handelt, der hier direkt am Talfuß in unmittelbarer Nähe zur Küste nicht fällt, zeichnet sich dieser kleine Bereich durch ein **trockenes Mikroklima** aus.

Nach etwa einer Stunde erreicht man das Freibad und überquert die **alte Brücke** im Tal, dahinter liegen nur wenige Gebäude und eine Bar, die jedoch nicht immer geöffnet hat. Hier kann man eine Erfrischung zu sich nehmen oder wenige Schritte hinter der Bar an einem kleinen Picknickplatz mit zwei Bänken und einem Tisch rasten. Die Aussicht auf das Meer und den gerade bewältigten Weg ist lohnenswert. Man befin-

Die Quinta do Furão inmitten ländlicher Umgebung

det sich hier auf dem Gelände der früheren Gemeinde **Calhau**, die jedoch schon vor vielen Jahren verlassen wurde. Jetzt entstehen hier neue Sommerhäuser. Nach der Rast passiert man einen öffentlichen Wasserhahn, an dem sich der Weg gabelt. Ein neues Holzschild mit der Aufschrift Cais Antigo *(alte Kais)* wurde mittlerweile aufgestellt.

Links geht es dann den Weg nach São Jorge hinauf, doch die Wanderung macht noch einen kleinen Abstecher zu den **alten Kaianlagen** von Calhau und geht deshalb geradeaus weiter. Dieser Weg direkt über den Brandungswellen ist wunderschön. Nach 20 Minuten wird eine abenteuerlich anmutende Holzbrücke sichtbar, die zur alten Kaianlage führt.

! Achtung

Da diese Brücke nicht mehr sicher ist, sollten Sie auf keinen Fall den Versuch unternehmen, sie zu benutzen. Manchmal können Sie einheimische Angler beobachten, die hier wagemutig herumklettern, doch bitte lassen Sie sich dadurch nicht in Versuchung führen!

Es geht jetzt wieder die 20 Minuten zurück zu der kleinen Ansiedlung von Calhau, am bereits erwähnten Wasserhahn vorbei rechts. Der Anstieg wird jetzt anstrengend, doch nach etwa 30 Minuten hat man es geschafft und stößt auf eine Straße mit Picknickplatz. Von den drei Straßen folgt man der, die bergauf führt und läßt den kleinen Friedhof mit Kapelle links liegen.

Dann geht es rechts die neuasphaltierte Straße hoch, und die ersten Wohnhäuser von **São Jorge** werden sichtbar. Nach wenigen Minuten befindet sich auf der linken Seite

An der schroffen Nordostküste Madeiras

wieder eine Kapelle, und schließlich wird eine Straßenkreuzung erreicht. Man hält sich links und von weitem ist die große **Barockkirche** des eher kleinen Ortes zu sehen. Ein Besuch lohnt sich.

Unmittelbar hinter der Kirche ist ein einfaches Restaurant der besonderen Art, das gerade müde Wanderer zur Rast einlädt.

Einkehrtipp

Wenn das Wetter es erlaubt, ist es besonders schön, draußen in den offenen und rustikal eingerichteten Unterständen zu sitzen. Meistens trifft man hier zur Mittagszeit auch andere Wanderer, mit denen man Erfahrungen und Empfehlungen austauschen kann.

Wenn Sie sich für den heutigen Tag genug bewegt haben, können Sie von der **Bushaltestelle** in der Nähe der Barockkirche wieder zurück nach Funchal fahren.

Zum Leuchtturm von São Jorge

Falls Sie nach einer kleinen Stärkung noch Lust und Zeit haben, können Sie noch zum **Leuchtturm von São Jorge** wandern. Dafür gehen Sie zurück zur Straßenkreuzung und halten sich dann aber geradeaus und folgen der Hauptstraße. Schließlich geht es an der zweiten Abzweigung nach rechts und nach ca. 25 Minuten wird der Leuchtturm sichtbar, von dem man einen herrlichen Blick auf die Küste hat.

Jetzt können Sie zurück zur Bushaltestelle an der Barockkirche laufen oder noch einen weiteren Abstecher zur **Achada da Vigia** machen, für den Sie ebenfalls etwa 25 Minuten benötigen. Dafür halten Sie sich an der Hauptstraße rechts und folgen dieser, bis Sie zu einem Schild mit der Aufschrift „Vigia" kommen. Hier geht es rechts noch ein kurzes Stück zur Vigia hinauf – die Mühen werden mit einem tollen Blick in Richtung Westen belohnt. Um den Weg zurück in die Ortsmitte zu sparen, können Sie den Bus am **Vigia-Schild** anhalten und bereits hier schon zusteigen.

Tipp

Überschlagen Sie unbedingt vor diesen beiden Abstechern ihre Gehzeit, damit Sie den Mittagsbus nicht verpassen. Oder Sie entscheiden sich gleich für den späteren Bus, der Boaventura um 16.30 Uhr verlässt.

Gebirgswanderungen

Wanderung zum Pico Ruivo (1.862 m)

(s. Karte S. 276)

Für alle Wanderer ist die Besteigung des **Pico Ruivo de Santana**, wie der höchste Berg Madeiras mit vollem Namen heißt, eine Herausforderung. Die Besteigung ist vom Anspruch her nicht besonders schwierig, kann bei schlechter Witterung aber gefährlich werden. Die größte Gefahr jedoch birgt die Überschätzung der eigenen Kondition. Sie sollten körperlich fit genug sein, um fünf bis sechs Stunden in mittelschwerem Gelände zu wandern.

Am Parkplatz des Pico do Arieiro gibt es eine große Informationstafel, die den Wegverlauf zeigt. Es gibt **zwei Wege**, die zum Pico Ruivo führen: Der östliche („rechte") Weg führt über steile, aber gesicherte Treppenwege um den Pico das Torres herum und gilt als anstrengender als der westliche Weg. Dann gab es früher einen zweiten Weg, den sogenannten „Tunnelweg", denn er führte durch insgesamt fünf (!) Tunnel unter dem Berg entlang. Leider war dieser oft verschüttet bzw. die Tunnel standen nach heftigen Regenfällen unter Wasser und so wurde der Tunnelweg öfter gesperrt. Aus diesem Grund hat man jetzt einen neuen Weg angelegt und zwar den westlichen („linken") Weg, den man auf der Informationstafel sehen kann: Teilweise besteht er aus Teilen des alten Tunnelweges, aber große Strecken wurden vollständig neu angelegt und natürlich auch neu gesi-

Infos zur Route

Route und Gehzeiten: Pico do Arieiro – Pico Ruivo – Pico do Arieiro (Streckenwanderung)
Dauer der Wanderung: mindestens 5 Std.
Länge: 12 km
Wegbeschaffenheit: ausgetretener Weg auf anstehendem Gestein mit einigen steilen Auf- und Abstiegen
Besonderheit: Durchquerung von mehreren Tunneln (Taschenlampe erforderlich!)
Schwierigkeitsgrad: mittlere Wanderung mit anstrengenden Passagen
Anfahrt: Es gibt **keinen** öffentlichen Bus, der zum Pico Ruivo fährt. Die Anfahrt mit dem Mietfahrzeug ist empfehlenswert. Sie sollten auf jeden Fall früh aufbrechen. Wenn Sie zum Sonnenaufgang am Pico do Arieiro sind, erleben Sie nicht nur ein unvergessliches Naturschauspiel, sondern werden auch nahezu allein unterwegs sein.

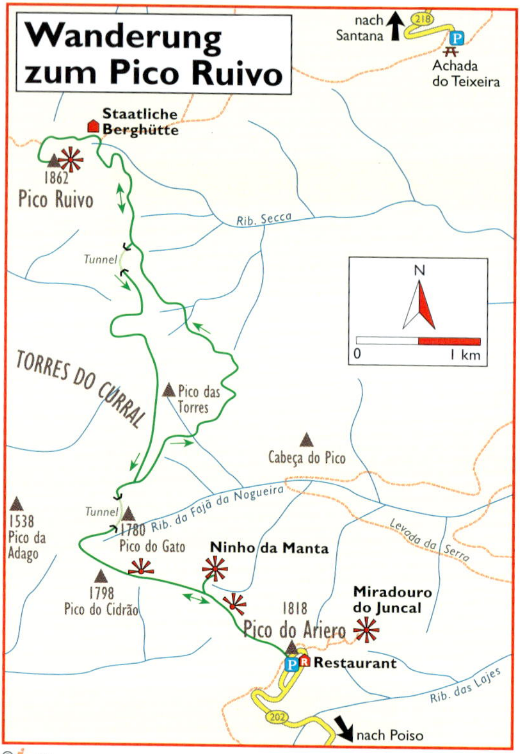

chert und beschildert. Ende 2009 waren die Baumaßnahmen noch nicht abgeschlossen.
Wenn beide Wege geöffnet sind, ist es empfehlenswert, für den Hinweg den schwereren östlichen Weg und für den Rückweg den etwas leichteren westlichen Weg zu nehmen.

Die Wanderung beginnt am Parkplatz des **Pico do Arieiro** und die Aussicht auf die abwechslungsreiche Bergwelt Madeiras ist faszinierend. Der Wegverlauf ist leicht zu erkennen und nach etwa 15 Minuten erreicht man den ersten reizvollen Aussichtspunkt. Neben der Aussicht ist auch der Weg beeindruckend: Es geht über Grate, über in Gestein getriebene Treppen und dicht an Wänden entlang. Schließlich gelangt man an einen zweiten Aussichtspunkt, der zum ersten Mal den Blick auf den Pico Ruivo eröffnet.

Der **Pico do Cidrão** wird passiert, und nun geht es über zahlreiche Stufen wieder hinunter. Dann erreicht man den ersten Tunnel. Nur wenige Minuten später kommt es zu einer **Wegkreuzung**, an der man sich nun entscheiden muss, welchen Weg man nimmt. Wie bereits erwähnt, empfehlen wir den rechten (östlichen) Wegverlauf.
Der rechte Weg wird meistens durch ein Gatter versperrt, das jedoch leicht geöffnet werden kann. Dieser Weg windet sich um den **Pico das Torres** und später vereinigen sich beide Wege wieder.
Schließlich wird es noch einmal anstrengend, denn der steile Aufstieg zur **staatlichen Berghütte** am Fuße des Pico Ruivo steht noch bevor. Man erreichent die Hütte, deren Wirt meistens draußen schon die ersten Ankömmlinge erwartet. Falls Ihre Getränke nicht reichen sollten, bekommen Sie hier eine kleine Auswahl an Getränken. Diese Stärkung ist notwendig, denn die letzten Meter zum Gipfel erfordern gute Kondition. Bei den Toilettenhäuschen führt der Weg weiter, und kurz darauf geht es links. Jetzt liegt der aus der Nähe betrachtet wenig spektakuläre Kegel des Pico Ruivo vor einem.

Von den 1.862 m hat man einen überwältigenden Blick auf die ganze Insel. Leider ist es meistens bereits in den späten Vormittagsstunden dunstig, und später kann es sich völlig zuziehen. Daher ist es ratsam, möglichst früh den Gipfel zu erklimmen.

Am Beginn der Wanderung

Dann geht es zunächst auf gleichem Pfad zurück. Später geht es rechts auf den „neuen" Weg, wo man gleich den zweiten Tunnel durchqueren muss. Bis zum Pico do Gato kann man nun andere Aussichten genießen und dann führen die Wege wieder zusammen. Den restlichen Weg mit dem ersten Tunnel kennt man nun schon und so kehrt man zum Pico do Arieiro zurück.

Diese Tour erfordert Fitness und Kondition

Der Pico Ruivo ist aber auch über einen anderen Weg, der von der **Achada do Teixeira** (1.592 m) startet, zu erreichen. Der Weg mündet unterhalb der Berghütte auf den Hauptweg. Dieser Weg kann auch gewählt werden, nur sollte vorher der Transport von der Achada do Teixeira zurück zum PKW am Pico do Arieiro organisiert sein. So sollten Sie ein Taxi vorbestellen oder abgeholt werden, denn zur Achada verkehren **keine öffentlichen Busse**.
Die Dauer der Wanderung zwischen der Hütte und der Achada do Texeira beträgt etwa 35 Minuten.

Hinweis

Da es sich um eine Gebirgswanderung handelt, ist es unbedingt erforderlich, geeignete Wanderschuhe zu tragen. Regenschutz und warme Kleidung gehören ebenso wie eine Taschenlampe (für die Durchquerung mehrerer Tunnel) in den Rucksack. Und bitte nehmen Sie sich auch Getränke und Proviant mit, obwohl Sie bei der bewirtschafteten Berghütte am Fuße des Pico Ruivo auch etwas zu trinken bekommen.
Achtung: Für diese Tour sind Fitness und Trittsicherheit unbedingt erforderlich! Es ist absolut wichtig, sich und seine Kräfte nicht zu überschätzen, die Strecke ist hochalpin.

Rabaçal – Wasserfall Risco – 25 Fontes

Am Wegesrand

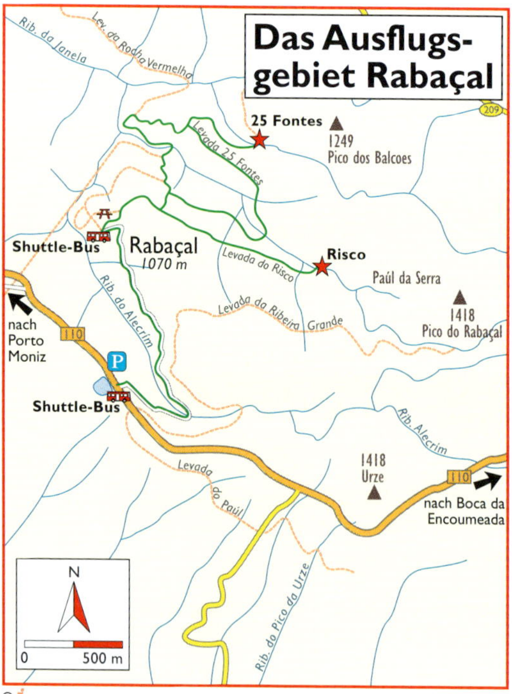

Der Aufenthalt im Ausflugsgebiet Rabaçal ist sehr reizvoll. Hier kann man zunächst einen leichten und kurzen Spaziergang zum Wasserfall Risco machen. Eine anschließende Wanderung zu den 25 Fontes offenbart die Schönheiten des Inselinneren.

Die Wanderung beginnt am Parkplatz und folgt dem breiten und gut befestigten Weg zum Wasserfall Risco. Es ist ein ausgesprochen schöner Spaziergang im Halbschatten der umgebenden Bäume (überwiegend Baumheide) entlang der **Levada do Risco**. Nach wenigen Minuten auf dem Hauptweg führt eine Abzweigung nach links und ein Schild weist den Weg zu den 25 Fontes. Zum Wasserfall bleiben Sie bitte auf dem Hauptweg. Falls es vor Ihrem heutigen Ausflug geregnet haben sollte, kann es schon vorkommen, dass Sie kleinere Wasserrinnsale überqueren müssen. Schließlich wird der Risco erreicht: Die **Macht des Wasserfalles** variiert ebenfalls mit den letzten gefallenen Niederschlagsmengen, doch da der Risco aus einer Höhe von etwa hundert Metern stürzt, ist der Anblick immer lohnende. Sie werden den alten und sehr reizvollen Weg erkennen, der unter dem Wasserfall entlang führt und sich schließlich aus dem kleinen Tal windet. Mittlerweile ist es verboten, diesen Weg zu benutzen. Bitte halten Sie sich unbedingt an dieses **Verbot**, denn diese alten Wege sind durch die immerwährende Feuchtigkeit sehr glatt!

Infos zur Route

Route und Gehzeiten: Berghütte Rabaçal – Wasserfall Risco – 25 Fontes (25 Quellen) – Berghütte Rabaçal (Rundwanderung)
Dauer der Wanderung: ca. 2,15 Std. (nur zum Risco ca. 40 min)
Länge: nur zum Risco ca. 2 km (hin und zurück); gesamte Tour ca. 5,5 km
Wegbeschaffenheit: breiter Weg zum Risco; schmaler Levadaweg zu den 25 Fontes
Schwierigkeitsgrad: sehr leichter Weg zum Risco; mittlere Wanderung zu den 25 Fontes
Anfahrt: Es gibt keine öffentlichen Busse, die nach Rabaçal fahren. Die Anfahrt von Funchal führt über Ribeira Brava, den Encoumeada-Pass und das Hochplateau von Paúl da Serra bis zum großen Parkplatz direkt an der ER 110 oberhalb von Rabaçal. Von hier pendelt ein kleiner Shuttle-Bus zu den wenigen Gebäuden Rabaçals. Die kleine asphaltierte Straße kann man natürlich auch hinunter (und später wieder hinauf) wandern.

Wanderung zu den 25 Fontes

Nach der Bewanderung geht es auf dem gleichen Weg zurück. An dem neuen Holzschild „25 Fontes – 1,9 km", hält man sich rechts. Ab dieser Stelle geht es zu den **25 Quellen**. Zunächst führen Steinstufen nach unten, aber schließlich wird die Levada erreicht. Man folgt dieser nach rechts und hat bald wieder einen schönen Blick auf das kleine Tal mit dem Wasserfall.

Das Besondere an diesem Levadaweg ist die Tatsache, dass die Levada vom Wanderer aus gesehen rechts auf Hüfthöhe verläuft. Es handelt sich übrigens um die **Levada das 25 Fontes**, der wir auf sehr schmalem Pfad folgen. Der Weg ist mittlerweile auch sehr gut beschildert, bei kleinen Richtungsänderungen zeigen die Hinweise aus Holz eindeutig den Weg.

Wenig später ist man am Ziel angelangt: Bei einer **Brücke** hält man sich rechts und erblickt die Quellen in einer kleinen halbrunden Schlucht. Nach der imposanten Fallhöhe des Risco erscheinen die Quellen, zumal es auch keine 25 mehr sind, etwas unscheinbar. Aber trotzdem ist es ein angenehmer Platz, der bei hohen Temperaturen den Wanderer zu einer kleinen Abkühlung einlädt...

Hinweis

Die Wanderung zum Wasserfall Risco kann von jedermann bewältigt werden, doch ist festes Schuhwerk erforderlich. Wenn Sie aber die Wanderung zu den 25 Fontes machen möchten, brauchen Sie Wanderschuhe. Bitte beachten Sie außerdem, dass es an der staatlichen Berghütte zwar Toiletten gibt, doch keine Möglichkeit, etwas zu kaufen.

An der Levada das 25 Fontes: Manchmal wird es nass...

Sie könnten jetzt auf dem gleichen Weg zurück nach Rabaçal wandern, doch es ist reizvoller, einen anderen Rückweg zu nehmen. Dazu gehen Sie nur die wenigen Minuten zurück zur Wegkreuzung und folgen dem ausgetretenen Weg nach rechts. In typischer Zickzack-Manier geht es bergab, und so wird die unterste Levada erreicht, die **Levada da Rocha Vermelha**. An einem Wasserhaus folgt man ihr nach links und kann zeitweise sogar die Häuser von Rabaçal oberhalb ausmachen. Man wandert tiefer in das wunderschöne Tal und erblickt gegenüber einen Levadatunnel. Schließlich überquert man die Levada mit Hilfe von Betonplatten.

Versteckter Weg nach Rabaçal

Danach wird der Levada nicht weiter gefolgt, sondern der steile Weg gesucht, der direkt nach Rabaçal führt. Der Einstieg zu diesem alten, mit Steinen gepflasterten Weg ist etwas versteckt, doch für den erfahrenen Wanderer ist er zu finden.

Der Aufstieg ist anstrengend, aber nach ca. 20 Minuten gelangt man wieder zur Levada das 25 Fontes, der man rechter Hand folgt. Dann führen die letzten Stufen hinauf zum **Ausgangspunkt Rabaçal**.

Unterwegs auf Porto Santo

Porto Santo liegt etwa 50 km nordöstlich von Madeira. Die Insel ist 12 km lang und 6 km breit, die Fläche beträgt 42 km². Die höchste Erhebung ist der **Pico do Facho** mit einer Höhe von 517 m, drei weitere Vulkankegel überschreiten die Höhe von 400 m. Die ursprüngliche Vegetation wurde bereits ab dem 15. Jahrhundert nahezu vollständig gerodet und eine Wiederaufforstung gestaltet sich bis heute als schwierig. Im Hauptort **Vila Baleira** an der Südküste leben die meisten der rund 4.474 Inselbewohner (letzte Erhebung von 2001). Da die Beschäftigungsaussichten insbesondere

Redaktionstipps

Baden am **Traumstrand.**
Besuch des **Museu Cristóvão Colombo** (S. 283).
Rundfahrten auf Porto Santo (ab S. 293ff).
Besichtigung der alten **Mühlen** (S. 298).
Bei längerem Aufenthalt eine kleine Wanderung um den Pico do Facho (S. 294f).

durch die wachsende touristische Nachfrage gar nicht so schlecht sind, bleibt die junge Bevölkerung auf der kleinen Insel und wandert nicht ab.

An der Südküste zieht sich der ca. 9 km lange **Sandstrand** entlang. Der sehr feine, helle Sand übt die größte Anziehungskraft auf die Touristen aus. Der Strand gab der Insel auch den Beinamen **„die goldene Insel"** (*Ilha Dourada*). Der feinkörnige Sand ist reich an Eisen, Kalzium und Magnesium und so soll er bei rheumatischen Erkrankungen, Arthritis und Hautproblemen schmerzlindernde Wirkung haben. Mittlerweile werden auch die anderen natürlichen Ressourcen wie Meerwasser, Meeresluft und Sonne unter dem Stichwort Thalasso angeboten.
Im Sommer wird es auf der kleinen und sonst beschaulichen Insel lebendig: Viele Madeirenser nutzen die Schulferien, um auf ihrer kleinen Nachbarinsel den Urlaub zu verbringen. Den Rest des Jahres ist Porto Santo für ruhesuchende Mitteleuropäer genau das richtige: Es gibt nur wenige Unterkunftsmöglichkeiten und man hat den Strand fast für sich.

Neben dem Strand ist das Museum Colombo im **Hauptort Vila Baleira** sehenswert. Angeblich soll *Christoph Kolumbus* in diesem Haus kurze Zeit gewohnt haben.

Wissenswertes zu Porto Santo

Der rettende Hafen: Porto Santo

Wie Madeira war auch Porto Santo bereits bei den Phönikern bekannt, die beiden Inseln wurden von den Portugiesen sozusagen wiederentdeckt. Noch bevor *Zarco* und *Teixeira* Madeira betraten, landeten sie im Jahr 1418 auf dem kleinen Eiland Porto Santo, das ab 1420 durch *Bartolomeu Perestrelo* besiedelt wurde. Diesen beiden Entdeckern verdankt die kleine Insel auch ihren Namen: Sie kamen in einen heftigen Sturm und hatten die Hoffnung auf ein Überleben bereits aufgegeben. Doch eine Insel wurde zur Zuflucht und die Seefahrer nannten sie Porto Santo (*Heiliger Hafen*).
Zur Zeit der Wiederentdeckung war die Insel vollständig mit Wacholder, Baumheide und Macchia bewachsen, Drachenbäume waren zahlreich vertreten. Aber wie auch auf Madeira, den Kanaren und Kapverden, wo die *Dracaena draco* endemisch (Vorkommen nur dort) ist, verschwanden die Bestände fast völlig (heute wurden wenige Drachenbäume in Vila Baleira wieder angepflanzt).
Die Gewinnung des roten „Drachenblutes" war früher sehr bedeutsam, es wurde hauptsächlich als Farbstoff und pflanzliches Heilmittel genutzt. Aber die ersten Siedler haben die Holzressourcen von Porto Santo relativ schnell gerodet und die daraus resultierende Wechselbeziehung zwischen Bodenerosion und lokaler Klimaänderung nahm ihren Lauf. Noch heute versucht man, mit Aufforstungen die versteppten Böden gegen weitere Erosion zu schützen.
Im 16. Jahrhundert ließen Piratenüberfälle die Bevölkerung oft flüchten und die mühsam angelegten Felder lagen brach, versteppten und verwüsteten schließlich. Aus die-

Im Hof des Kolumbus-Museums wurde auch ein Drachenbaum gepflanzt

ser Zeit stammen die Überreste einer Festung zu Verteidigungszwecken auf dem **Pico do Castelo**.

Die Liste der einfallenden Räuber ist international: Im Jahr 1566 überfielen Franzosen Porto Santo, 1595 waren es Engländer. 1617 kamen algerische und marokkanische Piraten, gefolgt von weiteren Überfällen der Franzosen. Im 16. und 17. Jahrhundert gab es auch keine militärische Unterstützung seitens der portugiesischen Regierung, so dass die Bevölkerung mit den **Piratenüberfällen** allein gelassen war. Nachdem die Zeit der Überfälle beendet war, wurde Porto Santo im Jahr 1835 zum Distrikt gemacht. Allerdings erst im Jahr 1996 wurde der Hauptort Vila Baleira offiziell zur Stadt erklärt.

Das Kolumbus-Museum als kulturhistorischer Höhepunkt

Der kulturhistorische Höhepunkt der Insel ist jedoch das ehemalige Wohnhaus von *Christoph Kolumbus*. Der spätere Entdecker Amerikas war zunächst als Zuckerhändler nach Madeira gekommen und heiratete *Felipa Moniz Perestrelo*, die Tochter des ersten Gouverneurs Porto Santos. Im Jahr 1480 wurde ihr Sohn Diego geboren und wahrscheinlich lebte die Familie Kolumbus zu diesem Zeitpunkt in dem Haus in der Nähe der Kirche in Vila Baleira. Erst im November 1989 wurde das **Kolumbus-Museum** (*Museu de Cristóvão Colombo*) eröffnet.

Im Museum werden verschiedene Funde aus der Entdeckerzeit gezeigt, die Geschichte um *Christoph Kolumbus* ist der Schwerpunkt. Besonders interessant sind die drei ausgestellten Bilder von *Max Römer* aus dem Jahr 1945. Außerdem werden zahlreiche Fundstücke aus den Lagerräumen einer holländischen Gallone gezeigt, die im Jahr

1724 im Auftrag der Ostindischen Handelskompanie (*East India Company*) auf dem Weg nach Djarkata, Indonesien, war. Diese Gallone schlug an der Steilküste im Norden Porto Santos Leck und sank.

Bei den Ausstellungsstücken handelt es sich hauptsächlich um Münzen und andere Gegenstände aus Metall und Keramik. Im Erdgeschoss des Museums gibt es eine kleine Bibliothek mit Büchern zu *Kolumbus*, einige Publikationen davon werden auch zum Verkauf angeboten.

Casa Museu Cristóvão Colombo, *Rua Cristóvão Colombo 12, ☏ 291-983405, 🖷 291-983840, www.museucolombo-portosanto.com. Öffnungszeiten: Di-Sa 10.30-12.30 Uhr und 14-17.30 Uhr, So 10-13 Uhr. An Mon- und Feiertagen geschlossen. Im Hochsommer (Juli, August, September) verlängern sich die Öffnungszeiten nachmittags: Di–Fr 14–19 Uhr, Eintritt: 2 €.*

Sehenswürdigkeiten
1 Kultur- und Kongresszentrum
2 Kolumbus-Museum
3 Igreja de Nossa Senhora da Piedad
4 Handwerkszentrum

Essen und Trinken:
1 Restaurant Solar do Infante
2 Restaurant Arsénios
3 Bar Apolo 14

Unterkunft:
1 Torre Praia Suite Hotel
2 Hotel Praia Dourada
3 Residencial Central
4 Jugendherberge
5 Campingplatz Torre Praia

Die Santa Maria als wunderschönes Bodenmosaik

Die **Igreja de Nossa Senhora da Piedade** (*Heilige Jungfrau des Erbarmens*) bildet zusammen mit dem Kolumbus-Museum und dem Rathaus am Largo do Pelourinho das Zentrum des Hauptortes. Schon äußerlich fällt die Kirche durch das schöne **Kachelbild** an der Südseite auf. Innen wird der Altar durch ein Gemälde aus dem 17. Jahrhundert beherrscht, das *Jesus Christus* in den Armen von *Maria Magdalena* zeigt. Die Ursprünge der Kirche gehen auf eine Kapelle zurück, die zwischen 1420 und 1446 erbaut worden war.

Kirche mit schönem Kachelbild

In den kleinen und größeren Gassen und Straßen des eher beschaulichen Hauptortes wird Ihnen auffallen, dass die Bevölkerung ihren eigenen Rhythmus hat und dass Eile und Stress Fremdwörter sind. Aufgrund dieser Tatsache machen sich die Madeirenser über ihre Nachbarn oft lustig. Die Bewohner sind sehr religiös und werden **Profetas** (*Propheten*) genannt. Der Ursprung dieser Bezeichnung ist nicht geklärt, mittlerweile jedoch sieht sie die Bevölkerung nicht mehr negativ, sogar die lokale Rockband nennt sich so.

Wenn Sie länger auf Porto Santo bleiben, werden Sie feststellen, dass am Sonntagmorgen der **Kirchgang obligatorisch** ist. Bis vor kurzem war dieser Tag wirklich noch heilig: es wurde überhaupt nicht gearbeitet. Heute öffnen bereits einige Läden ab Sonntagmittag. Aber auch in der Woche lässt man es auf Porto Santo ruhig angehen.
In den letzten Jahren hat sich einiges getan: Moderne Architektur zeigt sich am neuen Rathaus und am gegenüberliegenden Kultur- und Kongresszentrum. Auffällig ist auch die neue Strandpromenade, die mit vielen angepflanzten Palmen und anderen Bäumen sehr ansprechend wirkt. In der Nähe des Strandes sind auch andere neue Gebäude entstanden. Die Meisten sind Restaurants und Souvenirshops, aber auch das Büro der Touristeninformation ist in einem auffälligen Neubau untergebracht.

Geruhsame Atmosphäre in Vila Baleira

info

Zukunftsmusik: Porto Santo als touristischer Superlativ?

Immer wieder gibt es ehrgeizige Pläne, die noch unerschlossenen Gebiete in der Nähe des Strandes in ein „touristisches Eldorado" mit einer großen Hotelanlage, Restaurants und Swimmingpools zu verwandeln.
Dieses Großprojekt, das immerhin 400 ha (ca. 10 % der gesamten Inselfläche) einnehmen würde, ist jedoch im Januar 2009 endgültig gescheitert. Ob noch andere Investoren das Projekt wieder aufleben lassen, bleibt abzuwarten.
Wen dieses Thema interessiert, kann im Internet neue Informationen unter www.madeira-zeitung.com nachlesen.
Bereits 2007 überraschte die Schlagzeile, dass die Fußballer *Ronaldo, Figo, Deco* und andere ein Stück Land im Südwesten gekauft hatten. Woher kam diese Idee? Die Antwort ist sehr einfach: *Cristiano Ronaldo* wurde am 5. Februar 1985 in Funchal geboren und verließ als Zwölfjähriger Madeira, um bei Sporting Lissabon Fußball zu spielen. Er kennt also Porto Santo mit seinem „Goldstrand" aus frühester Jugend. Noch besteht das Interesse der Fußballer, ein Luxus-Hotel in der Nähe des Golfplatzes zu errichten, aber bisher ist nichts konkret geworden.
Solche Expansionspläne werden wohl immer wieder neu aufkommen, ein Grund mehr, sich das gegenwärtige Porto Santo anzugucken.

Trotz aller Bauaktivitäten bleibt es die ruhige Atmosphäre, die den Reiz der Insel ausmacht und gestressten Mitteleuropäern Entspannung verspricht. Mit Ausnahme des Kolumbus-Museum und der Igreja de Nossa Senhora da Piedade gibt es keine touristischen Höhepunkte im Hauptort der Insel. Kleine und einfache Geschäfte, Bars und Restaurants und kaum mehr als eine Handvoll Unterkunftsmöglichkeiten prägen die ruhigen Gassen.

Das meiste Leben scheint sich am Strand abzuspielen, doch wenn man sich nur wenige Meter von den Strandhotels löst, überwiegt schon wieder die typische Ruhe Porto Santos jegliche Geschäftigkeit...

Reisepraktische Informationen zu Porto Santo

Information

Das Büro der Touristeninformation (Posto do Turismo) befindet sich in Vila Baleira in dem neuerbauten "Prachtbau" in der Avenida Dr. Manuel Gregório Pestana Junior, 9400-171 Porto Santo, ☏ 291–985189.
Öffnungszeiten: Mo-Fr von 9-17.30 Uhr, Sa 10–12.30 Uhr. Hier erhalten Sie sämtliche Informationen zur Insel, außerdem verteilt die Mitarbeiterin eine kostenlose Karte von Porto Santo, auf deren Rückseite sich auch ein Stadtplan von Vila Baleira befindet. Hier bekommen Sie auch eine Kopie der aktuellen Busabfahrtzeiten.

Anfahrt

mit dem Flugzeug

Der Flughafen, ☏ 291-980120, 🖷 291-980121, www.anam.pt, liegt in der Inselmitte und ist etwa zwei Kilometer vom Hauptort entfernt. Das moderne Flughafengebäude von Porto Santo wurde im Jahr 1995 eröffnet. Es gibt zahlreiche tägliche Flugverbindungen zwischen Funchal und Porto Santo (IATA code PXO) mit SATA Air Acores und die TAP Air Portugal fliegt 1x täglich von Lissabon direkt nach Porto Santo.
Achtung: *Im Hochsommer sollten Sie Ihren Flug rechtzeitig buchen! Der Hin- und Rückflug zwischen Funchal und Porto Santo kostet ab 105 € in der Tourist Class und dauert etwa 20 Minuten.*

mit der Fähre

Die „Lobo Marinho“ (Jungfernfahrt im Jahr 2003) fährt normalerweise 6x die Woche von Funchal nach Porto Santo und am gleichen Tag wieder zurück nach Funchal. Morgens um 8 Uhr geht es los und um 18 Uhr läuft die Fähre wieder nach Madeira aus, Ausnahme ist freitags (Auslaufen in Funchal um 19 Uhr und erneutes Ablegen um 22.30 Uhr von Porto Santo). Einen Tag in der Woche bleibt die Fähre immer in Funchal; dieser Tag variiert jedoch. Nicht nur deshalb sollte man die aktuellen Abfahrtszeiten unbedingt vorher überprüfen. Fahrkarten bekommt man in Funchal in den meisten Reisebüros oder bis 30 Minuten vor der Abfahrt direkt im Hafen am Pier, wo die Fähre liegt (Personalausweis mitbringen!).
Fahrpreise: *60,10 € pro Person in der Hochsaison (April-September) und 51,80 € pro Person (Januar-März und Oktober-Dezember); Kinder bis 5 Jahre sind frei, und zwischen 5 und 11 Jahren bezahlen sie 50 % des Fahrpreises. Wenn Sie nicht am gleichen Tag zurückfahren, sind die Fahrpreise jeweils um 10 € günstiger (diese Maßnahme soll das Übernachten auf Porto Santo attraktiver machen).*

Bei der Ankunft im Hafen von Porto Santo erwartet der öffentliche Bus seine Fahrgäste, ansonsten stehen Taxis (manchmal auch Pferdekutschen) bereit, die die Touristen in das etwa 2 km entfernte Zentrum von Vila Baleira bringen.

Das kleine Büro der **Porto Santo Line** *befindet sich gleich neben dem Hotel Dourada in der Rua D. Estevão de Alencastre. Öffnungszeiten: Mo-Fr 10-16 Uhr, Sa 12.30-14 Uhr. Wenn Sie länger auf Porto Santo waren, sollten Sie vor der Abfahrt einmal nachfragen, ob es bei der geplanten Abfahrtszeit bleibt.*

Tipp: *Das Hotel Torre Praia gehört der Porto Santo Line; über die Internetseite und in den Reisebüros in Funchal kann man deshalb kombinierte Angebote (Überfahrt und Übernachtungen) buchen.*

mit dem Bus

Es gibt öffentliche Busse (leicht erkennbar an der hellblauen Lackierung), die von **Vila Baleira** *in Richtung Südwestspitze (über Campo de Baixo und Campo de Cima zur Ponta da Calheta) oder auch von Vila Baleira nach Norden (Camacha) fahren. Eine Kopie mit den Abfahrtszeiten erhalten Sie in der Touristeninformation. Im Hafen (Porto de Abrigo) erwartet der Bus die Neuankömmlinge an der Fähre, um sie in den Hauptort zu bringen. Abgestimmt auf die Abfahrtszeit der Fähre fährt auch wieder ein Bus von Vila Baleira zum Hafen. Die Fahrpreise sind sehr moderat und variieren je nach Entfernung um 1,00 €, Kinder bis 12 Jahren bezahlen die Hälfte. Die Bushaltestelle in Vila Baleira ist direkt im Zentrum an der Tankstelle, hier gibt es auch eine kleine Businformation, die Mitarbeiter helfen gerne weiter.*
Inselrundfahrt: *Die kleinen und empfehlenswerten Rundfahrten mit Carreira No. 6 finden täglich von 14-16 Uhr statt. Je nach Nachfrage wird ein Kleinbus oder ein großer Bus eingesetzt. Abfahrt und Information auch an der zentralen Bushaltestelle, Preis 6 €.*
Tipp: *Wenn Sie länger bleiben, lohnt sich das Mieten eines Fahrrades bzw. eines Motorrollers für die kleinen Entfernungen auf Porto Santo.*

Unterkünfte

€€€ **Torre Praia Suite Hotel** *(1), Rua Goulart Medeiros, 9400 Porto Santo, ☏ 291-985292, 🖷 291-982487. Das Hotel mit der attraktiven Dachbar und Swimming-Pool liegt direkt am Strand und doch nur 5 Minuten vom Zentrum entfernt. Die 65 Zimmer sind mit Klimaanlage und TV ausgerüstet, weiterhin gibt es eine Sauna, Squashhalle und einen Fitnessraum.*
€€ **Hotel Praia Dourada** *(2), Rua Dr. Pedro Lomelino, ☏ 291-982315, 🖷 291-982484, www.portosantohotels.com. Dieses Hotel liegt direkt in der Ortsmitte. Die 108 Zimmer sind mit Telefon und TV ausgestattet, und es gibt einen Garten mit Swimming-Pool.*
€€ **Residencial Central** *(3), Rua A. Magno Vasconcelos, ☏ 291-982226, 🖷 291-983460. Diese moderne Pension liegt nur wenige Schritte oberhalb des Zentrums und so haben viele Zimmer einen schönen Blick auf das Meer. Die 42 Zimmer haben Telefon, TV und Balkon, außerdem gibt es eine Sonnenterrasse.*
Die preisgünstige Unterkunft für Junggebliebene:
€ **Jugendherberge** *(Pousada de Juventude) (4), Morada, Sítio das Matas, 9400-035 Porto Santo, ☏ 291-982607, 🖷 291-984555, www.ilha-dourada.com. Die neu erbaute Jugendherberge liegt oberhalb von der Residência Central, 64 Betten in Mehrbettzimmern.*
Ferienwohnungen und -häuser *(verschiedene Lagen, für den längeren Aufenthalt), buchbar über das Reisebüro Lazemar, Rua João Gonçalves Zarco 66, ☏ 291-983379,*

📠 291-983616. Die Ferienwohnungen sind mit Küche usw. ausgerüstet, Endreinigung ist im Preis inbegriffen. Weitere Privatquartiere und Ferienwohnungen können direkt bei der Tourismusinformation gebucht werden.

Unterkünfte außerhalb Vila Baleiras *(Karte s. S. 281, Porto Santo):*
€€-€€€€ **Hotel Vila Baleira** *(6), Sítio do Cabeço da Ponta, Apart. 243, 9401-909 Porto Santo, ☏ 291-980800, 📠 291-980801, www.vilabeira.com. Das Hotel ist achtstöckig, was auf Porto Santo etwas deplaziert wirkt, aber die 256 Zimmer (32 davon sind Junior-Suiten) sind modern ausgestattet und haben Kabel-TV und Balkon. Durch einen Tunnel kann man direkt zum Thalasso-Zentrum gehen und am Strand gibt es neben dem Wellnessbereich einen großen Swimmingpool und zahlreiche Liegestühle. Außerdem gibt es noch einen Indoor-Pool und einen Fitnessraum, Tennis- und Golfplatz liegen in der Nähe.*
€€€ **Pestana Porto Santo Beachresort & Spa** *(10), Estrada Regional 111, ☏ 291-724241, 📠 291-762171, www.pestana-porto-santo.com. Das 2008 eröffnete Hotelresort liegt direkt am langen Sandstrand. Die 15 zwei- und dreistöckigen Gebäude befinden sich in einer gepflegten Gartenanlage, in die zwei Swimmingpools, Sonnenterrassen und das Spa-Center eingebettet sind. Die 275 geräumigen und gut ausgestatteten Zimmer verfügen über Balkon oder Terrasse, Tennishalle und Golfplatz sind in wenigen Minuten zu Fuß zu erreichen.*
€€-€€€ **Aparthotel Luamar** *(7), Cabeço da Ponta, ☏ 291-984121, 📠 291-983100, www.portosantohotels.com. Dieses direkt am Strand liegende Hotel verfügt über 113 Apartments, die mit Küchenecke und Wohnzimmer mit TV ausgestattet sind. Weiterhin gibt es einen Swimmingpool, Fitnessraum, Sauna, Tennisplatz und Fahrradverleih, außerdem einen Minimarkt und eine Snack Bar. Die sehr ruhig gelegene Anlage befindet sich fünf Kilometer von Vila Baleira entfernt, es gibt einen kostenlosen Shuttle Bus.*
€€-€€€ **Hotel Porto Santo** *(8), Campo de Baixo, ☏ 291-980140, 📠 291-980149, www.hotelportosanto.com. Dieses Hotel ist das Tophotel der ersten Stunde. Es liegt auch direkt am Strand und bietet nach der Renovierung alle Annehmlichkeiten eines Hotels dieser Klasse mit Sportanlagen, Swimmingpool und einem schönen Garten.*
€€-€€€ **Quinta do Serrado** *(9), Sítio do Pedregal, 9400-010 Porto Santo, ☏ 291-980270, 📠 291-980279, www.quintadoserrado.com. Auch auf Porto Santo gibt es für Landhaus-Liebhaber eine tolle Adresse: Wunderbar in die Landschaft eingebettet besticht die umgebaute 150 Jahre alte Quinta mit angenehm ruhiger Atmosphäre. Die 22 Zimmer sind modern und stilvoll eingerichtet, es gibt einen kleinen Pool, das Restaurant ist empfehlenswert.*
€-€€ **Pension Areia Dourada** *(11), Sítio do Espírito Santo, Campo de Baixo, 9400 Porto Santo, ☏ 291-980110, 📠 291-980115, www.areiadourada.pt. Modern eingerichtete Zimmer mit Klimaanlage, Kabel-TV und Balkon, es gibt 3 (!) Restaurants, deshalb ist auch Halbpension möglich (12 € pro Person).*

Campingplatz

Direkt beim **Hotel Torre Praia** *(5) befindet sich auch der einzige Campingplatz der Insel. Die Rezeption des Platzes, ☏ 291-982160, 📠 291-984922, hat von 10-12 Uhr und von 15-17 Uhr geöffnet. Der Platz ist sauber, schön angelegt und Bäume spenden angenehm Schatten. Bitte bedenken Sie, dass im Hochsommer viele Familien von Madeira den Platz bevölkern, um den Strand zu genießen!*

Essen und Trinken

In Vila Baleira gibt es zahlreiche gute Restaurants und Bars, die man bei einem längeren Aufenthalt kennenlernen kann.

Restaurant Solar do Infante *(1), Rua Bartholomeu Perestrelo; dieses Restaurant im neuen „Glasbau" bietet gute Küche mit schönem Blick auf den Strand. Die Preise sind vielleicht ein wenig höher als in einfachen Restaurants, aber Service und Essen sind auch sehr gut.*

Restaurant Arsénios *(2), Avenida Dr. Manuel Gregório Pestana Junior; liegt schräg gegenüber der Bushaltestelle, besonders beliebt bei den Einheimischen sind die Pizzen, aber auch die Fischgerichte sind gut.*

Bar Apolo 14 *(3), direkt am Platz vor der Kirche (Largo do Pelourinho); diese kleine Bar hat es uns angetan: Sie ist familiär, man bekommt kleine Snacks, die frisch zubereitet werden und Bier oder andere Getränke sind sehr günstig. Man sitzt draußen und kann den ganzen Platz beobachten… Alle anderen Snack-Bars bzw. die Gelateria, die auch um den Largo do Pelourinho liegen, sind allerdings auch empfehlenswert. Hier im Zentrum sitzt man angenehm ruhig, weil das ganze GebietFußgängerzone ist.*

Unser Tipp: *Eine sehr reizvolle Lage hat das* **Restaurant O Calhetas**, *das am westlichen Ende des Sandstrandes liegt. Wenn Sie von Vila Baleira zu Fuß die etwa 7 km am Strand entlang gewandert sind, können Sie sich hier stärken und den traumhaften Blick auf die vorgelagerte Basaltinsel (Ilhéu de Baixo ou da Cal) genießen. Das Restaurant ist natürlich auch mit dem Bus, Taxi, Motorroller oder dem Fahrrad über die nach Südwesten führende Straße zu erreichen. Mittlerweile „bezahlt" man leider die tolle Lage, denn die Gerichte sind deutlich teurer als früher, trotzdem ist es empfehlenswert!*

Restaurant Torres, *bei Camacha gelegen; ist bekannt und beliebt für gegrilltes Huhn. In der Hochsaison sollten Sie telefonisch vorbestellen, ☏ 291-984373.*

Restaurant in der Quinta do Serrado; *genießen Sie die ländliche Atmosphäre bei gutem Essen, und normalem Preisniveau, genaue Adresse siehe unter Unterkünfte.*

Spezialitäten

Wer gutes Brot und Kuchen zu schätzen weiß, der sollte die Bäckerei (Padeiria) besuchen, die am Ende der Rua G. Zarco liegt. Die Einheimischen stehen hier gerne für ihren geliebten Kuchen und eine Tasse Kaffee an. Weiterhin sollten Sie den Wein von Porto Santo probieren. Der **Vinho do Porto Santo** *wird in fast jeder Bar ausgeschenkt und hat durch die von der Sonne verwöhnten Weintrauben eine gewisse Schwere. Die meisten Weintrauben von Porto Santo werden jedoch als Obst nach Madeira verkauft, und so ist die Menge des produzierten Weines sehr gering.*

Taxi

Der Taxistand befindet sich Avenida Dr. Manuel Gregório Pestana Júnior bei der Tankstelle und neben der Bushaltestelle, ☏ 291-982334. Bei der Ankunft am Fähranleger bzw. am Flughafen stehen Taxis bereit.

Autovermietung

Es gibt auf Porto Santo Zweigstellen von Vermietern, die ihren Hauptsitz auf Madeira haben. Wenn Sie nicht auf ein Mietfahrzeug verzichten möchten, ist eine Reservierung zwischen Juli und September unbedingt nötig. Die Büros der Autovermieter befinden sich entweder am Flughafen oder in Vila Baleira.

Budget, *im Flughafenterminal, ☏ 291-983008*

Rodavante, *im Flughafenterminal,* ☎ *291-982925*
Moinho, *Rua D. Estévão de Alencastre (im Zentrum),* ☎ *291-982780,* ℻ *291-983464*

Motorroller und Fahrräder
Da die Insel relativ klein ist, bietet sich die Erkundung per Motorroller an:
Der **Zweiradladen** *(an der Durchgangsstraße zum Hotel Torre Praia und zum Strand gelegen) vermietet Motorroller und Fahrräder. Die Besitzer sind sehr nett: Verlangen Sie nach einem* **Scooter** *(uma mota).*

Wer es sportlich mag, kann sich ein Mountain Bike oder ein normales Fahrrad mieten. Die Öffnungszeiten sind offiziell Mo-Fr 9-20 Uhr, aber im Sommer wird der Laden auch am Wochenende geöffnet.

Tankstelle
Es gibt eine Tankstelle auf der Insel, die sich zentral an der Av. Dr. M. G. Pestana Junior (Vila Baleira) befindet. Sie ist auch am Sonntag geöffnet, die Benzinpreise entsprechen den Preisen auf Madeira.

Erste Hilfe/Apotheke
*Wenn man vom Hafen kommt, befindet sich das Gesundheitszentrum (***Centro de Saúde***) am Ortsanfang auf der linken Seite in der Rua Dr. José Diamantino Lima,* ☎ *291-982211 und 291-982299.*
*Die Apotheke (***Farmácia***) befindet sich bei der Touristeninformation in der Av. Henrique Vieira de Castro, Öffnungszeiten: Mo-Fr 9-19 Uhr, Sa 13-15 Uhr.*

Polizei
Die **P.S.P. (Polícia de Segurança Pública)** *befindet sich in der Rua J. S. Moura Caldeira,* ☎ *291-982423.*

Banken
In Vila Baleira gibt es insgesamt vier Banken, eine der Banken ist auf der Av. Henrique Vieira de Castro. Alle Banken verfügen über EC-Automaten, so dass man zu jeder Zeit Geld abheben kann. Öffnungszeiten: Mo-Fr 8.30-15 Uhr.

Post
Wie eine der Banken und das Büro der Touristeninformation findet man die Post in der Av. Henrique Vieira de Castro. Öffnungszeiten: Mo-Fr 9-17.30 Uhr.

Supermärkte und Geschäfte
Es gibt drei Supermärkte in Vila Baleira. Der größte Supermarkt liegt in der Nähe der Durchgangsstraße wenige Meter von der Tankstelle entfernt. Öffnungszeiten: täglich von 9-21 Uhr. Der andere Supermarkt ist nicht weit entfernt in der Rua Bartholomez.
In der Markthalle gibt es frisches Obst und Gemüse, am Ortseingang an der Avenida Dr. Manuel Gregório Pestana Júnior.
Sehenswert ist das Handwerkszentrum (Centro de Artesanato) gleich neben der Touristeninformation in der Av. Dr. M. G. Pestana Junior.
Tipps für den Souvenirkauf: *Bekannt sind zum Beispiel* **handgefertigte Tonfiguren**, *die meist nicht gebrannt werden. Dargestellt werden traditionell Figuren für die Weih-*

nachtskrippe, viele Heilige oder auch einfache Frauen bei ihren täglichen Arbeiten. Das Tonvorkommen liegt übrigens in Serrado da Eira (bei Serra de Fora).
Aus **Holz** *werden verschiedene Nachbildungen von Weinpressen oder alten Ochsenkarren gemacht, deren Charme in ihrer Detailtreue liegt. Auch kleine Nachbauten der Windmühlen werden den Touristen angeboten. Alle Stücke können in den Läden von Vila Baleira erstanden werden, jedes Stück ist ein Unikat.*

Nachtleben

Wer nach Porto Santo kommt, sucht nicht zwingend das pulsierende Nachtleben. Trotzdem gibt es einige Diskotheken auf der Insel, die hauptsächlich an die Hotels angeschlossen sind und im Sommer sehr gut besucht werden. Beliebt ist die Bar im Hotel Torre Praia.

Sport

Golf

Porto Santo Golf, *Sítio da Lapeira de Dentro, 9400-162 Porto Santo, ☏ 291-983777/8, 🖷 291-983508; über die Madeira-Golf-Seite kommt man auch auf die Porto-Santo-Seite: www.madeiraislandsgolf.com. Wer hier einmal gespielt hat, hat in der Heimat etwas zu erzählen.*

Tennis

Porto Santo Tennis Academy, *Estrada da Calheta, Campo de Baixo, 9400-015 Porto Santo, ☏ 291-983274, 🖷 291-983165; feinste Turnierplätze und sogar eine Tennishalle wurden errichtet (Porto Santo ist immer für eine Überraschung gut!), geöffnet von 10-19 Uhr, Platzmiete pro Stunde 10 €, „Central court" 15 €/Std.*

Reiten

Der Reitstall (Centro Hípico de Porto Santo) befindet sich auf dem Weg zwischen Vila Baleira und Ponta, das Schild **Hípico** *weist den Weg, ☏ 291-983165.*

Surfen

Die Südküste, an der sich der Traumstrand entlang zieht, ist ein beliebtes Surfgebiet. Die großen Hotels vermieten Surfbretter, allerdings meistens nur in der Saison (Juli bis Oktober).

Tauchen

Informationen über den **Clube Naval Porto Santo** *(nahe dem Hafen), ☏/🖷 291-983259 , www.portosantosub.com. Kontakt über José Ricardo, mobil erreichbar unter ++351-916033997.*

Thalasso

Centro de Talassoterapia, *Sítio do Cabeço da Ponta, Apart. 528, ☏ 291-980890, 🖷 291-980801, www.ferpinta.pt. Das Zentrum liegt genau gegenüber des Hotels Vila Baleira und das Wellnessangebot ist sehr gut (siehe unten). Hotelgäste bezahlen etwas weniger als externe Gäste.*

Bootsausflüge

Bootsausflüge finden überwiegend in der Hauptsaison statt, bitte in der Unterkunft oder am Hafen nachfragen.

Rundfahrten auf Porto Santo

Von Vila Baleira zur Südspitze der Insel

Per Auto bzw. Motorroller oder Fahrrad sollten Sie die wenigen Straßenkilometer von Porto Santo einmal abfahren. Fahren Sie zunächst von Vila Baleira parallel zum Strand in Richtung Südspitze. Rechts von der Straße geht es nach Campo Cima. Hier stehen noch einige **alte Windmühlen**. Die Hauptstraße wird nicht verlassen. Von der Straße aus kann man die Hotels sehen, die direkt am Strand entstanden sind. Viele wohlhabende Madeirenser haben sich in dieser Gegend Privathäuser gebaut, in denen sie Wochenenden und Sommerferien verbringen.

Insel im Umbruch

Inzwischen sind an der Straße auch einfache Reihenhäuser gebaut worden, denn auch die Einheimischen bzw. die Servicekräfte der Tourismusindustrie brauchen Wohnraum. Etwas übertrieben erscheint einem der Ausbau des Radweges neben der Straße, da fragt man sich unwillkürlich, wie viele Radfahrer diesen wohl benutzen werden?

Dann ist der **Miradouro** auf dem Pico das Flores zusammen mit dem Golfplatz und dem Reitstall (Centro Hípico) ausgeschildert. Zum Pico geht es dann wenig später links ab und eine holprige Piste führt hinauf. Von diesem Aussichtspunkt hat man eine schöne Sicht über die gesamte Insel.

Man fährt zurück zur Hauptstraße und biegt rechts ab, um das Straßenende zu erreichen. Hier befindet sich das wunderschön gelegene **Restaurant O Calhetas** und

Infrastruktur durch EU-Gelder: Der vorbildliche Rad- und Gehweg

lädt zu einem kurzen Stopp ein. Danach sind es etwa sieben Kilometer wieder zurück nach Vila Baleira.

Schöne Aussicht

Vom **Pico das Flores** hat man einen schönen Überblick auf die sich von West nach Ost ziehende Insel. Bei dem von hier aus gesehenen ersten Vulkankegel handelt es sich um den **Pico de Ana Ferreira** (283 m Höhe), an dem man sehr schön die ersten Erfolge der Aufforstung beobachten kann. Interessant ist auch die große Bauruine am Strand, in die einmal ein Hotel einziehen sollte. Auch die beeindruckende Größe der dunklen Basaltinsel Ilhéu de Baixo ou da Cal wird aus dieser Perspektive deutlich. Am Aussichtspunkt befindet sich eine Büste des Malers *Francisco José Peile da Costa Maya.*

Wenn Sie sich bei Ihrem Kurzaufenthalt kein Fahrzeug mieten, sondern nur den Strand genießen möchten, dann können Sie den Strand entlang **wandern.** Wie bereits erwähnt, beträgt die Entfernung zwischen Vila Baleira bis zum Ende des Strandes ca. sieben Kilometer. Nachdem man die Umgebung der Hotels hinter sich gelassen hat, gehört einem der scheinbar endlose Strand ganz allein. Kurz vor Strandende können Sie eine interessante Bildung von **Sandsteinformationen** bewundern. Wenn es die Kondition erlaubt, wandern Sie wieder zurück oder rufen ein Taxi für den Rückweg.

info

Ungewöhnliche Angebote auf Porto Santo: Golf und Thalasso

In den neunziger Jahren konnte sich wohl kaum ein Einheimischer oder Tourist vorstellen, dass es nur wenige Jahre später einen Golfplatz und ein Angebot für Thalasso auf Porto Santo geben würde.

Der **18-Loch Platz** wurde vom Golfprofi *Severiano Ballesteros* entworfen und im Oktober 2004 eröffnet. Der Platz befindet sich im Südwesten der Insel und verfügt sogar über kleine Seen. Ob das alles auch ökologisch adäquat ist, bleibt allerdings zweifelhaft. Damit sich ebenso Profis wie Anfänger wohlfühlen können, bietet das exklusive Clubhaus auch Entspannung durch Sauna, Whirlpool oder Dampfbad an. Das gleiche Angebot macht übrigens auch das nah gelegene Thalassozentrum direkt am Strand:

Thalasso (vom griechischen Wort *thalassa* für Meer) bezeichnet ursprünglich die Behandlung von Krankheiten mit kaltem oder erwärmtem Meerwasser, Meeresluft, Sonne, Algen, Schlick und Sand.
In Deutschland werden heute zwei Richtungen unterschieden: Thalassoanwendungen als medizinisches Heilmittel, die durch Fachpersonal wie Ärzte und ausgebildete Therapeuten begleitet werden. Dann gibt es den Wellnessbereich, der einfach der Entspannung oder kosmetischen Zwecken dient.
Das ebenfalls im Südwesten der Insel errichtete Thalassozentrum zielt in den Wellnessbereich und bietet verschiedene Anwendungen bzw. Einrichtungen wie zum Beispiel Inhalationen, Hydromassagen, Whirlpool, Sauna, Entspannungsbad usw. an.

Von Vila Baleira nach Camacha

Dieser Ausflug führt über die beiden Berge **Pico do Castelo** und **Pico do Facho** im Inselinneren nach **Camacha** und zur **Fonte da Areia**. Von Vila Baleira folgt man der Straße in Richtung Camacha. Wer sich für den Flughafen interessiert, kann nach kurzer Zeit der Ausschilderung nach links folgen. Das überraschend moderne **Flughafengebäude** von Porto Santo wurde im August 1995 eröffnet. Der gute Ausbau der 1960 entstandenen Rollbahn hatte einen guten Grund: Die **NATO** hatte strategisches Interesse an diesem Flugplatz, da er in der Nähe Afrikas lag. Nach dem Ende des Kalten Krieges sind hier NATO-Flugzeuge selten geworden, und die Start- und Landebahn sowie die betonierten Abstellplätze im Norden des Flughafengeländes wirken etwas überdimensioniert. Doch für die Mobilität und die Versorgung der Bevölkerung ist der Flughafen von großer Bedeutung.

Blick auf den Südwesten

Nach diesem kurzen Abstecher fährt man zurück auf die Hauptstraße, nach etwa einem Kilometer teilt sich die Straße: Links geht es nach **Camacha**, und rechts schraubt sich der Weg hoch in Richtung **Pico do Castelo**. Diese Straße wurde mit Kopfsteinpflaster befestigt. Am Ende des Weges kann man beim Aussichtspunkt sein Fahrzeug abstellen. Der Blick über die Insel ist sehr schön: Nicht nur Vila Beleira ist zu erkennen, sondern auch der Flughafen, Campo de Cimba und sogar der Golfplatz.

Kleine Wanderung um den Pico do Facho

Dauer und Schwierigkeitsgrad: Die Wanderung auf dem gut befestigten Weg um den **Pico do Facho,** der mit 517 m der höchste Berg der Insel ist, ist einfach. Für den Rundweg sollten Sie etwa 1 Stunde einrechnen. Da nur das letzte Stück durch einen aufgeforsteten Bereich führt, sollte man sich vor der Sonne schützen und auch etwas zu Trinken mitführen.

Wegbeschreibung: Am Miradouro zeigt eine große Tafel den Wegverlauf. Auf der Tafel wird der Weg bis Moledo gezeigt, wenn man jedoch an der Wegkreuzung weiter geradeaus geht, wird der **Pico do Facho** umrundet. Es ist nicht erlaubt, den mit einem Sendemast bebauten Berggipfel zu besteigen und so folgen wir dem Weg in Richtung Osten und haben zunächst einen schönen Blick auf die Südseite der Insel mit dem Hauptort Vila Baleira. In diesem Bereich wurden Pinien angepflanzt, die der Bodenerosion entgegenwirken sollen. Langsam wird der Osten der Insel sichtbar; wir erkennen einige Regenrückhaltebecken, und ansonsten wirkt dieser Teil Porto Santos sehr karg, und es gibt außer Serra de Dentro auch keine weiteren Siedlungen mehr. An einer Stelle scheint es etwas feuchter zu sein, denn hier gedeiht sogar Farnkraut. Auf dem nächsten Wegabschnitt spenden Pinien dem Wanderer Schatten. Nach etwa 40 Minuten teilt sich der Weg, und man hält sich links. Schließlich haben wir den Pico do Facho fast schon umrundet, und der Blick fällt wieder auf den Ort Camacha und den nördlichen Teil der Rollbahn des Flughafens. Wir durchqueren ein kleines Waldstück, in dem neben Pinien auch Zedern angepflanzt wurden, und erreichen nach etwa einer Stunde wieder unseren Ausgangspunkt.

Von hier aus kann der Pico do Castelo erklommen werden. Außerdem startet von diesem Ausgangspunkt aus auch ein kleiner Wanderweg um den **Pico do Facho** herum.

Wanderung zum Pico do Castelo

Vom Ende der Straße benötigt man etwa 20 Minuten, um den 437 m hohen **Pico do Castelo** zu erklimmen. Wie bereits aus der Entfernung zu beobachten ist, wurden die Hänge des Pico do Castelo erfolgreich aufgeforstet. Dabei hat sich *António Schiappa da Azevedo* sehr verdient gemacht. Beim Gipfel hat er ein kleines Denkmal bekommen. Durch die Bäume ist der Gipfelbereich angenehm schattig und man kann in Ruhe die Aussicht genießen.

Die steile Straße führt nach unten und Camacha wird erreicht. In Camacha gibt es bis auf eine alte Mühle eigentlich nichts Interessantes zu sehen, aber inzwischen sind eine Handvoll Restaurants entstanden. Die Quinta do Serrado lockt sowohl als Übernachtungsalternative als auch als Restaurant. Der Besuch des **Restaurants Torres** ist für die Liebhaber von gegrilltem Huhn (*Frango grelhado*) zu empfehlen.

Das nächste Ziel ist die bekannte Quelle mit dem Namen **Fonte da Areia**. Sie befindet sich an der Nordküste und man folgt der Straße, die um den Flugplatz herumführt. Eine befestigte kleine Straße führt sehr steil hinunter, aber der Weg wird wieder breiter, so dass wenige Fahrzeuge abgestellt werden können. Die Quelle liegt genau bei der kleinen Bar, die verlassen wirkt. Erwähnenswert ist noch der weiße Sandstein, den man an den Wänden des Fußweges bewundern kann.

Die **Fonte da Areia** soll angeblich das beste Trinkwasser von Porto Santo liefern, es wird in Flaschen abgefüllt an Touristen verkauft. Neben dieser Quelle gibt es noch weitere Quellen, die schon immer für die Trinkwassergewinnung genutzt wurden. Für die Bewässerung wird seit einigen Jahren auch das spärliche Regenwasser gestaut, wie wir es bereits im Osten der Insel beobachten konnten. Auf der Hauptstraße führt der Weg über Camacha zurück nach **Vila Baleira**.

Der Weg zur Quelle

Hinweis

Für Inselentdecker mit mehr Zeit scheint sich noch die Umrundung der Insel anzubieten. **Achtung:** Wenn Sie mit dem Motorroller unterwegs sind, bedenken Sie, dass Ihre Tankfüllung für die erweiterte Inselrundfahrt durch den kargen Osten nicht reichen wird. Da es auch keine Höhepunkte entlang der Strecke gibt, kann man von Camacha aus in den Hauptort zurückzukehren.

Von Vila Baleira in den Südosten

Um in den Südosten zu gelangen, darf man nicht in Richtung Hafen fahren, sondern man fährt am besten am Hotel Dourada vorbei in Richtung **Serra de Fora**. Auf dem Weg erkennt man auf der linken Seite die **Capela de N. S. da Graça**. Diese Kapelle war ursprünglich im Jahre 1533 entstanden, doch bis Anfang des 19. Jahrhundert verfiel sie vollständig. Ab 1949 wurde sie wieder aufgebaut, die Weihung fand am 25. August 1951 statt. Am 15. August ist die große Kapelle, in der junge Paare gerne heiraten, Schauplatz des großen Kirchenfestes. Das Innere der Kapelle ist recht bescheiden, dafür ist die Lage sehr schön. Kurz vor dem Aussichtspunkt **Portela** stoßen wir auf eine relativ ebene Fläche, auf der drei alte Windmühlen stehen.

Kapelle von 1533

info

Die Mühlen von Porto Santo

Diese alten Windmühlen sind Zeugen dafür, dass früher hier Weizen, Gerste und wohl auch Mais angebaut wurden. Die verschiedenen Mühlsteine liegen teilweise noch heute in der Nähe der Mühlen. Die Bauweise ist sehr interessant: Man baute einen runden Sockel aus Stein und setzte ein Holzhäuschen mit der Drehachse des Windrades darauf. Das Besondere sind die **vier kleinen Holzräder,** mit denen die Windmühle in die jeweilige Windrichtung gedreht werden konnte. Heute sind die vier langen Holzstangen fast nie mehr mit den dreieckigen weißen Segeln bespannt.

Doch es gibt verstärkt Bemühungen, die etwa 100 Jahre alten Windmühlen zu erhalten. Schließlich sind die Moinhos zu einem Wahrzeichen der Insel geworden, das erhaltenswert ist – nicht nur im Hinblick auf die touristische Attraktion.

Das Wahrzeichen Porto Santos: Die alten Windmühlen

Nur wenige Meter weiter befindet sich der bereits erwähnte Aussichtspunkt **Portela.**

Sie können jetzt noch weiter in Richtung des kargen Ostens fahren. Der nächste Ort ist **Serra de Fora**, in dem man nach rechts abbiegen kann, um wieder ans Wasser zu gelangen. Doch das Zentrum des Ortes wirkt inmitten der bergigen Umgebung irgendwie einsam und bedrückend. Für geologisch Interessierte lohnt es sich, noch ein wenig weiter zu fahren: Die Landschaft ist versteppt und wirkt schon fast wüstenhaft. Durch die Folgen der **Bodenerosion** wird das vulkanisch geprägte anstehende Gestein sichtbar, und auch die zaghaften Aufforstungsversuche konnten in diesem Inselteil die Wunden noch nicht heilen. Auf dieser Straße ist man auch fast immer alleine unterwegs. Wenn man die Kargheit der Gegend fast schon körperlich spüren kann, sollte man wieder nach **Vila Baleira** zurückfahren.

Schöne Aussicht

Von Portela hat man einen guten Überblick auf Vila Baleira, den einzigartigen Sandstrand und den modernen Hafen **Porto de Abrigo.** Inzwischen gibt es auch eine kleine Marina, die in den Sommermonaten von vielen Yachten aus Funchal angelaufen wird. Das Dieselkraftwerk, das den gesamten Strom der Insel produziert, befindet sich auch im Hafengebiet in der Nähe der großen Vorratstanks.

Die Ilhas Desertas und Ilhas Selvagens

Die **Inselgruppen Ilhas Desertas und Ilhas Selvagens** gehören zur autonomen Region Madeira.
Die Desertas liegen ca. 18 km von der östlichen Landspitze Madeiras, der Ponta de São Lourenço, entfernt, und sind von der Südküste Madeiras aus gut zu erkennen. Die Selvageminseln liegen 280 km weiter südlich vor der afrikanischen Küste. Gemeinsam ist beiden Inselgruppen, dass sie **unbewohnt** sind und **unter Naturschutz** stehen.

Die Ilhas Desertas

Die Inseln sind vulkanischen Ursprungs und waren früher über die Ponta de São Lourenço mit Madeira verbunden. Die Inselgruppe besteht aus den Inseln Deserta Grande, Ilhéu Chão und Ilhéu Bugio und umfasst eine Gesamtfläche von 14,21 km². Deserta Grande ist mit 12 km Länge und 2 km Breite die größte Insel; mit 479 m Höhe liegt hier die höchste Erhebung der Inselgruppe.

Unbewohnte Inseln…

Die Inseln sind schon seit jeher wegen ihrer Trockenheit und des Mangels an Süßwasser unbewohnt. Portugiesische Seefahrer setzten Ziegen und Kaninchen auf den Desertas aus, was zu jener Zeit üblich war, um auf der Rückreise die Mannschaft mit Frischfleisch versorgen zu können. Die Tiere vermehrten sich rasch und fraßen alles kahl; starke Erosionen waren die Folge.

Seit 1990 stehen die Ilhas Desertas unter Naturschutz, **1995** wurden sie zum **Naturreservat** erklärt. Seitdem bemüht sich die Regierung von Madeira mit Unterstützung des „Wildlife Management International", die Inseln von Kaninchen und Ziegen zu befreien, um die natürliche Pflanzenwelt zu schützen. Trotz des Kahlfraßes findet man auf den Inseln auch heute noch 184 Pflanzenarten, von denen zwei endemisch sind.

Auf Deserta Grande wurde 1988 mit Mitteln der EU eine **biologische Forschungsstation** zum Schutz des Mönchsrobbenbestandes eingerichtet, da die Mönchsrobbe (*Monachus monachus*) mit weltweit nur noch etwa 400 Tieren zu den 12 am meisten vom Aussterben bedrohten Tierarten zählt.
Vor der Besiedlung Madeiras lebten in den zahlreichen Buchten an der Südküste Hunderte von Mönchsrobben. Die Tiere wurden schon bald gejagt und getötet, da die Fischer sie als Konkurrenten beim Fischfang ansahen. Außerdem wurde durch den Ausbau von Häfen und die Verschmutzung des Meeres ihr Lebensraum immer mehr eingeschränkt.

…seit 1988 mit Forschungsstation

Vor den Desertas lebt jetzt eine kleine Gruppe von vermutlich 22-25 Tieren, die sich hier in den letzten Jahren um einige Jungtiere vergrößert hat und auf deren weitere Fortpflanzung große Hoffnungen gesetzt werden. Mönchsrobben wandern nämlich nicht, sondern leben in Kolonien vor den Inseln und Felsküsten, auf denen sie an Land gehen und Plätze suchen, um ihre Jungen zur Welt zu bringen.

Reiche Vegetation auch ohne Süßwasservorkommen

Aber die Arbeit der Forschungsstation gilt nicht nur dem Schutz der Mönchsrobben, sondern auch der Erforschung ihrer Verhaltensweisen. Der Forschungsauftrag wurde schließlich auf das gesamte Ökosystem der Insel ausgeweitet. Für Ornithologen interessant sind die **Brutkolonien von Seevögeln, Falken und Bussarden** und das Vorkommen des **Kanarengirlitz** und des **Kanarenpiepers**, die nur auf wenigen atlantischen Inseln heimisch sind.

Reiches Ökosystem auf den Ilhas Desertas

Außerdem gibt es auf Deserta Grande die sogenannte **Deserta-Tarantel** (*Hogna ingens*), eine bis zu 8 cm lange Spinnenart, die vorwiegend in Höhlen und auf Felsvorsprüngen der Vulkaninsel lebt und endemisch ist. Ob sie wirklich giftig ist, ist medizinisch noch ungeklärt.

In der Forschungsstation leben drei Wildhüter. Mit einem Marineschiff werden sie zu den Desertas gebracht und müssen dabei alles, was zum Leben gebraucht wird, mitbringen. Erst nach zwei Wochen werden sie von ihren Kollegen wieder abgelöst. Täglich sind sie mindestens 5 Stunden zur Tierbeobachtung zu Fuß oder mit dem Boot unterwegs, aber zu ihren Aufgaben gehört es auch, den Schiffsverkehr zu kontrollieren. Sobald ein Boot von der erlaubten Route abweicht und den Sicherheitsabstand zum Naturschutzgebiet nicht einhält, wird ein Marineschiff in Funchal benachrichtigt. Innerhalb der Schutzzone sind Fischerei und Wassersport stark eingeschränkt. In Funchal werden Tagesfahrten zu den Desertas angeboten.

Die Ilhas Selvagens

Der Archipel, der den Kanarischen Inseln näher liegt als Madeira, besteht aus zwei etwa 15 km von einander entfernten Inselgruppen. Zur nordöstlichen Inselgruppe ge-

hören mehrere kleine, unbewohnte Inseln und Selvagem Grande, mit 2,4 km^2 die größte der Inseln. Die südwestliche Inselgruppe besteht aus Selvagem Pequena mit 0,16 km^2 und einigen winzigen Eilanden.
Der gesamte Archipel ist von einem Riff umgeben, was das Anlegen von Booten erschwert. Auf keiner Insel gibt es Süßwasserquellen.

Intakte Pflanzenwelt auf unbewohnter Insel

1971 erklärte die portugiesische Regierung die Inseln zum Naturschutzgebiet, seit **1989** ist das **Amt für Naturschutz von Madeira** für die Inselgruppe zuständig. Jeweils ein Biologe ist auf Selvagem Grande und Selvagem Pequena stationiert, es werden Tierbeobachtungen und Artenzählungen durchgeführt. Die Inseln werden von vielen Meeresvögeln als Nistplatz genutzt.
Vor allem auf den Inseln Selvagem Pequena und Ilhéu de Fora gibt es eine intakte Pflanzenwelt, von den **90 gezählten Pflanzenarten** gelten **10** als **endemisch**.

4. ANHANG

Buntes Treiben auf dem Markt in Funchal

Etwas Portugiesisch für Unterwegs

In der portugiesischen Sprache gibt es **zahlreiche Nasal- und Zischlaute**, die das Verstehen und Sprechen für den Fremden ebenso erschweren, wie die Art, syntaktisch zusammenhängende Wörter eines Satzes miteinander zu verbinden oder zu verschmelzen.

Die Sprache verfügt über elf verschiedene Vokale, wobei es große Unterschiede in der Aussprache des geschlossenen a, e und o gibt. Die Vokale a, e, i, o, u können nasaliert werden, wobei die Nasalierung mit einer Tilde über dem Vokal oder durch ein nachgestelltes „m" oder „n" angezeigt wird. Phonetisch lassen sich außerdem insgesamt 25 konsonantische Sprachlaute unterscheiden.

Die recht „verwaschene" Aussprache ist nicht leicht zu erlernen, da die Portugiesen, im Besonderen die Madeirenser, dazu neigen, ganze unbetonte Silben zu verschlucken.

Einige Laut-Beispiele:

c	vor a, o und u wie in **K**inder, z.B. Câmara
c	vor e und i wie ss in pa**ss**en, z.B. Vicente
ç	ebenfalls wie ss in pa**ss**en, z.B. Caniço
ch	wie sch in **Sch**ule, z.B. Machico
g	vor e und i wie j in **J**ournal, z.B. São Jorge;
	vor a, o, u wie im Deutschen, z.B. Aguas Mansas
h	wird nicht gesprochen
j	wie j in **J**ournal, z.B. Jardim da Séra
lh	wie lj in Mi**ll**ion, z.B. Palheiro
m	wenn -m auf einen Vokal folgt, wird nasaliert, z.B. Jardim
n	wird nach einem Vokal ebenfalls nasaliert, z.B. planta
nh	wie nj in Ta**nj**a, z.B. Vinho
qu	vor a und o wie kw in **Qu**ader, z.B. Quarta-feira
qu	vor e und i wie k in **K**inder, z.B. Quinta
s	am Ende eines Wortes oder einer Silbe wie sch in Fla**sch**e, z.B. Lobos
v	wie w in **W**inter, z.B. Vinho
x	wie sch in Fla**sch**e, z.B. peixaria
z	am Ende eines Wortes oder einer Silbe wie sch in Fla**sch**e, z.B. Moniz

Einige Ausspracheregeln:

- Die Vokale a, e, i, o, u können nasaliert werden, wobei die Nasalierung mit einer Tilde über dem Vokal oder durch ein nachgestelltes m oder n angezeigt wird. Dabei bleibt das m bzw. n vor b, p, d, t, g und k immer deutlich hörbar,
- die Betonung liegt immer dann auf der vorletzten Silbe, wenn die letzte Silbe mit -m oder -s endet; betont wird die letzte Silbe, wenn das Wort mit einem Konsonant (außer -m und -s) endet,
- bei den Diphthongen werden beide Vokale gesprochen, mit Ausnahme von „ou", das als geschlossenes o gesprochen wird.

Grüße

Guten Morgen!	Bom dia!
Guten Tag! (ab 12 Uhr und nachmittags)	Boa tarde!
Guten Abend! Gute Nacht!	Boa noite!
Wie geht es?	Como está?
Auf Wiedersehen!	Adeus! Até à vista!
Bis morgen!	Até amanhã!

Das Wichtigste auf einen Blick

Ja	Sim
Nein	Não
Danke	Obrigado, obrigada (weiblich), entsprechend der Person, die spricht
Bitte	Por favor
Entschuldigung	Desculpe! Perdão!
Das macht nichts.	De nada.
Sprechen Sie Deutsch?	Fala alemão?
Sprechen Sie Englisch?	Fala inglês?
Bitte, sagen Sie mir...	Diga-me, por favor

Kleine Unterhaltung – Redewendungen

Wie geht es Ihnen?	Como está?
Danke, sehr gut.	Obrigado (obrigada, weibl.), muito bem!
Was kostet es?	Quanto custa?
Wo gibt es...?	Onde há...?
Wo ist...?	Onde é...?
... das Postamt?	. (são) os correios?
... ein Arzt?	... o médico?
...Apotheke?	... a farmácia?
... Krankenhaus?	...o hospital?
... der Markt?	... o mercado?
Haben Sie ...?	Tem ...?
Warum?	Porquê?

Grundzahlen

0	zero	8	oito
1	um, uma	9	nove
2	dois, duas	10	dez
3	três	11	onze
4	quatro	12	doze
5	cinco	13	treze
6	seis	14	catorze
7	sete	15	quinze

16	dezaseis	90	noventa
17	dezassete	100	cem, cento
18	dezoito	101	cento-e-um
19	dezanove	200	duzentos
20	vinte	300	trezentos, trezentas
21	vinte-e-um	400	quatrocentos, -as
30	trinta	500	quinhento, -as
40	quarenta	600	seiscentos, as
50	cinquenta	700	setecentos, -as
60	sessenta	800	oitocentos, -as
70	setenta	900	novecentos, -as
80	oitenta	1.000	mil

Zeit und Zeitangaben

Wie spät ist es?	Que horas são?
Um wieviel Uhr?	A que horas?
heute	hoje
gestern	ontem
morgen	amanhã
Tageszeiten:	
morgens	de manhã
mittags	ao meio-dia
nachmittags	de tarde
abends	à noite
nachts	de noite

Wochentage

Woche:	a semana
Sonntag	Domingo
Montag	Segunda-feira
Dienstag	Terça-feira
Mittwoch	Quarta-feira
Donnerstag	Quinta-feira
Freitag	Sexta-feira
Samstag	Sábado

Orientierung

wo ist...?	onde é...?
Wann ist geöffnet?	Quando está aberto?
rechts	à direita
links	à esquerda
geradeaus	em frente
weit	longe
nah	perto
in der Nähe	nas proximidades

Wetter

Wie wird das Wetter...?	Como vai estar o tempo...?
sonnig	soalheiro
warm	quente
heiß	muito quente
kalt	frio
kühl	fresco
regnerisch	chuvosu
wechselhaft	instável
windig	ventoso

Gesundheit

Apotheke	a farmácia
Attest	o atestado médico
Arzt	o médico
Allergie	a alergia
Blutvergiftung	a septicemia
Brechreiz	a náusea
Durchfall	a diarreia
Entzündung	a inflamação
Erkältung	a constipação
Fieber	febre
Halsschmerzen	dores de garganta
Husten	tosse
Impfung	vacina
Kopfschmerzen	dores de cabeça
Magenschmerzen	dores de estômago
Nasenbluten	hemorragia nasal
Schmerzen	dores
Sonnenbrand	a queimadura solar
Stich	a picada
Verstopfung	a obstipaçao

Im Hotel

Ich suche ein gutes/ preiswertes Hotel.	Estou a procura dum bom hotel/dum hotel económico.
Haben Sie ein Zimmer frei?	Tem um quarto livre?
Wieviel kostet es pro Nacht?	Quanto é a diária?
Ich suche ein Zimmer für ... Personen	Estou a procura dum quarto para ...pessoas.
Frühstück	pequenho almoço
Halbpension	meia pensão
Vollpension	a pensão completa

Im Restaurant

bitte! (rufend)	faz favor!
Ich möchte ..	Queria ...
Speisenkarte	a ementa
Weinkarte	a lista dos vinhos
Frühstück	o pequenho almoço
Mittagessen	o almoço
Abendessen	o jantar
Löffel	a colher
Gabel	o garfo
Messer	a faca
Teller	o prato
Glas	o copo
Flasche	a garrafa
Serviette	o guardanapo
Salz	o sal
Pfeffer	a pimenta
Öl	o azeite
Essig	o vinagre
Rechnung	a conta

Im Geschäft

Geschäft	loja
Haben Sie ...?	Tem ...?
Ich hätte gern...	Queria
Geben Sie mir bitte...	Dê-me, por favor
Zeigen Sie mir bitte ...	Mostre-me, por favor...
Wieviel kostet...?	Quanto custa ...?
Preis	preço
billig	barato
teuer	caro
Zeitung	jornal
Zeitschrift	revista
Zigaretten	cigarros
Tabak	tabaco
Streichhölzer	fósforos

Unterwegs

Hinweisschilder im Straßenverkehr:

Alto!	Halt
Atençao!	Achtung!
Cuidado!	Vorsicht!
Perigo!	Gefahr!

Glossar

Achada	kleines Plateau
Avenida	Allee
Baía	Bucht
Bica	kleine Quelle
Bico	Tor, Eingang; auch Gebirgspass
Cabo	Kap
Cais	Kaianlagen
Calheta	Bucht
Caminho	Weg
Campo	Feld, Acker, Land
Chã	Flachland
Chão	(Erd-)boden, Grund
Castelo	Festung, Fort, Burg, Schloss
Colmo	(Dach-)Stroh, auch Strohhütte
Cruz	Kreuz
Curral	Stall, Pferch
Deserta	Wüste, Einöde
Eira	Tenne; auch Aussichtspunkt
Eirao	Terrasse; Tenne
Estalagem	Gasthaus
Estreito	Meerenge, Engpass; auch Berggrat oder Hochland
Facho	Fackel; Leuchtfeuer, -turm
Fãja	Bergsturzablagerungen vor den Füssen der Kliffe, die landwirtschaftlich genutzt werden; allgemeiner auch Bezeichnung für landwirtschaftlich genutzte Fläche
Fonte	Quelle
Grutas	Höhlen
Ilha	Insel
Ilhéu	Felseninsel
Jardim/Horta	Garten
Leste	Osten
Lomba (f) / Lombo (m)	Bergrücken
Miradouro	Aussichtspunkt
Monte	Berg
Norte	Nord(en)
Oeste	West(en)
Paúl	Sumpf
Penha	Fels(en)
Pico	(Berg-)Spitze; Gipfel
Ponta	Spitze, Ende; auch Landzunge (-spitze)
Ponte	Brücke
Porto	Hafen
Praia	Strand; auch Strandbad, Küste

Prainha	kleiner Strand
Quinta	Landgut
Risco	Strich, Skizze; auch Wagnis, Gefahr
Rua	Straße
Selva	(Ur-)Wald
Serra	Säge; auch Gebirge, Berg oder Bergkette
Sul	Süd(en)
Terreiro	Gelände; Platz; Hof; Auslauf (für Vieh)
Torre	Turm
Vale	Tal
Vigia	Wache; auch Stadtvilla

Passende Literatur

Kultur und Geschichte

Kustos, Norbert/Wittich, Gustav A., *Madeira. Eine Bildreise*, Hamburg 2001.

Rioletta Sabo/Jorge N. Falcato, *Azulejos in Portugal*, Fliesendekor in Palästen, Gärten und Kirchen, München 1998.

Wanderführer

Goetz, Rolf, *Die schönsten Levada- und Bergwanderungen – 50 Touren*, Rother Wanderführer, 2008. Die detailliert beschriebenen Vorschläge enthalten auch Skizzen, Einteilung nach Schwierigkeitsgrad und Zeitvorgaben.

Lipps, Susanne / Breda, Oliver, *50 Wanderungen auf der Blumeninsel*, Goldstadt Verlag 2007. Führer mit detailliert beschriebenen Wandervorschlägen und einem allgemeinen Überblick über die Insel.

Pittracher, Harald, *Wandern auf Madeira, 35 Touren*, DuMont aktiv, Ostfildern 2008. Wandervorschläge für jeden Schwierigkeitsgrad mit exakten Karten und Höhenprofilen

Underwood, John und Pat, *Landschaften auf Madeira*. Seit vielen Jahren bewährter regelmäßig aktualisierter Wanderführer aus dem Sunflower Verlag mit 100 Tourenvorschlägen, zuverlässigen Wegbeschreibungen und Skizzen, im deutschen Buchhandel und in vielen Geschäften auf Madeira erhältlich.

Pflanzen-, Tier- und Naturführer

Bannermann, David, A., A *History of the birds of Madeira, the Desertas and the Porto Santo Islands*. Edinburgh 1966. Englischsprachiges Standardwerk mit vielen Abbildungen zur Vogelwelt.

Da Costa, A./Franquinho, L.O., *Madeira Pflanzen und Blumen*, Funchal 2006. Auf Madeira erhältlicher Pflanzenführer mit Fotos, und Beschreibungen.

Lipps, Susanne / Roeder, Günther, *Madeira – Was hier alles wächst*, 2007. Ein „botanischer Reiseführer" mit Beschreibungen von Bäumen, Blumen und Kräutern.
Malkmus, Rudolf, *Die Amphibien und Reptilien Portugals, Madeiras und der Azoren*. Verbreitung, Ökologie, Schutz, Westarp Wissenschaften 2008.
Sziemer, Peter, *Eine kurze Naturgeschichte Madeiras*, Wien 2000. Durch Bilder anschaulich gestaltete Beschreibung von Geologie, Klima, Fauna und Flora der Insel.
Wirtz, Peter, *Unterwasserführer Madeira, Kanaren, Azoren*, Band 8 – Fische und Band 9 – Niedere Tiere, Bielefeld 2002.

Lektüre

Marques, Helena, *Raquels Töchter*, 1992. Madeira ist Schauplatz dieser Familienchronik, die am Ende des 19. Jahrhunderts spielt und zeigt, wie einige Frauen sich gegen die strengen Regeln der Gesellschaft auflehnen, selbständige Entscheidungen treffen und ihren eigenen Weg suchen.

Stichwortverzeichnis

Bildnachweis und Danksagung:

Wenn nicht anders angegeben, stammen alle Bilder aus dem Privatbesitz von den Autorinnen Frau Senne und Frau Röpke.

S. 265: Secretaria Regional do Turismo e Transportes da Região Autónoma da Madeira.

Wir danken besonders Patricia, die uns mit ihrer kleinen, aber besonders netten Führung auf Englisch erfreut hat. (Ponta do Sol/Haus dos Passos)

IWANOWSKI'S REISEBUCHVERLAG

FÜR INDIVIDUELLE ENTDECKER

REISEHANDBUCHER

Europa
Barcelona
Dänemark*
Finnland*
Irland*
Island*
Lissabon
Litauen mit Kurischer Nehrung*
Liparische Inseln, Insel- und Wanderführer *
Madeira *
Madrid
Mallorca, Wanderführer*
Malta mit Gozo*
Moskau & Goldener Ring
Nordspanien & der Jakobsweg*
Norwegen*
Paris
Peloponnes*
Piemont & Aostatal*
Polens Ostseeküste & Masuren*
Provence mit Camargue*
Rhodos/Dodekanes
Rom mit Latium
Samos/Ostägäis
Schottland*
Schweden*
Slowakei*
Slowenien mit Istrien und Triest*
Tal der Loire mit Chartres*
Toskana*
Tschechien*

Asien
Bali*
Hong Kong
Peking
Rajasthan mit Delhi und Agra*
Singapur
Sri Lanka/Malediven*
Thailand mit Phuket*
Vereinigte Arabische Emirate mit Dubai & Abu Dhabi *
Vietnam*

Afrika
Kapstadt & Garden Route*
Kenia/Nordtanzania*
Mauritius/Réunion*
Namibia*
Namibia/Naturschutzgebiete*
Südafrikas Norden & Ostküste*
Südafrika*
Uganda/Ruanda*
Zambia*

Amerika
Bahamas
Chile mit Osterinsel*
Florida*
Hawaii*
Kalifornien
Kanada/Osten*
Kanada/Westen*
Karibik/Kleine Antillen*
New York
USA/Große Seen
USA/Nordosten*
USA/Nordwesten*
USA/Ostküste*
USA/Süden*
USA/Südwesten*
USA/Westen*

Pazifik
Australien mit Outback*
Neuseeland*

Sonderbände zum Verlagsjubiläum
101 Inseln - Geheimtipps für Entdecker
101 Safaris - Traumziele in Afrika
101 USA - Die schönsten Reiseziele

REISEGAST IN...
Ägypten
China
England
Indien
Japan
Korea
Polen
Russland
Thailand

* mit herausnehmbarer Reisekarte

Iwanowski's Reisebuchverlag GmbH • Salm-Reifferscheidt-Allee 37 • D- 41540 Dormagen
TEL: 0 2133/2 60311 • FAX: 0 2133/26 0333 • E-MAIL: INFO@IWANOWSKI.DE
www.iwanowski.de